JOURNAL
DE
E. J. F. BARBIER

A PARIS
DE L'IMPRIMERIE DE CRAPELET
RUE DE VAUGIRARD, 9
M. DCCC. XLVII

JOURNAL HISTORIQUE

ET ANECDOTIQUE

DU RÈGNE DE LOUIS XV

PAR E. J. F. BARBIER

AVOCAT AU PARLEMENT DE PARIS

PUBLIÉ

POUR LA SOCIÉTÉ DE L'HISTOIRE DE FRANCE

D'APRÈS LE MANUSCRIT INÉDIT DE LA BIBLIOTHÈQUE ROYALE

PAR A. DE LA VILLEGILLE

SECRÉTAIRE DU COMITÉ POUR LA PUBLICATION DES MONUMENTS ÉCRITS DE L'HISTOIRE DE FRANCE

TOME PREMIER

A PARIS

CHEZ JULES RENOUARD ET Cie

LIBRAIRES DE LA SOCIÉTÉ DE L'HISTOIRE DE FRANCE

RUE DE TOURNON, N° 6

M. DCCC. XLVII

JOURNAL HISTORIQUE

ET ANECDOTIQUE

DU RÈGNE DE LOUIS XV

PAR E. J. F. BARBIER

AVOCAT AU PARLEMENT DE PARIS

PUBLIÉ

POUR LA PREMIÈRE SOCIÉTÉ HISTORIQUE DE FRANCE

PAR A. DE LA VILLEGILLE

TOME PREMIER

PARIS
CHEZ JULES RENOUARD ET Cⁱᵉ
LIBRAIRES DE LA SOCIÉTÉ DE L'HISTOIRE DE FRANCE
RUE DE TOURNON, N° 6

M DCCC XLVII

EXTRAIT DU RÈGLEMENT.

Art. 14. Le Conseil désigne les ouvrages à publier, et choisit les personnes les plus capables d'en préparer et d'en suivre la publication.

Il nomme, pour chaque ouvrage à publier, un Commissaire responsable, chargé d'en surveiller l'exécution.

Le nom de l'Éditeur sera placé à la tête de chaque volume.

Aucun volume ne pourra paraître sous le nom de la Société sans l'autorisation du Conseil, et s'il n'est accompagné d'une déclaration du Commissaire responsable, portant que le travail lui a paru mériter d'être publié.

―――――

Le Commissaire responsable soussigné déclare que l'Édition préparée par M. A. DE LA VILLEGILLE *du* JOURNAL HISTORIQUE ET ANECDOTIQUE DU RÈGNE DE LOUIS XV, *par* E. J. F. BARBIER, *lui a paru digne d'être publiée par la* SOCIÉTÉ DE L'HISTOIRE DE FRANCE.

Fait à Paris, le 1er mai 1847.

Signé **RAVENEL**.

Certifié,

Le Secrétaire de la Société de l'Histoire de France,

J. DESNOYERS.

NOTICE

SUR

E. J. F. BARBIER,

AVOCAT AU PARLEMENT DE PARIS.

Saint-Simon, tout en critiquant les *Mémoires* de Dangeau, reconnaît « qu'ils sont pleins de faits que taisent les *Gazettes;* qu'ils gagneront beaucoup à être lus et serviront beaucoup à ceux qui voudront écrire plus solidement. » Il ajoute « que rien ne serait plus désirable pour l'histoire que d'avoir de semblables Mémoires[1]. » Ce souhait de Saint-Simon se trouve exaucé pour une grande partie du règne de Louis XV, par le *Journal* que nous publions aujourd'hui. Comme Dangeau, l'avocat Barbier a écrit chaque soir, pendant près de cinquante ans, les nouvelles de la journée, rapporté les bruits qui ont circulé, mentionné l'impression qu'ils ont produite dans Paris. Il nous fait connaître une foule d'anecdotes

[1] *Mémoires* de Saint-Simon, t. XVIII, p. 268.

curieuses et intéressantes que l'on chercherait vainement dans les journaux du temps, puisque ceux-ci, assujettis à *l'approbation et au privilége du roi*, ne pouvaient aborder ce qui se rattachait de près ou de loin à la politique qu'à la condition de tout louer sans restriction.

Il ne faut pas croire, non plus, que ce soit simplement un attrait de scandale ou de curiosité qui recommande aujourd'hui ces piquantes révélations à notre attention. Elles ont pour nous l'intérêt plus élevé de l'histoire. Rien ne dépeint aussi bien, en effet, le caractère particulier que présente chaque siècle, que les Mémoires contemporains écrits sous l'influence de l'opinion qui domine : miroirs fidèles où la société se reflète avec son degré de civilisation, ses mœurs, ses préjugés. Les *Mémoires* de Saint-Simon sont un des ouvrages les plus précieux en ce genre, et il n'est personne, parmi ceux qui se sont occupés de l'histoire du xviiie siècle, qui n'ait éprouvé le regret de les voir s'arrêter à l'année 1723. On avait d'autant plus lieu de le déplorer, que le règne de Louis XV est d'une pauvreté remarquable en annales contemporaines. Aussi le *Journal* de Barbier, qui embrasse la longue période comprise entre la fin des *Mémoires* de Saint-Simon et le commencement des *Mémoires* de Bachaumont, doit-il être considéré comme un document d'une importance réelle et qui mérite, à tous égards, de voir le jour. Sans doute, il n'y a pas parité entre l'œuvre du grand seigneur et celle de l'avocat. Les positions sont trop différentes pour qu'ils aient observé du même point de vue. Saint-Simon, placé dans une sphère plus élevée, raconte les événements auxquels il a personnellement pris part. Barbier, qui n'a jamais joué aucun rôle politique, se borne à tenir note exacte de tout ce qui parvient à sa connaissance, à apprécier les faits, à juger les personnes d'après leurs actes. Son *Journal* offre-t-il moins d'intérêt à cause de cela? Nous ne le pensons pas. La classe bourgeoise, à laquelle appartenait l'auteur, a toujours joué un rôle considérable à Paris, et il ne saurait être indifférent d'étudier l'esprit dont elle était animée, lorsqu'elle recelait déjà les germes des idées de liberté et d'indépendance qui devaient, sous le règne suivant, amener la ruine de la monarchie.

Le nom de Barbier se rencontre très-fréquemment lorsqu'on parcourt les anciennes listes des membres du barreau de Paris. Parmi ceux qui l'ont porté, et qui ont acquis une certaine célébrité, on peut citer Barbier d'Aucour, connu aussi sous le nom de *l'avocat Sacrus*[1], et un avocat

---

[1] Barbier d'Aucour, grand antagoniste des jésuites, ayant été invité par l'un d'eux à modérer ses expressions lors d'une exposition de tableaux dans l'église de leur collège, répondit brusquement : « Si « locus est *sacrus* quare exponitis? » Ce barbarisme ne manqua pas d'être relevé, et le sobriquet d'*avocat Sacrus* demeura à son auteur.

Barbier mort en 1710, dont M. Le Pelletier, premier président du parlement, et M. Joly de Fleury, premier avocat-général, firent un pompeux éloge dans les discours qu'ils prononcèrent à la rentrée du parlement[1]. Ils le représentent surtout comme très-versé dans la science du droit ecclésiastique. Nous n'avons rien trouvé qui puisse faire présumer un lien de parenté quelconque entre ces personnages et l'auteur du *Journal*. Les indications que Barbier nous fournit sur ses ancêtres nous permettent cependant d'établir avec certitude une partie de sa généalogie.

Suivant ce qu'il nous apprend, la profession d'avocat était, en quelque façon, héréditaire dans sa famille. Voici comment il s'exprime à la date du mois de novembre 1735[2] : « A la rentrée du parlement, on a fait, comme à l'ordinaire, l'éloge des avocats de nom morts dans l'année. J'avais eu le malheur de perdre, au mois de mars, M. Barbier, mon père, âgé de quatre-vingts ans, et qui avait été, pendant cinquante ans, dans un emploi très-considérable. M. le premier président Portail, qui avait été avocat du roi au Châtelet,

---

[1] *Journal de Verdun*, juillet 1710, p. 64.

[2] T. III du manuscrit, p. 295. Toutes les fois que les passages cités concernent uniquement Barbier, et que, pour cette raison, nous n'avons pas cru devoir les faire entrer dans le texte du *Journal*, il a été nécessaire de renvoyer au manuscrit lui-même. Lorsque, au contraire, ces passages se trouvent imprimés, la note y renvoie au moyen de la date.

et qui connaissait mon père depuis ce temps-là, a fait son éloge en ces termes :

« L'un, véritablement digne de sa réputation, « mais attaché par choix et par reconnaissance à « une juridiction où ses vertus et ses lumières firent « de si grands progrès, avait voulu lui consacrer, « pendant tout le cours de sa vie, les hommages et « la gloire qu'il y avait acquis. Au milieu de sa « science et de ses talents, la modestie la plus sin-« cère et la plus parfaite semblait être peinte sur « son front ; un caractère de douceur et de simpli-« cité prévenait en sa faveur ; un style pur et concis, « un esprit d'ordre et de clarté, une éloquence na-« turelle et insinuante, toujours amie de la justice « et de la vérité, régnaient dans tous ses discours. « Habile à manier les dons de la parole, dont il « connaissait tous les ressorts, et dévoué sans ré-« serve au service du public, il ne connut jamais « d'autre ambition ni d'autre récompense de ses « travaux que le plaisir de lui être toujours utile.

« Témoin de la considération universelle qu'il « avait déjà méritée dans ce même tribunal où nous « avons porté, comme lui, les premiers essais de « nos forces, nous nous faisons aujourd'hui un de-« voir de rendre ces justes témoignages à sa mé-« moire. »

« Ce portrait est très-fidèle. Edmond-Jean Barbier était fils de Jean Barbier, né en 1630 et mort en 1678. Jean, avocat au parlement, avait plaidé au Châtelet avec distinction et avait acquis l'estime et l'amitié de M. Le Camus, lieutenant civil. Après sa mort, Edmond-Jean, n'ayant pas de bien, s'attacha au Châtelet, et, avec la protection de M. le lieutenant civil Le Camus, ses talents, et surtout une mémoire sans exemple, il y eut un emploi considérable qui a toujours augmenté jusqu'en 1721[1], qu'il a quitté la plaidoirie. Alors, retiré dans son cabinet, il a tenu le premier rang dans la consultation, ayant été dix ans conseil de madame la princesse de Conti et autant du conseil de M. le duc d'Orléans. Il a conservé, jusqu'à sa mort, tous ses talents, la justesse d'esprit et sa mémoire. »

Le mérite de Jean, le chef de la famille Barbier, est attesté par Soefve, qui en fait l'éloge en rapportant un arrêt de la grand'chambre, rendu en 1664, dans un procès où les parties portaient aussi le nom de Barbier. Les questions soulevées par ce procès « ont esté, dit Soefve, doctement et curieusement traittées par les avocats des parties pendant plusieurs audiances, etc. Plaidans *Barbier* et Camus[2]. »

Nous allons maintenant chercher à compléter ces détails sur la famille Barbier, soit au moyen

---

[1] Dans le courant de son *Journal*, Barbier mentionne la retraite de son père à la date du mois de novembre 1723.

[2] T. II, p. 256 du *Nouveau recueil de plusieurs questions notables*, etc., par maistre Lucien Soefve, Paris, 1682, 2 vol. in-f°.

de nouveaux passages du *Journal*, soit avec le secours de documents provenant d'autres sources.

Jean Barbier laissa deux fils, Edmond-Jean et François-Jean-Baptiste, qui furent tous les deux avocats au parlement. François, qui prend, en 1735, dans l'acte de décès de son frère, la qualité d'écuyer et de secrétaire du roi, eut quatre enfants de Marie Bonnet, sa femme :

1º Edmond-Jean-Antoine, né le 15 mars 1688 [1].

2º François-Jean-Baptiste, écuyer, président au présidial de Vitry, qui est mentionné comme neveu dans l'acte mortuaire de Edmond-Jean [2].

3º François-Joseph, qui assista, le 30 janvier 1771, à l'inhumation d'Edmond-Jean-François, son cousin germain [3].

4º Angélique-Charlotte, religieuse au couvent des dames de l'Annonciade du Saint-Esprit, de l'ordre de la bienheureuse mère Jeanne de France, établi à Popincourt, près Paris [4].

---

[1] Archives de l'hôtel de ville. Ext. des reg. de la paroisse Saint-Séverin.

[2] Archives de l'hôtel de ville. Ext. des reg. de la paroisse Saint-Séverin. Ce président ne serait-il point l'auteur du livre intitulé : *Pensées diverses ou réflexions sur l'esprit et le cœur*. Paris, Le Breton, 1748, in-12, qui ne porte pas de nom, mais que le *Dictionnaire des anonymes* attribue à Barbier, de Vitry le Français?

[3] Archives de l'hôtel de ville. Ext. des reg. de la paroisse Saint-Séverin.

[4] Bibliothèque royale. Cabinet des titres. Carton *Barbier*. Contrat de profession du 30 octobre 1720.

Le frère de François Barbier, Edmond-Jean, fut reçu avocat au parlement le 7 février 1678[1]. En 1709 il demeurait rue Saint-Victor. Dans la suite, il vint se loger rue Galande : il y était établi en 1722[2]. Comme l'affirme son fils, il devait, en effet, jouir d'une certaine réputation dans son ordre, car, dès l'année 1696, il était conseil de M. d'Argenson, et il le fut jusqu'à la mort de ce dernier, en mai 1721. Il est vrai que cette fonction était plus honorable que lucrative, puisqu'il la remplit *gratis* pendant ces vingt-cinq années, et que l'ancien ministre ne songea pas même à se libérer vis-à-vis de lui, dans son testament[3]. Il reçut, en compensation, des marques non équivoques de la reconnaissance du prince de Conti pour l'assistance qu'il lui prêta lors du procès en séparation qu'intenta la princesse[4]. Enfin, si l'on voulait prétendre que son admission dans le conseil du duc d'Orléans fut l'œuvre des fils de M. d'Argenson, qui auraient ainsi trouvé un moyen peu dispendieux de s'acquitter envers lui, il n'en reste pas moins certain qu'il était jugé digne d'entrer dans ce conseil, « le premier dans Paris après celui du roi[5]. » On voit encore qu'il avait été choisi

---

[1] *Nouveau tableau des avocats au parlement*, etc. Paris, 1709, in-12.
[2] *Nouveau tableau des avocats*, etc. Paris, 1722.
[3] 8 mai 1721.
[4] Juin 1722.
[5] 21 août 1732.

pour être bâtonnier, mais qu'il refusa pour n'avoir point à prendre parti dans les querelles de son ordre avec la cour[1]. Ajoutons, pour terminer ce qui le concerne, qu'il fut marguillier de la paroisse Saint-Séverin, et qu'il portait pour armoiries : D'argent, fretté de six pièces de sinople, et un chef de gueules chargé de trois grelots d'or[2].

Edmond-Jean Barbier mourut le 2 mars 1735. Il avait épousé Catherine Froissart, ou Frossart, qui lui donna deux fils, Edmond-Jean-François, auteur du *Journal*, et Antoine-Catherine. Ce dernier embrassa la carrière des armes, devint capitaine au régiment d'Orléans et chevalier de Saint-Louis. Il prend en outre le titre d'ingénieur de S. A. R. monseigneur le duc d'Orléans, dans une quittance signée par lui et sa femme Catherine Boutray, le 4 juin 1720[3].

Edmond-Jean-François Barbier, son frère aîné, naquit le 16 janvier 1689, et fut baptisé le même jour dans l'église Saint-Séverin[4]. Il eut pour parrain son oncle François-Jean-Baptiste et pour marraine Marie Rüelle, veuve de M⁶ Pierre Le

---

[1] Juin 1731. « Bien que l'on suivît assez ordinairement l'ordre du tableau pour cette élection, cependant cela ne s'observait pas toujours exactement. » *Histoire abrégée de l'ordre des avocats*, par Boucher d'Argis, chap. x.

[2] Bibliothèque royale. Armorial général manuscrit.

[3] Bibliothèque royale. Cabinet des titres. Carton *Barbier*.

[4] Archives de l'hôtel de ville. Ext. des reg. de la paroisse Saint-Séverin.

Hours, receveur des tailles à Mortagne. Nous ne savons rien de ses premières années, si ce n'est qu'il fit ses études avec M. de Morville[1], qui devint plus tard secrétaire d'État des affaires étrangères. Il n'avait que dix-neuf ans et demi lorsqu'il fut reçu avocat au parlement de Paris, le 30 juillet 1708. Depuis cette époque, jusqu'à sa mort, il est porté sur les tableaux de l'ordre, où l'on sait que l'on ne comprenait point indistinctement tous les avocats qui avaient prêté serment, mais seulement ceux qui exerçaient la profession et qui la remplissaient avec honneur[2]. Il figure sur ces listes comme siégeant au neuvième banc, et n'arrive au pilier des consultations que dans l'intervalle de 1752 à 1755[3].

Barbier logeait avec son père, rue Galande, et

[1] Août 1723.
[2] *Histoire abrégée de l'ordre des avocats*, par Boucher d'Argis, chap. x.
[3] Pour comprendre ceci, il est nécessaire de savoir que les avocats qui fréquentaient assidûment le barreau se plaçaient toujours dans la grande salle à des endroits déterminés, afin de donner à leurs confrères la facilité de les trouver plus aisément. Le palais se divisait ainsi en douze bancs, dont les sept premiers avaient pour centre un des piliers qui soutiennent la voûte de la salle, et dont les autres occupaient divers emplacements. Le premier banc était nommé le *pilier des consultations*. Il se composait des plus anciens de l'ordre qui n'en continuaient pas moins à rester répartis dans les autres bancs. Chacun de ceux-ci portait, indépendamment de son numéro, une désignation particulière ; par exemple, le premier banc avait pour enseigne *le Lion d'or*, le second *la Prudence*, etc. L'enseigne du neuvième, où siégeait Barbier, était *l'Envie*.

il est à présumer que la maison qu'ils occupaient leur appartenait, car il y demeura toute sa vie. Il avait, en outre, une habitation dans la cour du Château de Madrid. Par brevet du 23 juillet 1716, le roi « accorde et fait don aux sieurs Hubert Huché et Edmond-Jean-François Barbier, de la jouissance, leur vie durant, et du survivant des deux, d'un logement situé dans la cour du Château de Madrid, faisant anciennement partie des écuries dudit Château, et contenant neuf toises de face sur ladite cour. Composé de deux salles basses et une cuisine, un corridor au-dessus qui distribue à cinq chambres, dont la dernière est au-dessus des écuries dépendantes du Château et attenant ledit logement; un bûcher de dix à douze pieds de face sur ladite cour, une écurie, deux remises de carrosses, grenier au-dessus qu'ils pourront construire à leurs frais, et une cave d'environ dix-huit pieds de longueur sous le corps dudit Château. A la charge par lesdits sieurs Huché et Barbier de payer, suivant leurs offres, une somme de 4000 livres pour être employée à la construction de nouvelles écuries, remises, etc., à l'usage des capitaines dudit Château de Madrid, etc.[1] »

En 1735, le roi fit pareillement don à mademoiselle de Charolais, sur sa demande, du logement dépendant du Château de Madrid dont le

---

[1] Archives du royaume. Sect. adm., cart. E, 3402. Reg. du secrétariat, année 1716, f° 109 v°.

marquis de Pezé lui avait cédé la jouissance deux ans auparavant[1]. Il y joignit aussi les lieux concédés à vie à différents particuliers, mais à la condition qu'elle ne pourrait en jouir qu'au temps du décès des concessionnaires « ou en s'accommodant avec eux[2]. » Le procès-verbal d'arpentage qui fut fait à cette occasion, nous apprend que Barbier possédait aussi un petit jardin tenant à la basse-cour de mademoiselle de Charolais, le long du bois de Boulogne, et que la totalité de la surface des bâtiments, basses-cours, et jardins, dont il avait la jouissance, était de trois arpents quarante-sept perches et demie[3]. Il ne paraît pas, au surplus, qu'il soit entré en arrangement avec la princesse, car au mois de mai 1757 on le voit encore en possession de son logement[4].

Nous n'avons pas à invoquer en faveur d'Edmond Barbier, comme garants du rang distingué qu'il tenait dans le barreau, des témoignages publics tels que ceux qui furent rendus à la mémoire de son père. Pourtant, il est à croire qu'il ne resta pas au dessous des obligations que lui imposait son nom. Fournel[5] le cite parmi les quarante-cinq avocats qui, de 1675

[1] Avril 1735.
[2] Archives du royaume. Section domaniale, carton Q, 1075.
[3] Archives du royaume. Section domaniale, carton Q, 1075.
[4] 11 mai 1757.
[5] T. II, p. 453 de l'*Histoire des avocats au parlement et du barreau de Paris.* Paris, 1813, 2 vol. in-8.

à 1746, ont laissé des souvenirs au barreau par leurs ouvrages ou leurs succès éclatants. Or, comme Barbier nous apprend lui-même qu'il ne plaidait pas[1], c'est nécessairement dans la consultation que ces succès ont été obtenus par lui[2]. On a encore une preuve que son avis faisait autorité, en voyant qu'il fut du nombre des avocats auxquels s'adressa la duchesse de Modène, fille du régent, lorsqu'elle plaida contre son frère en 1737[3], à l'occasion du payement de sa dot. Cependant nous devons confesser que nous n'avons trouvé aucune consultation signée de lui, dans les deux volumineuses collections de Mémoires dites *Collection Chanlaire* et *Collection Gaultier de Breil* que possède la bibliothèque des avocats[4].

Quant à la position sociale d'Edmond Barbier, il est constant qu'il occupait un rang honorable dans la bourgeoisie. Au mois d'août 1750[5], il fut appelé à concourir, en qualité de notable, à l'élection du prévôt des marchands et des échevins, et

---

[1] Août 1731.

[2] M. de Roissy, membre du conseil de la Société de l'Histoire de France, conserve, parmi ses papiers, une consultation du mois de sept. 1729, signée Barbier, et qui semble devoir être attribuée à Edmond.

[3] Mai 1737.

[4] La *collection Chanlaire* se compose de 312 vol., tant in-f°. qu'in-4°, non compris les tables; et la *collection Gaultier de Breil*, de 150 vol. in-4°, également sans les tables.

[5] Août 1750.

l'on sait qu'il fallait que ces notables eussent été préalablement élus, à cet effet, dans leurs quartiers respectifs. — Barbier nous apprend de plus, en divers endroits de son *Journal*, qu'il fréquentait de grands personnages. On le voit successivement dans l'intimité de M. d'Argenson, et dans celle de la famille Nicolaï. En 1731, un ministre vient souper chez lui[1], et quelques années après il nous parle de sa liaison avec le comte de Moncan[2], colonel des gardes du roi Stanislas ; enfin il dit plus loin qu'il a vécu quelque temps avec le maréchal de Saxe. D'un autre côté, parmi ceux qui lui sont attachés par des liens de parenté, il nomme M. Penautier, trésorier général des États de Languedoc[3], M. de Courbuisson, brigadier d'infanterie en 1747[4], qui devint, dans la suite, maréchal de camp, etc. En général, pourtant, Barbier se montre très-sobre de faits qui lui soient personnels, et lorsqu'il fait mention de lui, ce n'est guère que pour dire qu'il a été témoin de ce qu'il raconte. Dans le petit nombre de passages qui font exception à cette règle, il

---

[1] Le 26 août 1731.

[2] Avril 1737.

[3] T. Ier du manuscrit, p. 624.

[4] Septembre 1747. Barbier parle, dans le même endroit, d'un autre de ses parents, M. Barbier de Plichancourt, capitaine au régiment de Custine, qui se trouvait aussi à l'assaut de Berg-op-Zoom. Il ne dit pas le degré de parenté qui existait entre eux.

nous apprend qu'il jouissait d'une santé robuste. « Je suis constitué de manière, dit-il, que je n'ai jamais été malade que par quelque accident[1]. » Ailleurs, il se laisse entraîner à raconter qu'il a fait une promenade hors de Paris dans un *fiacre bien fermé*[2] ; une autre fois il se vante d'une paternité probable[3]. Ces aveux, qui lui échappent, témoignent qu'il ne dérogeait pas à la coutume de Paris, où « rien n'est si commun, entre particulier, que d'avoir des maîtresses[4] ! » Il ne paraît pas, du reste, qu'il ait jamais été marié.

Edmond Barbier mourut le 29 janvier 1771, et fut enterré à Saint-Séverin, dans la cave de la chapelle du saint Sacrement[5], où son père avait aussi été déposé ; mais sans avoir été revêtu, comme celui-ci, de la dignité de marguillier de la paroisse. Ce titre eût été peu compatible, il est vrai, avec l'incrédulité que Barbier laisse percer plus d'une fois, notamment lorsqu'il dit, à l'occasion des prétendus prodiges opérés au tombeau du diacre Pâris, que « plus on creuse les matières religieuses, et plus on voit l'incertitude des miracles reçus par l'Église, qui se sont établis dans ces

---

[1] T. Ier du manuscrit, p. 478.
[2] T. Ier du manuscrit, p. 342.
[3] T. Ier du manuscrit, p. 449.
[4] Décembre 1750.
[5] Archives de l'hôtel de ville Extr. des registres de la paroisse Saint-Séverin.

temps reculés avec aussi peu de fondement que ce qui se passe aujourd'hui sous nos yeux [1]. »

Lors de sa mort, Edmond Barbier avait soixante-trois ans d'exercice comme avocat *au parlement* [2], et n'était cependant, à l'ancienneté, que le troisième sur le tableau. Il nomma pour exécuteur testamentaire un de ses parents, Barbier d'Increville, auquel il légua son *Journal*. Ce nouveau personnage n'a été que le dépositaire du manuscrit, et n'a eu aucune part à sa rédaction; il n'a fait qu'y ajouter, en marge, des notes généralement fort insignifiantes. Nous n'aurions pas, dès lors, à nous occuper de lui, si, par suite d'une méprise, il n'avait été indiqué dans le bulletin de la Société de l'Histoire de France, comme l'auteur même du *Journal*. Pour cette raison nous nous trouvons obligés de lui consacrer quelques lignes afin de rectifier l'erreur commise à son sujet.

Jean-Baptiste-Robert Barbier, prêtre, né à Verdun le 3 juillet 1742, tirait son nom de la seigneurie du village d'Increville ou Aincreville, près Verdun, qui avait appartenu à sa famille. Au mois de janvier 1768, il acheta la charge de conseiller au parlement de l'abbé Chauvelin, fut reçu à la première chambre des enquêtes le

---

[1] Septembre 1734.
[2] L'édit qui créa les avocats *du parlement* n'est que du mois de mai 1771.

15 avril suivant, et monta à la grand'chambre le 4 février 1784. A cette position dans la magistrature il joignait encore le titre de docteur en Sorbonne, de chanoine de la cathédrale de Verdun, et de prieur de Saint-Martin de Monoblet, au diocèse d'Alais. Il a écrit lui-même tous ces titres en tête de chacun des volumes du manuscrit qui lui avait été légué, et c'est sans doute ce qui a fait croire qu'il en était l'auteur. L'abbé Barbier, cité comme un homme taciturne et peu communicatif, jouissait d'ailleurs de la réputation d'être un des bons conseillers rapporteurs de la grand'chambre. Il poussait jusqu'à l'excès sa vénération pour le parlement; à tel point que depuis la Révolution il s'abstint constamment de passer sur la place du Palais, parce que ses confrères qui avaient péri en 1793 et 1794, avaient traversé cette place en allant au supplice. Il est mort à Paris, dans la rue d'Enfer, le 13 juillet 1830[1].

Nous avons dit plus haut qu'Edmond Barbier avait désigné Barbier d'Increville pour être son exécuteur testamentaire. C'est ce dernier qui nous instruit de cette circonstance dans les notes marginales qu'il a mises sur le *Journal*[2]. Il ajoute qu'il ne put veiller par lui-même à l'exécution des dernières volontés de son parent, parce qu'au

---

[1] Nous devons une partie de ces renseignements à l'obligeance de M. l'abbé Clouet, bibliothécaire à Verdun.
[2] T. III, p. 92 et 296 du manuscrit.

moment de sa mort il était exilé avec tout le parlement. Ces mêmes notes renferment aussi un éloge d'Edmond Barbier qui mérite d'autant plus d'être rapporté qu'il émane d'un homme en position de le bien apprécier. « J'ai connu l'auteur de ces Mémoires à l'âge de quatre-vingts ans, dit l'abbé Barbier : ce n'était pas un homme de parti. Il jugeait avec beaucoup de sagesse et de modération. »

Le *Journal* de l'avocat Barbier fait aujourd'hui partie des manuscrits de la Bibliothèque royale, où il est catalogué sous le n° 2036[47] du supplément français. Il se compose de sept volumes in-4° reliés en parchemin vert, ne portant d'autre titre que celui de *Journal* inscrit sur la couverture, avec l'indication des années dont il est parlé dans les volumes. Chacun de ceux-ci contient environ sept cents pages écrites en entier de la main de Barbier, et, en outre, un grand nombre de copies de pièces, de lettres adressées à l'auteur, de gravures et d'imprimés de toutes sortes placés dans le texte auquel ils servent, pour ainsi dire, de pièces justificatives.

Le *Journal* commence à l'année 1718. On ne saurait, en effet, considérer comme point de départ des *Remarques sur ce qui s'est passé après la mort de Louis XIV,* placées en tête du premier volume, et qui ne sont point de la main de Barbier, quoiqu'elles paraissent avoir été rédigées par lui. A compter de 1718 le récit se continue sans interruption jusqu'à la fin de l'année 1762[1]. Il ne présente d'autre lacune, durant ces quarante-cinq années, que pour 1736, qui n'occupe dans le manuscrit que quatre pages d'aperçus généraux sur les bruits de paix qui circulent, et pour 1739, qui s'arrête au mois de septembre. L'année 1757, au contraire, offre une double rédaction pour tous les faits relatifs à l'affaire de Damiens; il en est de même pour la totalité de l'année 1760. Ici surtout, il y a une grande dissemblance entre les deux rédactions; l'une est renfermée dans trente-sept pages, l'autre en comprend cent huit. Aussi, dans cette dernière, y a-t-il beaucoup d'anecdotes qu'on ne trouve pas dans la première, et celles qui sont communes aux deux y sont-elles racontées avec des détails beaucoup plus circonstanciés.

Cette particularité nous amène naturellement à examiner une question que l'on est porté à s'adresser tout d'abord. Barbier écrivait-il dans l'intention d'être lu ? Bien que rien ne le prouve d'une manière certaine, néanmoins nous sommes portés à nous prononcer pour l'affirmative. Cela semble ressortir du développement qu'il donne à sa narration. Un homme qui eût écrit pour lui

---

[1] Les *Mémoires secrets pour servir à l'histoire de la république des lettres*, par Bachaumont, commencent précisément au 1ᵉʳ janvier de cette même année 1762.

seul se fût borné à consigner laconiquement les événements dont il voulait conserver le souvenir, et n'aurait pas adopté une forme de récit qui suppose un lecteur, comme, par exemple, lorsqu'il dit : « Imaginez-vous, etc.[1] » Il n'aurait pas pris non plus le soin de faire observer qu'il a été témoin de ce qu'il raconte, car il n'avait pas besoin de se garantir sa propre véracité. Mais quel que soit le but que se proposât Barbier, il est évident que le manuscrit qu'il nous a laissé est le journal même qu'il a écrit quotidiennement, sans avoir aucun système, aucun parti pris, sous l'empire de la préoccupation du moment. On le reconnaît aisément aux variations qui se manifestent dans sa manière d'envisager les choses. Il ne faut pas croire pourtant qu'il ne soit que l'écho de l'opinion publique : Barbier n'accepte pas sans examen les préventions bienveillantes ou hostiles de la multitude. Il a ses idées particulières, souvent en opposition avec celles qui dominent, parce qu'il est doué avant tout d'un esprit droit et équitable. Très-peu religieux, ainsi que nous l'avons déjà dit, redoutant un roi dévot « comme le plus grand malheur qui puisse arriver à un État[2], » son indifférence l'empêche de prendre parti dans les querelles du jansénisme et du molinisme, et lui permet de rester impartial au milieu de leurs

---

[1] Décembre 1723.
[2] Février 1752.

débats. Ennemi des abus, il les attaque lorsqu'il croit en découvrir; toutefois ces lueurs d'idées libérales n'apparaissent que par intervalle. Si dans certains moments, par exemple, il juge les seigneurs de la cour avec sévérité, dans d'autres, au contraire, il excuse tous leurs désordres en raison de la position qu'ils occupent dans la société. C'est surtout à l'égard du roi qu'il montre une tolérance presque sans limites. Que l'on attaque madame de Pompadour, et nous le voyons aussitôt s'écrier : « Cela est bien imprudent, bien insolent! Il suffit que le roi soit attaché à une femme, quelle qu'elle soit, pour qu'elle devienne respectable à tous ses sujets!...[1] » Déjà, à l'occasion de madame de Mailly, il s'était étonné « que le fils aîné de l'Église n'eût pas une dispense pour faire ses Pâques en quelque état qu'il fût, sans sacrilége et en sûreté de conscience[2]. »

Comme on devait naturellement s'y attendre, Barbier montre une grande sympathie pour son ordre. Il ne manque pas l'occasion de faire ressortir son influence, et prétend que les avocats « n'ont pas besoin du parlement, parce qu'ils exercent dans leurs cabinets une juridiction volontaire et recherchée de la cour et de la ville[3]. » Cependant, quelque porté qu'il soit en faveur de

[1] Avril 1749.
[2] Mars 1739.
[3] Janvier 1743.

ses confrères, il ne s'aveugle pas sur leur compte, et critique vivement leur arrogance ainsi que leur luxe. Il convient qu'ils ne sont pas aimés en général à cause de cette hauteur, et parce qu'ils se laissent aller, dans les plaidoiries, à épouser les passions de leurs parties. Quant à lui, de même que son père, il se tient en dehors de toute manifestation politique[1], et si, en 1730, il signe le *Mémoire* en forme de requête des avocats, il a soin d'expliquer qu'il ne pouvait pas faire autrement « sans se désunir de son corps[2]. » En résumé, le *Journal* de Barbier fournira de curieux matériaux pour une histoire des avocats.

Il en sera de même à l'égard du parlement. « La *Gazette de France* ne parle jamais des affaires de cette cour souveraine, » dit Barbier. On peut ajouter que les autres publications périodiques, c'est-à-dire le *Journal de Verdun* et le *Mercure de France*, n'en parlent pas davantage. Du moins ce qu'ils en rapportent est tellement succinct et tronqué, que cela n'offre aucun intérêt. Barbier tomberait peut-être dans un autre excès. Il enregistre minutieusement, jour par jour, les démarches du parlement, les résolutions prises dans les assemblées particulières, les phases variables de la lutte que soutient ce grand corps de magistrature contre la cour de Versailles et le

---

[1] Février 1728.
[2] Novembre 1730.

clergé. Ici encore Barbier juge froidement ; il ne ménage pas le blâme au parlement lorsqu'il croit que celui-ci s'exagère ses droits et sa puissance, qu'il cherche à empiéter sur l'autorité royale, ou à s'immiscer dans la direction des affaires publiques.

Il a été publié dans la *Revue rétrospective* (tome VII à X de la IIe série), un *Journal* de Mathieu Marais, aussi avocat au parlement de Paris. Ce *Journal*, rédigé dans la même forme et au même point de vue, présente la plus grande analogie avec celui de Barbier. Néanmoins, pendant les cinq années dont les deux avocats se sont occupés concurremment, de 1721 à 1726, il y a à peine un tiers des faits qui soient communs aux deux journaux. Ajoutons que ces faits sont le plus souvent rapportés avec des circonstances différentes, qu'ils sont appréciés avec des préventions tout opposées, et il nous sera permis d'affirmer que ces deux publications ne font aucunement double emploi. Une différence bien autrement notable, existe entre le *Journal* que nous publions, et la *Correspondance* de Grimm, qui commence en 1754. Un des caractères particuliers du *Journal* de Barbier, et qui lui assigne une position toute spéciale parmi les œuvres du xviiie siècle, c'est l'indifférence complète de l'auteur pour tout ce qui a trait à la littérature. A cet égard, il ne fournit aucun renseignement. Ce sont les *faits Paris* de la presse actuelle qu'on trouvera dans ces notes écrites par un homme de bien, attaché à son pays, et qui distribue la louange ou le blâme avec une égale conscience.

Il était impossible que, dans un manuscrit de près de cinq mille pages, il ne se rencontrât pas beaucoup de longueurs. Barbier s'appesantit quelquefois, en effet, sur des détails qui n'offrent aujourd'hui qu'un médiocre intérêt; ailleurs il s'égare dans des discussions oiseuses. Il y avait donc nécessité de faire certains retranchements, d'écarter des anecdotes scandaleuses, racontées dans des termes plus que graveleux, et qui ont dû singulièrement choquer le chanoine auquel a appartenu le manuscrit. Nous avons, du reste, apporté la plus grande réserve dans ces suppressions.

En terminant cette notice, nous devons aussi faire remarquer que Barbier, dans plusieurs occasions, s'exprime sur le compte de quelques personnages en termes extrêmement virulents; que les jugements qu'il porte dépassent souvent les bornes de la critique et dégénèrent même en satires passionnées. Cela n'est point, cependant, en contradiction avec ce que nous avons dit plus haut de son caractère honorable et de sa bonne foi. Il ne faut pas perdre de vue que Barbier faisait partie de la classe moyenne de la société, qu'il en partageait nécessairement l'esprit, et que son récit doit fréquemment reproduire les sanglantes épigrammes par lesquelles la bourgeoisie se vengeait du dédain des grands seigneurs. Nous ne nous sommes permis ni modifications ni rectifications, afin de laisser à l'œuvre de l'avocat Barbier son cachet d'originalité; mais nous déclarons en même temps que nous ne prenons ni n'acceptons la responsabilité d'aucune des assertions de l'auteur du *Journal*.

A. DE LA VILLEGILLE.

JOURNAL

DE

E. J. F. BARBIER.

ANNÉE 1718.

Avril.—Le mercredi 27 il y eut un incendie effroyable sur le Petit-Pont, au Petit-Châtelet. Les maisons qui débordaient toutes sur l'eau, qui étaient posées sur des pilotis et qui craignaient à toutes les grandes eaux de périr dans les dégels par la débâcle des glaçons, ont, au contraire, été consumées et détruites entièrement par le feu en sept à huit heures de temps. Cela doit paraître bien surprenant; mais ce qui en a été cause est encore plus extraordinaire.

Une femme avait perdu son fils, qui s'était noyé. On lui dit qu'elle trouverait son corps en mettant dans une sébile de bois un cierge allumé et un pain de saint Nicolas de Tolentin[1], qui est un saint dont le domicile est chez les Grands-Augustins; elle le fit. Cette sébile se promena sur l'eau, alla s'arrêter contre un bateau de foin qui était attaché sur le quai de la Tournelle,

[1] C'était un pain béni sous l'invocation de ce saint, et auquel on attribuait diverses propriétés miraculeuses. Saint Nicolas, qui vivait à la fin du XIIIe siècle, était ermite de Saint-Augustin.

vis-à-vis les Dames de Miramion[1], et y mit le feu. Le maître du bateau n'ayant point voulu prendre les mesures nécessaires pour le faire conduire au milieu de l'eau et le faire couler, les marchands de bois craignirent que le feu ne gagnât les autres bateaux de foin et de charbon, et que, par le vent, cela ne vînt aux piles de bois qu'ils avaient en grande quantité sur le port; ils coupèrent la corde et le bateau s'en alla tout en feu au gré de l'eau. Il prit la petite rivière, enfila les deux ponts de l'Hôtel-Dieu, qui sont de pierre, mais quand il fut au pont du Petit-Châtelet, il ne put passer, parce que les arches étaient remplies et embarrassées de poutres et de pièces de bois. Le feu prit aisément aux premières maisons du côté de l'Hôtel-Dieu, où logeait un nommé Olivier, marchand linger. Le marchand voisin se trouvait avoir marié sa fille la veille, et il n'y avait personne chez lui. Comme le feu prenait par-dessous, et que toutes ces constructions étaient en bois, il fut impossible de l'éteindre. Il consuma d'abord toutes les maisons entre le Petit-Châtelet et l'Hôtel-Dieu, et gagna, tant par-dessous que par le travers de la rue, les maisons du côté opposé, en sorte que les deux côtés du pont étaient en feu en même temps. Cela commença à sept heures du soir : à neuf heures je sortis de chez un de mes amis contre la rue Saint-Denis; on voyait de là tout l'air en feu. J'arrivai jusqu'à la Madeleine[2], et non plus avant, parce que le guet gardait tous les passages, et

---

[1] Communauté de femmes, située sur le quai de la Tournelle entre la rue de Pontoise et la rue des Bernardins.

[2] Sainte-Madeleine en la Cité, église paroissiale qui se trouvait dans la rue de la Juiverie, près de la rue des Marmousets.

que l'on prenait tout le monde pour travailler. C'était un spectacle affreux de voir cet embrasement : les pompes qui allaient à force ne faisaient que l'irriter. La vue de ce feu était aussi épouvantable du côté de la rue Saint-Jacques, par l'ouverture de l'arcade du Petit-Châtelet; il semblait un grand four à chaux; l'on voyait tomber les poutres entières. La rivière au bas du pont fut bientôt comblée; l'eau ne passait plus que par une arche. Toute la charpente qui tombait brûlait même dans l'eau parmi ces décombres. Quand le bateau de foin fut consumé à un certain point, il descendit jusqu'auprès du pont Saint-Michel, où il acheva de brûler jusqu'à la fin. Étant à ras l'eau, il brûlait encore le lendemain après midi.

Tout le guet fut sur pied; on ordonna de jeter de l'eau des puits dans toutes les maisons du voisinage. On commanda pour travailler des détachements de soldats aux gardes[1], qui arrivèrent de tous les faubourgs, en veste, un sergent à la tête, avec des pioches et autres outils. Des capucins et des cordeliers y vinrent; plusieurs personnes, soldats et moines, y périrent, tant par le feu que par l'eau; d'autres furent ensevelis sous les ruines.

Tous les magistrats s'y rendirent. M. le premier président (de Mesmes), M. le procureur général (Joly de Fleury), M. le lieutenant de police (Machault), le lieutenant criminel (Lecomte), le procureur du roi (Moreau), le prévôt des marchands (Trudaine), les échevins et les commissaires du Châtelet. Il y avait aussi MM. le maréchal de Villeroi, gouverneur du roi, le

---

[1] On appelait ainsi les soldats du régiment des gardes françaises, corps d'infanterie qui faisait partie de la maison du roi.

maréchal de Villars, le duc d'Antin-Contades, major des gardes françaises, le duc de Tresmes, gouverneur de Paris, et le cardinal de Noailles, archevêque de Paris. Tous ces messieurs étaient à l'Hôtel-Dieu, dans la salle qui donne sur le Petit-Pont, pour donner les ordres nécessaires.

Il y a eu une perte considérable surtout pour les marchands qui étaient du côté du Petit-Châtelet, et qui ont été incendiés les premiers. Non-seulement ils ont perdu les marchandises et les meubles qui ont été brûlés ou jetés dans l'eau, mais aussi la plupart de ceux qu'ils ont été obligés de confier aux premiers venus, et qu'on ne leur a point rapportés, car il y a toujours beaucoup plus de fripons que d'autres.

C'était une désolation de voir tous les environs du Petit-Pont déménager sur le Marché-Neuf et dans la rue de la Huchette; on n'apercevait que des gens qui portaient des meubles, jusqu'à des servantes en chemise qui emportaient leurs hardes. Le Petit-Châtelet, qui est très-bien bâti, a sauvé la rue de la Huchette et le côté de la rue Galande. Un pavillon très-vieux, mais fait de pierres de taille, qui était derrière la maison d'un marchand, a sauvé le Marché-Neuf, d'autant que le vent y donnait : par bonheur il n'était pas grand. On abattit beaucoup de ce côté-là, et le feu y était encore tout le lendemain. Pendant trois jours les magistrats ne cessèrent d'y aller donner des ordres. Il y a eu vingt-deux maisons brûlées, et pendant huit jours on ne passa pas sur le Petit-Pont. On a fait visiter les fondements de celui-ci par des architectes.

Il y a eu un arrêt du parlement qui a ordonné une quête générale dans toutes les paroisses de Paris, pour dédommager des pertes de cet incendie, et un mandement de M. l'archevêque, pour faire exhorter au prône, dans lequel il est dit que c'est un malheur et en même temps une punition du ciel.

M. le régent eut peur à la nouvelle de cette désolation. Le peuple, qui fut en l'air toute la nuit et qui vint voir ce feu de tous les quartiers, fit apparemment appréhender ou un pillage, ou quelque chose de pis. Cela se termine en effet quelquefois en émotion, surtout quand il y a du mécontentement. En un mot, il y avait des compagnies de soldats aux gardes que je vis sortir de la rue de la Huchette à onze heures du soir, en ordre et armées, et on ordonna aux gendarmes et aux mousquetaires d'être prêts à monter à cheval.

Septembre. — Law, qu'on appelle communément Las[1], est un étranger originaire d'Écosse, fils d'un orfévre, homme bien fait, et le plus habile qu'il y ait eu en Europe en matières de compte et en matières d'or et d'argent. Cet homme était si heureux au jeu, et savait si bien prendre le parti le plus avantageux, qu'il a été renvoyé de plusieurs républiques. Il s'est sauvé d'Angleterre, où il avait été condamné à être pendu, est venu en France, pays de refuge, et y a amené une femme qu'on dit être la femme d'un autre, qu'il a enlevée en Angleterre.

Il a gagné d'abord considérablement au jeu, et n'avait point d'autre emploi que de joueur. Il s'est insinué auprès de M. le duc d'Orléans, régent, à qui il a fait goûter la science qu'il avait pour compter mieux qu'un autre, et il est entré peu à peu dans les affaires d'État.

---

[1] « ... Il s'appeloit Law ; mais quand il fut plus connu, on s'accoutuma si bien à l'appeler l'*As*, que le nom lui en resta. » (Saint-Simon, *Mémoires*, t. XIV, p. 118).

Pour s'introduire d'abord il a cherché accès auprès du duc de Noailles, qui était ministre, et ensuite il l'a fait chasser pour être en sa place. En vertu de lettres patentes[1], il a établi une banque par laquelle il a fait un tort infini aux autres banquiers, et, peu à peu, il a trouvé le secret de rendre le régent maître de tout l'argent du royaume, en faisant porter les deniers des recettes du roi dans la banque, et donnant des billets de banque aux trésoriers pour distribuer au public.

Au mois de mai, il a imaginé une réformation de monnaie très-avantageuse pour le roi. Il n'y avait que lui capable de pousser jusque-là la finesse des calculs. On portait à la monnaie sept mille livres, savoir cinq mille livres en argent et deux mille livres en billets d'État[2]. On n'en avait point sur-le-champ le payement, mais seulement un billet à trente jours, signé du directeur de la monnaie, nommé Foubert. A présent ces billets sont à quarante jours pour l'argent et à vingt pour les louis. Comme les vieux écus que l'on prenait à cinq livres à la monnaie valaient six livres dans le public, le même argent que le roi recevait, il l'envoyait dans ses caisses pour payer sur le pied de six livres l'écu, où il gagnait un sixième; et avant l'expiration du billet, qui était à trente jours, par la circulation, le même argent qui avait été porté à la monnaie le 1er du mois pouvait y être reporté trente fois. Jugez par là,

[1] Du 2 mai 1716.
[2] Une déclaration du 7 décembre 1715 avait ordonné la vérification et la liquidation de tous les billets qui avaient été émis, en divers temps et à divers titres, pendant le règne de Louis XIV, pour les remplacer par une seule espèce qui ne fût sujette à aucune variation. On annula plus du tiers de ces obligations et on convertit le reste en *billets d'État* que l'on devait rembourser successivement, et qui, en attendant, portaient intérêt à 4 p. 100.

combien avec ces premières cinq mille livres il gagnait avant de les payer, et combien il acquittait de billets d'État !... D'ailleurs, comme on pesait l'argent à la monnaie, Law avait donné une facilité; il recevait de même qu'à la monnaie sans peser, et vous donnait un billet de banque que vous portiez à la monnaie et pour lequel l'on vous donnait un billet à trente jours de Foubert. Il pouvait ainsi remettre ces billets d'État dans le commerce et gagner moitié dessus.

Le gain que le roi a fait sur cette refonte, l'abus qu'il y avait parce qu'on ne biffait point les billets d'État à mesure qu'on les recevait, la perte que tout le royaume ferait un jour sur des écus de six livres, qui ne valaient intrinsèquement que deux livres dix-sept sous, le prix haut que cela donnait à toutes les marchandises et aux fonds de terre, ont excité le parlement à s'opposer à cette fabrication. Il n'a pas voulu enregistrer l'édit, et a fait d'itératives remontrances; la chambre des comptes et la cour des aides en ont fait aussi, mais toutes ces démarches n'ont eu aucun fruit. On a envoyé cinquante soldats aux gardes à la banque de Law pour la garder, et autant à la monnaie pour soutenir la fabrication, parce que le parlement, par un arrêt, avait fait défense de travailler.

Le parlement a bien vu qu'il fallait directement s'adresser à Law, qui était l'inventeur et l'auteur de tout le mal. Il a rendu un arrêt, le 12 août 1718, qui renouvelle les anciennes ordonnances faisant défenses à tous étrangers de s'immiscer dans les deniers royaux; et ordonne que ceux-ci soient portés chez les officiers comptables, comme gardes du trésor royal, trésoriers de l'extraordinaire des guerres, receveurs généraux et autres, parce que leurs charges répondent de leur maniement, au lieu qu'il n'y a aucun recours contre Law, si par malheur la banque se fermait.

Cet arrêt du parlement fit beaucoup de bruit; on le lisait partout. M. de Mesmes, premier président, paraissait avoir changé de bonne foi, et avoir quitté le parti de la cour pour embrasser celui du parlement et du peuple. Cependant bien des gens doutaient encore de la sincérité de ce changement, mais c'était les fins politiques, car l'apparence était pour lui. On ne doutait pas, si Law eût été pris en ce temps-là, qu'on ne lui eût fait promptement son procès et qu'on ne l'eût pendu dans la cour du palais. Tout le peuple en parlait ainsi et le souhaitait. Law fut conseillé, même, de se retirer dans les premiers jours au Palais-Royal; la peur le prit : cependant il n'est rien arrivé. Mais comme le parlement s'assemblait toujours malgré les défenses qu'on lui faisait, cela détermina M. d'Argenson [1], garde des sceaux et président des finances, grand génie et d'expédition, d'apporter un remède prompt et violent à tous ces remuements.

Pour cela, la nuit du 25 au 26 août, qui est le lendemain de la Saint-Louis, on prépara tout au Louvre [2]

---

[1] Marc-René Le Voyer de Paulmy, marquis d'Argenson, fils d'un conseiller au parlement de Rouen, était venu s'établir à Paris sous le règne précédent et avait succédé à La Reynie dans la charge de lieutenant de police. Au mois de janvier 1718, le régent lui confia les sceaux après la première disgrâce de d'Aguesseau, et le nomma en même temps président du conseil des finances. D'Argenson était de haute taille, d'une figure repoussante, et son physique, en rapport avec sa sévérité, lui avait fait donner par le peuple le surnom de *Damné*.

[2] Le lit de justice fut tenu aux Tuileries et non au Louvre. Barbier prend ce dernier mot dans l'acception où il était alors employé de *palais où demeure le roi*. Louvre se disait également des autres maisons royales,

pour tenir un lit de justice, et secrètement on envoya chez tous les ducs et pairs, maréchaux de France, gouverneurs de province, lieutenants généraux et autres grands du royaume qui ont droit de séance au lit de justice. Des princes du sang il n'y avait que M. le Duc[1] qui savait le secret de cette menée. Le vendredi, à six heures du matin, comme le parlement devait s'assembler, on lui envoya ordonner de la part du roi de prendre la robe rouge et de venir en corps au Louvre. Le parlement fut si fort étonné de cette nouvelle qu'il fut hors d'état de prendre un parti sage dans cette affaire, ne pouvant d'ailleurs prévoir le motif de ce lit.

Comme c'était là un coup de partie, et que le régent craignait, la cour prit des sûretés. Tout le régiment des gardes françaises marcha; dès le matin, une bonne partie fut au Louvre, et l'autre se rangea en différents quartiers de Paris, en des endroits cachés, comme dans la cour de la foire Saint-Germain. Les gendarmes étaient tout prêts dans l'hôtel de M. le prince de Soubise[2], les chevau-légers de même, les mousquetaires gris étaient à cheval dans l'hôtel[3], et les mousquetaires noirs, dont l'hôtel était trop éloigné[4], étaient dans la

comme Versailles, Saint-Germain, lorsque le roi y demeurait effectivement.

[1] Louis-Henri, duc de Bourbon et d'Enghien, arrière-petit-fils du grand Condé, né le 18 août 1692. Le titre de M. le Duc était affecté aux fils aînés des princes de Condé. Voir pour l'origine de cette qualification les *Mémoires de Saint-Simon*, t. VII, p. 143.

[2] Aujourd'hui le dépôt des archives générales du royaume, rue du Chaume.

[3] Cet hôtel était situé entre les rues du Bac et de Beaune, dans l'emplacement où fut construit plus tard le marché Boulainvilliers, fermé il y a quelques années.

[4] L'hôtel des mousquetaires noirs était dans la rue de Charenton. Il est maintenant occupé par les Quinze-Vingts.

cour de la foire Saint-Germain. Il y avait un mousquetaire à cheval à la porte des Tuileries, du côté du pont Royal, et un au Carrousel, pour recevoir les ordres qu'on aurait pu avoir à donner.

A la vérité, toutes ces précautions étaient assez inutiles, car le parlement est composé de gens en robe sans défense, et s'il y avait eu une sédition du peuple, qu'aurait fait ce petit nombre de troupes, la plupart fort indisposées contre le régent? elles n'auraient pu servir que pour la défense du roi, et l'on savait bien que le peuple ne lui en voulait en aucune façon.

A onze heures, le parlement partit à pied, en robe rouge, du palais, au nombre de cent cinquante-trois, et alla au Louvre par la rue Saint-Honoré. Comme on n'était point averti de cela, cette marche ne fit aucun effet : le peuple ne suivit pas; il y avait seulement au Louvre un grand concours de ceux qui avaient su cette nouvelle.

Le lit de justice assemblé, la première chose que le garde des sceaux proposa fut d'enregistrer ses lettres de garde des sceaux et de vice-chancelier, que le parlement avait refusé.

Ensuite M. le Duc présenta sa requête (qui était toute préparée), pour demander, en qualité de premier prince du sang, la surintendance de l'éducation du roi, que l'on avait donnée à M. le duc du Maine[1] lors du lit de justice pour la régence. Cela fit du murmure, parce que M. le duc du Maine est un prince très-sage et très-estimé. Le premier président voulut

---

[1] Louis-Auguste de Bourbon, duc du Maine, fils de Louis XIV et de madame de Montespan, né le 31 mars 1670, légitimé en 1673.

répondre et demander au roi de donner du temps pour délibérer sur des matières aussi importantes, le garde des sceaux coupa la parole au premier président, se tourna du côté du roi comme pour faire semblant de lui demander sa volonté, et répondit que le roi voulait être obéi sur-le-champ. En sorte que sans que personne, ni des seigneurs ni du parlement, donnât son avis, on enregistra l'arrêt du conseil du 24 août, qui est très-fort contre le parlement [1], ainsi que l'édit qui dégrade MM. les duc du Maine et comte de Toulouse [2] de leur qualité de princes du sang et des honneurs y attachés, et les remet au rang de leur duché. M. le Duc fut installé dans sa place de surintendant de l'éducation, et M. le duc du Maine fit démeubler dès l'après-midi même. Par lettres patentes aussi enregistrées le même jour, M. le comte de Toulouse fut rétabli dans ses honneurs pour sa vie durant seulement.

Le parlement sortit à deux heures et s'en retourna. Il n'y eut pas la moindre émotion, quoique tout le monde fût fort surpris de la disgrâce de M. le duc du Maine. On craignait d'abord quelque mouvement de ces princes, qui auraient pu être excités par madame la

---

[1] Il lui interdisait de prendre connaissance des affaires d'État, cassait l'arrêt qu'il avait rendu le 12 du même mois pour arrêter les opérations de la banque, etc.

[2] Louis-Alexandre de Bourbon, comte de Toulouse, fils de Louis XIV et de madame de Montespan, né le 6 juin 1678, légitimé comme son frère. En 1694 leur père leur avait donné à tous deux le premier rang après les princes du sang et avant tous les ducs et pairs du royaume. Un édit du mois d'août 1714 les avait en outre appelés à la couronne, eux et leurs descendants, à défaut des princes du sang, et enfin une déclaration de mai 1715, avait rendu leur état égal en tout point à celui des princes légitimes.

duchesse du Maine, qui est Condé en son nom [1], haute et outrée au dernier point de ce malheur pour ses enfants.

Quoique dans les articles de l'arrêt du conseil il fût expressément défendu au parlement de s'assembler pour aucune affaire d'État, il s'assembla dès l'après-midi et le lendemain matin samedi; cela irrita M. le garde des sceaux, qui n'était pas fâché de trouver les occasions d'abaisser le parlement, et il en faut dire les raisons.

— Dans le temps de la chambre de justice [2], qui était composée pour la meilleure partie de messieurs du parlement, puisque les deux présidents étaient MM. de Lamoignon et Portail, présidents à mortier, on avait terriblement donné d'inquiétudes à M. d'Argenson, pour lors lieutenant général de police et conseiller d'État. On avait été sur le point de décréter contre lui sous prétexte de malversation; il avait été mandé plusieurs fois, et on avait arrêté tous les gens qu'il avait employés dans le secret, soit commissaires ou exempts, du temps du roi Louis XIV. Le parlement avait cherché toutes les preuves qu'il aurait voulu trouver contre lui; il était piqué du crédit qu'il avait eu sous le règne précédent et de celui qu'il s'était ménagé par ses intrigues ou son esprit auprès du régent. Ainsi Pomereu, un de ses exempts, ayant été arrêté par ordre de la chambre

[1] Anne-Louise-Bénédicte de Bourbon Condé, née le 8 novembre 1676, petite-fille du grand Condé. Elle avait épousé le duc du Maine en 1692.

[2] Un édit du mois de mars 1716 avait institué une *chambre de justice* pour examiner les comptes de tous ceux qui avaient pris une part quelconque au maniement des finances depuis le 1er janvier 1698, et pour punir les malversations qui avaient eu lieu. Ce tribunal, qui siégea un an, ne réalisa point les espérances qu'on avait fondées sur son établissement.

de justice, et une cassette de papiers secrets ayant été saisie, d'Argenson eut le crédit d'obtenir sur-le-champ du duc d'Orléans une lettre de cachet avec laquelle il fit sortir Pomereu de prison et le fit enfuir, tandis que la cassette était portée chez le régent. Les présidents de la chambre voulurent avoir raison de ce coup d'autorité, mais ils furent mal reçus du prince, et tous les papiers furent brûlés. *Inde iræ.*

Or, quand, au mois de février 1718, M. d'Argenson a eu tout d'un coup, un matin, la place de M. le duc de Noailles, président des finances, et celle de M. d'Aguesseau, chancelier et garde des sceaux, qui fut relégué à sa terre de Fresne, à six lieues de Paris, du côté de Meaux, tous deux ses plus grands ennemis, le parlement ne douta pas qu'il ne se vengeât de lui; aussi il n'y manqua pas, parce que effectivement la vengeance est la vertu la plus flatteuse et la plus digne d'un grand cœur.

— Lors de la nomination de M. d'Argenson, tout Paris alla le complimenter, chacun avec différentes intentions. Nous y allâmes aussi, mon père et moi; il nous dit : « Pour vous, je sais que vous m'aimez; je prie monsieur votre fils de m'aimer aussi, » et cela devant tout le monde, et peut-être pas sans malice.

— Pour revenir aux faits du mois d'août, quand M. le garde des sceaux eut appris les assemblées du parlement du vendredi et du samedi, la nuit du dimanche au lundi, qui était le 29, à une heure après minuit, trois maîtres des requêtes se transportèrent avec vingt mousquetaires chacun et des carrosses à six chevaux pour arrêter M. le président de Blamont, M. de Saint-Martin, conseiller, M. Feydeau de Calendes, jeune homme de trente ans, fils du président Feydeau, tous les trois de la quatrième des enquêtes, et pour mettre le scellé chez eux sur tous leurs papiers. Le portier de M. de Saint-Martin ne voulut point ouvrir, mais on avait des haches toutes prêtes avec lesquelles on enfonça la porte. On mit chacun dans un carrosse avec un laquais à eux, et ils partirent à trois heures du matin par le chemin de Montlhéry, chaque carrosse escorté de seize mousquetaires avec un brigadier. On a mené M. de Saint-Martin aux îles Sainte-Marguerite : il avait même beaucoup de peine à s'embarquer[1].

Cette nouvelle fit beaucoup de bruit à Paris, mais nulle émotion, comme dans le temps qu'on arrêta M. Broussel, à la minorité de Louis XIV. Présentement qu'on n'est point accoutumé aux troubles, et que chacun sent le désagrément de quitter sa maison et sa famille pour être exilé dans des endroits très-éloignés, une pareille action fit peur à chaque membre en particulier. Il est certain que dans les affaires d'État ceux qui ont la force en main doivent coup sur coup faire des actions publiques et violentes; cela anime les braves, mais comme le plus grand nombre est des craintifs, cela intimide la plupart, déconcerte toutes les menées, et cela rompt les partis qui pourraient se former. Car, en effet, à entendre parler tout le monde, chacun ne demandait pas mieux que de se joindre au parlement, mais personne n'osait commencer ni se déclarer pour chef; personne n'osa attacher le grelot, comme on

---

[1] Barbier était mal informé : M. de Saint-Martin fut conduit à Belle-Ile. MM. Feydeau de Calendes et de Blamont furent envoyés, le premier à Oleron et le second aux îles d'Hyères. Cet exil ne dura que quelques mois.

dit. Cela suffit pour conserver toujours le dessus à la cour sans rien craindre.

Le parlement s'assembla le lundi, et il fut délibéré qu'on fermerait le palais. Les avocats, sans avoir été priés par le parlement, délibérèrent de n'aller plaider nulle part, ni à la cour des aides, ni aux autres chambres; ils arrêtèrent même qu'en haine des maîtres des requêtes qui avaient eu assez peu de cœur pour aller faire les commissaires chez des membres du parlement, et pour pareille occasion, de ne jamais monter aux requêtes de l'hôtel[1], ce qui aurait fait tomber absolument la seule juridiction qu'aient les maîtres des requêtes.

Le parlement resta fermé deux jours. Il y eut des conférences entre lui et la cour, et il ouvrit le jeudi; les avocats plaidèrent à la grand'chambre, le premier président les remercia au nom de la cour de leur zèle, et les pria de remonter aux requêtes de l'hôtel.

— On dit que quand on rapporta à M. le régent l'action des avocats, il s'écria : « Quoi, ces b......-là s'en mêlent aussi ! » et que le seigneur qui lui parlait lui répondit : « Monseigneur, ce sont ceux qu'il est le plus difficile de réduire, car il est permis de faire taire un avocat, mais il est impossible de le faire parler malgré lui. »

— Le parlement ensuite a envoyé MM. les gens du roi demander audience au roi, et il y a été par une députation nombreuse en robes noires pour demander ses prisonniers. Voici la réponse que leur fit M. le garde des sceaux, M. le premier président de Mesmes y étant et ayant très-bien parlé : « Les affaires qui attirent au-

[1] Tribunal où siégeaient les maîtres des requêtes, et qui connaissait de certaines causes.

jourd'hui au roi la députation de son parlement, sont matières d'État qui demandent le secret et le silence. Le roi a voulu faire respecter son autorité ; la conduite que tiendra son parlement dans ces circonstances déterminera sa disposition et ses sentiments. »

Cette réponse a paru très-haute et très-insultante pour le parlement, cependant il s'en est revenu avec cela. Les vacances sont arrivées, les prisonniers ont toujours continué leur route, et voilà où en sont les choses aujourd'hui.

Décembre. — M. le régent et son conseil secret ont eu des soupçons de négociations secrètes entre le cardinal Albéroni, ministre d'Espagne, homme très-habile, et quelques grands seigneurs d'ici ; on ne connaît pas précisément ceux-ci, mais on pourrait soupçonner M. le duc du Maine, à cause des disgrâces qui lui sont arrivées dans le dernier lit de justice. Ces soupçons ont pu se trouver aussi dans les papiers du secrétaire de M. Joly de Fleury, procureur général, que l'on a mis à la Bastille, et que l'on disait être un pensionnaire d'Albéroni.

Sur ces conjectures on a arrêté il y a quelque temps, à Poitiers, le neveu du cardinal Portocarrero, grand seigneur d'Espagne ; on a trouvé ce personnage porteur d'un paquet de lettres qui compromettent M. le prince de Cellamare, et de la liste des seigneurs de France et de la cour qui trempaient dans la conspiration.

— Cela a fait connaître que tous les faux-sauniers répandus autour de Paris sous le commandement des sieurs de Colingri[1] et de Rasoir, qui sont des officiers qui ont

---

[1] Ou Colinieri. — Lémontey (*Hist. de la Régence*, t. I, p. 224) traite

servi ici pendant quinze ans, sont des troupes envoyées par le cardinal Albéroni pour faire quelque coup. Ils ont pris prétexte de faux sel pour se disperser de côté et d'autre, et sont au nombre de cinq ou six mille, peut-être même davantage ; ils ne font de tort dans aucun endroit où ils passent ; ils ont de l'argent, et l'on s'était toujours méfié de la qualité de ces gens-là, car on n'a jamais vu six mille faux-sauniers autour de Paris.

9. — Aujourd'hui, M. le régent a envoyé chercher l'ambassadeur d'Espagne et lui a dit d'aller chez M. Le Blanc, secrétaire d'État de la guerre, pour des affaires. M. l'ambassadeur y a été ; on prétend qu'il s'attendait à être arrêté, parce qu'il savait l'arrestation du neveu de Portocarrero. M. Le Blanc, en présence du maréchal de Bezons et de M. l'abbé Dubois, secrétaire des affaires étrangères, lui a demandé s'il reconnaissait une lettre qu'il lui présentait, et sur sa réponse qu'elle était de sa main, il lui a déclaré que, cela étant, il l'arrêtait de la part du roi. Ils sont montés par une porte de derrière dans le carrosse de M. Le Blanc, qui l'a conduit en son hôtel ; aussitôt arrivés, il y avait trente mousquetaires en habits ordinaires et bourgeois répandus dans les maisons voisines qui sont entrés ; M. Le Blanc et M. l'abbé Dubois ont mis le scellé sur tous les endroits où il y avait des papiers, avec gardien, et l'ambassadeur est resté dans un appartement de son hôtel

---

de fable la supposition du caractère politique de ces rassemblements. Saint-Simon (*Mémoires*, t. XVII, p. 274) soutient au contraire que les faux-sauniers étaient dirigés secrètement par le parti du duc du Maine, et il en donne pour preuve qu'ils se dispersèrent après l'arrestation de ce prince.

qu'on lui a laissé. Cette affaire est de très-grande conséquence par rapport au nombre des conjurés.

10. — Le parlement a envoyé des députés au régent pour demander la liberté du président de Blamont. Le régent a répondu avec beaucoup d'honnêteté au parlement et a dit que, quand on aurait examiné s'il ne trempait pas dans la conspiration découverte, on le rappellerait aussitôt.

13. — M. le régent eut hier un frisson; une pareille nouvelle suffit bien pour faire tomber malade. On dit que le projet était de l'enlever et de le conduire en Espagne.

— L'ambassadeur est parti avec un gentilhomme ordinaire du roi et un officier de mousquetaires pour le conduire sur la frontière; il est demeuré en chemin [1] jusqu'à ce qu'on ait des nouvelles de M. de Saint-Aignan, notre ambassadeur en Espagne.

— M. le régent a fait imprimer les lettres qui ont été prises pour se justifier de ce qu'il a fait. Tout le monde a pensé uniformément à ce sujet, c'est-à-dire que M. le régent a très-mal fait de les produire, et encore plus mal de s'être obligé à une justification par la démarche qu'il a faite de faire arrêter la personne sacrée d'un ambassadeur. Ces lettres sont un manifeste donné par le roi d'Espagne à la nation française; elles sont pleines d'esprit et de bons sentiments pour le roi et pour la nation.

Il y a une lettre de M. de Cellamare aux ambassadeurs qui sont à Paris et une autre de M. l'abbé Dubois

---

[1] A Blois. Le gentilhomme qu'on lui avait donné pour l'accompagner se nommait Dulybois.

aux mêmes. M. de Cellamare a traité M. l'abbé Dubois comme un maraud [1].

— On dit que M. d'Argenson, garde des sceaux, fait ce qu'il peut pour être premier président : il n'a que cette porte-là pour sortir d'embarras dans les affaires présentes.

— La nuit du 28 au 29, qui était la nuit du jour des Innocents, un lieutenant des gardes du corps du roi [2] se transporta à Sceaux, accompagné de vingt gardes et de vingt mousquetaires, et à huit heures du matin il arrêta M. le duc du Maine de la part du roi. Ce prince allait à la chasse, sa chaise était toute prête.

M. Trudaine, prévôt des marchands et conseiller d'État, y était aussi pour mettre le scellé sur tous ses papiers. Il lui témoigna le chagrin qu'il avait d'être chargé d'une pareille commission; le prince lui répondit qu'il aimait mieux que ce fût lui qu'un autre.

Le lieutenant a conduit M. le duc du Maine à Dourlens, entre Amiens et Arras, en Picardie.

Le même jour, à la même heure, M. le marquis d'Ancenis, capitaine des gardes du corps du roi, fils de M. le duc de Charost, a arrêté avec pareille escorte madame la duchesse du Maine, princesse du sang, dans une maison qu'elle louait à Paris; M. Fagon [3], conseiller au conseil royal des finances, y mit le scellé. On l'a conduite avec quelques pages et quelques femmes de chambre au château de Dijon [4].

[1] Lors de la mise des scellés à l'hôtel de l'ambassadeur.
[2] Nommé La Billarderie.
[3] Fils du premier médecin du roi.
[4] M. le Duc, ayant le gouvernement de la Bourgogne, se trouva ainsi associé aux mesures rigoureuses dont la duchesse du Maine, sa tante, était l'objet.

Le même jour on a été pareillement mettre le scellé chez M. le cardinal de Polignac, à qui l'on a enjoint de partir sur-le-champ pour son abbaye [1], et qu'un gentilhomme a accompagné.

Il est resté six mousquetaires à Sceaux et six chez M. de Polignac pour la sûreté des scellés.

On a envoyé par lettres de cachet M. le prince de Dombes à Bourges [2], M. le comte d'Eu à Gien, et mademoiselle du Maine a été mise dans un couvent. C'est ainsi que cette famille si chérie de Louis XIV a été dispersée.

— On a arrêté M. de Malezieu [3], chancelier de Dombes et *le tout* de M. le duc et de madame la duchesse du Maine; c'est un homme d'esprit. On a mis le scellé sur ses papiers, et j'ai appris d'un officier de mousquetaires qu'il était bien fâché d'un portefeuille qu'il n'avait pu soustraire. On l'a conduit à la Bastille, apparemment pour qu'il soit à portée pour être interrogé.

— On a arrêté un avocat général [4] au parlement de Toulouse qui travaillait avec M. le duc du Maine, ainsi qu'un simple avocat au même parlement qui avait travaillé pour M. le duc du Maine dans un procès contre

---

[1] L'abbaye d'Anchin sur la Scarpe, près de Douai. Il y resta jusqu'à la fin de l'année 1720.

[2] Louis-Auguste, prince de Dombes, né le 4 mai 1700; Louis-Charles, comte d'Eu, né le 15 octobre 1701; et Louise-Françoise, dite mademoiselle du Maine, tous trois enfants du duc et de la duchesse du Maine.

[3] Nicolas de Malezieu, né en 1650. Il avait été reçu à l'Académie française en 1701, joignait le goût des lettres à l'étude des sciences, et fut l'âme des fêtes que la duchesse du Maine donna à Sceaux.

[4] Davisart, avocat général, et Barjeton, simple avocat au parlement de Toulouse. Ils avaient tous deux travaillé aux mémoires sur les rangs des princes légitimés, mais n'avaient eu aucune part à la conspiration.

M. le Duc. On voit bien pour celui-là que c'est pousser la vengeance trop loin. On a même arrêté un autre avocat de Toulouse qui se trouvait par hasard à Paris pour affaires particulières, et qui soupait dans ce moment-là avec son confrère. On s'attend qu'il y aura bien d'autres personnes arrêtées, car on a meublé la Bastille et Vincennes et mis tout en état. On dit que toute la cour est enveloppée dans le parti d'Espagne, mais personne ne trouve dans l'éclaircissement qui a été donné de la conspiration, de sujet d'arrêter des princes de la part du roi; les officiers même dont M. le régent se sert en parlent comme cela. On trouve cette entreprise bien hardie, on l'attribue à M. d'Argenson et à M. l'abbé Dubois, dont le caractère est violent et dont la politique est toujours d'aller en avant par les voies de fait.

— On dit que les jésuites sont aussi du parti : ils ne sonnent mot, ils ne s'écrivent même aucune nouvelle d'une province à une autre, parce que depuis longtemps toutes leurs lettres sont décachetées. On ne parle plus de nouvelles dans les cafés, elles sont devenues trop sérieuses; mais dans les maisons on ne parle que de cela, et en bien des façons différentes, ainsi que cela se passe à Paris : on nomme tous les jours des gens pris qui ne le sont pas.

— On presse fort M. le premier président de Mesmes de se démettre de sa charge, dont on lui offre cinq cent mille livres, mais la raison, dit-on, qui l'en empêche est qu'il doit beaucoup et qu'il serait tourmenté par ses créanciers.

ANNÉE 1719.

Janvier, 2. — Hier, jour de l'an, il était un bruit général dans tout Paris, qu'on verrait la nuit ou le lendemain quelque chose d'extraordinaire; effectivement, les gendarmes avaient ordre de se tenir prêts. On disait un lit de justice, d'autres qu'on devait arrêter M. le prince de Conti, M. le maréchal de Villars et M. le duc de Noailles. C'est aujourd'hui, et il n'est rien arrivé de tout cela.

— On dit communément ici qu'il y a eu à Madrid un homme écartelé à la fin de décembre 1718 et un autre pendu[1], nommé Bataille; qu'ils ont avoué dans leur interrogatoire la conjuration qu'ils avaient faite pour empoisonner le roi d'Espagne, le prince des Asturies et le cardinal Albéroni.

— Le parlement a rendu un arrêt pour supprimer un manifeste du roi d'Espagne dont il lui avait été adressé deux exemplaires, l'un à M. le premier président, l'autre à M. le procureur général, avec défense à aucun particulier de l'avoir. Le vendredi d'après on distribua à Paris la *Gazette de Hollande*, dans laquelle il était entièrement transcrit, en sorte que tout le monde le vit; ce qui marque l'attention de ceux qui ont soin d'examiner la gazette. A six heures, on donna ordre aux colporteurs de la retirer partout.

---

[1] Deux Français établis en Espagne, Bataille et de Sartines, père du lieutenant général de police, qui avaient été les principaux fauteurs de la cabale du duc de Saint-Aignan, furent en effet arrêtés par ordre d'Albéroni lors de l'expulsion de l'ambassadeur français; mais ni l'un ni l'autre ne périrent.

— On dit généralement qu'il y a une trêve de trois mois entre l'empereur et l'Espagne, et qu'il s'agit du mariage du prince des Asturies et d'un autre prince d'Espagne avec les deux filles de l'empereur, qui n'ont que trois ans et un an, ou à leur défaut avec ses deux nièces, les filles de l'empereur Joseph. Par là, en cas de mort du roi de France, l'empereur reconnaît le roi d'Espagne successeur immédiat du royaume de France, lui et les siens, et le roi d'Espagne, dans le cas de ce retour, rendra l'Espagne à l'empereur. On peut dire que ce traité est un tour du cardinal Albéroni, qui attendait pour le faire paraître toutes les démarches que le régent a faites, et qui dérange fort ses mesures. On ne sait point encore quelle suite tout ceci aura[1].

ANNÉE 1720.

— Au mois de mars, vers le 9 ou le 10, logeait à Paris, à l'hôtel de Flandre, rue Dauphine, le comte de Horn[2], âgé de vingt-trois ans, cadet du prince de Horn, souverain dans la Flandre, parent de l'empereur, de Madame douairière et de M. le régent lui-même. Son père lui faisait ici douze mille livres de pension. Comme il avait beaucoup perdu à la foire Saint-Germain, où le jeu

[1] Cette annonce d'une trêve entre l'Espagne et l'empereur fait voir qu'il avait transpiré quelque chose de la mission de M. de Seyssan, réfugié français, chargé par Albéroni de se rendre à Londres pour détacher l'Angleterre et l'Autriche de leur alliance avec la France. (Lémontey, *Hist. de la Régence.*)

[2] Antoine-Joseph, fils de Philippe-Emmanuel, comte de Horn, et d'Antoinette de Ligne. La maison de Horn, ou de Hornes, était très-ancienne et alliée aux premières familles d'Europe.

était considérable cette année, à cause de la quantité des billets de banque, deux coquins, vieux officiers, qu'il fréquentait, lui conseillèrent de faire un mauvais coup; ils le rassurèrent apparemment sur sa qualité et sur son crédit. L'occasion était facile à cause des portefeuilles où l'on portait des sommes considérables, et, un jour, dans la rue Quincampoix, où était l'agio, ils proposèrent, lui troisième, à un homme facteur-courtier, qu'ils savaient avoir des papiers à plusieurs personnes, de faire quelque affaire. Pour la consommer, ils allèrent dans un cabaret situé dans un petit cul-de-sac de la rue Saint-Martin, derrière la rue Quincampoix[1], et montèrent dans une chambre au second. L'homme, qui avait pour cent cinquante mille francs d'effets, étant assis, le comte de Horn lui entortilla la tête par derrière avec sa serviette, et pendant ce temps on lui donna dix coups de poignard. Il ne laissa pas de crier un peu. Les deux complices du comte de Horn se sauvèrent par la porte; lui se jeta par la fenêtre. A la faveur des pièces de bois qui soutiennent les maisons, il ne se blessa pas, mais il eut l'imprudence d'aller chez le commissaire Regnard, rue Saint-Martin, rendre plainte qu'on avait voulu l'assassiner. Le commissaire le reçut avec respect; mais le peuple, qui vint du cabaret chez le commissaire, dit que c'était lui qu'il fallait arrêter, et il fut conduit en prison. De Milly[2], un des deux autres, fut pris aussi.

Toute la maison de Châtillon, le prince d'Épinai, le

---

[1] L'impasse de Venise, prolongement de la rue du même nom qui aboutit effectivement rue Saint-Martin.

[2] Duclos et Saint-Simon le nomment Laurent de Mille, Piémontais, capitaine réformé dans le régiment allemand de Bréhenne.

comte d'Egmont, prince de Flandre, allèrent demander sa grâce à Madame et à M. le régent. M. Law demanda au contraire l'exemple, parce que cela faisait tort à son système et à la liberté des négociations, et on fit le procès. On jugea d'abord la compétence; comme on approchait des fêtes de Pâques, la famille ne cherchait qu'à gagner du temps, peut-être pour faire agir l'empereur. Elle promit mille livres à un avocat pour trouver un expédient. Il y en eut un qui trouva celui d'appeler de l'incompétence, au grand conseil. Law, qui se trouva pris par là, obtint un arrêt du conseil, par lequel le roi nomma les conseillers du Châtelet commissaires pour juger en dernier ressort, de manière que le comte fut condamné à être rompu vif, en place de Grève, lui et de Milly.

La famille renouvela ses instances auprès de M. le régent pour changer la peine et le faire décoller, attendu que l'autre supplice honteux empêchait les filles de leur maison d'être chanoinesses en Flandre. Le régent fut inexorable, attendu même qu'il lui était parent, et de Horn fut exécuté avec de Milly en place de Grève. Il expira une heure sur la roue, le mardi saint, qui était le dernier jour que l'on pouvait exécuter.

On dit que le prince de Horn, son frère, a écrit une lettre très-forte à M. le régent : que son frère était un scélérat qui méritait fort la punition qui lui était arrivée, mais qu'il espérait que Dieu en réservait autant pour punir ceux qui faisaient plus de mal qu'il n'en avait fait [1].

Law, qui avait envie de mettre fin aux négociations

---

[1] Suivant Lémontey (*Hist. de la Régence*), cette lettre, rapportée par Duclos dans les *Mémoires secrets*, serait apocryphe.

de la rue Quincampoix, prit prétexte de cette aventure. On défendit les assemblées dans cette rue; le guet s'empara des deux bouts pendant huit jours, depuis le matin jusqu'au soir, et on donna ordre à tous les gens sans aveu et fainéants de sortir de Paris.

. . . .
. . . .

Mai. — Cet arrêt[1] a été rendu pendant la vacance du parlement, dans les fêtes de la Pentecôte. M. le Duc ni M. le prince de Conti n'y étaient point. M. le Duc a fait grand bruit à son retour de Chantilly; mais il fut apaisé en peu de temps, c'est-à-dire avec de l'argent. On dit quatre millions.

— Le lundi, lendemain de la Trinité, cinq jours après l'arrêt, le parlement rentra et les chambres s'assemblèrent; l'avis de tous fut qu'il fallait avoir raison sur cet arrêt. On députa MM. les gens du roi au Louvre demander la permission au roi de se jeter à ses genoux. Le roi, qui était instruit par M. le maréchal de Villeroi, répondit qu'il recevrait toujours son parlement avec plaisir. Ils allèrent ensuite au Palais-Royal; M. le régent les reçut fort bien, et leur dit qu'il ressentait lui-même le malheur public, qu'il faudrait tâcher d'y remédier. Le parlement était dans le dessein d'aller à pied au Louvre, et tout le peuple était disposé à le suivre, car il sentait la faute qu'il avait faite lors du lit de justice de n'avoir pas accompagné le parlement. Ceci aurait été alors d'autant plus dangereux pour M. le régent que toutes les troupes étaient indisposées contre lui. Le par-

---

[1] Il y a ici une lacune dans le manuscrit. L'arrêt dont parle Barbier est celui du 21 mai 1720, par lequel le conseil réduisait les actions de la banque à moitié de leur valeur.

lement eût été le maître, et l'on disait que le parti était pris de déclarer le roi majeur, ce qui avait de grandes suites.

M. le régent, qui a de l'esprit et qui avait parlé jusqu'ici avec hauteur au parlement, a donc été obligé de caler. Il envoya le même jour, à onze heures, M. de La Vrillière[1], secrétaire d'État, dire au parlement que tout serait rétabli, et le même jour après midi, il y a eu un arrêt du conseil qui révoque celui du 21.

— Depuis le 21 jusqu'au 27 il y eut des gens heureux qui vendirent leurs actions à la banque sur le pied de huit mille livres, lesquelles en firent dix mille le 27 par la remise des billets de banque; mais on n'a plus payé dès le 27 après midi à la compagnie, ce qui les a fait tomber cruellement à quatre mille livres. L'épouvante était dans l'actionnaire, d'autant que la banque était fermée, parce que MM. Le Pelletier Desforts, Fagon, et Trudaine, prévôt des marchands, commissaires nommés par arrêt du conseil pour en faire la visite tous les trois mois, y furent le 28. On disait que c'était le parlement, ce qui n'était pas vrai.

— Tout le monde dit que M. Law n'était pas d'avis de l'arrêt du 21 mai, et que cela n'a été proposé par M. d'Argenson, garde de sceaux, M. Le Blanc, secrétaire d'État, et l'abbé Dubois, aussi secrétaire, que pour le faire tomber. Effectivement le coup était bien capable de cela. M. Law dit, en sortant du cabinet du régent, aux officiers, de ne point vendre leurs actions,

---

[1] Louis Phélypeaux, marquis de La Vrillière, de Châteauneuf, de Tanlai, etc. Il avait succédé à son père dans la charge de secrétaire d'État, en 1700, et remplissait les fonctions de secrétaire du conseil de régence.

et que tout irait bien. Il en dit autant dans la banque. Le mercredi, je le vis passer dans la rue de Richelieu, dans un carrosse magnifique, il fut insulté par un particulier en sortant de la banque[1]. Comme on n'entrait pas dans celle-ci, il y avait un monde infini dans la rue. Le soir, M. Law eut un major des gardes suisses[2], avec trente Suisses. On dit partout qu'il était arrêté, mais je me doutais bien que c'était pour sa sûreté, ce qui était vrai, car il a toujours été très-parfaitement uni avec le régent. Dans cette occasion, on a joué le parlement, à qui M. le régent, lorsque le danger pressait, promit de travailler avec deux ou trois commissaires d'entre eux aux affaires publiques, ce qui n'a point été exécuté quand le péril a été passé.

— Le vendredi (31 mai), M. le Duc fut deux heures chez M. Law, et tous les ducs et duchesses y allèrent aussi. On vit bien par là qu'il n'était point disgracié, et, effectivement, on a su hier samedi qu'il est conseiller d'État d'épée, intendant général du commerce, et directeur général de la banque et de la compagnie des Indes, avec séance au conseil de régence.

Juin, 2. — L'agio s'est fait tous ces jours-ci dans la cour de la banque, mais comme cela embarrassait, on a renvoyé d'hier au soir, samedi 1er juin, dans la place Vendôme; ensorte que les assemblées qui étaient défendues dans la rue Quincampoix vont recommencer de ce côté-là. J'y allai hier.

---

[1] La banque, qui avait d'abord été établie à l'hôtel de Mesmes, rue Sainte-Avoye, venait d'être transférée rue Richelieu à l'hôtel de Nevers, démembrement de l'hôtel de Mazarin occupé maintenant par la Bibliothèque royale.

[2] M. de Beuzwalde.

— Il y a un arrêt qui permet à tout le monde d'avoir tant d'argent chez soi qu'on voudra[1]. Cette permission vient quand presque personne n'en a plus. D'ailleurs, on dit que cet arrêt n'est pas du consentement de Law.

— Le manége affreux qu'on fait à la banque est incroyable; on ne paye que cent livres à chaque personne, et il faut avoir un billet de cent livres. Ils ne payent que le matin, sous prétexte que les commissaires du conseil font la visite l'après-midi, et cela dure depuis huit jours. C'est une tuerie affreuse, il n'y a point de jours qu'il n'y ait quelqu'un d'étouffé, et dans cette ville de Paris qui est si immense, à peine y a-t-il un sou pour fournir à la dépense de la bouche. Voilà l'état où l'on est à présent; tout est bouleversé, ce sont des changements à chaque instant, et cela va toujours à perdre et à ruiner tout le monde. Depuis l'arrêt du 21, la méfiance est entière pour les billets de banque, et l'arrêt du 27 n'a rien rétabli.

— M. Law n'a plus sa garde depuis deux jours. M. le régent dit au major qui l'accompagnait qu'il pouvait se retirer.

7. — Comme ils voient que tout le monde veut avoir de l'argent, et qu'ils n'en ont pas apparemment de quoi faire face, ils ont déclaré aujourd'hui qu'ils ne payeraient que le 12, sous prétexte des commissaires du conseil, et qu'ils donneraient de l'argent aux commissaires des quartiers. Ils craignent avec raison qu'il n'arrive quelque chose à la banque, car avant-hier il y eut

[1] Un arrêt du conseil du 27 janvier 1720 avait fait défense, sous peine de confiscation des biens, d'avoir chez soi plus de cinq cents livres en espèces monnayées, et même de garder des matières d'or ou d'argent.

un tapage épouvantable, des épées tirées, et les soldats mirent par deux fois la baïonnette au bout du fusil. Il ne faudrait rien pour mettre le feu dans une sédition.

— L'abbé Dubois est sacré archevêque de Cambrai, dimanche prochain au Val-de-Grâce. Comme il passe pour un scélérat, les polissons disent que c'est un secret que M. le régent a trouvé pour lui faire faire sa première communion, parce qu'il sera obligé de dire la messe.

On a fait encore une autre histoire sur son compte. Son cocher se querellait avec celui de M. de Mailly, archevêque de Reims. Chacun d'eux s'échauffait sur la qualité de son maître : le cocher de l'archevêque de Reims dit que son maître sacrait le roi. « Voilà grand'chose, dit l'autre : le mien sacre Dieu tous les jours! »

— M. le régent envoya dire hier soir à M. d'Argenson qu'il n'avait qu'à lui rapporter les sceaux. M. d'Argenson y alla sans hoquetons[1], par les cuisines, et il attendit le régent, qui était à Saint-Cloud. On avait envoyé dès l'après-midi à Fresnes rechercher M. d'Aguesseau, qui est revenu la nuit. Tout le monde se réjouit fort de cette nouvelle à cause de l'arrêt qu'on attribue à M. d'Argenson, lequel est généralement haï, même du peuple. C'est M. Law lui-même qui a été à Fresnes chercher M. d'Aguesseau, et il a été ce matin avec lui chez le régent. Il y a eu grande réjouissance aussi ce matin devant la porte du chancelier[2].

[1] Le garde des sceaux avait près de lui deux archers ou gardes de la prévôté de l'hôtel, auxquels on donnait le nom de *hoquetons* parce qu'ils portaient une casaque ainsi appelée.

[2] Henri-François d'Aguesseau, né le 26 novembre 1668, avocat général en 1691 et procureur général en 1700, avait été nommé par le régent chancelier et garde des sceaux, en 1717, en remplacement de Voisin. Les

On dit que l'abbé Dubois et M. Le Blanc étaient du complot[1], et même que le régent a donné cent coups de poing au premier, parce qu'ils sont bons amis. Quant à M. Le Blanc, je l'ai trouvé aujourd'hui avec un air bien triste.

M. Le Pelletier Desforts[2] a le titre de commissaire général des finances; il a sous lui M. d'Ormesson d'Amboile, beau-frère de M. le chancelier, et M. de Gaumont, chef du conseil de M. le prince de Conti; tous deux maîtres des requêtes. J'entends tout le monde jurer contre ce M. Le Pelletier, et dire que c'est le plus indigne de tous les hommes pour aimer à faire du mal; comme il a été dans les finances, il a été connu.

16. — La banque est toujours fermée. Les jours de marché il y a un corps de soldats aux gardes dans tous les marchés, ce qui est impertinent. Les mêmes jours, c'est-à-dire deux fois par semaine, les anciens commissaires, au nombre de huit, ont de l'argent, mais l'on n'entre chez eux qu'avec une peine extrême. Ils ne payent à chaque personne que trois petits billets de dix livres, et l'on ne coupe ceux de cent livres qu'à la banque, où il y a une presse à se faire étouffer. Voilà quelle est l'administration présente.

Juillet, 2. — Lorsqu'on a eu ôté les sceaux à M. d'Argenson, il s'en alla d'abord chez les jésuites de la rue Saint-Antoine, et se retira ensuite à la Madeleine de Traisnel[3], dans le faubourg Saint-Antoine. On fit alors cette affiche :

sceaux lui furent retirés l'année suivante à cause de son opposition au système financier de Law.

[1] Pour faire tomber Law (voir page 27).
[2] Fils unique de Le Pelletier de Souzi. Il avait été intendant des finances.
[3] Couvent de bénédictines réformées. D'Argenson y avait depuis long-

« Il a été perdu un grand chien noir avec un collier rouge et les oreilles plates; ceux qui le trouveront s'adresseront à l'abbesse du Traisnel, et on les récompensera. »

M. d'Argenson est grand et noir; il a le grand cordon rouge comme chancelier de l'ordre de Saint-Louis et il a les oreilles plates à cause de l'événement.

— Dimanche soir, 30 juin, M. de La Vrillière, secrétaire d'État, alla à la Madeleine de Traisnel prier M. d'Argenson d'envoyer chercher son fils le lieutenant de police, pour lui demander sa démission de cette charge. C'est M. Baudry, maître des requêtes, qui a sa place. Pour cette fois, cela est sûr. Hier, l'intendant de M. d'Argenson vint faire, avec mon père, la quittance pour le brevet de retenue de cent cinquante mille livres.

— Ce n'est pas tout : les Pâris, qui sont quatre frères, qui étaient directeurs des vivres lors de la guerre, qui ont été depuis, il y a deux ans, à la tête des fermes générales, qui sont de grands fripons, mais qui ont de l'esprit infiniment, sont exilés tous quatre d'avant-hier en Dauphiné, qui est leur pays. Il y en a deux qui ont été soldats. Ces gens-là étaient les créatures de d'Argenson, et peut-être ils tenaient conseil avec lui, qui savait les secrets du régent et de Law, dans le but de faire tomber le système et Law lui-même. Il faut bien qu'il y ait quelque chose de vrai là dedans.

L'agio continue toujours à la place Vendôme vis-à-vis le chancelier[1]. Tout le monde croit qu'il est livré

---

temps un appartement où il passait tous les instants que ses fonctions lui laissaient de libres.

[1] Où est encore aujourd'hui la chancellerie. Cet hôtel formait dans l'origine deux maisons appartenant à Bourvalais et à Villemarec. Le roi

à la cour et qu'il devient aussi méchant que les autres. On dit aussi qu'il y a deux jours on afficha la nuit, à sa porte, en grosses lettres, un fort joli mot : ET HOMO FACTUS EST. Cet homme perdra toute sa réputation, car il ne peut aider à faire le bien.

— M. Fagon, conseiller d'État, et M. Trudaine, prévôt des marchands, sont disgraciés. Cela vient de la visite qu'ils ont faite à la banque après l'arrêt du 21 mai. M. Bourgeois, trésorier général de la banque, conduisait les commissaires dans le trésor de cet établissement et leur montrait des piles de sacs en leur disant : « Messieurs, c'est de l'or ; il y a dans ce coin-là dix millions, dans cet endroit-là, six, etc. » M. Fagon lui répondit qu'il ne signait pas ainsi un procès-verbal ; que pour être plus sûr de la quantité de millions, il fallait apporter une table et les compter. M. Trudaine ayant approuvé cet avis, M. Bourgeois leur dit que cela ne se pouvait pas et qu'il fallait avoir de la foi, *inde iræ* [1].

— M. de Chateauneuf, conseiller au parlement, et qui a été deux fois ambassadeur [2], a été nommé pour être prévôt des marchands. On ne voulait pas le recevoir à cause qu'il est Savoyard [3], et qu'il faut être de Paris, mais le roi, par lettres de cachet, l'a dispensé de la naissance.

les prit en payement d'une partie de la taxe à laquelle ces deux traitants avaient été condamnés par la chambre de justice.

[1] Saint-Simon assigne une autre cause à cette disgrâce. Trudaine, en qualité de prévôt des marchands, avait été chargé de brûler publiquement à l'hôtel de ville les billets acquittés. Un jour qu'il procédait à cette opération, il crut reconnaître des billets qui lui avaient déjà passé par les mains, et témoigna trop ouvertement sa surprise.

[2] C'est-à-dire trois fois, en Portugal, à Constantinople et en Hollande.

[3] Il était né à Chambéry.

5. — On en a voulu si fort à M. Trudaine, que le roi a ordonné de faire la cérémonie de l'hôtel de ville pour l'élection d'un prévôt des marchands et de deux échevins dès aujourd'hui, ce qui ne s'est jamais fait que le jour de Saint-Roch, dans le mois d'août. On fait aujourd'hui tout à l'extraordinaire. On dit qu'on a mis à la porte de M. Trudaine : *Crucifixus est pro nobis.*

6. — Hier le parlement fit une députation au régent pour demander l'ouverture de la banque et un payement des bureaux à l'ordinaire. Le régent répondit qu'il ferait ce qu'il pourrait, qu'il fallait auparavant régler le change avec l'étranger. Le parlement s'est encore assemblé ce matin.

— L'argent, à la place Vendôme, se vend pour des billets avec trente, et jusqu'à quarante, pour cent de perte sur ceux-ci. Il y a eu un arrêt de la cour des monnaies qui défend cette usure à peine des galères. Le parlement a trouvé mauvais que la cour des monnaies se mêlât de la police, et il a raison.

— On distribue toujours, chez chacun des huit commissaires, depuis vingt jusqu'à vingt-cinq mille livres, chaque jour de marché. Ils coupent aussi les petits billets de cent livres en billets de dix livres. Tous les jours de la semaine ils ont chez eux une garde de soldats aux gardes avec des sergents, qui est triplée les jours des payements. Ils sont à présent comme de petits ministres, car les magistrats et les gens de la première qualité vont les prier en grâce de leur garder cent livres sur leur payement, parce qu'on ne donne que dix livres à toute la populace, et c'est une tuerie le mercredi et le samedi. Personne effectivement n'a d'argent, et il semble qu'on aille leur demander l'aumône.

— Malgré l'arrêt de la cour des monnaies, il est venu à la place un homme nommé Molini, qui jouait il y a deux ans à la comédie. Il s'est placé dans un bureau ayant un paquet de billets de dix livres, avec lesquels il coupait ceux de cent livres, moyennant vingt-cinq sols, et trente ou quarante mille livres d'argent qu'il donnait pour des billets de banque, à trente-cinq pour cent de profit. Il a montré à la garde un cachet de la banque qu'il avait; mais on a été chercher un exempt de la cour des monnaies qui est venu l'arrêter. Molini n'ayant pas voulu le suivre, un des exempts de la garde ordinaire a été chez Law, et on a eu un ordre du régent de le laisser en paix. Il est venu de cette manière trois ou quatre fois pendant la seconde semaine de juillet. On dit que la cour des monnaies en a fait ses plaintes au régent, lequel leur a répondu qu'il ne donnait point l'argent à une plus haute valeur qu'il n'était, mais que c'était le billet de banque qui perdait.

— Les commissaires ne payent plus depuis le 6 de ce mois. Les raisons pour lesquelles on ne leur donne plus d'argent sont que : 1° ils sont fort fatigués de cette commission ; 2° ils ne sont pas en sûreté chez eux, car on voulait escalader leurs maisons ; 3° il en coûtait à la banque pour distribuer aux huit commissaires chaque jour de marché deux cent cinquante mille livres d'argent, et cela est beaucoup. Ils donnent cinquante mille livres par semaine au bureau de la volaille pour les rôtisseurs ; quatre cent mille livres par semaine pour les deux marchés de Poissy ; il en faut pour les manufacturiers, pour payer le prêt des soldats, enfin pour les provinces où il y a des bureaux de banque, et où l'on paye mieux qu'à Paris. Ils s'épuisent d'argent insensiblement, parce qu'il n'y a point de circulation et que l'argent ne reparaît plus : chacun le garde et cherche à dépenser son billet. Ceux mêmes qui ont gagné aux actions, et à qui le fonds ne coûte rien, font acheter de l'argent dans les provinces, à vingt-cinq pour cent de perte, la veille d'une diminution où le peuple cherche à ne pas perdre; ils le gardent, et de cette manière tout l'argent se resserre. La banque voit qu'elle s'épuise sans qu'il y rentre un sol pour les droits du roi, que l'on paye en billets, ce qui est fort opposé au dessein du régent d'avoir tout l'argent.

—Dans cet embarras, ils ont pris le parti, lundi 8, de ne payer à la banque qu'un seul billet de dix livres à chaque personne, et alternativement le lendemain de couper les billets de banque en petits. On entrait par la rue Vivienne dans les jardins du palais Mazarin, et l'on passait ensuite dans la galerie où étaient les bureaux; quand le jardin était plein, on ne laissait plus entrer personne et on expédiait ceux qui étaient dedans. Cela faisait perdre toute la journée à de pauvres gens. On l'a exécuté deux ou trois fois avec une presse et une foule extraordinaires, de manière qu'il y avait toujours quatre ou cinq personnes d'étouffées pour pouvoir entrer dans le jardin. Cette presse est particulièrement causée par les gens de livrée et une quantité de vagabonds, qui tâchent d'avoir de l'argent pour le revendre ensuite à ceux qui ne veulent pas se faire écraser.

18. —Hier, mercredi, la rue Vivienne fut remplie de quinze mille âmes dès trois heures du matin. La foule fut si considérable, qu'il y eut seize personnes d'étouffées avant cinq heures; cela fit retirer le peuple. On promena cinq cadavres le long de la rue Vivienne, et à

six heures on en porta trois à la porte du Palais-Royal. Le peuple suivait en fureur et voulait entrer dans le Palais-Royal, que l'on ferma de tous les côtés. On leur dit que le régent était à Bagnolet, qui est une maison de campagne à madame la régente; le peuple répondit que cela n'était pas vrai, qu'il n'y avait qu'à mettre le feu aux quatre coins et qu'on le trouverait. Bientôt ce fut un tapage affreux dans tout ce quartier-là: une bande porta un corps mort au Louvre, le maréchal de Villeroi leur fit donner cent livres; une autre bande se jeta du côté de la maison de M. Law dont ils cassèrent toutes les vitres. On y fit entrer des Suisses pour la garder.

Pendant ce temps-là M. le régent avait peur[1]. On n'osa pas faire paraître de troupes. Rocheplate, un des officiers de ses gardes, avait fait entrer cinquante soldats aux gardes en habits bourgeois; un officier y vint avec vingt mousquetaires en habits ordinaires, c'est lui-même qui me l'a dit. Quand les mesures furent prises en dedans, à neuf heures on ouvrit les portes, et en un moment les cours furent pleines de quatre à cinq mille personnes.

M. Le Blanc, secrétaire d'État de la guerre, y vint avec une garde de gens déguisés et harangua un peu le peuple par le balcon pour l'apaiser. Le duc de Tresmes, gouverneur de Paris, se rendit aussi au Palais-Royal et jeta de l'argent et même de l'or au peuple qui entoura son carrosse; il eut ses manchettes toutes déchirées. M. Law y vint également dans son carrosse par la grande cour; une femme tenant la bride de ses chevaux lui dit: « B....., s'il y avait seulement quatre

---

[1] Saint-Simon (*Mémoires*, t. XVIII, p. 240) dit le contraire.

femmes comme moi, tu serais déchiré. » Dans le moment elle avait perdu son mari. Law descendit et lui dit : « Vous êtes des canailles ! » L'officier de mousquetaires y était.

Quand le cocher de Law vit cette populace, il commença à dire qu'il faudrait faire pendre quelques-uns de ces Parisiens ; cette insolence anima le peuple ; on ne lui fit pourtant rien dans le palais, mais comme il sortit seul avec son carrosse, le peuple suivit celui-ci, le brisa et maltraita si fort le cocher, qui fut arrêté par un embarras, qu'il est mort, dit-on, aujourd'hui. Voilà ce qui s'est passé : il ne s'en est guère fallu qu'il n'y eût une sédition entière. Le peuple était si échauffé, que lorsque le commissaire Daminois[1], qui demeure vis-à-vis le Palais-Royal, voulut paraître en robe, le peuple lui dit qu'il eût à se retirer, sinon qu'il ferait le quatrième corps mort. Cette émotion a commencé par quatre femmes qui voulaient donner du cœur aux hommes : on a enterré les gens morts et cela s'est apaisé.

Le régent s'habillait pendant ce fracas : il était blanc comme sa cravate et ne savait ce qu'il demandait[2].

—Dans l'après-midi le parlement fut au Palais-Royal par députés, c'est-à-dire les commissaires nommés pour travailler avec le régent, qui sont le président Portail, l'abbé Pucelle et l'abbé Menguy. La dispute présente est que le régent veut supprimer une seconde fois les rentes sur la ville créées depuis deux jours, et en faire la

[1] Il y a peu d'exemples d'une magistrature occupée aussi longtemps par le même individu. Daminois fut commissaire de police près de soixante-dix ans durant.

[2] Law est demeuré dans le Palais-Royal, chez Coche, premier valet de chambre du régent, et chez madame de Nancré, pendant dix jours, sans sortir. (*Note postérieure de Barbier.*)

conversion en actions; il exige aussi que le parlement enregistre l'établissement de la banque et de la compagnie des Indes, et le parlement ne veut point entendre à cela; sa raison est que tout s'est fait sans sa participation, que tout est bouleversé, qu'il n'y a plus que deux ans de minorité, et qu'il n'a que faire de s'embarrasser là dedans.

Le régent dit le même jour que le parlement eût à prendre un parti promptement, sinon que le sien était tout pris.

— Aujourd'hui, jeudi, j'ai passé à deux heures après minuit rue Vivienne; il y avait déjà une douzaine de personnes assises par terre à la porte du jardin. Il faisait un beau clair de lune.

20. — Jeudi la banque n'ouvrit pas, et il y eut une ordonnance du roi que l'on lut apparemment au peuple qui attendait le jeudi matin à la porte de l'hôtel : elle fait défense de s'assembler à peine de désobéissance, et sursoit jusqu'à nouvel ordre aux payements de la banque pour prendre les mesures nécessaires.

— Hier, vendredi 19, il arriva des troupes autour de Paris, ce que le régent avait préparé depuis longtemps. Il y a un camp de Suisses au bout des champs Élysées. On avait fait un camp à Montargis pour le canal, où étaient le régiment de Champagne, et[1] . . . . . ; ce camp-là vint coucher hier à Melun pour être ce soir à Charenton. Cela fait cinq mille hommes. Il y a aussi un régiment de cavalerie au Roule.

— Ce matin on n'a payé d'argent en aucun endroit, quoique jour de marché, mais dans chaque marché il y avait deux corps de garde de soldats aux gardes avec

[1] Les noms des autres régiments sont en blanc dans le manuscrit.

des officiers. Tout s'est passé très-tranquillement. Les boulangers ont pris des billets de banque, et je suis persuadé que pour les engager à toujours venir à Paris on leur donne de l'argent à Gonesse ¹ et ailleurs.

— Il y a dans la *Gazette* d'aujourd'hui que le roi a donné un édit par lequel il déclare la compagnie des Indes perpétuelle, à condition qu'elle retirera six cent millions de billets de banque en un an, et autres conditions au moyen de quoi, dans un an, il n'y aura plus de billets de banque. Cet édit n'est point daté, parce qu'il n'a point été registré en parlement, et voilà précisément la querelle. Si le parlement avait voulu enregistrer, cela aurait donné de la confiance au public; mais le parlement refuse d'entendre à quoi que ce soit, et veut attendre la majorité.

M. le chancelier d'Aguesseau, qui est présentement livré à la cour, s'est fait fort apparemment de faire passer au parlement tout ce qu'il voudrait, et il s'est trompé. Bien des gens croient qu'il ne restera pas longtemps en place; il n'est pas assez grand génie pour cela et il est caustique.

— Dimanche matin 21, à quatre heures, les mousquetaires (un officier avec quatre mousquetaires) ont porté des lettres de cachet à tout le parlement en particulier pour se rendre, dans deux fois vingt-quatre heures, à Pontoise, où le roi transfère le parlement. Les lettres de cachet étaient burinées.

¹ Saint-Simon dit effectivement qu'on avait recours à ce moyen (*Mém.* t. XIX, p. 241). Gonesse est un bourg, à 26 kilomètres de Paris, dont les habitants étaient adonnés à la fabrication du pain qu'ils venaient vendre à Paris deux fois par semaine, dans une halle qui leur était particulière. Ce pain jouissait d'une grande réputation de bonté, et était même préféré à celui qui se faisait à Paris, ou qu'on y apportait d'ailleurs.

Pour les empêcher de s'assembler au palais, les gardes du corps ont été s'emparer des salles; des mousquetaires ont été les relever à midi, et dans les cours il y avait des soldats de la garde française et suisse : les portes n'étaient ouvertes qu'au guichet. Le guet à cheval a marché aussi toute la matinée, mais cela s'est passé tranquillement.

—On disait dans Paris qu'il y avait aussi une lettre de cachet pour M. le prince de Conti [1]; il parle fortement pour le peuple dans les conseils; il est brouillé avec M. le Duc, son beau-frère, et avec M. le régent, il a même défendu à sa femme de l'aller voir. M. le Duc est livré au régent à cause des grands gains qu'il a faits, et M. le prince de Conti dit hautement que l'intérêt est indigne des princes du sang. Si ce prince avait été turbulent, il aurait été en état de faire un grand coup, en se mettant à la tête du parlement; peut-être même de faire ôter la régence au duc d'Orléans; le peuple l'aurait suivi indubitablement. Les troupes que l'on fait venir autour de Paris, ainsi que la maison du roi, ne serviraient guère au régent, car tout le monde en particulier est indigné du bouleversement général. Il n'y a point d'officier qui ne perde et qui ne mange son bien par la cherté excessive de tout, parce que le marchand, qui est fripon naturellement, veut s'exempter de la perte qui peut arriver sur les billets de banque, et il vend les deux tiers de plus : une

---

[1] Louis-Armand de Bourbon, prince de Conti, né le 10 novembre 1695, était petit-fils d'Armand, prince de Conti, frère du grand Condé, et avait épousé, en 1713, Louise-Élisabeth de Bourbon, sœur de M. le Duc. Le désintéressement qu'il affichait était loin d'être réel; il avait possédé un grand nombre d'actions, qu'il s'était fait rembourser, et il avait fallu trois ou quatre fourgons pour emporter l'argent qu'il retira de la banque.

paire de bas de soie vaut quarante livres, le beau drap gris vaut soixante-dix ou quatre-vingt livres l'aune ; un train de carrosse, qui valait cent écus, vaut mille livres ; l'ouvrier, qui gagnait quatre livres dix sols par jour, veut gagner six livres, et il est quatre jours sans travailler, à manger son argent ; de sorte qu'on ne peut venir à bout de rien faire, et tout coûte extraordinairement ; le moellon, qui se payait douze livres la toise, vaut quatre-vingts livres, et ainsi du reste. Cela est général, et tout le particulier souffre infiniment, hors une petite poignée de monde qui a gagné, ce qui ne sert qu'à ruiner les autres davantage. Les officiers, qui en cela sont particuliers, jurent tout haut contre le gouvernement ; ils ne demandent qu'un mouvement pour frapper, et ils le disent généralement dans les auberges.

— Des colporteurs distribuaient dimanche dans les rues ce billet : « Le parlement, par son opposition continuelle au gouvernement, fait resserrer l'argent, mais malgré toute sa mauvaise intention l'argent paraîtra la semaine prochaine, et le billet de banque ne perdra plus. » Tout le monde voit bien que c'est une espérance qu'ils veulent donner pour empêcher aucun mouvement sur ce qui arrive au parlement, et ils ont fait prudemment de faire faire cette distribution un dimanche, qu'il n'y a point de boutiques ouvertes et que le peuple est sorti de Paris. Mais quand le parlement sera une fois dehors, l'on dit que le roi ira à Versailles, et alors ils feront ce qu'ils voudront. Or, comme on sait par expérience que ce sont réellement des fripons qui en ont fait de toutes les manières depuis un an, on attend quelque tour pareil, soit sur l'argent, soit sur les billets.

22. — M. le premier président part aujourd'hui pour Pontoise, et tout le parlement décampe.

23. — Les soldats français et suisses ont quitté ce matin les cours du palais, mais les mousquetaires sont toujours dans les salles : il n'y entre aucune personne en robe; tout le monde, c'est-à-dire du petit bourgeois, s'y va promener par curiosité. Dans la grand'chambre, qui est le principal siége des rois, il y a des tables où les mousquetaires boivent et jouent; ils sont couchés tout le long des bancs d'en haut; ils font des farces : il y en a qui jugent et d'autres qui plaident[1].

— M. le procureur général a écrit au bâtonnier des avocats[2] pour les faire avertir d'aller à Pontoise; le bâtonnier a écrit en conséquence à tous ses confrères, mais les avocats ont résolu entre eux de n'y point aller : ils ne veulent même plaider en aucune juridiction. Ils prétendaient aussi que les avocats qui plaident au Châtelet ne plaidassent point; les jeunes du Châtelet étaient fort de cet avis-là, mais les anciens ont résolu de vider leurs affaires et d'aller à l'ordinaire. Ils ont regardé cette fantaisie des avocats comme une vraie inutilité qui n'aboutira à rien, d'autant qu'on n'a rien à reprocher à ceux qui exécutent la lettre du bâtonnier, et celle du procureur général. D'ailleurs le Châtelet est une juridiction séparée qui va à son ordinaire.

— Depuis le mercredi 17 juillet, la banque n'a point été ouverte et l'on ne paye nulle part. Voilà où en est cette banque si florissante à la fin de l'autre année, où l'on aurait demandé à un homme qui serait venu changer deux millions de livres s'il voulait de l'or ou de l'ar-

[1] Ils instruisirent le procès criminel d'un chat. (*Hist. du Parlement.*)
[2] C'était alors M. Taupinart de Tilière.

gent!.... En sorte qu'on se passe d'argent avec grande peine, et on le vend toujours à la place ouvertement : le billet a été jusqu'à cinquante pour cent de perte, ce qui est indigne, car on ne veut de billets nulle part, et on est obligé de prendre à crédit.

— Le parlement a été à Pontoise avec une très-grande obéissance. Ils y font une dépense considérable : le premier président y est avec toute sa famille; il loge à Saint-Martin, dans la maison de M. le duc d'Albret, laquelle est magnifique; il y tient table ouverte de cinquante couverts à dîner et à souper. Bien des femmes de conseillers y sont aussi. Les présidents à mortier ont table ouverte, et quelques-uns des jeunes conseillers très-riches. Ils s'y divertissent de leur mieux, mais il n'y en a guère de bien logés, à cause de la petitesse de la ville. Ils ne s'embarrassent pas de la déclaration et disent qu'ils ne feront rien. Les avocats n'y veulent point aller, et on croit que cela leur est dit sous main de la part du parlement.

— On a fait une plaisanterie : on dit que M. le régent a mal choisi Pontoise pour transférer le parlement, qu'il fallait l'envoyer à Fresnes, qui est la terre de M. d'Aguesseau ; que c'est là qu'on change de sentiment, à cause du parti que prend le chancelier :

>Si tu veux de ton parlement
>Punir l'humeur hautaine,
>De Pontoise, trop doux régent,
>Fais-le sauter à Fresne ;
>C'est un lieu de correction,
>La faridondaine, la faridondon,
>Où d'Aguesseau s'est converti,
>>Biribi,
>A la façon de Barbari,
>>Mon ami.

Août, 1er. — L'argent est augmenté de presque moitié : la pièce de deux livres cinq sols vaut quatre livres, et elle n'a de valeur par elle-même que pour une livre; en sorte que le billet de banque qui serait acquitté en pareille monnaie perdrait soixante-quinze pour cent. Avec cela, on ne paye pas à la banque, pour éviter apparemment le tumulte.

— La place pour trafiquer les actions est changée; ce n'est plus à la place Vendôme, c'est dans le jardin de l'hôtel de Soissons [1]. Tout autour on a construit des loges en bois, ayant chacune une porte et une croisée, avec un numéro au-dessus de la porte. Il y en a cent trente-huit, toutes égales, propres et peintes. Le jardin a deux entrées, l'une dans la rue de Grenelle et l'autre dans la rue des Deux-Écus, avec des suisses de la livrée du roi aux portes, et des corps de garde. Une ordonnance du roi défend de laisser entrer ni artisans, ni laquais, ni ouvriers. Ce sont deux personnes qui ont entrepris cela, peut-être au profit de la banque. Elles donnent cent cinquante mille livres à M. le prince de Carignan, et il leur en coûte encore cent mille livres pour l'accommodement; chaque loge est louée cinq cents livres par mois, ce qui ferait par an huit cent vingt-huit mille livres.

— Les avocats ne veulent point absolument aller à Pontoise, la plupart des fameux s'en vont à leurs terres. Les conseillers au parlement vont et viennent librement à Paris.

---

[1] L'hôtel de Soissons, qui appartenait alors au prince de Carignan, avait porté auparavant le nom d'hôtel de la Reine, parce que Catherine de Médicis l'avait fait bâtir. Il fut démoli vers 1750, et en 1763 on éleva sur son emplacement la halle au blé actuelle.

— Tout le monde est très-animé contre le régent. J'ai appris par deux personnes différentes qu'on avait jeté dans les carrosses des billets burinés où il y avait : « Sauvez le roi, tuez le tyran, et ne vous embarrassez pas du trouble. » Si cela est, c'est bien hardi.

— Depuis l'augmentation des espèces tout est enchéri de moitié; cela fait un prix dont on n'a jamais entendu parler : la bougie vaut neuf livres, et le café dix-huit livres, la livre, ce qui coûtait autrefois une livre douze sols, et deux livres dix sols. Tous les revenus, au contraire, sont diminués de moitié, et bien des bourgeois ont perdu de leur fonds aux actions qu'ils ont achetées fort cher. Dans deux ans, Paris sera très-gueux.

7. — On ne paye déjà plus que dix livres chez les changeurs. L'argent se vend à quinze et dix-huit pour cent; il a même été à quarante pour cent. Les actions sont très-basses; on ne fait presque aucune négociation à la bourse, et l'on croit que tous ceux qui ont loué les loges les abandonneront à la fin du mois.

— On a fait pour cinquante millions d'actions nouvelles, qui sont réputées valoir douze mille livres, et qui n'en coûteront que neuf mille, en neuf payements; c'est pour retirer six cent millions de billets de banque, et on fait semblant qu'elles sont déjà prises par les gens de qualité; cependant je ne vois pas beaucoup l'agioteur donner là dedans.

12. — On a adressé ces jours-ci au parlement, pour y être enregistrées, des lettres patentes portant réception de la constitution *Unigenitus* [1]. MM. de l'univer-

---

[1] La constitution dogmatique ou bulle rendue en septembre 1713 par le pape Clément XI, portant condamnation de cent une propositions du livre des *Réflexions morales* du P. Quesnel. Les jansénistes appelaient de

sité de Paris ayant chargé un syndic de former opposition à l'enregistrement, M. l'abbé Dubois les envoya querir; mais comme c'était un petit nombre d'habiles gens, il fut bientôt confondu. M. d'Aguesseau, chancelier, a mieux fait; il ne s'est pas amusé à disputer, il les a fait venir et il leur a défendu nettement de s'opposer à l'enregistrement. C'est ce même homme qui a tenu tête à Louis XIV, pendant plusieurs années, contre la constitution, qui voulait se sacrifier pour la religion [1]! Sans la mort de Louis XIV, sa charge de procureur général lui aurait été ôtée pour la donner à M. Chauvelin; point du tout, en deux mois de temps cet homme change et devient lui-même le protecteur de la constitution. Indépendamment du fond de la dispute, cela fait un très-grand tort à M. le chancelier; il ne peut plus passer que pour un plat génie ou pour un homme sans honneur.

23. — Il y a bien de la friponnerie dans le procédé de Law : en voici un fait particulier. L'année dernière, la compagnie des Indes n'était pas encore parfaitement établie; elle s'associa avec plusieurs gros particuliers pour acheter des marchandises; M. Crozat, cordon bleu par charge [2], qui a marié sa fille à M. le

---

cette bulle au jugement d'un futur concile, tandis que leurs adversaires voulaient en faire une règle de foi.

[1] Louis XIV, pressé par le P. Le Tellier, avait voulu tenter un dernier effort, un peu avant sa mort, pour faire recevoir la constitution par le parlement, et dans cette intention il manda plusieurs fois le premier président et les membres du parquet de cette compagnie. D'Aguesseau, alors procureur général, fut celui qui montra le plus de fermeté dans ces conférences, et sa résistance aux volontés de roi avait entraîné celle de ses confrères.

[2] Comme grand trésorier de l'ordre du Saint-Esprit, charge dans laquelle il avait succédé à l'avocat général Chauvelin. On s'indigna beaucoup dans

comte d'Évreux, et qui était un des plus riches particuliers sous l'autre règne par son commerce de mer, ayant vingt millions de biens, avait mis deux millions en société avec la compagnie; au mois de décembre dernier les marchandises sont arrivées, et comme les prix sont augmentés des deux tiers à présent, M. Crozat dit à M. Law que le temps était favorable pour les vendre. Law lui répondit qu'il n'avait rien dans ces marchandises, que le roi les avait adjugées à la compagnie des Indes par un arrêt du conseil, sauf à pourvoir au remboursement des capitaux des intéressés et à leur payer l'intérêt de leur argent à deux pour cent. Pour ce remboursement, on a donné à M. Crozat deux millions de compte en banque, qui est un fonds imaginaire et perdu, en sorte que la compagnie retient toutes les marchandises sans qu'il lui en coûte rien.

Le dernier jour, Crozat et Law étaient chez le régent, qui demanda au premier pourquoi il ne mettait rien en compte en banque; Crozat lui répondit : « Monseigneur, j'y voulais mettre cent mille écus, ce qui me suffisait pour mes correspondances, mais de force on m'y fait mettre davantage, car j'y ai à présent deux millions qu'on m'a pris. » Law, qui voulut éviter peut-être la suite de cette conversation, dit à Crozat : « Mais, Monsieur, pourquoi ne faites-vous pas revenir l'argent que vous avez en pays étranger ? — Monsieur, reprit Crozat, son altesse royale me parle de compte en banque; quand elle me parlera d'autres choses, j'aurai l'honneur de lui répondre. »

---

le public de voir le cordon bleu porté par Crozat qui passait pour avoir commencé par être laquais de Penautier, trésorier général de Languedoc, dont il devint ensuite le commis.

Le régent ne dit mot. On voit par là que ce malheureux Law est fripon, fier et insolent.

— Dans le mois d'août, les six corps des marchands allèrent chez M. le régent par députés, c'est-à-dire les gardes[1]; c'était dans le temps où l'on vendait l'aune de drap jusqu'à quatre-vingts livres : l'on criait beaucoup contre eux, et ils avaient un procès avec Van Robais grand fabricant. Leur visite était, je crois, à ce sujet.

M. le régent les reçut d'une manière bien peu convenable à son rang; il leur dit qu'ils étaient des voleurs, des fripons, des gueux, etc., qu'ils allassent se faire f...., et il leur tourna le derrière. Ces pauvres gens demeurèrent tout stupéfaits. Ils allèrent rendre compte de leur réception à M. le maréchal de Villeroi, gouverneur du roi, lequel leur fit beaucoup d'honnêtetés et voulut leur persuader qu'ils avaient mal entendu. Ils allèrent aussi chez M. d'Aguesseau lui dire que leur coutume, au retour de chez le roi ou de chez le régent, était de faire mention sur leurs registres de ce qui avait été dit et répondu, et que jamais les six corps n'avaient été reçus de la sorte; M. le chancelier les apaisa et leur dit qu'il fallait adoucir cela dans leur procès-verbal.

24. — M. le régent alla hier coucher dans le Louvre[2]; on lui a meublé l'appartement de madame la Duchesse[3]. On ne sait pourquoi il quitte le Palais-Royal, et cela donne lieu à bien des raisonnements : les uns disent qu'il a peur et qu'il croit être là plus en sûreté, d'autres

---

[1] Six maîtres et gardes étaient élus dans chacun des corps des marchands pour veiller à l'observation de leurs statuts et à la conservation de leurs priviléges.

[2] Aux Tuileries (voir la note p. 8).

[3] Marie-Anne, femme de Louis-Henri, duc de Bourbon, morte le 21 mars 1720.

attribuent cette approche à mauvaise intention. Quels discours n'essuie-t-on pas quand on doit répondre de ses actions à tout un peuple ?

25. — Les soldats aux gardes ont été assemblés à quatre heures du matin sous prétexte d'une revue ; ils ont marché vers le Louvre sans tambours, y sont restés jusqu'à six heures et sont revenus, jurant beaucoup de toutes ces marches. Il faut qu'il y ait quelque chose en l'air qu'on ne sait pas.

Septembre, 1er. — Ç'a été cette année, comme toutes les autres, la mode d'aller à l'Étoile pour voir le retour de la foire de Bezons[1] ; j'étais à m'y promener, lorsque mademoiselle Law vint sur les six heures dans un carrosse à sept glaces. Tous les laquais et la populace qui étaient à l'Étoile ont commencé à dire : « C'est là la livrée de ce b..... de gueux qui ne paye pas les billets de dix livres ! » Dans le moment ils ont pris des pierres et de la terre, et en ont accablé le carrosse. Le cocher n'a eu que le temps de fuir à toutes jambes ; mademoiselle Law a été blessée. Voilà la réception qu'elle a eue.

— La constitution est une des grandes occupations du parlement. Les lettres patentes déclaraient nuls et de nul effet les appels faits par les quatre évêques[2] et par l'Université. Le parlement étant assemblé, MM. de La Porte et Clément tirèrent chacun de leur poche une requête, tant des quatre évêques que de l'Université, par laquelle ils s'opposaient à tout ce qui serait fait au préjudice de leur appel au futur concile ; cela a augmenté

---

[1] La fête de Bezons avait lieu le premier dimanche après la Saint-Fiacre, qui est le 30 août. Les habitants de Paris s'y rendaient en foule.

[2] L'appel au *futur concile* des évêques de Mirepoix, de Sénez, de Montpellier et de Boulogne.

la difficulté de la délibération, et les commissaires se sont assemblés plusieurs fois. On les menaçait que M. Joly de Fleury, procureur général, avait une déclaration du roi toute prête, pour proroger le parlement jusqu'à ce qu'il eût enregistré les lettres patentes. M. Joly de Fleury est un homme très-discrédité dans le parlement, et entièrement dévoué à la cour; je crois que c'est par nécessité, n'ayant pas de bien; mais cela n'en est pas moins indigne à un magistrat d'abandonner le parti de sa patrie et de ses confrères.

Enfin, le vendredi 6, les commissaires s'étant assemblés, la délibération fut d'enregistrer, mais avec des modifications, des restrictions et des explications qui ne convenaient point au régent, car elles faisaient droit sur les requêtes présentées. On dit qu'il y en avait aussi une signée de vingt-six curés de Paris. Comme tout ce qui se passe à Pontoise est su au Palais-Royal, le samedi 7, à cinq heures du matin, M. de La Vrillière, secrétaire d'État, arriva à Pontoise chez M. le premier président, et, en vertu d'une lettre de cachet dont il était porteur, il retira les lettres patentes des mains des commissaires, qu'il fallut assembler à cet effet. On dit que M. le régent est fort en colère contre le parlement, et il y paraît : c'est ordinairement le 7 à midi que le parlement entre de droit en vacances et qu'on lui envoie la lettre de cachet pour former la chambre de vacations; cette année ils n'en ont point et tout le parlement vaque; mais la chose est plaisante : le samedi, à midi, presque tout le parlement est sorti de Pontoise, les uns pour se rendre à Paris, et les autres pour aller dans leurs terres, avec le dessein de n'en pas revenir de sitôt. Le premier président est resté, et trois ou quatre conseillers dans chaque chambre des requêtes. Voilà l'état de Pontoise. J'y étais les 4, 5 et 6 de ce mois, par curiosité, et effectivement cela est original de voir le parlement dans cette petite ville et le palais dans le couvent des cordeliers : la grand'chambre est dans leur réfectoire et est assez belle; on travaille toujours à faire les autres. Il y a des présidents et des conseillers assez bien logés, mais la plupart du parlement est logé à faire pitié, dans de petites maisons, chez de pauvres artisans et dans de très-pauvres meubles. Il y fait très-cher vivre : les habitants de Pontoise ont profité de cette occasion pour vendre leurs denrées.

Il y a des présidents qui se ruinent par la dépense qu'ils y font. M. le premier président y fait surtout une figure magnifique, et cela est dans son caractère. Il loge, comme je l'ai dit, dans la maison de M. le duc d'Albret, que l'on appelle Saint-Martin, et qui est très-belle; il y est avec toute sa famille. Il a deux tables ouvertes à dîner chez lui, l'une qu'il tient, et l'autre qui est tenue par son secrétaire, nommé Boulas, pour tous les officiers inférieurs du parlement qui vont et viennent ; cela est très-bien servi. Le soir, mademoiselle de Mesmes, sa fille, fait les honneurs et retient les conseillers; on est fort content d'elle. Il y a un nombre de domestiques étonnant[1].

Le président Chauvelin a vingt-cinq couverts à dîner et à souper; il a un cuisinier et huit aides de cuisine; le président Le Peletier tient table aussi, de même que Bernard, conseiller. Rouillé de Meslay[2] donna le dernier

---

[1] Le premier président déployait tout ce luxe aux dépens du régent, dont il reçut en cette circonstance plus de cent mille écus.

[2] Conseiller à la première chambre des enquêtes.

jour un dîner de sept mille livres au premier président. On mange beaucoup à Pontoise, on y joue, et malgré cela le parlement s'y ennuie extrêmement. Que sera-ce donc dans l'hiver? Il y en a qui font déjà leurs provisions.

Il faut convenir de plusieurs choses au sujet du parlement. Il a eu raison de refuser l'enregistrement de tout ce qui a été fait depuis le ministère de Law, l'expérience le fait voir. Il n'y a eu que des friponneries insignes, un bouleversement général de l'État, et la ruine de presque tous les bons particuliers; mais au surplus rien n'est plus inutile que cette formalité d'enregistrement de la part du parlement, pour autoriser ce qui se fait. Le parlement est un corps respectable en particulier, mais fort impuissant dans une minorité, et incapable de prendre un parti dans les affaires d'État. La raison en est sensible : c'est une compagnie nombreuse, composée en partie de gens âgés, fort savants pour les consultations, mais qui n'ont plus la légèreté d'esprit nécessaire en matière délicate. Accoutumés à la manière ancienne de penser dans leur jeunesse, ils n'ont pas suivi les changements du gouvernement, car la politique change de temps à autre. Il y a aussi un grand nombre d'ignorants et de jeunesse, gens riches, qui passent à d'autres charges et qui négligent la cause de la compagnie; gens de rien en quantité, qui tiennent par leur famille à la finance et au ministère; qui craignent, qui n'osent ni ouvrir un avis, ni le soutenir; qui sont quelquefois des espions du prince et du ministère, et qui trahissent le secret. Tout cela ensemble forme un corps qui s'attache aux lois de l'État, et aux ordonnances, pour refuser certaines choses, mais qui n'a jamais la résolution de faire un coup de partie, ni d'entreprendre quoi que ce soit. Je leur disais, par exemple, à Pontoise : « Qui vous a obligé, Messieurs, d'obéir à la lettre de cachet qui vous a tous envoyés ici ? Vous savez que le parlement doit obéissance au roi, mais vous savez en même temps que cette lettre ne vient pas du roi, et qu'on n'a fait qu'emprunter son nom. Si chaque conseiller fût resté chez lui, c'eût été une affaire d'envoyer des mousquetaires prendre un chacun. Le peuple était irrité contre le prince, et cela ne se serait pas passé aisément. — Nous voulons être dans la règle, m'ont-ils dit. — Mais, leur ai-je répondu, vous jouez avec des fripons qui n'en ont pas, et vous serez toujours dupes !... » Et, en effet, leur prétendue tutelle est très-inutile au roi mineur, puisqu'ils sont hors d'état d'empêcher le prince régent, qui quelquefois a des vues très-opposées à l'intérêt du roi, de déranger le gouvernement. Ce défaut d'enregistrement, qui met une barrière entre le peuple et le régent, ne fait qu'empêcher la confiance pour tout ce que l'on fait, et cela redouble le mal. Il en résulte un état agité et incertain, comme nous sommes à présent. L'exemple de cette minorité doit engager les rois à former un conseil particulier de régence, capable de s'opposer au prince régent. On peut rendre cette justice à Louis XIV, qu'il l'avait prévu par son testament, mais il fallait l'établir de son vivant et y donner une forme. Les princes doivent savoir que leur pouvoir meurt avec eux, et que leur volonté a besoin de leur présence pour être exécutée.

20. — Grande désolation dans le public par l'arrêt du conseil du 15[1]; tout le monde est ruiné de quelque

---

[1] Portant que les billets de banque de mille et de dix mille livres, ne pourront être donnés en payement qu'avec moitié en espèces, jusqu'au

façon que l'on se tourne. Il n'y a que ceux qui ont pris de l'argent en fondant leurs actions à mille livres, qui se trouveront avoir fait fortune; autrement personne ne pourra échapper à la friponnerie du conseil.

— Le régent, voyant qu'il n'y avait rien à faire au parlement, a envoyé, un beau matin, la déclaration pour l'enregistrement au grand conseil, qui n'était point averti. Le premier président de Verthamon, qui est un homme très-méprisé, est dans le parti de la cour; cependant il fut délibéré qu'on donnerait communication de toutes les pièces énoncées dans la déclaration. Cela fait, le grand conseil s'assembla deux jours après. Ils étaient vingt-sept, y compris quatre maîtres des requêtes envoyés par le régent. Il y eut dix-huit voix contre l'enregistrement, et entre autres celles de trois des maîtres des requêtes.

Le régent, piqué, alla lui-même au grand conseil, lundi 23, avec tous les princes du sang, six maréchaux de France, de ceux que l'on sait être jésuites, et plusieurs ducs et pairs. Enfin ils étaient au nombre de trente-cinq, et il n'y avait que dix-huit présidents ou conseillers; ainsi il n'était pas difficile d'enregistrer à la pluralité des voix. M. le chancelier d'Aguesseau lui-même y présida, prit les suffrages, fit l'éloge de la constitution, du roi, du régent, et répondit à ceux qui opinèrent. Le régent prit aussi la parole, et parla, à ce que l'on dit, très-savamment; il a de l'esprit et il avait la leçon faite. La plupart des conseillers ont pourtant demandé qu'on mît dans l'enregistrement que c'était par ordre exprès du roi. Quelques-uns ont parlé assez

1er octobre, et que passé cette époque ils cesseront entièrement d'avoir cours.

haut, mais personne n'a eu l'esprit de dire au chancelier que, si l'on n'était point d'avis de l'enregistrement, c'était par les mêmes motifs dont M. d'Aguesseau s'était servi si généreusement pour s'opposer à Louis XIV, de glorieuse mémoire. Enfin elle a été enregistrée. M. le régent alla dès l'après-midi en rendre compte à madame de Chelles[1], sa fille, qui est pourtant contre. C'est à savoir si le pape sera content d'un pareil enregistrement, qui ne vaut rien, le grand conseil n'étant ni en possession ni en droit de le faire. On a d'ailleurs découvert une nullité, fondée sur la pluralité des voix; c'est que tous les princes du sang y étaient, comme MM. le régent, duc de Chartres, duc de Bourbon, prince de Conti, comte de Toulouse, duc d'Antin[2], beau-frère du régent. Tout cela n'est compté que pour une voix à cause de la parenté. De même, les ducs et pairs, et les maréchaux de France étaient alliés ensemble pour la plupart, en sorte que les voix du grand conseil l'auraient emporté.

Octobre, 12. — Il est arrivé une chose qui apprend à Law ce qu'on pense sur son chapitre. M. de Crochetel, officier avec croix de Saint-Louis, a malheureusement quelque ressemblance dans sa livrée avec celle de Law. Son carrosse fut assailli du peuple, et de pierres, comme il passait dans la rue Saint-Antoine, et il mon-

---

[1] Louise-Adélaïde d'Orléans, née le 13 août 1698, avait pris le voile dans l'abbaye de Chelles, au mois de mars 1718. Madame de Villars, abbesse de cette communauté, s'étant retirée peu après, Louise d'Orléans lui succéda en 1719. Elle était janséniste outrée.

[2] Louis-Antoine de Pardaillan de Gondrin, duc d'Antin, fils légitime de madame de Montespan, et par conséquent frère utérin de Françoise-Marie de Bourbon, dite mademoiselle de Blois, mariée en 1692 au duc d'Orléans régent.

tra vainement sa croix. Il se sauva avec présence d'esprit dans les Grands-Jésuites¹; on l'y poursuivit jusqu'au maître-autel, et, comme il sautait la balustrade, on lui donna un grand coup de bâton sur l'épaule.

— M. le régent croyait être sûr de M. le cardinal de Noailles pour donner son mandement, mais le cardinal a tourné une seconde fois; il est à présent opposé à la constitution. Il a dit au prince qu'il n'avait promis de le donner, qu'en cas que le parlement eût enregistré. Le régent l'a traité du haut en bas, et lui a dit, en propres termes, qu'il y avait longtemps qu'on l'avait averti qu'il était un grand benêt et une f.... bête, et qu'il s'allât faire...... Le cardinal lui a répondu que s'il n'avait point de considération pour sa personne, il devait du moins avoir du respect pour son caractère, et l'a quitté. Ce compliment, tout indigne qu'il est dans la bouche d'un prince en place, ne doit point surprendre; ils lui sont familiers contre le parlement et autres.

Novembre. — On avait créé une chambre qui tenait aux Augustins², sous le titre de chambre des vacations, et qui a été ouverte au commencement d'octobre. Elle était composée de M. d'Armenonville, de conseillers d'État et de maîtres des requêtes. Le public n'était pas content d'être jugé là. Ces juges avouaient eux-mêmes qu'ils n'entendaient rien à ces affaires, et ils allaient très-lentement. M. d'Armenonville s'est fait aimer par ses manières gracieuses. On avait voulu donner la con-

¹ On nommait ainsi, à cette époque, la maison professe des jésuites, dont les bâtiments sont aujourd'hui occupés par le collége royal de Charlemagne, et dont l'église est devenue une succursale de Notre-Dame sous le titre de Saint-Louis et Saint-Paul.
² Le couvent des Grands-Augustins, quai de ce nom, près le Pont-Neuf, sur l'emplacement où a été construit le marché à la volaille.

currence aux avocats aux conseils, pour y postuler avec les procureurs; mais ils n'ont pas voulu se compromettre avec eux, et les procureurs au parlement y plaidaient seuls. Cette chambre a fini à la Saint-Martin.

— La désolation continue toujours dans le gouvernement des affaires, par suite de divers arrêts qui ont été rendus le mois dernier, et qui font que tout le monde s'attend à la perte entière du papier. Un de ces arrêts, du 25 octobre, prescrit aux actionnaires de bonne foi le dépôt de leurs actions à la banque, pour y être contre-scellées, afin d'empêcher le commerce des actions; on a aussi fermé l'hôtel de Soissons, le mardi 29, et il y a des agents de change[1] nommés, chez qui l'on va.

Tout le monde voit bien, quant au dépôt des actions, que c'est encore là une friponnerie pour les avoir toutes; mais on ne peut pas l'éviter. Les actions qu'on garderait, n'étant point contre-scellées, n'auraient point de dividende, et ne seraient point négociables. On porte donc les actions à la banque avec une foule extraordinaire. On s'y crève, et on a été obligé de donner de nouveaux délais.

— Il y a eu des conférences avec le premier président pour s'accommoder, mais cela ne réussit pas. Samedi 9, les porteurs de lettres ont eu ordre d'aller dans leurs quartiers, chez chaque conseiller au parlement, demander où il était, ce qui a fait présumer quelque chose de nouveau. En effet, lundi, jour de Saint-Martin, chaque conseiller a reçu une lettre de cachet par laquelle le roi lui ordonne de se rendre à Blois, où il transfère son

---

[1] Arrêt du conseil, du 25 octobre 1720, portant établissement de soixante agents de change.

parlement, pour y faire la rentrée le 2 décembre. Cela a étonné tout le monde, car tout était préparé pour la messe rouge[1], à Pontoise, le lendemain mardi, et il était défendu par la lettre de cachet de s'assembler ailleurs qu'à Blois, à peine de désobéissance et de privation des charges. M. le premier président avait fait préparer un repas superbe pour tout le parlement; il est resté pour quinze mille livres de viande à revendre pour son compte entre les mains des rôtisseurs.

— Le lendemain des lettres de cachet, M. le régent a présenté à sceller, à M. d'Aguesseau, la déclaration qui transfère le parlement à Blois. M. le chancelier a refusé; il s'est fort emporté sur cet éloignement, contre M. le régent, et lui a dit qu'il lui rapporterait les sceaux. Le régent lui a répondu qu'il voulait les sceaux et sa démission de la place de chancelier, ce que l'autre n'avait garde de faire. On a cru, le 13 et le 14, que M. d'Aguesseau n'avait plus les sceaux, et qu'il s'en retournait à Fresnes. Quelque chose qu'il fasse à présent, il est bien méprisé d'en être revenu!

— Les choses se sont accommodées vendredi 15, par l'entremise, dit-on, de M. le maréchal de Villars. On a rapproché le chancelier, le parlement et le cardinal de Noailles. Ce prélat a présenté au roi, ce jour-là, le mandement pour la constitution que le régent lui demandait tant, et le samedi au régent lui-même; apparemment sous condition que le parlement enregistrera la constitution conformément au mandement. C'est le souterrain de l'accommodement.

[1] On donnait ce nom à la messe qui se célébrait le 12 novembre, jour de la rentrée du parlement, parce que cette compagnie y assistait en robes rouges.

— Enfin la situation du parlement est changée. Ils ont reçu des lettres de cachet qui leur ordonnent de se rendre à Pontoise pour faire la rentrée lundi prochain, 25 novembre. Le mandement du cardinal est public; il est assez beau et très-finement travaillé pour conserver et ménager la doctrine des deux partis. C'est à proprement parler un jeu de mots et une dissertation comique sur des points de doctrine. Le mandement contient des explications de propositions condamnées. Le pape ne voulait pas, à ce que l'on dit, de la réception avec explications. M. le régent a trouvé lui-même le secret de les accommoder afin qu'il ne parût pas, suivant la lettre, que ces explications fussent données par le cardinal, pour interpréter la bulle. Il est dit dans l'acceptation du cardinal (et c'est le régent qui a ajouté lui-même ce mot), qu'elles sont données *uniquement* pour empêcher les personnes ignorantes ou malintentionnées.

— Tout était néanmoins préparé pour le voyage. Vendredi 15, tous les procureurs s'assemblèrent au palais, de l'ordre du procureur général, pour savoir ceux qui voulaient aller à Blois, d'autant que le roi souhaitait qu'il y en eût deux cents. Il n'y en eut que vingt-cinq qui répondirent: Oui. Les autres objectèrent qu'ils n'avaient que des billets de banque et point d'argent. La réponse des procureurs de communauté [1] fut, qu'ils avaient fait les mêmes objections, mais que le roi voulait absolument qu'il y en eût deux cents, et que M. le procureur général les marquerait lui-même sur la liste.

— Law fait procéder à présent à la recherche de ceux

---

[1] Ceux qui étaient délégués et préposés, par les procureurs au parlement, pour administrer les affaires de la compagnie.

qui ont gagné des sommes immenses[1]. Il ne rendra pas au bon bourgeois le bien qu'il a perdu; mais il tâche d'égaler tout le monde en pauvreté. On s'y prend d'une façon violente qui est une source d'indignité et de tyrannie; car, en un mot, celui qui a gagné cinquante millions, comme il y en a, a été plus heureux et plus hardi qu'un autre; il n'a rien pris à personne, et il a profité des arrêts et déclarations du roi. C'est M. de Landivisiau[2], maître des requêtes, fils d'un commerçant de Saint-Malo, qui a la direction de cette recherche. On entre chez un homme, et on met le scellé dans toute sa maison. On lui prend ses bijoux, sa vaisselle d'argent, et tout ce qu'il a. On connaît déjà trois scellés semblables avec garnison.

Un chez Dupin, Savoyard, autrefois laquais chez M. Tourton, gros banquier, et qui est parvenu, de manière qu'il a gagné vingt millions au système, suivant le bruit public.

Chez Koli, qui a été trésorier de M. de Bavière.

Chez Morier, qui était un petit banquier en prison il y a deux ans, devant cinq cent mille livres. Il a épousé une jolie femme, nommée Dufour, qui était fille de boutique au palais. Elle est devenue maîtresse de M. de La Vrillière, secrétaire d'État, et cela a donné lieu à de gros gains. Ils avaient pris une maison assortissante, des équipages, maître d'hôtel, portier, deux femmes de chambre à madame; voilà l'excès où ces gens-là avaient porté l'insolence; mais il valait beaucoup mieux ne point donner lieu à ces gains, et ne pas tourmenter à présent tous ces individus-là contre le droit des gens.

---

[1] Arrêt du conseil du 24 octobre 1720.
[2] Danycan de Landivisiau.

22. — L'on est bien accoutumé au luxe et au plaisir dans cette ville!... Malgré la misère générale où l'on est, je n'ai jamais vu un spectacle plus rempli et plus superbe qu'hier, mercredi, à l'Opéra, où les comédiens représentaient. Il est impossible en voyant cela que le régent se repente, ni soit touché de tous les maux qu'il a faits; pourtant il n'y a pas un sol dans les meilleures maisons, et la circulation des choses nécessaires à la vie et à l'entretien ne se fait que par crédit.

— On agiote actuellement dans la cour de la banque: des archers s'y promènent; mais il est impossible d'empêcher le commerce de papier dont tout le monde est rempli.

— Lundi 25, on a dit la messe rouge à Pontoise; la plus grande partie du parlement y était, ce qui n'est pas ordinaire à la rentrée; il n'y manquait que deux présidents à mortier, MM. de Novion et Amelot. On a remis à lundi prochain à s'assembler, pour délibérer sur la déclaration, qui avait été envoyée dès le mois d'août, pour l'enregistrement de la constitution.

Décembre, 5. — Jeudi dernier, 28 novembre, un juif nommé Joseph Lévi, avec un homme appelé Dumesnil, emmenèrent dans une chambre un autre juif, intime ami de Joseph, marchand de diamants, et qui en avait considérablement; ils lui donnèrent deux coups de marteau sur la tête et lui coupèrent la gorge. Comme la femme de l'homme assassiné savait que son mari était sorti avec ces deux amis, qu'elle connaissait, ils jugèrent à propos d'aller le soir lui demander du thé. Elle leur en fit; mais comme elle se baissait pour le préparer, ils lui donnèrent sur la tête plusieurs coups de marteau qui la firent tomber tout en sang, et s'enfuirent après avoir renversé sur elle, d'un autre coup, sa petite fille, âgée de six ans, qui contrefit la morte par prudence. Cette petite fille cria, et déclara le nom et la demeure des assassins. Dumesnil s'est sauvé, mais Lévi a été pris ; on a fait son procès et il a tout nié. Il a été jugé hier, six voix pour être rompu, et cinq pour être mis à la question. Dans la torture, il a avoué qu'il avait tué un homme dans la rue Poupée, contre Saint-André, dans une auberge, et que le cadavre était dans une armoire. La justice s'y est rendue. Mon serrurier a été mandé pour jeter bas la serrure de la chambre et ouvrir l'armoire, et il m'a dit, une heure après l'expédition, qu'il y avait dans le bas de cette armoire un homme ayant des pendants d'oreilles de petits diamants, qui avait la gorge coupée et deux coups à la tête. On a emporté le cadavre au Châtelet ; douze juifs l'ont accompagné depuis la rue Poupée, et l'ont gardé toute la nuit en faisant des prières à leur façon. Le lendemain ils l'ont enterré. On a emmené aussi les maître, maîtresse et servante de l'auberge, qu'on dit être un mauvais lieu.

Lévi a demandé à se faire chrétien, croyant peut-être par là se dérober au supplice. Il a été baptisé ce matin dans la prison, par le curé de Saint-Germain-l'Auxerrois, avec grande cérémonie, et l'après-midi il a été rompu vif en place de Grève. On dit que les juifs ont voulu donner de l'argent pour le retirer et le faire mourir à leur façon, mais on n'a pas voulu. Ce juif avait trois chambres dans Paris ; une rue Beaubourg, où il a été pris, une rue Poupée, où il a fait le crime, et une au faubourg Saint-Marceau, avec des noms différents et sans passer pour juif.

Le juif qui a été assassiné s'était fait chrétien il n'y avait que six mois; sa femme est fort jolie. Elle n'est pas encore morte et a été trépanée trois fois[1].

— Mercredi 4, le parlement a enregistré la déclaration pour la constitution, mais comme il l'a enregistrée en 1714, de manière que c'est n'avoir rien fait. C'est un jeu que cela, et les constitutionnaires ne doivent point être contents.

14. — M. Law n'est plus en place. On dit que c'est lui qui a demandé à se retirer et à n'avoir plus de poste. Je l'avais su avant-hier par la lettre d'un directeur de la compagnie des Indes, qui avait été voir Law la veille, et qui lui marqua son chagrin de ce qu'il les quittait. Law lui répondit que s'il ne se mêlait plus de rien, d'autres s'en mêleraient. M. le Duc et le duc de La Force étaient avec lui; ce sont ses protecteurs; on appelait le duc de La Force son premier commis. M. Le Pelletier de La Houssaye, conseiller d'État, et à présent chancelier de M. le régent, est contrôleur général des finances; sous lui, M. d'Ormesson, beau-frère de M. d'Aguesseau, chancelier, et M. de Gaumont, chef du conseil de M. le prince de Conti, tous deux maîtres des requêtes; MM. Crozat et Bernard, à la tête de la compagnie des Indes. Avant que Law fût ici, ces deux hommes étaient riches de plus de dix millions chacun. Samuel Bernard est au demeurant un grand fripon, qui a été cause, en 1709, d'une banqueroute de vingt à

---

[1] L'hôte et l'hôtesse sont sortis de prison. La femme du juif est morte le 8 ou 10 décembre. (*Note postérieure de Barbier.*)

trente millions qui se fit tant à Lyon qu'à Genève[1]. Au surplus, il a quatre-vingts ans et ne restera pas longtemps dans cette place. Les Pâris, créatures de M. d'Argenson, qui avaient été exilés dans leur pays, sont rappelés pour être à la tête des fermes générales. Voilà l'arrangement : cependant personne n'en est la dupe. On croit que tout ceci est un jeu; que Law est et sera toujours le conseil du régent; que si l'on met en sa place des gens de probité, c'est pour leurrer le peuple, afin que le mal qui arrivera encore ne tombe pas sur le compte de Law.

— Jeudi, 12 de ce mois, M. le duc de Richelieu[2], jeune seigneur de beaucoup d'esprit, fut reçu à l'Académie française. L'abbé Gédoyn[3] lui fit le compliment, et le loua sur ce que, dans ce temps-ci, il n'avait point oublié son rang et sa qualité pour ne songer qu'à faire des gains sordides. M. le duc de La Force[4], qui n'a pas quitté Law, qui travaille avec lui comme son premier commis, et qui a gagné des biens immenses, était présent. Lorsqu'il vint pour féliciter M. de Richelieu, celui-ci lui répondit que c'était à l'abbé Gédoyn qu'il fallait faire compliment, parce qu'il avait caractérisé tout le monde à merveille. Le duc de La Force ne parut pas content de cela.

[1] Malgré l'assistance qu'il reçut en cette occasion du ministre Desmaretz, son crédit ne put se rétablir à Lyon, ni dans les contrées voisines
[2] Louis-François-Armand du Plessis, depuis maréchal de France, célèbre par ses aventures galantes.
[3] Nicolas Gédoyn, chanoine de la Sainte-Chapelle, auteur de plusieurs dissertations et d'une traduction de Quintilien qui lui ouvrit les portes de l'Académie française en 1719; il était membre de l'Académie des inscriptions depuis 1711.
[4] Henri-Jacques-Nompar de Caumont, né le 16 mars 1675.

15. — Hier, 14, M. Law sortit de Paris pour aller à Guermande, près Lagny. Tous les seigneurs ont été lui dire adieu, car il est toujours en faveur.

— Tout le parlement a assisté, en robes rouges, au mariage de madame la duchesse de Lorge[1], qui s'est fait dans l'abbaye Saint-Martin, et ils ont signé par députés. M. de La Vrillière, secrétaire d'État, y était, et a apporté à la mariée, de la part du roi, un carcan de diamants qui vaut, assure-t-on, deux cent mille livres.

18. — Hier, mardi, le parlement a enregistré, à Pontoise, la déclaration qui le rappelle à Paris. Il sont tous revenus hier et aujourd'hui.

— M. de Landivisiau est inspecteur général de la banque et de la compagnie des Indes. Il ne rendra compte qu'à M. le régent, ce qui s'est fait à cause de la manière dont M. Le Pelletier de La Houssaye paraissait vouloir agir avec les autres directeurs de la compagnie.

21. — Aujourd'hui, vendredi, le parlement a tenu audience de sept heures. Les avocats ont été faire compliment au premier président. Le bâtonnier[2] a dit que les avocats avaient perdu la parole, et qu'il allait la leur rendre. Le premier président a répondu que leur conduite était parfaite, et qu'on ne pouvait que s'en louer. Il a fait avertir ensuite les avocats, par le bâtonnier, que, dans les plaidoiries où il s'agirait de parler de la chambre des vacations tenue aux Augustins, on ne le fît pas sans parler auparavant au président de l'endroit et de la chambre où on plaiderait.

— On a arrêté la nuit de samedi dernier, 21 décembre, Bourgeois, trésorier général de la banque, du Revest,

---

[1] Marie-Anne-Antoinette de Mesmes, fille du premier président.
[2] Babel, qui avait remplacé Taupinart de Tilière.

contrôleur de la banque, et de Fenelon, qui visait les billets, gens amis de Law et placés par lui. On a aussi arrêté Fromaget, l'un des directeurs de la compagnie des Indes. Tous ces gens ont des millions, et on leur demande de l'argent. Néanmoins on croit que Law a seulement fait semblant de sortir de France, à cause du parlement, et qu'il est caché au Palais-Royal. M. le Duc le protége ouvertement, et M. le régent a dit, en plein conseil, qu'il lui avait donné sa parole d'honneur de ne toucher ni à la personne, ni aux biens de Law. La femme et la fille de ce dernier sont à Paris, dans leur maison. Son fils est éclipsé comme lui, c'est-à-dire perdu aux yeux du public.

28. — On sait présentement ce qu'est devenu Law. Il a passé sûrement à Valenciennes, où il a été arrêté, les uns disent par le commandant, les autres par M. d'Argenson le fils, intendant, qui y demeure. Il montra un passe-port particulier de M. le régent, et on lui donna des chevaux. Il avait avec lui l'écuyer de M. le Duc[1], et était dans une de ses chaises, avec quatre ou cinq hommes de sa livrée. Il est allé à Bruxelles, où il a été reçu magnifiquement par M. de Prié, qui y commande pour l'empereur. On l'attendait à la comédie, où il descendit. Il a eu l'insolence de dire qu'il avait enrichi la noblesse, et qu'il laissait Paris florissant!

— Le dimanche, 24 décembre, le feu a pris dans une maison particulière de la ville de Rennes, en Bretagne, et a augmenté de telle manière qu'il a duré six jours et six nuits. Toute la ville en général est brûlée; il ne reste plus que les faubourgs. Ç'a

---

[1] Sarrober, capitaine des chasses de Chantilly.

été une désolation, comme l'on s'imagine. Tout le monde a fui, et s'est allé camper avec des tentes au milieu des prés, autour de la ville. Les lettres sont datées : *Aux prés de Rennes.* Les habitants sont ruinés. Ils écrivent : « Il n'est plus de Rennes ! » Un marchand, dont j'ai vu la lettre, dit qu'il rend grâce à Dieu d'avoir sauvé sa femme et son enfant, mais qu'il a perdu trois maisons dans la ville, et un magasin plein de marchandises.

La cathédrale est brûlée; Saint-Sauveur, qui était bâti de neuf il y a un an, le Palais, les Cordeliers et les Carmes ne le sont pas. La tour de la belle horloge, qui était construite en pierres de taille, a fondu. On y avait porté des marchandises, les minutes des notaires et autres papiers, croyant les mettre en sûreté ; tout a été brûlé. Le parlement, en robes rouges, faisait travailler le peuple ; il a conduit les religieuses Ursulines dans la maison des PP. Bénédictins, qui est hors la ville.

On avait abattu jusqu'à dix maisons pour arrêter le feu, mais il reprenait partout. Toutes les nouvelles des bourgeois portent que ce sont les soldats qui mettaient le feu, à mesure qu'il s'éteignait, pour piller. On en a pris un sur le fait qui volait un saint ciboire d'or, rempli d'hosties ; il a été brûlé. Je l'ai vu marqué dans deux lettres. Voilà une désolation épouvantable. Le parlement va à Vannes.

ANNÉE 1721.

Janvier. — Cette année est bien différente de l'autre pour tout le monde, et pour moi en particulier. J'avais en janvier dernier pour soixante mille livres d'effets en papier, à la vérité imaginaire, mais qu'il ne tenait qu'à moi cependant de réaliser en argent. Je n'ai eu ni l'esprit, ni le bonheur de le faire, et tout cela est tombé à rien, de manière que, sans avoir ni joué ni perdu, je n'ai pas aujourd'hui de quoi donner les étrennes aux domestiques.

— On a tenu une grande assemblée à la banque dimanche, 28 décembre, et jeudi, 2 janvier. M. le Duc est vice-protecteur[1] de la compagnie des Indes; on a nommé avec lui des directeurs d'honneur, qui sont : MM. le duc d'Antin, maréchal d'Estrées, de Nocé[2]... ...., gens dont l'avarice et la mauvaise foi perdront plutôt la compagnie des Indes que d'y faire avoir confiance : ils pilleront tout pour eux s'ils le peuvent. On a nommé aussi, pour examiner l'état de la compagnie, huit directeurs qui sont, dit-on, de très-habiles banquiers.

15. — Continuation de querelle entre les avocats du palais et ceux attachés au Châtelet[3]. La semaine dernière, M. Favrel, avocat plaidant au Châtelet, alla à l'audience de sept heures pour un appel d'un procureur

---

[1] Sous-gouverneur.

[2] Ce n'est pas Nocé, mais bien le marquis de Lassé : les autres directeurs, dont Barbier a laissé les noms en blanc, étaient le maréchal de Grammont, le duc de Chaulnes, le marquis de Mézières et M de Vendôme.

[3] Voir page 43.

du Châtelet, son ami; les avocats l'aperçurent, firent du murmure, et résolurent de ne point conclure contre lui. On avertit de cela le président de Lamoignon, qui présidait; il fit retirer le placet, et on avertit le procureur de chercher un autre avocat. On parle de faire un tableau séparé, et on dit, dans le monde, qu'on parle fort de mon père [1], sur qui l'on rejette la faute des avocats du Châtelet d'avoir plaidé. Voilà où cela en est.

— Lundi, 29 décembre, commencèrent les ballets chez le roi, dans la grande salle des machines, qui est magnifique. On n'y entre que par billets. J'y allai samedi, 11 de ce mois; le roi dansa deux entrées seul : il est fort délicat et il ne danse pas avec une grande vivacité; il est sérieux. M. le duc de Chartres [2] dansa une entrée : il danse fort mal et de mauvais air. Vingt seigneurs de la cour, depuis l'âge du roi jusqu'à vingt-deux ans au moins, dansent à ces ballets. Le marquis de Villeroi [3], petit-fils du maréchal, y brille, quoique fort gros. Les seigneurs dansent avec les filles de l'Opéra, et ils ont envoyé chacun un présent à leurs femmes. La symphonie et la musique sont très-belles. Les acteurs de la comédie représentèrent aussi *Don Japhet d'Arménie* [4], qui fit beaucoup rire. Les uns trouvent mauvais que le roi danse ainsi sur un théâtre, avec des filles d'Opéra; d'autres le trouvent bon, parce que Louis XIV l'a fait : il n'y a que cela qui puisse excuser.

—Mardi, 14 janvier, fut reçu duc et pair, au parle-

[1] Edmond-Jean Barbier.

[2] Louis, duc de Chartres, de Valois, etc., fils du régent, né le 4 août 1703.

[3] Louis-François-Anne de Neuville, né en octobre 1695. Il avait épousé, en 1716, la fille aînée du duc de Luxembourg.

[4] Comédie en cinq actes et en vers, de Scarron.

ment, M. le duc de Nevers, connu sous le nom de prince de Vergagne[1], qui a épousé la princesse Spinola : l'assemblée était magnifique; tous les princes du sang et ducs et pairs y étaient. Il arriva une chose assez extraordinaire : un homme très-mal vêtu, en gris, demanda à s'avancer, entra effectivement dans le parquet, et dit tout haut qu'il était parent du roi, qu'il s'appelait le prince de Lévi et qu'il demandait acte à tous les princes. Le premier président ne le laissa pas achever, et le fit prendre par quatre des huissiers, qui le descendirent en bas : c'était un fou.

— Samedi, 18, j'allai encore au ballet du roi : le spectacle était magnifique et bien rempli.

— Comme les porteurs d'actions sont obligés de porter cent cinq livres, en argent, pour faire mettre une signature à l'action[2], pour quoi on leur donne un billet de la compagnie de cent cinq livres, payable au porteur dans un an, un homme dit à un autre qu'il venait d'arroser quatre actions : « Vous venez, cela étant, dit l'autre, d'embaumer quatre corps morts. » Joli mot, parce qu'on croit effectivement cela un effet perdu.

— Le dernier dimanche de janvier, il y a eu un conseil extraordinaire pour tâcher de trouver un arrangement aux affaires; M. le régent et M. le Duc s'y querellèrent, et se jetèrent l'un à l'autre l'évasion de Law. On a même distribué à la main tout le résultat de ce conseil. Pour moi, je crois que c'est un jeu joué entre ces deux princes, qui ont pillé ensemble le royaume. On dit que

---

[1] Philippe-Jules-François Mazarini Mancini, né le 4 octobre 1676. Il avait acquis la grandesse, et pris le titre de prince de Vergagne que portait son beau-père, en épousant, en 1709, la fille aînée de Spinola.

[2] Par suite de l'arrêt du conseil du 25 octobre. (Voir page 58.)

l'on trouve sur les registres d'un commis de la banque nommé....., qu'il a délivré et payé à M. le Duc dix-sept cent mille louis d'or, ce qui ferait soixante et un millions[1]. On a été fort content dans le public de la manière dont M. le prince de Conti a parlé dans ce conseil.

Février, 6. — Aujourd'hui on a reçu, au parlement, M. le duc de Brissac[2], duc et pair. Comme, à la réception de M. le duc de Nevers, on avait remarqué que M. le prince de Conti avait plus de monde à sa suite que M. le Duc, cela a fait qu'hier ce dernier et M. le prince de Conti écrivirent des billets à tous les gens d'épée pour les accompagner au palais : M. le Duc est entré avec trente ou quarante personnes; le prince de Conti avait un cortége de cent cinquante jeunes gens. J'ai vu sortir M. le Duc, après la réception, avec son même monde. Le prince de Conti a été déjeuner à la buvette avec M. le premier président, et il est revenu à la grande audience; quantité de ducs et pairs y sont restés, et tous les officiers et particuliers, seigneurs ou autres qui n'ont point de séance, ont attendu le prince de Conti et l'ont accompagné de même en sortant. Le public s'est bien aperçu de cette différence, et cela a dû faire enrager M. le Duc, car c'est bien déclarer que dans une affaire il n'aurait pas beau jeu : ils sont toujours très-mal ensemble. M. le Duc avait une livrée superbe en pages et laquais.

— Il y a plusieurs seigneurs, comme le duc de La

---

[1] La valeur du louis d'or était alors de trente-six livres, suivant l'arrêt du 24 octobre 1720.

[2] Charles-Timoléon-Louis de Cossé, grand panetier de France, né le 1ᵉʳ février 1693.

Force, le maréchal d'Estrées, le duc d'Antin et autres, qui ont réalisé en marchandises d'épicerie, café, thé, charbon de terre, eau-de-vie, porcelaines et autres choses, et qui en ont fait des magasins. On a découvert que le duc de La Force en avait pour un million dans les Grands-Augustins[1]. Le dernier lundi de janvier, le commissaire Labbé s'y est transporté avec nombre d'archers, en vertu d'une ordonnance de M. Baudry, lieutenant de police, qui en avait parlé à M. le régent, à la requête des épiciers, et il a saisi et enlevé les effets. Il a paru un nommé Oriant, qui avait été reçu marchand il y a un mois, homme n'ayant rien, qui était logé au troisième étage, sans meubles, et qui a réclamé ces effets : on l'a interrogé, et sur l'appel du procureur général, on l'a décrété de prise de corps. Les marchandises ont été confisquées au profit de l'Hôpital-Général[2] et de l'Hôtel-Dieu.

Comme, dans son interrogatoire, Oriant avait mêlé le duc de La Force, jeudi 13, le parlement fit assembler tous les princes et les ducs et pairs, et on a décrété d'assigné pour être ouï contre le duc. Le prince de Conti et le maréchal de Villars ont opiné fortement contre lui. Le parlement est charmé à son tour de tenir quelqu'un des seigneurs qui étaient contre lui du temps de Law[3].

[1] Dans des chambres que les religieux lui avaient louées, et même dans leur bibliothèque. (*Journal de Marais*, Rev. rétrosp.)

[2] L'Hôpital-Général avait été fondé, en 1656, pour renfermer les pauvres et mendiants dont Paris était rempli. Cet établissement fut généralement appelé la Salpêtrière (nom qui lui est resté), parce qu'on faisait autrefois du salpêtre sur son emplacement.

[3] Le duc de La Force, outre sa liaison avec Law, avait été l'un des plus animés lors de la prétention des ducs et pairs pour le salut du bon-

20. — Hier on a été, en vertu d'une ordonnance du lieutenant de police, visiter une maison[1] qui appartient au duc de La Force, et dans laquelle on avait vu entrer des charrettes de tonneaux; mais on n'y a rien trouvé. Le duc y est venu, a déchiré l'ordonnance, et il y a eu procès-verbal de rébellion. On ne sait la suite qu'aura cette affaire, mais elle est menée vivement.

— On fait des plaisanteries sur le duc de La Force : on dit qu'il a présenté une requête à M. le régent, portant qu'il était au-dessous de la dignité d'un pair de France d'essuyer une pareille poursuite, et que s'il ne voulait pas arrêter le cours de cette procédure, il le suppliait de demander pour lui, au roi, la permission de se retirer hors du royaume. Le régent a mis au bas de la requête : « Bon voyage au suppliant. »

— On dit encore que le duc de La Force a été voir M. le prince de Conti, qui l'a reçu très-honnêtement. Après un certain temps, M. le duc de La Force s'est retiré, et le prince, en le reconduisant, lui a dit « qu'il lui était obligé de son honnêteté, mais qu'il avait ses provisions faites pour le carême. »

— Aujourd'hui, mercredi 20, M. le duc de La Force est entré au palais à dix heures et demie, avec un gentilhomme et cinq laquais, pour subir son interrogatoire devant MM. de Paris et Le Feron, commissaires de la cour, dans la petite Tournelle. Il leur a dit qu'il venait pour exécuter l'arrêt, quoiqu'il pût s'y opposer, attendu que la procédure était nulle, 1° parce que la cour

---

net, et il était fortement soupçonné d'avoir opiné pour la suppression du parlement, à l'époque où celui-ci avait été exilé à Pontoise.

[1] Rue Saint-Dominique Saint-Germain : l'hôtel du duc de La Force était rue Taranne.

n'avait pas été suffisamment garnie de ducs et pairs ; 2° parce qu'il fallait que les pairs fussent assemblés de l'ordre du roi. Que cependant il était de son honneur de se justifier et de réparer l'insulte qu'on lui avait faite, mais qu'il y avait un préliminaire dont il fallait convenir, et qu'il ne pouvait passer dans l'intérêt commun des ducs et pairs ; c'est qu'il ôterait lui-même son épée pour prêter le serment, qu'après il la remettrait, se couvrirait, et qu'il serait assis pour répondre. Les commissaires ont répondu qu'ils ne connaissaient pas ce droit, et qu'ils en rendraient compte à la cour. On s'est ainsi retiré sans rien dire. M. le duc de La Force est sorti par la grande salle ; il y avait deux mille âmes assemblées pour le voir. Il a passé au milieu de deux haies, et on entendait des gens qui criaient : « Voilà le marchand de chandelles, de cire, de café, etc. » Une pareille insulte n'est peut-être jamais arrivée à un duc et pair.

Bernard, son secrétaire, ainsi que son valet de chambre, sont venus ce matin se rendre à la Conciergerie. Il y avait l'huissier Choulx chargé de les aller chercher de force dans l'hôtel de La Force. On veut tirer des éclaircissements de ces gens-là. Enfin on traite cette affaire au sérieux, comme monopole.

— On a fait une estampe où un marchand lève d'une main un très-gros ballot pour en charger un crocheteur, et on lit en bas : « Admirez *la force*. »

22. — Hier, vendredi, les princes et les duc furent assemblés au parlement sur la visite qui a été faite dans une maison appartenant au duc de La Force, et où il a déchiré lui-même l'ordonnance de M. Baudry, lieutenant de police. M. le duc de La Force vint en habit

de duc et pair à la grand'chambre; quand M. de Lamoignon, avocat général, parla, il l'interrompit une première fois, et M. de Lamoignon lui répondit qu'il n'y avait que le roi qui fût en droit de l'interrompre; nonobstant cela, M. le duc de La Force lui ayant dit encore, sur quelque chose, que cela n'était pas vrai, le premier président ordonna aux huissiers de le faire sortir. Il avait été décrété d'ajournement personnel dès le matin, ce qui l'interdit des fonctions et honneurs de duc et pair. On dit aussi qu'il a été décidé qu'il subirait son interrogatoire debout, nu-tête, sans chapeau et sans épée.

— M. le prince Charles[1], de la maison de Lorraine, grand écuyer de France, qui a épousé la fille de M. le duc de Noailles, et qui en a reçu huit cent mille livres, dont deux cent mille en billets de banque, dit-on, a annoncé à sa femme qu'il n'était plus en état de soutenir le train qui lui convenait, et qu'il fallait qu'elle s'en retournât chez son père. Il en a même parlé à M. le duc de Noailles; mais la princesse n'a pas voulu aller chez celui-ci, et M. le cardinal de Noailles l'a conduite aux dames de la Visitation du faubourg Saint-Germain. On ne comprend pas le motif véritable du prince Charles; on ne dit point qu'il puisse se plaindre de la conduite de sa femme, et on le blâme fort.

Mars, 2. — Dimanche, 23 février, les ducs et pairs s'assemblèrent en particulier chez M. de Mailly, arche-

---

[1] Charles, fils de Louis de Lorraine, comte d'Armagnac, etc., né le 22 février 1684, avait épousé en 1717 Françoise-Adélaïde, fille d'Adrien-Maurice, duc de Noailles, qui n'avait alors que treize ans. Elle était depuis un an seulement chez son mari, lorsque celui-ci la renvoya : il ne voulut jamais se remettre avec elle.

vêque de Reims, comme premier duc et pair de France, au sujet de l'ajournement personnel de M. le duc de La Force : les deux tiers furent de l'avis de ce qui avait été fait, et l'autre tiers, l'archevêque en tête, signa une requête au roi. Jeudi, 27, on a signifié au procureur général un arrêt d'évocation de cette affaire au conseil; le procureur général en a rendu compte à la cour, qui s'est assemblée avec les ducs et pairs, et qui a résolu de faire des remontrances au roi. Hier, les commissaires nommés pour les faire se sont retirés à cet effet dans la chambre de Saint-Louis; M. le prince de Conti demanda s'il pouvait y aller : on lui répondit qu'il était commissaire-né; il demanda ensuite s'il pouvait aller à la députation, et on lui répondit encore qu'il était député-né, en qualité de prince du sang. Effectivement, les trois princes du sang, M. le Duc, M. de Charolais son frère, et M. le prince de Conti, avec les commissaires du parlement et les gens du roi, allèrent au Louvre, en grand cortége, faire des remontrances au roi, qu'on dit très-fortes [1]. M. le chancelier d'Aguesseau a répondu que le roi n'entendait pas déranger le cours de la juridiction du parlement, ni le privilége des ducs et pairs, mais que, par des considérations particulières, il avait attiré à lui cette affaire pour en prendre connaissance. On attend à présent la réponse définitive, du oui ou du non, pour l'évocation.

5. — Dans le mois dernier, au commencement de la foire Saint-Germain [2], les pages du roi et ceux

---

[1] Elles sont imprimées dans le troisième volume des *Mémoires de la Régence*, p. 87.

[2] La foire Saint-Germain s'ouvrait le 3 février, et durait jusqu'à la veille du dimanche des Rameaux.

des princes du sang avaient eu une grande querelle avec les pages des ambassadeurs et seigneurs étrangers. Les premiers ne voulaient pas que les autres entrassent sur le théâtre des danseurs de corde. Il y eut un grand tapage; ils désarmèrent le guet, et, pendant trois jours, ils furent au nombre de deux cents, à se promener dans la foire avec des cannes. On avait apaisé cela; mais hier les laquais des princes, ducs et seigneurs de la cour s'étaient donné parole; ils s'assemblèrent à la foire, entrèrent de force chez les danseurs de corde, firent un grand tapage, et empêchèrent le jeu. On fit venir, non-seulement la garde de la foire, mais les soldats aux gardes répandus dans le faubourg Saint-Germain, qui sont arrivés la baïonnette au bout du fusil. Les laquais ont désarmé quelques soldats; mais à la fin ils ont crié merci. Ils avaient presque tous des bâtons sous leurs habits; on les a fait sortir un à un, on leur a pris leurs bâtons, et on en a arrêté six de différentes maisons. Il y en a des hôtels de Conti et de Bouillon, qui étaient les plus mutins. On verra ce que l'on en fera; cela mérite punition, c'est presque une sédition, et tout le faubourg Saint-Germain était en alarme.

8. — Hier, samedi, l'ambassadeur turc[1] arriva, par Charenton, dans le faubourg Saint-Antoine. Il était escorté par cinquante maîtres de cavalerie, l'épée à la main, et par la maréchaussée. Le régiment du roi monte la garde chez lui.

16. — Le duc de La Force a présenté deux requêtes au roi, qui sont belles et bien écrites. C'est M. Terrasson, avocat, qui est son conseil, et il est lui-même homme d'esprit et savant. Dimanche, 9, on tint un

[1] Méhémet-Effendi.

grand conseil de régence sur cette affaire, et le roi adressa lundi au parlement une déclaration qui lui renvoie l'affaire. Cette déclaration a été enregistrée le même jour avec des modifications, et en conséquence le duc de La Force a subi un interrogatoire cette semaine.

— L'affaire de la constitution paraissait être assoupie depuis l'enregistrement du parlement, et les ordres de M. le régent de n'en plus parler ni écrire. Elle est plus réveillée que jamais. Il a paru une petite liste imprimée contenant les noms de deux cents personnes, qui ont appelé tout nouvellement de la constitution. M. Baudry, lieutenant de police, en manda dix, dont l'abbé d'Asfeld était le premier. Il leur demanda s'ils avouaient ce petit livre, ajoutant qu'ils devaient savoir là-dessus l'intention du roi et de M. le régent. Ils répondirent que oui : que le roi était maître de leurs biens et de leurs personnes, mais qu'il ne pouvait pas les contraindre à pécher, et que le silence où ils demeureraient serait un péché. M. Baudry fit écrire leur réponse. Il en a envoyé chercher dix tous les jours, qui ont dit la même chose, et depuis il a paru une nouvelle liste de quatre cents autres personnes. Cela ne prend pas le chemin de finir sitôt.

— Mercredi, 12, un cocher d'un loueur de carrosses, dans la rue des Grands-Augustins, ayant volé une barre de fer de trente sous à son maître, avait été mis entre les mains de la justice, et condamné à avoir le fouet et la fleur de lis. Il fut exécuté devant la porte du maître. On dit que la maîtresse cria de fouetter fort. Cela anima si fort la populace, que quand l'exécution fut faite ils entrèrent dans la maison, cassèrent les vitres, tirèrent deux carrosses de dessous les remises, y mirent le feu, et les traînèrent jusque dans la rue Saint-André. Ils étaient au nombre de quatre mille. La nuit et le lendemain il y eut du guet au coin de la rue, crainte de récidive.

30. — L'ambassadeur turc a fait son entrée dans Paris, à cheval, le dimanche 16, accompagné de M. le maréchal d'Estrées et de M. Rémond, introducteur des ambassadeurs, fils d'un fermier général que l'on appelait Rémond le Diable, mort, dit-on, en comptant ses écus. Il avait un équipage très-leste et très-magnifique. Il y avait un concours de monde étonnant. Le roi était incognito dans la Place-Royale, chez le marquis de Boufflers, jeune seigneur, fils du maréchal.

Le vendredi, 21, l'ambassadeur alla chez le roi. La maison du roi, cavalerie, faisait un très-bel effet dans le rond, vis-à-vis le pont des Tuileries, et les gardes françaises et suisses le long du jardin. On l'a fait arriver par le derrière de la maison, parce que la véritable entrée n'est pas assez belle pour un Louvre. Le roi était sur un trône, au bout de la petite galerie, avec un habit brodé de diamants. On a été le voir par curiosité. Toute la cour était magnifique. Le dimanche, 23, l'ambassadeur a été voir M. le régent, et, le 25, l'abbé Dubois, secrétaire des affaires étrangères : il ne va pas rendre visite aux princes du sang. C'est un homme qui a bonne mine, qui a de l'esprit, et des manières dont on est très-content. Il a avec lui son fils, homme de trente ans; mais le bruit court que c'est le fils du Grand Seigneur qui est incognito. On suppose cela à cause des déférences que l'ambassadeur a quelquefois pour lui[1].

---

[1] Pour de plus amples détails sur cette entrée, voir les *Mémoires de Saint-Simon*, t. XVIII, p. 346 et suiv.

Jeudi, 27, il alla avec toute sa suite à l'opéra de *Thésée*[1]. Il était dans l'amphithéâtre. On leur servit la collation, et ils furent fort contents du spectacle. Le prix était double partout.

Avril, 8. — La compagnie des Indes est à bas; l'arrêt est rendu d'hier. Il est ordonné qu'elle rendra compte, de clerc à maître, de tous les billets de banque qui ont été faits, pendant qu'il est prouvé qu'on en a fabriqué pour dix-sept cents millions[2] sans arrêt du conseil. On juge bien que ce n'est que par l'ordre de M. le régent. La compagnie avait présenté une requête, au conseil, signée de dix syndics. C'est un bel ouvrage, mais bien hardi, et qui contient au clair tout le stratagème de M. le régent; on peut dire, en bon français, son procès. Je ne conçois pas comment il a laissé imprimer de pareils faits. Enfin l'action de la compagnie, qui coûte à bien du monde dix, douze et quinze mille livres de bons biens, vaut sur la place cinquante-cinq livres. Le billet de mille livres vaut aussi cinquante-cinq livres.

— La querelle continue toujours entre les avocats plaidant au parlement, et ceux du Châtelet. Forestier, qui a toujours plaidé au Châtelet, a quitté la plaidoirie il y a dix-huit mois, bien avant l'exil du parlement, et son dessein est de continuer à travailler dans le cabinet. Un avocat du palais n'a pas voulu travailler avec lui. Comme il n'était point dans le cas des autres, il a fait assembler les anciens avocats, lesquels étaient pour

---

[1] Tragédie lyrique de Quinault, musique de Lulli, représentée pour la première fois, en 1675, à Saint-Germain en Laye. Cet opéra a été repris sept fois de 1675 à 1744.

[2] Il n'y en eut réellement que pour douze cents millions. (Saint-Simon. Duclos).

lui, comme de raison. Il n'y a eu d'autre réponse de l'autre, nommé Gobert, excité apparemment par ses confrères, sinon qu'il ne reconnaissait ni le parquet ni les anciens pour juges, et qu'il était maître de travailler avec qui il voulait. Ils sont au palais tout au plus huit, parmi lesquels il y en a six jeunes, qui ont un talent étonnant pour la plaidoirie, et qui mènent tout le palais. Il y a longtemps que le barreau n'avait été si florissant. Ils veulent être maîtres. On dit qu'ils se sont assemblés douze, ces fêtes, dans la maison de campagne de Le Normand, l'un d'eux, pour faire un mémoire contre les avocats consultants, lesquels sont récusables, selon eux, pour avoir tenu leurs cabinets ouverts pendant l'exil du parlement.

— La dernière fête de Pâques il y eut un ouragan si considérable qu'il périt à Meulan, sur la rivière, un batelet qui descendait à Rouen, où il y avait seize personnes, et une barque qui montait à Paris, où il y avait pour cinq cent mille livres de marchandises.

Mai. — On fait une réforme considérable dans les troupes, tant dans l'infanterie que dans la cavalerie, sous prétexte que le roi n'est pas en état d'entretenir deux cent mille hommes, qu'il a actuellement. Cependant, depuis la régence, on a dû faire des profits immenses pour le roi. D'un seul article, dans une refonte de monnaie, en 1718, il est notoire que le roi gagnait quatre-vingts millions. On ne sait ce que cela est devenu. Il semble, d'ailleurs, qu'on n'est pas dans un temps à réforme, vu qu'on peut craindre une guerre de l'empereur et du roi d'Espagne.

8. — Il y a actuellement une mortalité sur les anciens ministres de ce pays-ci. M. de Chamillard, âgé

de soixante-quinze ans environ, est mort dans le mois d'avril. C'était un bon homme, mais de peu de génie, que Louis XIV avait cependant chargé de deux postes qui demandent chacun des hommes habiles : ministre de la finance et secrétaire d'État de la guerre. C'était madame de Maintenon qui l'avait placé dans ces emplois, pour se rendre maîtresse et pour favoriser madame la duchesse de Bourgogne, qui voulait qu'on ménageât son père dans la guerre de Savoie. C'est cette malheureuse politique qui a commencé à perdre la France.

— M. Desmaretz, qui a été contrôleur général depuis M. de Chamillard, et qui l'était à la mort de Louis XIV, a été enterré avant-hier. Il était neveu du grand Colbert, avait travaillé sous lui, et avait été disgracié pour quelque friponnerie qu'il avait faite dans les monnaies, et qui méritait bien la corde. Il a été remis en place vingt ans après. Qui pourrait-on choisir de mieux dans ce pays-ci, pour ministres, que des fripons? Cependant cela ne blesse pas M. de La Houssaye, qui l'est aujourd'hui. C'est un honnête homme ; mais aussi il ne fait rien de lui-même : tout le mal est fait et le régent sait tout celui qu'il a encore à faire.

— Aujourd'hui, 8, à cinq heures du matin, est mort M. d'Argenson, âgé de soixante-dix ans, ci-devant garde des sceaux et ministre des finances. Mon père a été appelé ce matin, par les enfants, pour lire son testament et leur donner conseil. Il est étonnant qu'il n'ait rien laissé à mon père, qui était son conseil depuis vingt-cinq ans, et le tout *gratis!* Mais il n'est pas heureux dans son travail. M. d'Argenson est mort dans le couvent de Traisnel, faubourg Saint-Antoine, où il s'était retiré depuis un temps. Il était fort ami de la prieure, fille d'esprit et de condition[1]. Ç'a été le plus grand génie et le plus grand politique de ce siècle, comparable au cardinal de Richelieu. Il avait la confiance de Louis XIV, et il est resté lieutenant de police durant son règne, parce qu'il était nécessaire au roi dans ce poste, par la connaissance qu'il avait de Paris; mais en même temps il avait plus de crédit dans son poste inférieur que les ministres et les premiers magistrats. Il a fait des coups étonnants pour la politique depuis la régence; aussi est-il généralement haï de tout le monde.

Il dit lui-même, par son testament, qu'il ne laisse pas de bien, pour les postes qu'il a remplis; on ne croira pas que cela soit vrai. Il était à portée, plus qu'un autre, de voir le faux du système et devait mettre à part de l'argent comptant.

Il laisse trois enfants; un aîné qui est conseiller d'État et intendant de Maubeuge[2], marié à une demoiselle Méliand; un cadet, intendant de Tours[3], marié à mademoiselle Larcher, et une fille, mariée richement à un brave officier nommé Collande[4], fils d'un marchand de Rouen.

[1] Gilberte-Françoise de Veny d'Arbouze de Villemont, d'une famille d'Auvergne. Cette dame passait pour avoir aimé auparavant un très-fameux joueur de flûte, nommé Descoteaux, ce qui donna lieu à cette chanson :

> Faut-il qu'au flûteur Descoteaux
> Succède un garde des sceaux? etc.

[2] René-Louis, marquis d'Argenson, né en 1694, et qui devint plus tard ministre des affaires étrangères.

[3] Marc-Pierre, comte d'Argenson, né en 1696, ministre de la guerre de 1752 à 1757. C'est lui qui établit l'école militaire.

[4] Le Gendre de Collande, maréchal de camp, fils de Le Gendre, très-riche négociant.

—Samedi, 10, on a porté le corps de M. d'Argenson à Saint-Nicolas-du-Chardonnet, où il a sa sépulture, à dix heures du matin, avec un cortége convenable à sa dignité. Le peuple accompagnait la pompe en maudissant le défunt. Les femmes se jetaient sur les chevaux : « Ah! voilà le fripon, le chien qui nous a fait tant de mal. » Le peuple lui a attribué, sans sujet, la suite du système. Tout le mal s'est fait depuis qu'il n'était plus en place. On ne peut lui reprocher que le lit de justice.

—Le même samedi, il arriva un grand malheur au ballet qui fut représenté dans la salle des Tuileries, devant le roi, pour l'ambassadeur du Grand Seigneur. Le carré où se met le roi et les princes est entouré d'une balustrade de fer, avec des pointes. Avant le ballet, il fait fort obscur, et l'on passe par-dessus la balustrade pour aller à différentes places. Le chevalier de Fénelon, âgé de vingt-sept ans, sous-lieutenant aux gardes et neveu de l'archevêque de Cambrai, est tombé en passant, et s'est enfoncé dans la cuisse une des pointes, qui lui a coupé la veine cave; on l'a emporté, et à sept heures il est mort.

— On dit qu'à Chantilly, M. le Duc a écarté dans le bois M. le duc de Richelieu, et a voulu lui faire mettre l'épée à la main au sujet de mademoiselle de Charolais sa sœur [1]. Le duc de Richelieu, après s'en être vainement défendu sur la qualité de prince du sang, s'est laissé blesser à la main croyant que cela suffirait; mais M. le Duc n'a pas voulu en demeurer là, et enfin M. de Richelieu l'a blessé au ventre. Il s'est fait panser sur-le-champ en secret. On a dit effectivement, il y a huit jours, que M. le Duc était retombé malade à Chan-

[1] La batterie est vraie. (*Note de Barbier.*)

tilly, et c'était de cela. Tout le monde dit aussi que l'esprit de M. le Duc est un peu dérangé depuis quelque temps. Le changement n'est pas grand, car il en avait très-peu et du mauvais.

14. — Dimanche dernier, 11, il est arrivé encore un grand malheur : M. de La Goupillière, conseiller au parlement, garçon de trente-quatre ans, s'est tué d'un coup de pistolet. L'esprit lui avait un peu tourné, et l'on dit que cela vient de famille ; sa mère est interdite pour démence, et il a un frère qui mérite de l'être. Il alla le matin chez Dinet, procureur au parlement, son voisin, et parla du temps avec le chagrin que tout le monde ressent ; on dit cependant qu'il est très-riche. Dinet voulut lui parler morale, il se leva et lui dit qu'il était son ennemi, qu'il le voyait bien. A midi il envoya son cocher chez Dinet, le prier de passer chez lui pour affaire de conséquence. Dinet, qui avait vu le dérangement d'esprit, n'y alla point et pria le cocher de dire qu'il ne l'avait pas trouvé. En cela Dinet a été très-heureux : le cocher a rendu réponse à son maître, lequel a tiré de sa poche un pistolet qu'il a déchargé sur le cocher. Il lui a simplement un peu blessé l'épaule, et sur-le-champ, d'un autre pistolet, il s'est tiré trois balles dans la bouche. Deux conseillers ont été chez lui, on a instruit son procès, et il a été enterré hier. Les uns attribuent ce dérangement d'esprit aux affaires du temps ; les autres à une maîtresse, fille d'un menuisier, dont il avait eu des enfants, à qui il avait promis mariage, chez laquelle il n'allait plus, et qui l'avait menacé de le faire tuer. Mais cela doit peu intimider un conseiller au parlement.

— Le régent n'oublie rien pour se rendre maître de

troupes; il a fait donner par le roi à M. le duc de Chartres, son fils, prince bien mal fait, de mauvais air, et dont on n'attend rien de bon, la commission de colonel général de l'infanterie de France, laquelle n'avait point été remplie depuis le duc d'Épernon, sous Henri III. Les rois l'avaient regardée comme dangereuse à leur autorité à cause du grand crédit de cette charge.

— Madame Law est dans une auberge du faubourg Saint-Germain. Le scellé est dans sa maison rue des Petits-Champs. Il y a des maîtres des requêtes nommés pour liquider ses dettes ; elle paye ses créanciers.

—MM. Trudaine et Fagon, conseillers d'État, avaient été nommés pour examiner l'état de la banque. Le premier a rapporté au conseil que, huit jours avant le départ de Law, il y avait vingt millions à la banque, que Law avait détournés[1]. On n'a point trouvé non plus le compte à la monnaie. Cela a donné lieu d'arrêter Guillaume Law, frère du contrôleur général. Il a été transféré de la Bastille au For-l'Évêque[2], et on a mis le scellé dans sa maison à Versailles.

20. — Je sais sûrement que, la nuit d'avant-hier, un maître des requêtes est parti avec un officier de mousquetaires et un huissier du conseil, en carrosse à six chevaux, pour aller mettre le scellé dans une superbe maison à sept lieues de Paris. Comme il n'est revenu qu'hier, personne ne sait encore cela. On ne m'a point dit l'endroit, mais je me doute que c'est à Guermande,

[1] On sait que, contrairement à l'opinion généralement répandue à cette époque, Law ne s'était assuré aucune ressource à l'étranger en cas de revers, et qu'après sa sortie de France il mourut à Venise dans un état voisin de l'indigence.

[2] Prison située vers le milieu de la rue Saint-Germain-l'Auxerrois, et plus particulièrement affectée aux détenus pour dettes.

par delà Lagny, maison de Prondre [1], financier, que Law a achetée.

— La peste qui a commencé en Provence [2], loin de finir, s'étend et augmente tous les jours; il meurt quantité de monde à Toulon; elle a gagné le Gévaudan, l'Auvergne, et enfin on la craint pour Paris, ce qui serait effroyable. On a déjà fait deux consultations de médecins, au Louvre, pour savoir si le roi restera plus longtemps à Paris. On attend encore quelques nouvelles, parce que l'effroi se répandra si on voit sortir le roi. Quoiqu'il y ait des défenses de divulguer les nouvelles qu'on a de ce pays-là, tout le monde en parle et chacun prend de loin ses mesures. Je sais d'un administrateur des hôpitaux qu'on a fait douze cents lits pour l'hôpital Saint-Louis, qui est le lieu des pestiférés.

— On dit partout ici qu'il y a une fille de quelque distinction, âgée de dix-huit ans, ayant trente à quarante mille livres de rente, le plus beau corps et la plus belle peau qu'on puisse voir, mais là-dessus une tête toute décharnée, sans oreilles, menton, ni nez. C'est au-dessus de ce qu'on peut dire pour l'effroyable. Elle cherche à se marier : elle donne cent mille livres lors des noces, et le reste si elle a un enfant. On veut que l'on porte les armes et le nom de sa maison. Elle demeure à la communauté de Saint-Chaumont [3]. Quelques per-

[1] Paulin Prondre, receveur général des finances de la généralité de Lyon. La terre de Guermande, ou Guermante, avait appartenu plus anciennement à la famille de Viole.

[2] Elle s'était déclarée à Marseille à la fin de juillet 1720.

[3] La communauté des filles de l'Union-Chrétienne, dite de Saint-Chaumont, qui avait d'abord été rue de Charonne, occupait alors l'emplacement où existe aujourd'hui la cour et le passage Saint-Chaumont, entre la rue Saint-Denis et la rue du Ponceau.

sonnes l'ont vue et en ont été effrayées. Elle ne trouve point de maris, quoique Paris soit rempli de gens qui n'ont rien, et qui épouseraient le diable. Bien des gens se présentent par la seule curiosité de la voir; mais on dit qu'on ne la montre plus, et il y a une telle foule de peuple à la porte de Saint-Chaumont, qu'on a été obligé d'y mettre des archers qui y sont actuellement. Ils ont même conduit quelques personnes au Châtelet[1].

Toutes ces circonstances sont véritables; il n'y a que le fond de l'histoire qui est faux, car il n'y a jamais eu de fille de cette figure; cela est présentement avéré, et fait voir le fond qu'il faut faire sur les nouvelles de Paris, car cela se disait comme une chose sûre. On a même été jusqu'à crier dans les rues le portrait de la tête de mort. On ne sait qui a donné lieu à ce conte. On dit que c'est un officier qui voulait épouser une fille riche, qui était en province dans un couvent, et que l'on a mise à Paris, à Saint-Chaumont, pour qu'elle fût plus en sûreté contre les extravagances de cet amant. De rage, dit-on, il a publié cette histoire.

— Samedi, dernier mai, veille de la Pentecôte, le chevalier de Breteuil, capitaine, et le chevalier de Gravelle, lieutenant aux gardes, se battirent en duel dans la rue Richelieu, à midi et demi. Ils avaient eu querelle, et il y a longtemps qu'on poussait le chevalier de Breteuil à en avoir raison; il aurait bien fait de reculer encore, car il a eu deux coups d'épée dont il est mort le même jour. On ne sait pas encore comment cela se passera pour le chevalier de Gravelle[2].

---

[1] Cette ridicule histoire de femme à tête de mort a été renouvelée plusieurs fois depuis cette époque, et s'est encore reproduite de notre temps.

[2] Il ne fut fait aucune poursuite.

— L'histoire galante de la cour est que le régent a quitté madame de Parabère, sa maîtresse, fille du marquis de La Vieuville [1]. Il a pris madame d'Averne, fille de M. de Bregis, conseiller au parlement, jeune et belle femme de M. Ferrand d'Averne, lieutenant aux gardes, maîtresse auparavant du jeune marquis d'Alincourt, second fils du duc de Villeroi. Le régent lui a envoyé cent mille livres pour avoir un habit d'été.

Juin.— On a fait une estampe contre M. d'Argenson, qu'on appelle *l'ombre inique qui fait son entrée aux enfers*. Elle est triste pour la mémoire de ce grand magistrat [2].

— Ce Cartouche, voleur dont j'ai parlé ci-dessus [3], n'est point encore pris; il est toujours aussi insolent; il rôde dans Paris; on dit enfin qu'il a quelque sort. On dit aussi que M. le régent a peur de lui; il n'a cependant jamais fait grand mal à Cartouche; mais celui-ci est un déterminé à qui l'idée d'un mauvais coup peut venir. Il y a des ordres certains pour le prendre, et une récompense considérable pour le preneur. La preuve aussi de la peur, c'est qu'il est défendu à tous les armuriers de vendre ni avoir chez eux aucuns pistolets de poche ni baïonnette; on en fait la recherche, même chez les particuliers. Il y a un tiers de l'amende pour le dénonciateur. Depuis deux ou trois jours les

---

[1] Marie-Madeleine de La Vieuville, née en 1693 et mariée en 1711 à César de Baudean, comte de Parabère; elle avait été dame d'atours de la duchesse de Bourgogne.

[2] Marais en donne la description dans son journal. (*Revue rétrosp.*, 2ᵉ série, t. VIII, p. 22.)

[3] Ceci prouve que quelques cahiers du manuscrit de Barbier ont été égarés, puisqu'on ne trouve, jusqu'à cet endroit, aucune mention du célèbre voleur.

commissaires de police en apportent des quantités que l'on brise publiquement. Cependant il n'y a eu ni déclaration du roi publiée à ce sujet, ni ordonnance affichée.

— Il pleut tous les jours, plus ou moins, depuis une quinzaine. Il a plu le jour de Saint-Gervais et Saint-Protais [1], et les petites gens disent ordinairement qu'il pleut alors quarante jours de suite. Mais, indépendamment de cela, la pluie a commencé devant, et il y a un pari de quarante mille livres qu'il pleuvra pendant quarante jours sur Paris, c'est-à-dire jusqu'au 28 juillet. Cela est très-contraire pour les blés, car il pleut aussi à la campagne.

Juillet. — Au commencement de ce mois la pluie a cessé. Tout le monde était attentif, attendu les paris qui faisaient la conversation générale. Celui qui a parié, seul contre tous les autres, qu'il pleuvrait jusqu'au 28 juillet, une fois par vingt-quatre heures, s'appelle Bulio [2]. C'est un homme qui a gagné quelque chose au système, mais qui est un fou; car outre qu'il pariait quarante contre un en disant qu'il pleuvrait pendant quarante jours, il pariait encore contre des montres, des cannes, des tabatières, etc., qu'il prisait deux fois au delà de leur valeur. Il a déjà payé un grand nombre de gageures; il avait déposé de l'argent dans un jeu public. On dit que cela va à plus de cinquante-cinq mille livres. Cet homme s'était adonné à l'astronomie, mais il est ratier. Sa famille consulte sur ce fait pour le faire interdire. On avait chargé les gardes de bois de nuit de rendre compte s'il avait plu ou non.

[1] Le 19 juin.

[2] Marais le nomme Billot, et il devait être bien instruit, puisqu'il dit avoir été consulté touchant son interdiction.

— La mode, cet été, est d'aller promener la nuit aux Tuileries; toutes les petites-maîtresses y vont, et cela devient un rendez-vous général. Le 4 de ce mois, M. le régent y était la nuit avec sa nouvelle maîtresse, madame d'Averne; on dit que lui et toute sa compagnie y firent mille extravagances.

— On travaille à force, au Louvre, pour l'exécution du visa [1]; on dit qu'il y a plus de cinq cents commis employés : ils veulent aller vite.

13. — M. le duc de La Force avait présenté une requête au roi, en cassation des arrêts du parlement, et il y a un factum de sa part, que l'on croit être fait par M. de Sacy, avocat au conseil, qui est très-fort contre le parlement. La requête n'a point passé au conseil, et le duc a été renvoyé au parlement; on est après son procès, et depuis lundi, 7, les princes et ducs vont tous les jours au palais. Les épiciers ont donné un mémoire très-fort contre le duc de La Force.

Hier, 12, tout le parlement était assemblé dès six heures du matin. MM. les duc de Chartres, duc de Bourbon, comte de Charolais et prince de Conti y étaient avec plusieurs ducs et pairs. M. le duc de La Force était au palais avant six heures pour voir passer les juges et les saluer. Il était accompagné de près d'une vingtaine de gens de condition. On l'a interrogé, lui et tous les accusés. Il est entré dans la grand'-chambre sans épée, on l'a ramené au greffe, et on avait donné ordre à l'huissier de lui dire qu'il pouvait s'en

---

[1] Représentation de tous les effets publics en circulation, et déclaration de leur origine, ainsi que du prix auquel ils avaient été acquis, ordonnée par un arrêt du conseil du 26 janvier 1721.

aller. On n'est sorti du palais qu'à une heure et demie et tel est le jugement [1].....

— Samedi, 26 de ce mois, est arrivé de Rome le chapeau de cardinal pour M. l'abbé Dubois, archevêque de Cambrai, et le roi lui donna la calotte dimanche, à la messe. On dit que ce chapeau, qui a été demandé par l'empereur et le roi d'Espagne, coûte quatre millions au régent [2]. On dit encore que M. le maréchal de Villeroi l'avait demandé pour son fils, l'archevêque de Lyon : il y avait bien de la différence entre ces deux sujets ! Tout le monde est indigné, et cela fait bien du tort à la religion de voir placer dans une des premières places de l'Église un homme connu pour être sans foi et sans religion. Il doit être content d'être prince de l'Empire par son archevêché, et prince de l'Église !... On a déjà dit que le pape était le meilleur cuisinier qu'il y eût, qu'il avait fait d'un *maquereau*, un *rouget*; mais, avant d'avoir entendu cela, j'ai dit de mon côté que le pape était bon teinturier pour avoir su mettre un *maquereau* en *écarlate*.

— L'abbé Dubois, fils d'un chirurgien, et originaire de Brives-la-Gaillarde, petite ville du Limousin, est venu à Paris où il a été domestique d'un nommé M. du Faur, principal du collége de Saint-Michel, rue de Bièvre. Cet homme était de condition, de la maison de Pibrac, très-savant, très-curieux en livres, mais

---

[1] Barbier a négligé de donner le texte de l'arrêt ; il portait : *Et sera tenu le duc de La Force d'en user avec plus de circonspection, et de se comporter à l'avenir d'une manière irréprochable, telle qu'il convient à sa naissance et à sa dignité de pair de France.*

[2] Lémontey (*Hist. de la Régence*, t. II, p. 47) affirme que le chapeau de Dubois coûta environ huit millions à la France.

ayant peu de bien. Dubois allait chercher la portion pour son maître et pour lui. Lorsque M. du Faur eut été choisi pour être précepteur de M. le duc de Chartres, aujourd'hui régent, Dubois l'accompagnait en petit collet. Il avait fait ses études au collége de Saint-Michel, avait beaucoup de vivacité d'esprit, et devint lecteur du duc de Chartres. Après la mort de M. du Faur, il succéda à celui-ci dans ses fonctions de précepteur. Le duc de Chartres l'aimait et ne voulait étudier qu'avec lui; Dubois l'a accompagné dans toutes les campagnes qu'il a faites. Cet abbé était un homme mauvais, intrigant et insolent : il était brouillé avec son élève au commencement de la régence, mais il a fait ce qu'il a pu pour rentrer en grâce. Le prince l'a employé dans quelques négociations secrètes en Angleterre, ce qui l'a mis plus en faveur et dans le secret que personne. Il est devenu secrétaire d'État, archevêque de Cambrai, et il a un appartement dans le Palais-Royal.

— Quand M. le régent eut donné à Dubois l'archevêché de Cambrai, M. le comte de Nocé, favori intime du régent, lui dit : « Comment, Monseigneur, vous faites cet homme-là archevêque ? Vous m'avez dit que c'était un chien qui ne valait rien ? — C'est à cause de cela, répondit le régent ; je l'ai fait archevêque afin de lui faire faire sa première communion. »

M. Dubois est aujourd'hui cardinal !....

— La nuit de mercredi, 30 de ce mois, M. le régent a donné une fête superbe à sa maîtresse, madame d'Averne [1], dans la maison qu'il lui a louée à Saint-

---

[1] Marais (*Journal de Paris*) prétend que cette fête était donnée en

Cloud, sur la côte, à droite du pont. Il y avait douze hommes et douze femmes priés pour le souper, en habit neuf; souper magnifique, grande musique. A dix heures on illumina tout le parc de la maison, avec des lampions et des terrines attachés aux arbres. A minuit et un quart on tira un feu d'artifice sur l'eau, qui fut beau et bien exécuté malgré une petite pluie. J'ai vu cette fête, et c'était superbe de voir un parc en feu. Tout Saint-Cloud, Boulogne et le bord de l'eau, de côté et d'autre, étaient remplis de carrosses avec des flambeaux, ce qui faisait un fort bel effet. Il y avait un monde épouvantable, de manière qu'hier matin les paysans de ce pays-là sont venus au Palais-Royal par députés, au nombre de dix, présenter un placet, attendu que les blés et les vignes ont été très-endommagés par la foule.

Malgré cet empressement du public pour voir cette fête, il n'y avait personne qui n'en fût indigné, et chacun aurait moins plaint ses pas, à ce que l'on disait hautement, si le tonnerre avait voulu s'en mêler. Effectivement rien de plus contraire à la religion que de faire ainsi triompher l'adultère et le vice publiquement; contraire aussi à l'humanité de faire des fêtes dans un temps où tout le monde est ruiné, où personne n'a un sou. Cela s'entend pour le général. Le roi de la fête ne s'est attiré que des malédictions, même de la part des gens de sa maison. Au surplus, l'objet [1] ne mérite pas d'être si fort éclairé, car cela n'est pas joli; cela a trop

---

l'honneur de la maréchale d'Estrées, et il ne parle de madame d'Averne que comme étant du nombre des personnes invitées.

[1] Madame d'Averne.

de gorge et pendante, est fort noir du corps, et n'a de l'éclat que par du blanc et du rouge.

Août, 2.— Jeudi, 31 juillet, le roi s'est trouvé mal à la messe (qui était en musique à cause de la fête de Saint-Germain l'Auxerrois); il a dîné un peu, et la fièvre lui a pris le soir. Hier, vendredi, la fièvre a augmenté de manière qu'on l'a saigné du bras à quatre heures après midi, et du pied à onze heures du soir; cependant il se porte beaucoup mieux ce matin. Un de mes amis est venu exprès du Louvre me le dire. Il a pris de l'émétique qui a fait une évacuation charmante. La consternation est dans les yeux de tout le monde qui sait la maladie, car cela a été bien vite. Le parlement s'est assemblé ce matin, et par arrêt il a ordonné de découvrir la châsse de sainte Geneviève, et de dire les prières des quarante heures, ce qui a été exécuté l'après-midi.

3. — Le roi se porte infiniment mieux; il a bien dormi, il n'a plus ni fièvre ni mal à la tête; il s'est même levé. On attribue cela à la saignée du pied et à l'émétique qu'on lui a fait prendre, car on l'a traité un peu violemment. On connaît le besoin qu'on a de ses jours et l'aversion qu'on a pour le régent, par l'intérêt qu'on prenait à sa santé; car, par lui-même, on n'a encore aucune raison de l'aimer ni de le haïr.

— Dans le conseil de santé, c'est l'avis de Helvétius, le fils, médecin ordinaire du roi, qui a prévalu pour le traitement à suivre. Cela confirme ce médecin dans la haute réputation où il était déjà, quoique à l'âge de trente-trois ans [1]. Il est fils de Helvétius, médecin hol-

---

[1] Helvétius, né le 18 juillet 1685, avait alors trente-six ans. Il mourut le 17 juillet 1755.

landais qui vit encore, mais le fils est préféré. C'est Dodard qui est premier médecin.

— Comme au *prima mensis*[1] de juillet, en Sorbonne, on avait élu par force (par lettres de cachet) un mauvais sujet syndic, lequel on voulait déposer au *prima mensis* de ce mois, il y a eu, par d'autres lettres de cachet, défense de s'assembler. On dit que le 1er de ce mois les docteurs de cette faculté ont présenté une requête au parlement pour se mettre sous sa protection, et qu'ils y ont porté leurs registres. En spirituel comme en temporel, il n'y a plus ni règle ni mesure.

— Le dimanche 3 de ce mois, M. de Villeroi, gouverneur du roi, a été à Notre-Dame, l'après-midi, avec sa famille. Tout le peuple lui a demandé des nouvelles de la santé du roi. Il a fait distribuer quelque argent, a fait sa prière, et douze chanoines l'ont reconduit en aumusse.

4. — Le parlement a fait avertir promptement la Sainte-Chapelle, et à onze heures, après l'audience, on a chanté un *Te Deum* en musique dans la grande salle du palais, où tout le parlement était réuni. On en a fait de même aux autres cours.

6. — Le 4, au soir, il y a eu un feu de fagots à la Grève et des canons tirés, puis grandes réjouissances et grandes folies dans Paris, toute la nuit. Des feux, des illuminations à toutes les fenêtres, des tables dans les rues, des danses et des cris à étourdir : *Vive le roi!*

---

[1] On donnait le nom de *prima mensis* aux assemblées qui se tenaient en Sorbonne le 1er de chaque mois. Le syndic était chargé de faire les réquisitoires, d'examiner les thèses et de veiller à l'observation de la discipline. On le changeait ordinairement tous les deux ans.

Ces fêtes durent trois jours. Hier, mardi 5, c'était la même chose. Les libraires de la rue Saint-Jacques se sont distingués pour les illuminations en lampions. Les femmes de la halle ont été voir le roi. Les charbonniers, en corps, ont été au Louvre avec des tambours et des cocardes à leurs chapeaux. En me promenant sur le quai, je les vis entrer à l'hôtel de Conti [1] pour attraper, sans doute, quelque argent. Ils avaient avec eux une brouette dans laquelle était une charbonnière. Sur la calotte de la brouette [2], il y avait une autre femme à cheval, les jambes nues, en habit de toile, sans coiffure et les cheveux tignonnés ; la physionomie d'une femme ayant un seau de vin dans le ventre : elle avait l'air d'un diable. Je la vis entrer, sur son équipage, dans l'hôtel de Conti.

A trois heures, on a chanté un grand *Te Deum* à Notre-Dame sur la lettre du roi à monseigneur l'archevêque : toutes les cours y ont assisté en robes rouges, tous les princes et seigneurs y étaient, et une affluence de peuple épouvantable. On a remarqué un fait : M. le régent, qui vint dans un carrosse magnifique, est entré à Notre-Dame sans que le peuple ait soufflé ; mais lorsque M. le maréchal de Villeroi arriva, on cria dans les rues et dans l'église pendant un quart d'heure : *Vive le roi!* Madame de Ventadour étant arrivée ensuite, on fit pareil train, et en sortant de même. Cette indisposition générale et universelle de tout le peuple, comme

[1] L'Hôtel des monnaies, quai Conti, a été construit sur son emplacement.

[2] Le mot *brouette* doit être pris ici dans l'acception où il signifie une sorte de petite chaise fermée, à deux roues, tirée par un homme, ce qu'on nommait autrement une *vinaigrette*.

s'il s'était donné le mot, doit avoir chagriné le régent. Le soir il y a eu des feux et des illuminations plus magnifiques les unes que les autres, dans tout Paris, chez les princes et chez tous les seigneurs, avec des tonneaux de vin, que l'on vidait pour les passants. Il y a, dans la rue Saint-Jacques, un libraire, nommé Osmont, le fils, qui a pour enseigne *l'Olivier*. Il avait trois balcons illuminés de lampions très-magnifiquement, mais le beau était deux papiers au haut de sa boutique avec des lumières derrière. Dans l'un était un passage d'Isaïe :

Gaudete universi qui luxistis super regem [1] ;

et dans l'autre un passage d'Osée :

Quia erit quasi oliva gloria ejus.

Jamais on n'a vu dans les rues de Paris le monde qu'il y a eu, jusqu'à trois heures du matin, à faire des folies étonnantes. C'étaient des bandes avec des palmes et un tambour, d'autres avec des violons, enfin les gens âgés ne se souviennent point d'avoir vu pareil dérangement et pareil tapage lors d'une réjouissance dans Paris : il est impossible de décrire cela. Qui aurait pu courir les différents quartiers, aurait eu un plaisir infini, car partout il y avait des beautés différentes. Le même jour la comédie italienne, qui joue à la foire Saint-Laurent, a donné le bal *gratis*.

— La joie continue toujours, mais plus en particu-

---

[1] ...*Gaudete cum ea gaudio universi, qui lugetis super eam* (Hierosolymam). *Prophetia Isaiæ*, cap. LXVI, vers. 10.

[2] *Prophetia Osee*, cap. XIV, vers. 7.

lier; il n'y a point de compagnies, de corps et de communautés qui ne fassent chanter un *Te Deum;* cela fait tous les jours quelque illumination. Hier la comédie a joué *gratis,* le soir un feu et une illumination superbes à la façade de son hôtel [1]. Aujourd'hui c'est l'Opéra; illumination le soir et concert sur un amphithéâtre dressé dans la rue. Les seigneurs se sont distingués chacun par des illuminations. Celle du marquis de Mailly était superbe. Le roi vint la voir dans le bout du pavillon sur le Pont-Royal [2]. Enfin jamais santé n'a été célébrée à ce point : aussi est-elle bien chère. Tous les jours des *Te Deum* avec grande musique, et cela ne finira pas sitôt.

— Mardi, 12, le maréchal d'Estrées donna à souper au régent avec madame d'Averne, dans la petite maison de la maréchale qui est sur le bord du bois de Boulogne, vis-à-vis l'eau. Cette maison, quoique nommée Bagatelle, lui a coûté cent mille livres au moins, mais ils ont gagné des biens immenses. Je soupai ce même jour au bois de Boulogne, dans une maison voisine; nous les vîmes tous passer. J'admirai la hardiesse du régent, qui sait, ou doit savoir, qu'il n'a pas donné sujet de l'aimer, et qui était cependant dans un carrosse tout ouvert, la maréchale à côté de lui, la d'Averne sur le devant, deux valets de pied seulement, sans un page ni un garde : cela ne peut pas s'appeler avoir peur. Avant souper, ils se promenèrent sur l'eau; nous entendîmes de dessus la terrasse, des

---

[1] Il était placé rue des Fossés-Saint-Germain des Prés, qui, depuis quelques années, a pris le nom de rue de l'Ancienne-Comédie.

[2] L'hôtel de Mailly, qui existe encore, fait le coin de la rue de Beaune et du quai Voltaire : il est occupé par le cercle agricole.

fêtes de musique; de là le régent s'en alla coucher à Saint-Cloud.

— Dimanche, 17, le roi vint le matin à Notre-Dame, à deux chevaux, avec les gardes à pied, les Cent-Suisses, grand cortége et les princes. Il y eut un concours de monde surprenant. Le roi y serait venu plus tôt pour rendre grâce du rétablissement de sa santé, mais il y avait une dispute ecclésiastique, ce qui ne manque jamais d'arriver. Les chanoines de Notre-Dame prétendaient que personne qu'eux ne pouvait dire la messe devant le roi, dans leur église. Le grand aumônier soutenait au contraire que partout où va le roi, c'est à ses aumôniers à lui dire la messe. Le cardinal de Rohan, qui est grand aumônier, est à Rome, mais le premier aumônier soutint la chose à sa place. Il fut décidé, par M. le régent, que le roi n'entendrait pas la messe dans le chœur, et qu'un aumônier lui dirait une messe basse à la chapelle de la Vierge, ce qui a été exécuté.

— Mercredi, 20, les gardes françaises et suisses se sont assemblées dans la plaine des Sablons, et là ils ont chanté, sur les cinq ou six heures du soir, un grand *Te Deum* au son du tambour. Le roi, en revenant de la chasse, entra dans quelques rangs. Ils firent trois décharges, et s'étant rangés en bataille ils se mêlèrent en forme de combat, ce qui fit un effet qui divertit beaucoup le roi.

— Le 25, jour de la Saint-Louis, fête du roi, il y a eu aux Tuileries un concert magnifique à l'ordinaire, joué par tout l'Opéra, avec un chœur de voix. On y a tiré aussi un très-beau feu qui avait été ordonné par M. le duc de Mortemart, premier gentilhomme de la chambre. C'était un artificier hollandais qui l'avait entrepris. Comme on s'attendait à quelque chose d'extraordinaire à cause des réjouissances publiques, toute la cour et tout le public ont voulu être témoins de ce feu où il y avait de beaux morceaux, mais qui en général n'a pas été très-bien exécuté. Pour la décoration en peinture, elle était d'une grande hauteur et d'un grand goût. Il y a eu trois ou quatre de ceux qui étaient préposés pour l'exécution qui ont été tués ou estropiés. Un avocat au conseil, nommé Thierry, qui sortait par le Pont-Tournant pour aller au cours, est tombé dans le fossé, et s'est cassé la jambe [1].

30. — Aujourd'hui on a coupé la tête à un gentilhomme nommé Moreau, marquis de Mazières, condamné pour fausse monnaie; celle-ci est facile à faire à présent. Il y a des gros sous qui sont de même grandeur et frappés de même que les pièces de cinquante sous, dans lesquelles il n'y a, du reste, que dix-sept sous d'argent. On les blanchit et ils passent pour des pièces de cinquante sous; la seule différence est dans l'écriture qui est autour.

— La nuit du 29 au 30, trois mousquetaires s'en retournaient à l'hôtel du faubourg Saint-Antoine, à minuit; un d'eux portait un flambeau et l'émoucha sur une borne. Le guet à pied, qui est souvent soûl, leur demanda insolemment s'ils voulaient mettre le feu aux maisons; cela excita querelle, tant y a que deux mousquetaires ont été tués à coups de baïonnette.

Septembre, 1er. — On a tiré l'oie devant le Louvre et devant le roi; il y avait aussi grande affluence de peu-

---

[1] Il est mort le 6 septembre. (*Note postérieure de Barbier.*)

ple. Un échafaud ayant manqué, il y a eu un homme tué et quatre blessés : cela ne manque pas dans les fêtes.

— Notre ordre des avocats a changé de principes ; il se distinguait autrefois par une humilité mesurée et le désintéressement, et il est aujourd'hui très-fier et très-intéressé. C'est une chose qu'on n'a pas encore vue au barreau. Ils sont six ou sept jeunes avocats, de trente à trente-cinq ans, qui brillent dans la plaidoirie, et effectivement ils ont de grands talents pour l'éloquence et la facilité de parler, mais à l'envi il faut les bien payer pour les bien faire plaider. Comme ces jeunes gens sont pour la plupart fils de procureurs, sans naissance d'ailleurs, ils sont d'une fierté insupportable, même avec les procureurs et officiers du palais. Tout le monde s'en plaint ; ils croient que le palais ne subsiste que par eux, qu'on ne saurait se passer d'eux à cause de leur plaidoirie, et cette vanité les a rendus insolents jusqu'à s'attaquer au parlement. Tout se fait dans une assemblée tumultueuse de quarante ou cinquante ; et là, ils n'ont égard ni au sentiment de leurs anciens, ni à aucune remontrance.

Samedi dernier, 6, cinquante ou soixante plaidants se sont assemblés et ont résolu de n'être plus avocats pour aucun conseiller de la quatrième des enquêtes, de remettre aux procureurs tous les procès qu'ils avaient à cette chambre, et de ne plus mettre le pied dans celle-ci pour plaider. Voici ce qui a donné lieu à cette résolution.

Une femme de la Rochelle avait porté plainte contre un homme, à l'occasion de sottises qu'il lui avait dites, et elle s'était adressée à un avocat de la ville nommé Rochard ; celui-ci ayant écrit un peu trop vivement contre son adversaire, fut pris à partie par lui, et condamné sur les lieux à lui faire réparation. La femme ayant appelé, l'affaire a été jugée un peu avant les vacances, à la quatrième chambre des enquêtes, et, sur le rapport de M. de Goeslard, la femme a gagné. On avait donné honnêtement communication du procès aux avocats, qui voulaient qu'on rayât tout ce qui concernait Rochard, mais l'arrêt se borne à le décharger de la réparation ; il ordonne que les injures respectives seront rayées, que le mot *nommé Rochard* sera effacé, et qu'on mettra *maître*, qui appartient à la profession d'avocat. Il contient, en outre, une injonction à Rochard d'être plus circonspect dans ses expressions, et de ne point employer de mots indécents et inutiles à la défense des parties. Cette injonction regarde l'honnêteté publique, à laquelle Rochard avait certainement contrevenu en se servant de termes très-inconvenants, et n'attaque aucunement les droits de la profession ; néanmoins l'ordre s'est fâché, il a fait le diable, et voulait faire changer l'arrêt. Le premier président en a parlé à M. le chancelier, qui a réprimandé la quatrième chambre, par une lettre, d'avoir communiqué le procès, et l'arrêt reste comme il a été rendu. On dit que le parlement s'est uni pour soutenir la quatrième des enquêtes, que cela devient une cause commune, et qu'à la rentrée du parlement, à la Saint-Martin, ils s'assembleront à cet effet. Il faut avouer qu'il y a bien de la sottise et de la présomption dans la plupart des têtes de mon ordre, car le second ordre des plaidants suit le parti du premier, et cela devient cabale [1].

— A la tête de ces tumultueux est Daunard, fils

[1] Il ne paraît pas que cette affaire ait eu de suites ; Barbier n'en reparle plus.

d'un secrétaire du palais, qui est d'une suffisance étonnante ; ensuite Huart, fils d'un procureur et petit-fils d'un cabaretier de village, proche Sainte-Menehould ; Le Normand, fils d'un procureur et petit-fils d'un sergent de Tours ; Aubry, fils d'un avocat au conseil, et petit-fils d'un paysan. Voilà les grands plaidants et les entêtés.

— Autre querelle. Jusqu'ici on a communiqué debout, à M. de La Galissonnière, doyen du parquet, qui restait assis. Notre ordre prétend que c'était par déférence personnelle pour lui, et parce qu'il est fils d'un magistrat, mais qu'il a le droit de communiquer assis à un substitut ; complot fait d'en agir ainsi avec M. Nègre, substitut, qui tient le parquet pendant les vacances, et qui est fils d'un procureur. Hier on a été pour la première fois au parquet ; Daunard, avocat, portait la parole au nom de l'ordre ; il dit à M. Nègre qu'il fallait qu'il s'assît ou que lui, M. Nègre, restât debout pendant la communication. M. Nègre répondit que s'il voulait communiquer assis il n'avait qu'à venir dans sa demeure, qu'il lui ferait donner un siége, et il se retira [1].

Octobre. — Le mariage du roi est arrêté avec la jeune infante d'Espagne [2], qui n'a que trois ans et demi. M. le duc de Saint-Simon doit partir, le 10 de ce mois, pour aller faire la demande de la princesse et la ramener. On lui fait un gros équipage, et cela coûtera de l'argent.

En considération de ce mariage, la reine d'Espagne a déterminé son mari, qui est une bête, et qui ne se

---

[1] Il a été décidé que la première fois qu'on communiquerait, M. Nègre resterait debout, et que les autres il serait assis à l'ordinaire. (*Note postérieure de Barbier.*)

[2] Marie-Anne-Victoire, née le 31 mars 1718.

mêle de rien, à en faire un autre. Mademoiselle de Montpensier, fille de M. le régent, âgée de douze ans, épouse le prince des Asturies, fils aîné du roi d'Espagne. On dit que le régent a fait donner plus de trois millions à la reine pour faire ce mariage, lequel ne convient guère après tout ce qui s'est passé entre le roi d'Espagne et le régent. D'ailleurs les Espagnols, qui sont fiers, pourront-ils aimer pour reine la fille de madame la régente? Il y aura toujours à dire sur son origine[1]. Cependant les compliments s'en font au Palais-Royal, et on travaille aux habits. Le prince des Asturies a quinze ans; il est bien fait, mais il est laid.

— C'est M. le marquis de La Fare, capitaine des gardes de M. le régent et son favori, qui part pour l'Espagne[2]. On dit que M. de Simiane, son premier gentilhomme, est fâché de n'avoir pas cet emploi, qui naturellement convient à sa charge; il en a fait ses plaintes au régent, qui, avec beaucoup d'esprit et de gaieté, lui a répondu en badinant. Dans le temps que madame de Parabère était maîtresse du régent, ce dernier se plaignait souvent à Simiane de la fierté de sa maîtresse, qui lui renvoyait quelquefois ses lettres sans les lire. Simiane lui répondait alors par une vieille chanson : *Il est de la raison, que le maître de la maison soit maître chez lui.* Le régent, en riant, a planté la même chanson au nez de Simiane, au sujet de l'ambassade d'Espagne.

— On a ôté à M. de Torcy la charge de grand maître et surintendant des postes de France, que l'on donne à M. le cardinal Dubois, comme étant une dépendance

---

[1] La duchesse d'Orléans étant fille naturelle de Louis XIV.
[2] Comme envoyé particulier du duc d'Orléans.

de la charge de secrétaire d'État des affaires étrangères. On dit que M. de Torcy a désobéi en quelque chose au régent dans cette charge ; c'est un honnête homme, et le public n'a pas reçu agréablement cette nouvelle; on lui conserve cependant quarante mille livres[1] de rente sur les postes.

— Il a été commis un meurtre effroyable, il y a deux ou trois jours, derrière les Chartreux: on a trouvé un homme horriblement mutilé, le nez coupé, le cou coupé, et le ventre ouvert, dont toutes les entrailles sortaient. Il est depuis ce temps à la Morgue, sans que personne le reconnaisse ou veuille le réclamer. On avait attaché sur lui une carte très-bien écrite portant : « Ci-gît Jean l'Abaty[2], qui a eu le traitement qu'il méritait ; ceux qui en feront autant que lui, peuvent attendre le même sort. »

15. — Grande nouvelle à Paris : Cartouche, ce fameux voleur dont j'ai parlé ci-devant, que l'on cherchait partout et que l'on ne trouvait nulle part, a été pris ce matin ; jamais voleur n'a eu tant d'honneur. On avait fait courir le bruit qu'il n'était plus dans Paris, qu'il était mort à Orléans, même qu'il n'existait pas, afin qu'il ne se méfiât pas de l'envie qu'on avait de le prendre.

C'est un soldat aux gardes, de sa clique, qui l'a vendu et livré. Pékom, aide major des gardes, garçon adroit, savait qu'ils étaient de connivence. Il fit arrêter le soldat et le menaça de l'envoyer au Châtelet pour lui faire faire son procès, à moins qu'il ne voulût indiquer Cartouche. Le soldat consentit et a servi de

---

[1] Soixante mille livres, suivant Saint-Simon.
[2] Ou plutôt Jean Rebaty, comme le dit le Mercure de France.

mouche. M. Le Blanc, secrétaire d'État de la guerre, qui s'est mêlé de cette recherche, en a chargé un des plus braves sergents aux gardes qui a pris et choisi quarante soldats des plus déterminés, et d'autres sergents avec lui. Ils avaient ordre de prendre Cartouche mort ou vif, c'est-à-dire de tirer sur lui s'il s'enfuyait. Cartouche était cette nuit-là dans un cabaret de la Courtille; il s'était couché sur les six heures du matin, dans le lit du maître, et avait six pistolets sur sa table. On a investi la maison, la baïonnette au bout du fusil; Duval, commissaire du guet, était présent. On a pris Cartouche dans son lit, heureusement sans coup férir, car il aurait tué quelqu'un. On l'a entouré de cordes, et on l'a conduit en carrosse chez M. Le Blanc. Celui-ci ne l'a pas vu, parce qu'il est retenu dans son lit par une indisposition; mais ses frères, et le marquis de Traisnel, son gendre, l'ont vu dans la cour, où se trouvaient nombre d'officiers et de commis. On a ordonné de le mener au Châtelet, à pied, afin que le peuple le vît et sût sa capture. Il était habillé de noir à cause du deuil de madame la Grande-Duchesse[1], qui est morte il y a quinze jours. On dit que Cartouche était insolent, qu'il grinçait des dents, et qu'il a annoncé qu'on aurait beau le garrotter, qu'on ne le tiendrait pas longtemps. Le peuple le croit un peu sorcier. On l'a conduit au Châtelet avec un concours de monde étonnant, et on l'a mis dans un cachot, attaché le long d'un pilier, afin qu'il ne puisse pas se casser la tête contre les murs. A la porte du

---

[1] Marguerite-Louise d'Orléans, fille de Gaston de France, et petite-fille d'Henri IV, née le 28 juillet 1645, et mariée en 1661 à Cosme de Médicis, troisième du nom, grand-duc de Toscane. Elle était morte à Paris le 17 septembre précédent.

cachot, il y a quatre hommes de garde; jamais on n'a pris pareille précaution contre un homme.

— On sait à présent que l'homme assassiné[1] est de sa façon. C'était une mouche qui s'était jointe à lui pour voler; mais Cartouche, craignant que ce ne fût un tour pour le prendre, a conduit ce faux compagnon derrière les Chartreux, sous prétexte de quelque entreprise, et, pour payer son infidélité et intimider les autres, il l'a accommodé de la sorte.

— Ce Cartouche s'est distingué dans son genre, et il lui arrive ce qui n'est jamais arrivé. Lundi, 20, on afficha à la comédie italienne, la comédie de *Cartouche*[2], où Arlequin[3], qui est fort souple et bon acteur, fait cent tours de passe-passe. Mardi, 24, on joua à la comédie française, *Cartouche*[4], petite pièce assez gentille, faite par le comédien Le Grand; il y va un monde étonnant. Au surplus les gens de bon sens trouveront fort mauvais qu'on laisse représenter sur le théâtre un homme qui existe réellement, qui est tous les jours interrogé, et dont la fin sera d'être roué vif; cela n'est pas séant.

— La nuit du lundi au mardi, Cartouche pensa s'aller

---

[1] Page 107. Cet individu s'appelait Le Fèvre. Le nom de *Rebáty* était un terme d'argot qui signifiait *tué*. (*Dictionnaire argot-français*, à la suite du poëme de *Cartouche*, par Granval.)

[2] Assez mauvaise pièce de Louis Riccoboni.

[3] L'acteur qui remplissait alors ces rôles était connu sous le nom de Thomassin, mais il s'appelait réellement Tomasso-Antonio Vicentini. Il était né à Vicence, dans l'État de Venise, et mourut à Paris, en 1739, très-regretté du public.

[4] *Cartouche*, comédie en trois actes et en prose. L'impatience du parterre fut si grande à cette représentation, que les acteurs ne purent achever la première scène de la comédie d'*Ésope*, que l'on jouait en premier. La pièce de Le Grand n'eut que treize représentations, et cessa d'être donnée le 11 novembre, dix jours avant l'exécution de Cartouche.

voir jouer lui-même. Il était dans un cachot avec un autre homme qui n'était pas lié, et qui par hasard était maçon. Ils firent un trou à un tuyau de fosse, descendirent dedans sans mal, parce que l'eau de la rivière passe et enlève tout, ôtèrent une pierre de taille très-grosse, entrèrent dans la cave d'un fruitier qui a sa boutique sous l'arcade, et montèrent dans cette boutique qui n'était fermée qu'à un petit verrou. Comme il ne faisait pas clair ils ne virent pas cela, et malheureusement pour eux il y avait dans la boutique un chien qui fit un train de tous les diables. La servante se leva, et cria *au voleur!* de toute sa force, par la fenêtre. Le maître, qui descendit avec une lumière, les aurait laissés sortir, mais par un autre malheur, quatre archers du guet qui se retiraient et qui s'amusaient à boire de l'eau-de-vie, entrèrent dans la boutique, reconnurent Cartouche, qui avait des chaînes aux pieds et aux mains, et le réintégrèrent dans la prison par la porte du devant. Les geôliers eurent grand'peur, attendu les ordres que M. le régent a donnés pour prendre cet homme. On l'a fait sortir de son cachot, et il est dans une chambre où il est garrotté extraordinairement. Il dit pourtant qu'on ne le tiendra pas longtemps; il nie toujours tout, est de grand sang-froid, et badine d'un air léger avec les magistrats qui l'interrogent; cela est étonnant. C'est un petit homme, d'une très-petite figure. On dit que son véritable nom est Jean Bourguignon, et qu'il est de Bar-le-Duc[1]. Il est nourri extraordinairement par ordre de M. le régent; il a à dîner : soupe, bon bouilli, et quelquefois une petite entrée, avec trois chopines de

---

[1] Il se nommait en effet Louis-Dominique Bourguignon, dit Cartouche, mais il était originaire de Paris.

vin par jour. On peut dire que voilà un homme très-extraordinaire ; il faut voir ce que sera la fin. Tout le monde qui a de l'accès va le voir. Le fruitier a gagné de l'argent avec les badauds en leur montrant le trou.

— La mort est sur les grands ecclésiastiques. M. le cardinal de Mailly, archevêque de Reims, est mort sur la fin du mois dernier. On ne sait pas encore qui aura cette place. M. de Fréjus, précepteur du roi, l'a refusée, soit pour ne pas quitter le roi, soit par modestie : on lui a donné pour son refus une abbaye de quarante mille livres [1]. M. le régent avait fait nommer l'abbé de Saint-Albin, son bâtard de la petite Florence[2], coadjuteur de Laon; M. l'évêque de Laon est mort, ainsi voilà l'abbé second duc et pair de France ; c'est assez bien établir ses enfants. Il a déjà dit la messe, mais on n'a point encore enregistré ses lettres de légitimation, et il les faut pour être évêque et pour avoir son entrée au parlement.

Novembre. — Les deux comédies, sous le nom de *Cartouche*, ont attiré bien du monde aux comédiens.

— Le soldat qui a trahi et vendu Cartouche s'appelle du Châtelet [3] : il est fort bon gentilhomme, mais c'est un scélérat pire que son chef. Il était du meurtre derrière les Chartreux, et se lavait les mains dans le sang de l'assassiné. Apparemment qu'on l'enfermera après lui avoir donné sa grâce, qu'il a signée du régent ; c'est lui qui découvre toute l'intrigue de Cartouche.

[1] L'abbaye de Saint-Étienne de Caen, vacante par la mort du même cardinal de Mailly. Ce bénéfice était de soixante-dix mille livres de rente. (Duclos, *Mém. secrets*, t. II, p. 169.)

[2] Danseuse de l'Opéra.

[3] François-Louis du Châtelet ; sa condamnation à mort fut convertie en un séjour à la Bastille. (Lém. *Hist. de la Régence*, t. Ier, p. 434, note.)

Il y a déjà quarante-sept prisonniers tant hommes que femmes, et on en prend tous les jours de cette clique.

Cartouche a été transféré secrètement à la Conciergerie, la veille de la Toussaint, à onze heures du soir, et cela était plus sûr que d'en avertir des archers. Il est dans la tour de Montgomery, bien nourri, mais bien resserré.

— Le premier président envoya des lettres circulaires à tous Messieurs [1], pour se trouver au palais le lendemain de la messe rouge, afin que la Tournelle criminelle travaillât au procès. C'est M. Arnauld de Bouex [2], gendre de M. Guyot de Chesne, avocat, qui en est le rapporteur. M. Lorenchet a travaillé aux conclusions, qui sont contre Cartouche à être roué vif.

16. — Aujourd'hui il y a eu grande réjouissance à Paris. Le roi a été au Palais-Royal, à quatre heures, signer le contrat de mariage de madame la princesse des Asturies, lequel s'est fait par procureur, par M. le duc d'Ossonne [3]. De là le roi est allé à l'Opéra pour la première fois de sa vie. Il était dans la loge de Madame [4] avec la princesse. La loge était tapissée de damas, à cause qu'on est encore en automne. On représentait *Phaéton* [5] et l'Opéra était *gratis*, mais on n'y entrait que par billets. Le roi a ensuite été souper

---

[1] On appelait ainsi absolument les membres du parlement.

[2] Conseiller à la troisième chambre des enquêtes.

[3] Ambassadeur d'Espagne; il avait eu son audience du roi le 13.

[4] Charlotte-Élisabeth de Bavière, mère du régent. Le titre de Madame était affecté à l'épouse du premier frère du roi.

[5] Opéra en cinq actes, paroles de Quinault, musique de Lulli, représenté pour la première fois devant le roi à Versailles, le 6 janvier 1683, et à Paris le 27 avril suivant. Cet opéra a été repris dix fois, de 1692 à 1742.

chez lui et non pas au Palais-Royal comme l'on disait : le maréchal de Villeroi n'a pas voulu. De là le roi revient au Palais-Royal pour le bal qu'il commencera avec madame la princesse des Asturies; il y restera jusqu'à minuit, heure à laquelle le public entrera masqué, mais à condition qu'une personne de chaque bande se fera connaître. La magnificence pour cette fête est extrême, car les seigneurs sont presque tous en habits de drap d'or ou de drap d'argent. C'est la mode à présent.

— Il y a eu grand tapage hier à Paris. Un laquais de M. d'Erlach, capitaine des gardes suisses, avait dit des sottises de sa maîtresse, et avait été mené au Châtelet, où son procès a fini par une condamnation au carcan et aux galères. Hier l'exposition devait avoir lieu, et on conduisit le laquais, à la queue d'une charrette, avec deux cents archers du guet, dans la rue Sainte-Anne, butte Saint-Roch, vis-à-vis la maison du sieur d'Erlach. Presque personne n'avait suivi la charrette, mais à la maison, ou pour mieux dire dans le quartier, il y avait cinq à six mille âmes. Aussitôt que le poteau a été enfoncé, la populace s'est émue, et l'a brisé; alors le laquais a été ramené au Châtelet par les archers, qui ont tiré quelques coups. M. d'Erlach, qui craignait le peuple, avait eu la prudence de faire entrer, le matin, presque toute sa compagnie dans sa maison, pour l'empêcher d'être pillée. Toutes les vitres ont été cassées, la compagnie a tiré et il y a eu quatre ou cinq personnes tuées, plusieurs blessées et d'autres prises. Un pauvre porteur de billets d'enterrement, qui ne s'attendait pas à porter le sien, fut tué comme il passait. Tout le quartier fut en émotion jusqu'à cinq heures du soir.

On n'ose plus mettre à présent au carcan. Voilà la troisième fois que pareille sédition arrive.

19. — Aujourd'hui le laquais a été ramené au carcan. Tout le guet à cheval gardait les avenues, et il n'est rien arrivé. On fait bien de laisser force à justice, car les laquais ne sont déjà que trop insolents.

— Hier, 18, à onze heures du matin, la princesse des Asturies est partie de Paris pour l'Espagne, avec madame de Ventadour et madame la princesse de Soubise, qui a, en survivance, l'éducation de la reine. Elle a été le matin prendre congé du roi. Suivant la règle ce dernier l'a reconduite jusqu'à son carrosse, et a dit au cocher : « A Madrid. » Cinquante gardes du corps du roi la mènent jusqu'à l'endroit où l'on prendra l'infante; on fera échange de filles. M. le régent a accompagné la princesse, sa fille, dans son carrosse, jusqu'à Bourg-la-Reine. Il y a des préparatifs étonnants pour ce voyage-là, et on dit qu'il marche près de quatre mille personnes.

29. — Jeudi, 27, le fameux Cartouche a été mis à la question, qu'on lui a donnée avec les brodequins[1] parce qu'il a une descente; il n'a rien avoué. L'après-midi on devait le rouer avec quatre autres et deux pendus, tout à la fois. La Grève n'a jamais été si pleine de monde que ce jour-là; la plupart des chambres étaient louées.

---

[1] Il y avait deux sortes de questions, l'une à l'*eau*, l'autre *aux brodequins*, que l'on employait pour les accusés d'une faible constitution. La question aux brodequins consistait à renfermer chacune des jambes du patient entre deux planches; à lier ensuite les jambes sous le genou et au-dessus de la cheville, et à enfoncer un certain nombre de coins de bois entre les deux planches du milieu. (Voir, sur la manière de donner la question, un article de M. Berriat Saint-Prix fils, inséré dans la *Revue rétrospective*, 2e série, vol. IV, p. 161.)

A deux heures, Cartouche s'est avisé de déclarer quelqu'un qu'on a envoyé querir; cela a fait passer du temps et, comme la nuit vient de bonne heure, on a ôté quatre roues; il n'est resté que la sienne. Il est arrivé à la Grève à près de cinq heures, et cela l'a piqué de ne voir qu'une roue. Il a demandé alors à parler à son rapporteur, et on l'a mené à l'hôtel de ville, où se trouvait M. Arnauld de Bouex, avec le conseiller Roujault, qui l'assistait. Comme il fallait de l'extraordinaire dans sa fin, il a déclaré là, l'une après l'autre, un nombre infini de personnes, et il y est resté jusqu'à vendredi, deux heures après midi, qu'il a été roué vif. Toute la nuit on n'a fait qu'amener du monde dans des fiacres, et la Grève était toujours pleine de gens qui attendaient.

Le courage de cet homme-là est extraordinaire d'avoir tout souffert sans rien avouer. On dit que, comme il était chef d'un grand nombre de voleurs, ils s'étaient promis de se sauver en cas que quelqu'un d'eux fût pris. Mais lorsque Cartouche, escorté de deux cents archers, arriva à l'échafaud sans avoir vu aucun mouvement, piqué, d'ailleurs, de ne trouver qu'une roue, il prit le parti de faire des déclarations. D'autres disent que c'est son confesseur qui l'y a déterminé; pour moi je ne le crois point : il pouvait bien mourir sans cela. Pendant le temps qu'il est resté à l'hôtel de ville, son sang-froid a surpris. Il a été jusqu'à envoyer chercher une fort jolie fille, qui était sa maîtresse, et il a dit ensuite à son rapporteur, quand elle a été venue, qu'il n'avait rien à déclarer contre elle; que c'était pour la voir, l'embrasser, et lui dire adieu. Il soupa le jeudi soir, et il déjeuna le vendredi matin. Son rapporteur lui demanda s'il voulait du café au lait, que l'on prenait; il répondit que ce n'était pas sa boisson, et qu'il aimerait mieux un verre de vin, avec un petit pain. On les lui apporta, et il but à la santé de ses deux juges. Ainsi a fini Cartouche : son esprit et sa fermeté l'ont fait plaindre.

Décembre. — Depuis la mort de Cartouche on exécute tous les jours de ses complices, et mardi on conduisit à la Grève, à dix heures du soir, un nommé Balagny[1], jeune homme de vingt ans. Il monta de même à l'hôtel de ville, y resta jusqu'à midi, le mercredi qu'il fut rompu, et déclara onze ou douze personnes qu'on a trouvées et prises. Balagny est le fils d'un bon doreur du pont Notre-Dame. Actuellement on fait ses partages, avec ses frères et sœurs, pour le bien de sa mère, et il lui revenait vingt-deux mille livres, dont le père et les enfants ont obtenu la confiscation. Il reste encore dans les prisons soixante et dix personnes à juger, sans compter ceux qui sont déclarés tous les jours. Voilà la plus belle affaire criminelle qu'il y ait eu, et la plus fatigante pour le rapporteur et le substitut.

— Il y a eu un duel considérable entre M. de Fimarcon, colonel du régiment de M. le comte de Charolais, et M. le comte de La Roche-Aymon, mousquetaire.

L'an passé, la petite Émilie, fille d'Opéra, très-jolie et connue de tous ces jeunes gens, étant aux Tuileries avec Fimarcon, quelqu'un défia La Roche-Aymon d'aller l'embrasser. Il y alla, l'autre le repoussa vivement, et cela se termina par un coup de canne d'une part, et un soufflet de l'autre, à la suite desquels ils ont été

[1] Surnommé *le Capucin*.

un an et un jour en prison. Il a fallu prendre des mesures pour se battre. Fimarcon a été à Chantilly, avec M. le Duc, et de là s'est rendu en Flandre, à trois lieues de Lille, sur les terres de l'empereur, où ils s'étaient donné rendez-vous. Ils se sont battus vigoureusement. La Roche-Aymon a d'abord cassé l'épée de son adversaire, mais il a donné à celui-ci le temps d'aller en chercher une autre, et, le combat ayant recommencé, il a reçu un coup d'épée et est tombé dans un fossé. Un carme, qui passait, lui a porté secours, tandis que Fimarcon revenait sur-le-champ à Chantilly, que M. le Duc assure qu'il n'a pas quitté. Néanmoins La Roche-Aymon ayant écrit son histoire, cela a fait du bruit ici, et Fimarcon a pris le parti de se retirer en Lorraine pour se soustraire aux poursuites du procureur général.

On avait prétendu, dans le commencement, que Fimarcon ne s'était pas comporté loyalement dans ce combat; M. de La Roche-Aymon, lieutenant général des armées du roi et de l'artillerie, homme de cinquante ans, oncle du blessé, avait répandu cela. Fimarcon l'ayant su, est venu exprès, ces vacances, de la Lorraine à Paris, et a envoyé M. le comte de Beaumont prier M. de La Roche-Aymon de lui faire réparation de ces bruits, disant qu'il n'avait que quatre heures à être ici, et que cela piquait assez pour risquer d'être pendu s'il était pris. En effet, on lui faisait son procès pendant ce temps-là, et le coup était hardi. M. de La Roche-Aymon, qui est un brave homme, et connu pour tel, n'a point voulu se battre; il a fait dire à Fimarcon qu'il savait la vérité et qu'il voulait lui donner une plus grande satisfaction, qui était de se rétracter dans tout Paris de ce qu'il avait dit. Que s'il n'était pas content après cela, il lui prêterait le collier très-volontiers. Fimarcon est reparti content le lendemain matin, et la nouvelle s'en est répandue en sa faveur. Ces jeunes gens sont braves tous les deux. Fimarcon reviendra : il a la protection ouverte de M. le Duc, et est colonel d'un de ses régiments. Ce jeune homme, pendant le Mississipi, a mangé deux cent mille écus au For-l'Évêque, ayant table ouverte à dîner et à souper. Il sortait tous les jours habillé en femme, et il allait à l'Opéra, dans une loge, avec la petite Émilie, qui était sa maîtresse. Cela fait voir comme les lois sont observées dans ce pays-ci !

11. — Hier grande affaire au parlement. La Tournelle criminelle envoya chercher M. Lecomte, lieutenant criminel, et M. Moreau, procureur du roi au Châtelet, au sujet de l'affaire de Cartouche. Comme l'un et l'autre n'ont pas à beaucoup près la réputation de désintéressement, on dit que Cartouche et Balagny les ont accusés d'avoir sauvé un homme moyennant de l'argent. D'autres prétendent qu'il ne s'agit que de leur faire une réprimande pour avoir laissé voir Cartouche, dans sa prison, à plusieurs personnes.

20. — Cette affaire vient de ce que Cartouche et Balagny ont déclaré, à l'hôtel de ville, que le lieutenant criminel et le procureur du roi, qui dînaient tous les jours au Châtelet pendant l'instruction, vinrent une fois, la serviette sous le bras, dans la chambre où était Balagny, accompagnés de Le Grand, comédien qui a fait la comédie de *Cartouche*, et de Quinault, autre comédien qui en remplissait le rôle. Qu'ayant fait monter Cartouche, on fit faire mille tours et plaisanteries à ces voleurs, et qu'on leur demanda leur argot ; voilà tout ce dont il est question, car il ne s'agit point d'argent ;

mais il faut avouer que cela est bien indécent. Il y a eu arrêt du parlement qui a permis d'informer; on a entendu tous les geôliers du Châtelet et tous les comédiens, et tous ont déclaré n'avoir aucune connaissance des faits contenus au procès-verbal; cela en est resté là. Le parlement a voulu se venger du Châtelet, et surtout du procureur du roi, qui a requis l'enregistrement de la déclaration qui prescrit le denier cinquante[1]; mais tout le monde blâme le parlement de cette petitesse, d'autant que cela a donné lieu, dans Paris, à cent bruits différents sur le compte de ces deux magistrats, qui ne sont déjà pas trop bien famés. Cela ôte le respect et la confiance que le peuple doit avoir.

— La petite comédie de *Cartouche* est imprimée, pour comble d'impertinence; je l'ai achetée avec l'arrêt des rompus, pour servir de pièces justificatives des sottises de ce pays-ci.

— On travaille fortement à la liquidation, suivant les arrêts du conseil du mois dernier. Il y a vingt maîtres des requêtes commissaires; tous les matins les Pâris leur apportent l'ouvrage de la journée fait et réglé; ils n'ont qu'à signer, enregistrer, et y donner la forme. On peut dire que voilà de vilains emplois pour des magistrats.

— Le prince Dolhorouki, envoyé du czar de Moscovie, a donné ici, à Paris, une fête magnifique en réjouissance de la paix faite entre le czar et le roi de Suède.

---

[1] Un édit du mois de mars 1720 avait prescrit la constitution de toutes les rentes sur le pied de deux pour cent d'intérêt. Le parlement, après avoir inutilement fait usage de son droit de remontrances, se refusa à l'enregistrement de cet édit. Le conseil de régence fut réduit à l'envoyer au Châtelet, qui l'admit.

Le dimanche 21, sur les neuf heures, il fit tirer un feu d'artifice dans la rue de l'Université, où il demeure. Il y eut un grand souper pour les jeunes seigneurs et dames de la cour, qui étaient magnifiquement vêtus, ensuite grand bal où l'on n'entrait que par billets. On avait construit une galerie en bois dans le jardin; j'y passai trois heures de temps; quelques affaires m'y avaient conduit plutôt que la curiosité. —Compagnie de Suisses pour la garde, grande illumination, grands rafraîchissements et belle symphonie. Le lundi 22, il y a eu un souper magnifique, qui devait coûter douze mille livres, pour tous les ambassadeurs et ministres qui sont à Paris.

—Le mardi il y a eu la fête du peuple, à la mode de son pays. Il a fait rôtir un bœuf tout entier. Crépy, rôtisseur fameux, a entrepris cette cuisson moyennant mille livres. Il y avait toutes sortes de volailles qui tenaient au bœuf; celui-ci est sorti de la cour, sur un échafaud posé sur des roulettes, et est venu au milieu de la rue, vis-à-vis la porte, avec des fanfares. On devait le distribuer au peuple, ainsi que des tonneaux de vins; mais on avait mis dans le corps du bœuf un artifice qui, tout à coup, a parti dans toutes les fenêtres du voisinage, qui étaient remplies de monde. Cela a gâté et fait sentir le bœuf, en sorte qu'il n'y a pas eu presse pour en manger.

—Histoire dans la maison de Conti : M. le prince de Conti aime beaucoup sa femme[1], sœur de M. le Duc; il en est jaloux à la fureur, et cependant il a des maîtresses de son côté : c'est la règle. Le prince a pour premier

---

[1] Louise-Élisabeth, fille de Louis, duc de Bourbon, née le 22 novembre 1693. Elle avait épousé le prince de Conti en 1713.

gentilhomme le comte de Clermont, de grande maison, qu'il loge dans son hôtel avec douze mille livres d'appointements. Quelque femme, jalouse de Clermont, écrivit au prince qu'il prît garde, qu'il existait une intrigue entre ce gentilhomme et sa femme. Le prince défendit à celle-ci de voir Clermont trop régulièrement, et cela en était resté là ; mais bientôt il reçut une seconde lettre dans laquelle on lui disait que le commerce continuait. Voulant s'en éclaircir par lui-même, il annonça qu'il allait souper à la campagne, revint de bonne heure sans être attendu, et trouva Clermont sortant de l'appartement de la princesse : il fit beaucoup de bruit, chassa Clermont, et se plaignit au régent, qui lui conseilla d'être sage et de ne pas prendre garde à de telles bagatelles. Depuis, sa jalousie s'est portée sur un autre sujet, qui est le comte de Saxe [1], bâtard du roi de Pologne, homme fort à la mode.

Le 24 de ce mois, madame la princesse de Conti voulut aller à la messe de minuit et faire réveillon. Le prince y consentit, mais défendit qu'il y eût des hommes, et l'on assure qu'il n'y en eut point. Cependant le jour de Noël, et le lendemain, il maltraita fort sa femme ; il y en a qui disent qu'il entra l'épée à la main dans sa chambre. Le même jour, lendemain de Noël, le prince avait prié beaucoup de monde à souper ; l'après-midi, la Princesse sortit de l'hôtel et alla se réfugier chez madame la Princesse [2], qui est sa grand'mère et celle de

[1] Maurice, né le 19 octobre 1696, devenu dans la suite si célèbre sous le nom de maréchal de Saxe. Il était fils naturel d'Auguste II, roi de Pologne et électeur de Saxe, et d'Aurore, comtesse de Kœnigsmark.

[2] Anne de Bavière, fille d'Édouard, prince palatin (frère puîné de Charles-Louis, premier du nom, duc de Bavière), née en 1648, et mariée

son mari. Quand ce dernier rentra chez lui, il se mit dans une fureur parfaite, donna ordre de servir le souper lorsque la compagnie arriva, mais n'y assista pas, et alla chez sa grand'mère, madame la Princesse, redemander sa femme. Il était dans une telle violence, que madame la Princesse fut obligée de lui dire que s'il ne sortait pas de chez elle, elle le ferait bien sortir. Il se rendit de là chez le régent, qui était à souper, et entra comme un furieux en disant qu'il lui fallait sa femme, qu'il la voulait. Le régent répondit que c'était une affaire entre mari et femme, dont il ne se mêlait pas; qu'il pouvait d'ailleurs prendre les mesures convenables. On assure, dans de bons endroits, que le prince de Conti dit, en colère, que si on ne lui faisait pas rendre sa femme, il ferait soulever Paris en vingt-quatre heures. A quoi M. le régent répondit : « Monsieur, vous ne songez pas à ce que vous dites : ni vous ni les vôtres n'êtes capables d'amasser ensemble quatre sacs de farine! » Cette réponse serait bien humiliante, et la menace une grande sottise du prince de Conti. Il a aussi couru un autre bruit dans Paris que, le 26, le prince avait trouvé le comte de Saxe dans la chambre de sa femme, et qu'il l'avait tué; mais cette nouvelle était dénuée de fondement.

Madame la princesse de Conti est grosse de sept mois et veut rester chez sa grand'mère. Voilà un grand travers, que cette histoire, pour le prince de Conti, et cela

en 1663 à Henri-Jules de Bourbon, prince de Condé. Elle se trouvait ainsi grand'mère de la princesse de Conti, sœur de M. le Duc; d'un autre côté, une de ses filles, Marie-Thérèse de Bourbon, ayant épousé François-Louis, prince de Conti, père de Louis-Armand, ce dernier était pareillement son petit-fils.

va augmenter l'animosité qui existait entre lui, M. le Duc et M. le comte de Charolais, frères de sa femme. Il a été se jeter aux pieds de celle-ci et lui demander pardon; mais il a été résolu qu'elle accoucherait chez madame la Princesse, ensuite elle retournera avec son mari. Le prince dit pour excuse, à M. le régent, qu'il était ivre ce jour-là; le régent lui a répondu qu'il s'était soûlé bien plus souvent que lui, mais qu'il s'allait coucher et ne faisait point de sottises.

ANNÉE 1722.

Janvier. — Le 8 de ce mois, M. le duc de Chartres a été saigné au pied, et s'est trouvé fort mal, le tout provenant d'une partie de souper en débauche. Il a dix-neuf ans et a déjà eu plusieurs galanteries. Il a à présent une maîtresse en forme, la petite Quinault [1], comédienne, fille jeune, jolie et bien faite. Ce prince n'est point aimé; il a l'esprit petit et mauvais, et il a très-mauvaise mine. Il possède une chose étonnante, qui est trois ou quatre sons de voix différents, en sorte qu'il ne fait pas un compliment sur le même ton; il y a de la petite et de la grosse voix. On dit aussi qu'il n'a pas grande disposition à la masculinité.

— Jeudi, 22, M. le prince de Conti fit faire sommation à madame sa femme, par deux notaires, de revenir dans sa maison pour y accoucher. Ceci est secret et n'est su de personne; mais mon père a été appelé pour conseil par le prince, avec M. Duhamel, avocat. C'est

---

[1] Marie-Anne Quinault, seconde fille du comédien de ce nom. (Voir page 118.) Elle était entrée au théâtre en 1714, et le quitta en 1722.

mon père qui a fait l'acte, dans lequel il n'y a aucun reproche.

La princesse a fait dire, par deux notaires, qu'elle ne reviendrait point; que son mari savait les raisons et la nécessité indispensable où elle était de rester chez sa grand'mère. MM. Nouet et de La Vigne, avocats, sont ses conseils.

On lui a répondu qu'il n'y avait aucune excuse qui dût l'empêcher de se ranger à son devoir, mais le suisse de l'hôtel de Condé a refusé la porte aux deux notaires, et n'a voulu recevoir aucun papier. On s'est retiré et on a dressé procès-verbal. Cela a donné du chagrin au prince, et il en est tombé malade. Voilà où cela en est. Le vrai de cette affaire est que la princesse de Conti aime le comte de Clermont, et est enragée de ce qu'elle ne le voit plus. Elle hait encore plus son mari, et une femme en cet état est capable de tout.

—Il est mort, dans ce mois-ci, sur la paroisse Saint-Eustache, une femme qui demandait l'aumône. On a mis les scellés chez elle et on lui a trouvé quarante mille livres en vieilles espèces. Comme cet argent est sujet à confiscation et qu'ils sont toujours avides de prendre, le régent a chargé Dubois de s'informer de cela. Dubois a fait demander le commissaire Renard, jeune homme et assez étourdi. Celui-ci se rend chez le cardinal, entre dans plusieurs pièces sans être annoncé, tenant son procès-verbal à la main, et trouve un abbé, le dos tourné à la cheminée, tout seul et d'assez petite mine, qui lui dit : « Eh bien! M. le commissaire, qu'avez-vous fait? — Moi? dit Renard brusquement, qu'est-ce que cela vous fait? je n'ai point de compte à vous rendre. — Vous êtes un fat, mon ami, reprit l'abbé. — Vous êtes un sot vous-même, » réplique le commissaire. L'abbé lui donne un coup sur la main, fait tomber son procès-verbal et passe dans une autre chambre. Cet abbé avait sur la tête une calotte rouge que l'on ne voyait pas par-devant, et qui fit reconnaître au commissaire que c'était le cardinal Dubois. Il alla se jeter à ses genoux pour lui demander excuse et cela en est resté là.

— Il court une estampe sur les quatre frères Pâris, qui gouvernent les finances. Ils sont montés tous quatre sur un cheval, en guise des quatre fils Aymon, et ce cheval ressemble, par la tête, à M. de La Houssaye, contrôleur général des finances : le régent le mène par la bride et le cardinal Dubois le fesse.

— C'est la mode, à présent, de pendre les voleurs aux flambeaux. En voilà deux qui passent devant ma porte à dix heures du soir. Il y avait, à chacun, deux douzaines de flambeaux.

— Dans le mois de janvier, le carrosse de M. le duc de Châtillon, où se trouvait ce seigneur avec le prince de Tingri [1], son frère, venait d'entrer sous l'arcade du Palais-Royal entre les deux cours, lorsqu'il rencontra celui du comte de Charolais, qui allait y entrer aussi pour sortir de la grande cour. Le cocher du comte cria à celui du duc de reculer : celui-ci dit qu'il était trop avancé et qu'il ne pouvait pas à cause de plusieurs autres carrosses qui le suivaient. Là-dessus les gens du comte sont descendus et ont donné des coups

---

[1] Paul-Sigismond de Montmorency-Luxembourg, en faveur duquel la seigneurie de Châtillon-sur-Loire avait été érigée en duché, et Christian-Louis de Montmorency-Luxembourg, qui avait pris le nom de prince de Tingri en 1711.

de canne sur le cocher et les chevaux du duc de Luxembourg. Celui-ci et M. le prince de Tingri sont descendus et se sont plaints à M. le comte de Charolais, qui leur a répondu fièrement : « Est-ce que vous ne connaissez pas ma livrée? » Le prince de Tingri a tiré son frère par la manche et lui a dit : « Retirons-nous, mon frère, soyons sages, je ne m'attendais pas à une telle réponse! » M. le Duc, frère aîné de M. le comte de Charolais[1], a envoyé un gentilhomme à M. le duc de Luxembourg lui faire une espèce d'excuse, et le prier que cela ne brouillât pas leurs maisons. Tout le monde a blâmé le comte de Charolais d'être resté dans son carrosse pendant que les autres étaient à sa portière; mais il est très-haut et n'a pas grand génie.

— M. le chancelier d'Aguesseau marie sa fille, cette semaine, avec M. le marquis de Chastellux,[2] dont le nom est Luxe; c'est une des meilleures maisons d'épée. Il y a trois cents ans qu'un de ses ancêtres était maréchal de France[3], et il n'y en avait alors que deux. Il a quarante mille livres de rente en fonds de terre, et il est capitaine de gendarmerie.

Le marquisat de Chastellux est contre Auxerre : il a un beau droit dans l'église de cette ville. Il possède une prébende, et il a droit de prendre sa séance et de venir à l'office, en surplis et en épée, avec un chapeau de plumes sur la tête, botté et éperonné, tenant d'une main deux chiens en laisse, et sur l'autre un oiseau

---

[1] Charles, comte de Charolais, etc., était né le 19 juin 1700.

[2] Guillaume-Antoine. Le nom de cette famille est Beauvoir et non pas Luxe.

[3] Claude de Beauvoir, seigneur de Chastellux, nommé maréchal de France en 1418, mort en 1453.

de proie. A la stalle où est sa place, il y a un anneau pour attacher la laisse des chiens, et quelque chose pour poser l'oiseau. On dit que M. le marquis de Chastellux prend séance tous les ans pour conserver son droit.

— Autre nouvelle : on dit que Law revient à Paris. Ce qui est sûr, c'est qu'il est arrivé de Bruxelles quatre ballots à l'adresse de M. le prince de Vendôme [1], qui est son grand ami, et qui est chargé ici de sa procuration pour ses affaires. On dit plus : c'est que le prince, qui a cédé son prieuré à M. le chevalier d'Orléans, bâtard du régent, épouse la fille de Law, à qui son père donne dix-sept millions en argent. Et comme le grand-prieur a fait ses derniers vœux, Law se charge aussi de l'en faire relever.

— On ne paye ni à la Ville ni autre part. Personne n'a un sou, et hier, jeudi gras, il n'y a eu ni bœuf gras, ni masques, ni tambours : c'était comme le jeudi saint.

Février, 15. — Madame la princesse de Conti est accouchée la semaine dernière, à l'hôtel de Condé, d'un garçon qui a été envoyé sur-le-champ, avec sa nourrice, à l'hôtel de Conti ; le prince l'a nommé le duc d'Alais.

— Cette année la foire Saint-Germain est mal en pied. On a été, les quatre premiers jours, sans permission de toucher un cornet et des dés ; il n'y avait des lumières que dans les cafés. Les marchands ont obtenu la permission de donner à jouer pour leurs marchandises seulement, mais sans parieurs. Cela ne leur donne pas grand profit, d'autant que personne n'a d'argent

[1] Philippe de Vendôme, né le 23 août 1655, petit-fils de César, duc de Vendôme, fils naturel de Henri IV et de Gabrielle d'Estrées.

pour acheter. Ces boutiques sont louées cher à cause du profit qu'ils faisaient sur le jeu en argent ; il y avait quatre ou cinq boutiques qui gagnaient tous les jours cinq cents livres et au-dessus. Cela est défendu pour empêcher les particuliers et bourgeois de se ruiner, et à cause du nombre de fripons qui sont à Paris.

— Comme il faut toujours amuser un peu le peuple de Paris pour le consoler de n'avoir pas d'argent, on prépare des magnificences étonnantes pour l'arrivée de l'infante d'Espagne, qui sera ici dimanche ou lundi. On travaille à sept ou huit arcs de triomphe dans Paris, et on compte même que les rues seront tapissées, ce qui n'est pas ordinaire. N'est-il pas impertinent de faire de tels préparatifs pour un enfant de trois ans et dix mois, comme aussi de faire faire un mariage au roi, avant qu'il soit en âge d'y consentir ? on risque qu'il n'en veuille pas dans dix ans.

Mars, 1er. — L'infante d'Espagne arrive demain, lundi. Elle entre par la porte Saint-Jacques. Il y a un arc de triomphe à l'endroit de l'ancienne porte Saint-Jacques[1], au-dessus des Jacobins, avec cette inscription : *Felici adventui Lutetiæ;* un autre attaché au Petit-Châtelet avec ces mots : *Venit expectata dies ;* un au bout du pont Notre-Dame, et un dans la rue de la Ferronnerie avec plusieurs inscriptions comme *Pax fundata; Felicitas utriusque imperii; Gestat nondum matura coronam; Jungit Amor, firmabit Hymen.* Ce sont des toiles peintes avec un peu d'or, et cela est assez bien. On fait des échafauds dans toutes les boutiques de la route, mais ce qui marque la misère, c'est qu'il y a nombre de

---

[1] Elle était située rue Saint-Jacques entre les rues Saint-Hyacinthe et des Fossés-Saint-Jacques, et avait été démolie en 1684.

fenêtres avec un écriteau, et qui cependant ne se louent pas.

— On n'était occupé que de cette arrivée, mais voici une autre nouvelle. Hier, samedi, M. de La Vrillière alla faire le triste compliment à M. le chancelier d'Aguesseau qu'il eût la bonté de lui rendre les sceaux. Comme il lui témoignait la peine que lui faisait cette commission, l'autre lui répondit qu'il ne devait pas en éprouver tant de chagrin, que cela lui était familier. Effectivement voilà la seconde fois, en peu de temps, que cela lui arrive.

M. de La Vrillière a porté les sceaux, à une heure, à M. Fleuriau d'Armenonville, conseiller et secrétaire d'État, à qui on ne pensait pas, mais qui est très-fort ami du cardinal Dubois. Voilà un homme qui a occupé bien des postes en moins de quatre ans[1] !

— Le chancelier est parti ce matin pour Fresnes. Celui-là est un homme savant, mais de peu de génie pour la politique, car on ne peut pas être plus dupe qu'il ne l'a été du régent. Il est revenu de Fresnes uniquement pour être responsable de tout le mal qui s'est fait, il s'est déshonoré entièrement, puis on lui tend un piége, où il se trouve obligé de donner, et il se fait une querelle à être déplacé[2].

[1] Fleuriau d'Armenonville, ancien intendant, puis directeur des finances, avait obtenu, lors de la suppression de cette place, la charge de capitaine des chasses du bois de Boulogne et des plaines environnantes; avait été fait secrétaire d'État des affaires étrangères, mais sans fonctions ; et avait rempli celles de président de la chambre établie aux Grands-Augustins pendant l'exil du parlement, en 1720.

[2] Le motif de cette disgrâce était d'avoir fait cause commune avec les ducs et pairs et les maréchaux de France qui ne voulaient pas admettre la préséance des cardinaux dans le conseil.

— La reine est arrivée à Berny, maison appartenant à l'abbé de Saint-Germain-des-Prés, à trois lieues de Paris, où M. le régent l'a été voir dès ce jour. On dit qu'elle est plus jolie que laide, qu'elle est petite pour son âge, mais qu'elle a infiniment d'esprit et de vivacité. Voilà madame de Ventadour encore livrée aux enfants; c'est assez triste pour elle. L'infante a amené une Espagnole qui était sa remueuse [1], et sans laquelle elle ne veut pas marcher.

2. — Le roi a été au-devant de l'infante jusqu'au grand Montrouge, où la première entrevue a eu lieu [2] La reine s'est mise à genoux pour saluer le roi, et celui-ci l'a relevée en se mettant à genoux à son tour. On dit que le roi est devenu rouge et qu'il n'a dit autre chose sinon : « Madame, je suis charmé que vous soyez arrivée en bonne santé. »

Le roi est revenu et a mené la marche; il avait un détachement de toute sa maison. Dans son carrosse étaient M. le régent, M. le duc de Chartres, M. le Duc, M. le comte de Charolais, et M. le prince de Conti. Le maréchal de Villars, à cheval, accompagné de plusieurs seigneurs, fermait la marche. L'ambassadeur du czar était aussi à cheval, mais séparé des seigneurs, à cause du rang d'ambassadeur.

La marche de la reine, qui suivait d'un peu loin, commençait par les inspecteurs de police, le guet à cheval, et toute la maison du roi, grenadiers à cheval, mousquetaires, chevau-légers, gendarmes et les quatre compagnies de gardes du corps. M. le duc d'Ossonne, qui a présentement le cordon bleu, avait un bel équi-

---

[1] Maria de Nieves, señora de honor.
[2] C'est à Bourg-la-Reine que se fit l'entrevue.

page : huit pages à cheval, vingt-quatre valets de pied, et quatre carrosses magnifiques garnis de domestiques. L'équipage de M. le duc de Tresmes, gouverneur de Paris, venait après; c'était ce qu'il y avait de plus beau dans la marche. Il se composait de douze palefreniers à cheval, tenant douze chevaux de main qui avaient des couvertures de velours cramoisi, bordées d'un grand galon d'or, avec les armes du duc, aussi en or; de six pages et de six gentilshommes à cheval; des soixante gardes du gouverneur de Paris, tous habillés de neuf, en rouge, avec un galon d'argent et bien montés; enfin de trois carrosses, un à huit chevaux et deux à six. Puis allait la Ville, à cheval; les premiers carrosses de l'infante; douze laquais de M. de Châteauneuf, prévôt des marchands; vingt-quatre laquais de M. le gouverneur de Paris, habillés magnifiquement; enfin le carrosse du roi, dans lequel était l'infante, sur les genoux de madame de Ventadour, accompagnée de Madame, et des princesses du sang, sans oublier sa poupée. M. le gouverneur de Paris, à cheval, bordait la portière à droite, et M. le prévôt des marchands à gauche, parce que c'est la Ville qui a le droit d'accompagner dans ces cérémonies.

Le chemin, dans les champs, était bordé par le régiment du roi; dans le faubourg Saint-Jacques, jusqu'au Petit-Châtelet, par le guet à pied et par des archers de la ville; ensuite, jusqu'au Louvre, par le régiment des gardes françaises, d'un côté, et par celui des gardes suisses, de l'autre.

La marche est arrivée au faubourg Saint-Jacques à trois heures après-midi, et elle est entrée encore de jour au Louvre. J'étais fort bien dans la rue Saint-Honoré, au coin de la rue de l'Arbre-Sec. Le cortége a mis une heure et demie à passer. M. le régent doit être bien content, car tous les auvents étaient couverts de tapisseries, il y avait des tapis à toutes les fenêtres et des échafauds dans toutes les boutiques. J'ai observé une différence dans les honneurs rendus au roi et à l'infante. Quand le roi a passé, on a battu aux champs et tous les soldats avaient la baïonnette au bout du fusil, tandis que pour l'infante, on a seulement appelé, il n'y avait point de baïonnette au bout du fusil, et les officiers n'ont pas salué du drapeau. On a remarqué que pendant la route le roi avait toujours tourné le dos à M. le régent. Le lendemain de l'entrée, le roi a fait présent à l'infante d'une poupée que l'on dit coûter vingt mille livres : tout le monde trouve ce mariage-là original.

Le soir, les rues ont été bien plus illuminées que je ne l'aurais cru; le peuple de Paris est bien sot! A la Ville il y avait un feu de bois et toute la façade de l'hôtel-de-ville était très-galamment illuminée.

— Les cours ont été complimenter l'infante jeudi et vendredi. On dit que le régent est fâché contre le parlement de ce qu'il s'est assemblé à l'ordinaire lundi, jour de l'entrée. Voici le compliment de cette cour :

« Madame,

« La lettre du roi nous a annoncé le sujet de votre arrivée, son exemple et son ordre nous déterminent à avancer les respects qui vous sont destinés. Vous êtes le sceau de la paix entre deux grands royaumes ; puissiez-vous toujours conserver cet auguste caractère !

Puisse l'innocence de vos jours attirer sur cet État la bénédiction du ciel. »

Tout le monde a trouvé ce compliment-là particulier, et M. le régent a trop d'esprit pour en être content. Mais le parlement prétend deux choses :

1° Que, le roi étant mineur, il devait être appelé au traité de mariage ;

2° Qu'il ne doit point aller complimenter une infante, et que la princesse n'est pas reine; elle n'est que destinée à l'être. Les autres cours ont fait des compliments respectueux sans équivoque. Celui de M. de Nicolaï, premier président de la chambre des comptes, est le plus beau et le plus noble. Cela est assez attaché à cette maison.

— Dimanche, 8 mars, le roi a donné un bal, aux Tuileries, dans la salle des machines ; on n'y entrait que par billets. J'y étais. Cette salle, magnifique par elle-même, était illuminée au delà de ce qu'on peut dire, et le théâtre avait été allongé jusqu'à la grille du roi. Le bal a commencé à huit heures et a fini à près de minuit. Il y avait quinze hommes nommés pour danser, dont était le roi, et quinze femmes de la cour, parmi lesquelles figuraient mesdemoiselles de Charolais et de Clermont[1], et mademoiselle de La Roche-sur-Yon[2] ; pas un prince du sang n'était de la danse. Ils étaient assis derrière le roi, qui avait son fauteuil au commencement du théâtre. A sa droite les princesses du sang, et à sa gauche toutes les femmes nom-

[1] Louise-Anne de Charolais, née le 22 juin 1695 et Marie-Anne de Clermont, née le 16 octobre 1697. Elles étaient sœurs de M. le Duc.

[2] Louise-Adélaïde, née le 2 novembre 1696, sœur de Louis-Armand, prince de Conti.

mées faisaient un ovale dans la longueur du théâtre. Derrière, sur des gradins, étaient les seigneurs et dames de la cour qui ne dansaient point. Le coup d'œil de ce spectacle était d'autant plus beau que tous les seigneurs étaient en habits de drap d'or ou de drap d'argent garnis de points d'Espagne, avec des nœuds d'épaule, et tout l'ajustement à proportion. Les moindres étaient de velours, avec des points d'Espagne d'or ou d'argent. A mon avis ils étaient les plus parants. Les habits du marquis et de la marquise de Nesle, pour les différentes fêtes, vont à quarante mille livres. Les marchands n'ont pas voulu leur faire crédit, mais ils ont fait des contrats de constitution. M. le régent a trouvé le secret de faire rendetter les gens de cour, car toutes les femmes étaient superbes, en robes de cour, et pleines de diamants. Les femmes de la ville, qui occupaient les gradins dans le reste de la salle, étaient mises aussi le plus magnifiquement qu'elles avaient pu; en sorte que, dans l'Europe, on ne pourrait voir une plus belle assemblée ni un plus beau spectacle.

On a dansé d'abord un branle des trente danseurs, où chacun a mené le branle à son tour : le roi a commencé, ensuite il a dansé un menuet avec mademoiselle de Charolais. Les menuets à quatre ont aussi été commencés par le roi avec mademoiselle de La Roche-sur-Yon, M. le duc d'Ossonne, ambassadeur d'Espagne, et madame la duchesse de Brissac. Ces menuets à quatre ont continué et, après, les contredanses ont été ouvertes par le roi, qui a dansé un cotillon à quatre. Il était alors dix heures. J'ai fait la révérence au bal et m'en suis allé. Il y avait deux orchestres dans les côtés de la salle, composés de cent cinquante instruments, qui se relayaient : quand le roi dansait, tout jouait. L'infante a été apportée au bal et y est restée une heure de temps.

10. — Hier, lundi, il y eut dans le jardin des Tuileries un grand feu d'artifice et une grande illumination. Sur le bassin du milieu du parterre s'élevait une espèce de mont Parnasse avec le cheval Pégase au haut, le tout décoré de toiles peintes; cela servait à l'illumination, qui était superbe. Tout le parterre était rempli de pots à feu, et il y avait aux coins des formes d'ifs illuminés. Les préparatifs du feu étaient épouvantables : de grandes caisses, pleines de fusées, occupaient quatre allées du parterre, et, derrière le grand bassin, il y avait une seule caisse contenant huit cents fusées qui devaient partir à la fois. Cependant tout cela n'a eu de beau qu'un demi-quart d'heure; le reste a été mal servi : la grosse caisse a manqué à moitié et personne n'a été content [1].

11. — Hier il y a eu feu et bal à l'hôtel-de-ville. Le roi, l'infante et toute la cour y ont été. Le roi a soupé en particulier, a commencé le bal et s'est retiré avant dix heures. Les échevins n'ont pas songé à faire prendre la porte des gardes du corps par leurs archers; d'ailleurs tout était un peu gris comme cela arrive toujours à la Ville, et il y a eu du tumulte après le départ du roi. Les pages du roi et des princes, et d'autres jeunes gens, ont ballotté des femmes, les ont décoiffées, ont jeté des perruques sur les lustres et ont fait le tapage.

— Jeudi, 12, il y a eu un grand *Te Deum*, chanté à Notre-Dame; le roi y a assisté avec tous les princes,

---

[1] L'artificier a eu peur, il s'est confessé, et ce benêt a fait manquer tout. (*Note de Barbier.*)

toutes les cours, etc. Je l'ai vu entrer dans une chapelle pour faire sa prière, et comme il en sortait, je l'ai trouvé avec un très-mauvais visage et bien pâle. Cela vient peut-être de chagrin; car on dit qu'il n'aime point sa petite infante, et toutes ces fêtes-là le chagrinent. Il faut bien qu'il le souffre par complaisance jusqu'à l'année prochaine.

Le soir il y eut un grand bal au Palais-Royal. Le roi y était avec l'infante et toute la cour. Il entra à huit heures et demie, après avoir soupé, et s'en alla à dix heures. Tous les soldats aux gardes étaient en haie. Après la sortie du roi le public est entré, et le bal a duré jusqu'au matin avec une grande confusion. Le Palais-Royal était illuminé en dehors et en dedans avec des flambeaux blancs et des pots à feu. Le roi et l'infante revinrent au Palais-Royal, parce qu'il y eut un beau feu d'artifice et une illumination magnifique dans la place qui était décorée d'une charpente en portiques avec deux grandes portes, de la hauteur du troisième étage, dans la rue Saint-Honoré. Le roi était sur le balcon de pierre au-dessus de la porte, sous un dais très-bien ajusté.

— Mardi, 24, veille de la Vierge, M. le duc d'Ossonne, ambassadeur d'Espagne, a fait tirer un feu magnifique qui lui coûte, dit-on, deux cent mille livres. Ce feu était au milieu de l'eau, vis-à-vis le balcon de la reine, et vis-à-vis la maison de l'ambassadeur, qui s'est logé exprès sur le quai Malaquais, au coin de la rue des Petits-Augustins. Tout le monde est convenu que c'était la plus belle fête qu'on eût jamais vue à Paris[1];

---

[1] La description très détaillée de ce feu d'artifice fait l'objet d'une publi-

mais il est vrai que l'endroit était bien favorable. Le Pont-Neuf, le Pont-Royal, tout le tour des quais et les bateaux sur la rivière étaient remplis de monde. L'ambassadeur doit avoir été bien content, et le roi mal satisfait du feu des Tuileries, qui a manqué. La différence tient à ce que les officiers du roi qui se mêlent des fêtes veulent toujours friponner. Le régent n'a point vu ce feu; il est malade depuis quelque temps et a été saigné deux fois.

— Samedi soir, 24 du mois, on a fait cinq intendants des finances, car dans ce pays l'administration n'est guère stable et on fait et défait.

On donne, par grâce, les quatre charges de maîtres des requêtes de ceux que l'on fait ainsi intendants des finances pour cent quatre-vingt mille livres en effets liquidés, lesquels ne sont sur la place qu'au quart; de sorte que pour cinquante mille livres d'argent un homme se fait maître des requêtes. Au nombre de ces nouveaux se trouve Vanolles[1], conseiller au grand conseil, fils d'un trésorier de la marine qui fit une banqueroute de six millions il y a plusieurs années, et dont on annonça la mort à la même époque. On fit son enterrement, mais tout le monde fut persuadé qu'on avait mis une bûche dans le cercueil et qu'il était passé en Hollande.

— Parmi les polissons de ce pays on a fait un régiment de la calotte, dont on a mis tous ceux qui auraient

---

cation particulière, ayant pour titre : *Description de la fête donnée dans Paris, sur la rivière, le 24 mars* 1722. Paris, Coignard, 1722, in-fol.

[1] Son véritable nom était Van Holl ; mais son fils « s'est fait M. de Vanolles ; le *de* est plus noble et le nom plus français. » (Saint-Simon, *Mémoires*, t. XI, p. 348.)

besoin d'une calotte, c'est-à-dire qui ont la tête légère. Sous ce prétexte, on donne des brevets [1] à ceux qu'on initie dans le régiment, et cela en vers fort piquants où l'on dépeint le ridicule de l'homme : on en a fait un sur les cardinaux de Rohan et Dubois, au sujet du rang qu'ils ont pris dans le conseil, au-dessus du chancelier. Les pensions de ce régiment sont assignées sur les brouillards.

Avril, 8. — Madame la princesse de Conti est toujours chez sa grand'mère [2], et fait menacer son mari d'une demande en séparation; mais cela ne paraît pas. On s'étonne que madame la Princesse, qui est pieuse et dévote, la garde si longtemps, une femme ne devant pas avoir d'autre habitation que celle de son mari. Celui-ci fit une tentative le vendredi saint (3 avril). Il avait à l'Ile-Adam grande compagnie qui l'attendait le soir; mais, au lieu de s'y rendre, il se mit dans un carrosse comme étant de la suite de madame la princesse de Conti, sa mère [3], et alla ainsi, avec elle, rendre visite à madame la Princesse, chez qui il n'aurait pu entrer autrement. Il lui dit qu'il venait loger dans sa maison, son confesseur lui ayant ordonné de demeurer avec sa femme. Madame la Princesse, qui est un petit génie, prit la chose sur le haut ton, et se plaignit qu'on voulût

---

[1] Un recueil de ces brevets parut à Bâle, en 1725, sous le titre de : *Mémoires pour servir à l'histoire de la calotte*. Il a été réimprimé plusieurs fois depuis.

[2] Anne de Bavière. Voir la note page 121.

[3] Marie-Thérèse de Bourbon-Condé, née le 1er février 1666, mariée le 29 juin 1688, à François-Louis, prince de Conti, et devenue veuve le 22 février 1709. On la désignait sous le titre de seconde douairière de Conti pour la distinguer de sa belle-sœur, Marie-Anne, dite mademoiselle de Blois, première douairière.

la forcer dans sa maison : ils se séparèrent assez mal, sans que le prince eût pu voir sa femme. Madame la Princesse envoya aussitôt un courrier à Chantilly, à M. le Duc et au comte de Charolais. Mon père était dans le Luxembourg avec madame la comtesse de La Roche [1] ; ils firent collation chez la comtesse de Laval, et madame de Brassac, qui y logent. Ils attendaient l'issue de cette visite, et montèrent en carrosse avec madame la princesse de Conti mère et le prince.

Le bruit a couru que le prince avait voulu enlever sa femme de l'hôtel de Condé, et que, dans la rue de Vaugirard, il y avait des troupes de ses régiments. Tout le monde dit cela, mais rien n'est plus faux, et marque comme l'on doit peu ajouter de foi aux nouvelles de Paris.

— L'abbé Fleury [2], confesseur du roi, s'est retiré depuis un mois pour ses infirmités; il est même tombé depuis en apoplexie. Il s'est agi de nommer un confesseur, et cela tombait sur les jésuites : les bons pères ne font pas grand bruit, mais ils n'avaient garde de manquer ce morceau. Le P. Fleuriau, frère de M. d'Armenonville, garde des sceaux, a fait tout ce qu'il a pu. On a nommé le P. de Linières, confesseur de Madame [3], douairière, mais il n'avait un pouvoir que pour elle seule. Lorsqu'il a fallu confesser le roi, la semaine sainte, le régent a envoyé M. d'Argenson demander un pouvoir à M. le cardinal de Noailles, qui a répondu

---

[1] Dame d'honneur de la princesse de Conti, seconde douairière.

[2] Claude Fleury, auteur de l'*Histoire ecclésiastique*, né à Paris le 6 décembre 1640. Il avait été sous-précepteur des ducs de Bourgogne, d'Anjou et de Berri.

[3] Élisabeth de Bavière, mère du régent.

tout simplement qu'il n'en donnerait pas, que cela ne tombait pas en particulier sur le P. de Linières, parce qu'il était jésuite, mais qu'il était résolu de n'en donner à aucun religieux. On dit que l'on a pris le parti d'envoyer à Rome pour avoir un bref immédiat du pape.

— Les ordres avaient été donnés pour que le roi fût s'établir à Versailles le 17 de ce mois, et il devait y demeurer jusqu'à la Toussaint, mais le voyage est remis au mois de mai, parce que Versailles est en mauvais état et qu'il faut le réparer, ce qui coûtera même beaucoup. Tous les ministres et les bureaux suivent, comme du temps de Louis XIV; on présage mal de ce voyage. Tout le monde croit que le régent aime mieux être éloigné pour frapper les derniers coups de son administration.

— On a rétabli sur toutes choses les anciens droits, et aussi les quatre sous pour livre en ce qui regarde la justice. On prend les droits aux portes de Paris, mais ils ne sont pas encore établis au palais, où cela ruinerait la plupart des avocats et des procureurs. Le parlement ne veut pas laisser percevoir les droits, et de là on craint du mouvement entre le régent et lui.

— Le mal où l'on est nous fait souhaiter la majorité avec impatience; mais on commence à craindre, d'un autre côté, que le caractère du roi ne soit mauvais et féroce. Il a l'air très-sérieux et morne, et il lui est arrivé une vilaine aventure il y a trois semaines. Il avait une biche blanche qu'il avait nourrie et élevée, et qui l'aimait fort. Il l'a fait conduire à la Muette, a dit qu'il voulait la tuer, a tiré dessus et l'a blessée. La biche est accourue sur le roi et l'a caressé; mais il l'a fait éloigner de nouveau, l'a tirée une seconde fois et l'a tuée. On a trouvé cela bien dur; on lui prête encore quelque histoire pareille sur des oiseaux qu'il a.

— Il y a trois semaines qu'un nommé Sandrier, premier commis de La Jonchère, trésorier général de l'extraordinaire des guerres, s'est trouvé perdu sans qu'on eût de ses nouvelles. On disait qu'on avait porté à sa femme un billet anonyme pour qu'elle eût à faire mettre les scellés.—Samedi, 18 de ce mois, on l'a trouvé dans la rivière avec deux coups de poignard, et on l'a apporté à la Morgue, au Châtelet, où il a été reconnu par M. de La Jonchère. On dit que c'est pour avoir mal parlé du gouvernement, et l'on dit qu'on a pris sept ou huit de ces nouvellistes qui s'avisent de gloser sur ceux qui administrent.

— Mercredi dernier, 22, on a enregistré au parlement les lettres de légitimation de M. l'abbé de Saint-Albin, évêque de Laon, fils de M. le régent et de la petite Florence, qui était fille de l'Opéra. Il a reconnu pareillement madame la comtesse de Ségur, sa fille, qu'il a eue de la Desmares, comédienne, et qu'il a mariée au comte de Ségur. Tout cela a déjà pris les armes de France. M. l'abbé de Saint-Albin sera sacré demain dimanche; il s'appelle l'abbé d'Orléans.

— M. le cardinal Dubois s'appelle tout court *le cardinal*, comme nos deux anciens grands ministres. Il n'a pas encore le titre de premier ministre, mais il en fait les fonctions. On dit qu'il est présentement le maître du régent, qui le craint, et cela est assez dans le caractère de celui-ci, qui est bon et facile malgré son esprit. Ainsi le cardinal ayant eu du bruit avec le comte de Nocé, l'homme que le régent aime le mieux, il a obligé ce prince d'exiler son favori, disant qu'autrement il se retirerait. On ne veut pas qu'on parle dans les cafés; effectivement, comme il n'y a que du mal à dire, que tout le monde ressent, on se lâcherait trop fortement sur le gouvernement, dans les cafés de nouvellistes. Dimanche dernier, 26, à huit heures du matin, on a pris dans mon quartier M. Denoux, procureur de la cour, que l'on a mené à la Bastille. Il allait ordinairement au café qui est sur le Quai-Neuf¹ contre la Grève, et y parlait un peu. Heureusement pour lui qu'il est procureur de M. d'Argenson, lieutenant de police, qui est commissaire de la Bastille. Il a été interrogé hier, et il n'y restera pas longtemps. La lettre de cachet était signée de M. le cardinal Dubois.

Mai. — On a découvert pourquoi M. Denoux a été mis à la Bastille, dont il n'est pas encore sorti; c'est au sujet de la constitution. Il est de la ville de Châlons², qui est une ville toute janséniste, et il parlait haut à ce sujet. Il peut même avoir occupé contre quelques chanoines, curés ou évêques, à propos de la constitution; il y a plusieurs procès de la sorte. On dit que M. le garde des sceaux a envoyé chercher M. Roux, un des premiers procureurs, pour lui dire qu'il mériterait d'être envoyé à la Bastille pour pareille chose, et qu'il avertît ses confrères de ne plus signer de pareilles requêtes. Le P. Fleuriau étant frère du garde des sceaux, les jésuites ont plus de crédit que jamais.

11. — J'ai oublié de dire qu'à la fin du mois der-

---

¹ Claude Le Pelletier, prévôt des marchands, ayant fait construire, en 1675, le quai qui s'étend de la place de l'Hôtel-de-Ville au pont Notre-Dame, lui avait donné le nom de Quai-Neuf.

² En Champagne.

nier madame la princesse de Conti a présenté requête à la première chambre, afin de faire prononcer la séparation. Son mari a demandé, de son côté, qu'elle se mît dans un couvent qui serait nommé par la chambre; mais elle veut que ce soit madame la Princesse, sa grand'mère, qui le désigne, et elle réclame soixante mille livres de provision. Demain, 12, on plaidera sur cette provision; Me Pothouin pour le prince, et Me Julien de Prunay pour la princesse. C'est à huis clos, il n'y aura personne que les avocats du conseil des parties, savoir : Me Voisin et mon père pour le prince, et du côté de la princesse Me Capon seul, qui est celui qui a conduit cette affaire et qui a rédigé la requête en séparation.

20. — On a jugé hier la provision, qui est pour l'arrangement de madame la princesse de Conti dans son couvent, pour sa nourriture et ses domestiques. Le prince offrait deux mille écus et de fournir carrosse et domestiques, table convenable et officiers; elle demandait soixante mille livres pour avoir soin elle-même de tout. On lui a adjugé quinze mille livres en tout, si mieux elle n'aime accepter les offres.

— Le roi vint aussi hier rendre visite à madame la princesse de Conti, seconde douairière, à l'occasion de la mort de son petit-fils le duc de Mercœur[1]. Elle était dans son lit à cause du cérémonial, et pour faire la cérémonie entière elle s'y est mise deux jours auparavant. Les médecins l'ont vue sans qu'elle fût malade. Le roi a rendu aussi visite à M. le prince de Conti, qui a reçu le roi à la portière de son carrosse et l'y a reconduit. Le roi porte le deuil huit jours; le prince de

---

[1] Second fils du prince de Conti; il était né le 19 août 1720.

Conti est aussi en noir, quoiqu'on ne porte pas le deuil de son enfant, mais parce que le roi est en noir.

— Le parlement, qui était contraire aux droits nouveaux, avait reçu une lettre de cachet qui lui défendait de se rassembler; mais comme on lui a envoyé une déclaration pour enregistrer, il a résolu de recourir à des remontrances qui ont été faites hier; on dit qu'elles sont fort belles. Le roi a répondu, par le garde des sceaux, qu'il avait prévu tous les inconvénients de cette imposition, mais qu'il en avait besoin absolument et qu'il voulait que cela fût exécuté. Aujourd'hui le parlement a enregistré la déclaration, en ajoutant que c'est de l'exprès commandement du roi, donné en sa présence. M. le régent se soucie peu de leurs modifications, il s'agit que nous payions les droits.

Juin. — Le jour de la grande Fête-Dieu le roi a été à la procession de Saint-Germain-l'Auxerrois, pour la première fois; il a fait un fort grand tour à pied, car, depuis la chapelle des Tuileries, il a reconduit le Saint-Sacrement à la paroisse, par les rues Saint-Nicaise, Saint-Honoré et de l'Arbre-Sec. Il était entre M. le prince Charles, son grand écuyer, et son capitaine des gardes; d'un côté, M. le cardinal de Rohan, grand aumônier; de l'autre, M. le cardinal de Polignac. M. le maréchal de Villeroi, qui ne peut pas marcher, était derrière sur un cheval si petit qu'on l'aurait cru à pied; cela a paru un peu extraordinaire. Il y avait un grand cortége de monde, beaucoup de gardes du corps qui bordaient, et trois carrosses du roi.

Dans le même temps, la procession de Saint-Eustache, où assistait M. le régent ainsi que M. le duc de Chartres, a passé dans la rue Saint-Honoré. Elle était fort belle avec toute la livrée du prince et ses gardes, et trois carrosses; cela a fait un embarras dans la rue. Il a fallu que Saint-Eustache s'arrêtât et laissât filer Saint-Germain, en sorte que M. le régent a bien été trois quarts d'heure sur ses pieds sans marcher.

— Lorsque les conseillers au grand conseil arrivèrent à la banque en qualité de commissaires, Doublet de Persan, maître des requêtes, homme fort riche, et qui n'est pas mauvais par la naissance, voulut badiner avec Billard de Laurière, fils d'un avocat, conseiller au grand conseil, en demandant comment *Messieurs* avaient voulu venir avec eux, qui avaient cassé un de leurs arrêts il n'y avait pas longtemps. Il répéta cela si mal à propos, que Laurière lui répondit qu'il n'y avait pas tant à se vanter, que les gentilshommes font les verres et que les laquais les cassent.

— Cette opération du visa est de l'invention des Pâris, qui sont très-habiles; ce sont gens de fortune, comme je l'ai déjà dit en quelque endroit. Ils sont d'un petit bourg nommé Moirans, entre Lyon et Grenoble, et fils d'un cabaretier; l'un d'eux, qui a été soldat, s'appelle Pâris *la Montagne;* il a pris ce nom en sortant de chez son père, de l'enseigne de leur cabaret; un autre s'appelle *Duvernet;* on dit qu'il a eu ce sobriquet parce qu'il rinçait un verre à merveille [1]. Ces quatre frères sont fort riches; ils n'ont pas beaucoup de terres, mais on leur croit en pays étranger plus de trente millions. Il y en a un [2] qui a épousé sa nièce pour empêcher qu'aucun étranger ne mît le nez dans leurs af-

---

[1] L'orthographe du nom ne s'accorde pas avec l'origine que lui attribue Barbier; il s'écrivait *Duverney* ou *du Vernay*.

[2] Pâris de Montmartel.

faires. Ce sont eux, en partie, qui ont culbuté la banque de Law, par les sommes considérables, en argent, qu'ils en ont retirées.

— Tous les commissaires de la banque, tant maîtres des requêtes que conseillers au grand conseil, avaient bien voulu prendre cet emploi, parce que M. le régent avait fait entendre qu'il se réserverait de liquider lui-même les commissaires. Aujourd'hui que tout est fait, les commissaires se liquident les uns les autres, et sans grâce, sur le tableau, d'autant plus que cela passe ensuite à une révision; en sorte qu'ils auront la honte de leur emploi et nul profit.

— On continue toujours l'instruction du procès des complices de Cartouche, et il y en a plus de cent cinquante à la Conciergerie. La veille de la Fête-Dieu on en exécuta un, nommé Rozy, dit *le Chevalier le Craqueur;* son arrêt était rendu dès le mardi, mais lorsqu'il fut prêt à partir il commença à jaboter dans la Conciergerie, et déclara tant de monde qu'on amena pendant la nuit et le lendemain plus de quatre-vingts personnes. M. Arnauld de Bouex, rapporteur, passa plus de trente-deux heures de suite à faire les interrogatoires. Rozy dénonça entre autres, le mardi, Le Roux et Bourlon, tous deux exempts de police, gens à leur aise, qu'on prit et qu'on amena. M. d'Argenson, lieutenant de police, et M. de La Vrillière, secrétaire d'État, dont Bourlon avait été laquais, se joignirent pour les tirer de là. Sur le soir, M. de Maurepas, secrétaire d'État de Paris, vint avec une lettre de cachet pour les enlever. Le geôlier de la Conciergerie les refusa; M. de Maurepas s'en retourna et revint avec une seconde lettre de cachet, portant d'emmener le geôlier lui-même; cependant il voulut qu'on en parlât à M. le premier président qui, de concert avec M. Amelot, premier président de la Tournelle, donna ordre de les laisser sortir; on traitait cela d'affaire d'État, et on les conduisit à la Bastille.

Le lendemain le parlement fut fort piqué de cet enlèvement. Il s'assembla, et envoya le procureur général au Palais-Royal, où il ne put avoir audience. A midi, le premier président, Mr. Amelot, et deux conseillers allèrent trouver M. le régent et lui dirent que le roi n'avait qu'à nommer des commissaires pour juger tous ces criminels, qu'ils allaient les mettre hors des prisons. Toute réflexion faite on a réintégré Le Roux et Bourlon à la Conciergerie. Quand M. d'Argenson, le père, enleva Pomereu de la même prison, il ne s'amusa pas à le mettre à la Bastille; il le fit évader: c'est le plus sûr, mais le fils n'a pas osé apparemment faire la même chose. Ces deux exempts ont été furieusement chargés et accusés d'avoir été complices de l'assassinat commis dans la rue du Bout-du-Monde, sur un certain poëte qui avait fait les *Philippiques*[1]. Cependant il y a apparence qu'ils n'ont pas fait ce coup sans ordres, et il serait triste pour eux d'en être les victimes.

— Tous les jours on exécute quelques-uns de ces malheureux. Il y a plusieurs orfévres, ayant boutique à Paris, qui ont été pris, et cela est d'une grande conséquence.

16. — Hier, 15, le roi partit pour Versailles. Il est très-content d'y habiter, et de fait ce logement est bien

---

[1] Lorsque le poëte Vergier fut tué, au mois d'août 1720, les ennemis du régent répandirent le bruit que ce prince avait armé les assassins dans l'intention de se défaire de La Grange Chancel, l'auteur des *Philippiques*, mais que les meurtriers s'étaient trompés de victime.

plus magnifique pour un roi que Paris. En arrivant il alla faire sa prière à la chapelle, où le Saint-Sacrement était exposé; de là, quoiqu'il fît très-chaud, il alla dans les bosquets. Il revint ensuite dans la galerie et se reposa à terre sur le parquet; tout le monde en fit de même. M. le régent fut obligé d'emprunter une chemise pour changer, parce que son appartement n'était pas encore garni.

— Par sentence du 26 de ce mois, M. le prince de Conti a gagné sa cause à la première des requêtes du palais. La princesse a été déclarée non-recevable dans sa demande en séparation et à faire preuve des faits graves [1], menaces et injures contenus dans ses requêtes; elle est cependant autorisée à demeurer six mois dans le couvent de Port-Royal. Le lendemain elle a déclaré qu'elle entendait se pourvoir contre cette sentence.

Au retour du palais le prince embrassa mon père, qui avait été son conseil dans toute cette affaire, et le lendemain il lui envoya quinze cents livres [2].

Juillet. — Pour revenir aux affaires publiques, on ne parle plus à Paris que de rompus et de pendus; tous les jours il y en a de la suite de Cartouche. Avant-hier on expédia mademoiselle Néron, sa maîtresse, une brune assez jolie. Il est dit dans l'arrêt : « L'une des

---

[1] Comme d'avoir eu du mépris pour elle depuis son mariage; de l'avoir menacée de lui donner des coups de bâton; de l'avoir traitée comme un laquais, etc., etc. Le prince repoussait ces accusations de mauvais procédés, et disait au contraire qu'il avait augmenté sa pension, qu'il lui avait acheté pour cent mille livres de diamants, etc., etc.

[2] Six semaines après il a envoyé à M. Pothouin, son avocat plaidant, une très-belle berline et deux beaux chevaux. C'est un présent de quatre mille cinq cents livres, et c'est assez bien payer. (*Note postérieure de Barbier.*)

concubines de Louis-Dominique Cartouche. » Il me semble que c'est lui faire assez d'honneur; elle fut pendue à une heure du matin.

— Il y a un mois qu'un M. de Racinoux, qui était conseiller au parlement de Bretagne, s'est fait maître des requêtes; c'était lui qui avait trahi le parlement et découvert ceux qui avaient pris part à la conspiration de Bretagne, par suite de laquelle le marquis de Pontcallet et trois autres gentilshommes ont eu la tête tranchée à Nantes. Le parlement de Bretagne l'a chassé honteusement. Comme maître des requêtes, il s'est fait recevoir au parlement de Paris, où on l'a d'abord refusé, mais il a eu des lettres de jussion. A sa réception, M. le premier président l'a très-maltraité, jusqu'à lui dire que la cour ne l'estimait guère, et ne le recevait que par ordre exprès du roi; qu'il prît place, mais qu'il n'y remît pas le pied.

25. — Hier on pendit la grande Jeanneton, bouquetière, après qu'elle eut été vingt-quatre heures à l'hôtel de ville à jaser. M. de Bouex, rapporteur, y a passé la nuit. Elle a déclaré cinquante-deux personnes, dont la plupart sont domiciliées, comme gros cabaretiers, limonadiers et autres. Avant-hier, sur une dénonciation incertaine, on alla chercher, à dix heures du soir, des dames ayant équipage; l'exempt ne leur donna pas le temps de faire mettre leurs chevaux, et les amena à pied. Il se trouva que la grande Jeanneton ne les connaissait pas; c'était une méprise de noms. M. de Bouex les reconduisit jusqu'à la porte de l'hôtel de ville, et leur donna vingts archers pour les accompagner chez elles, afin que le peuple qui était dans la Grève ne les entourât pas.

Sur la déclaration de cette même Jeanneton, on a pris deux frères nommés Liard, qui sont des Cent-Suisses du roi, et de gros cabaretiers, ayant chacun cinquante mille écus de biens. Comme ils sont Suisses, on les a transférés au For-l'Évêque. Le parlement fera l'instruction, et les Suisses les jugeront. Quand on aura besoin d'eux au palais, pendant l'instruction, ce sont des Cent-Suisses qui les mèneront, et à cet effet, comme le roi est à Versailles, il y a un certain nombre de Cent-Suisses qui logent actuellement à Paris, dans la maison de M. de Louvois, leur capitaine; voilà comment cela a été réglé.

31. — Hier c'était le tour de la famille de Cartouche; on pendit un de ses cousins, nommé Touton, fils d'un chandelier. Le parlement, dans l'arrêt, a tancé le lieutenant criminel, car il est dit que ce Touton avait été mis au Châtelet tous les ans, depuis 1695, ce qui marque qu'il en est sorti chaque fois.

— On fit aussi hier une exécution extraordinaire : le frère de Cartouche, âgé de quinze ou seize ans, condamné aux galères à perpétuité, devait, en outre, être pendu sous les aisselles pendant deux heures; il cria beaucoup au commencement et demanda qu'on le fît mourir, parce que la pesanteur du corps faisait descendre tout son sang à la plante des pieds, ce qui est la souffrance des pendus. Ensuite la langue lui sortit, et il ne lui fut plus possible de parler. Sans attendre les deux heures, on le conduisit à l'hôtel de ville, mais il était déjà trop tard, il y mourut sans pouvoir se confesser; en sorte qu'en voulant lui sauver la vie, on le fit souffrir beaucoup plus qu'un autre. Il était fort méchant pour son âge, et avait été complice de son frère de très-bonne heure. On trouve, dans Paris, que M. Arnauld de Bouex, son rapporteur, a été dur, mais il ne faut pas s'en étonner. Il est fils du lieutenant particulier d'Angoulême, qui, étant venu à Paris pour un procès qu'il gagna, fut ensuite assassiné par sa partie comme il s'en retournait; en sorte que quand M. Arnauld entend parler aujourd'hui d'assassinats, cela lui rappelle celui de son père, et ne le rend pas compatissant pour les meurtriers.

Août. — On a exécuté jeudi, 6, un fameux pari. M. d'Esteing, marquis de Saillant, lieutenant-colonel du régiment des gardes, et gouverneur de Metz, avait parié d'aller et de revenir deux fois, à cheval, de la porte Saint-Denis au château de Chantilly, entre six heures du matin et midi. Il pariait vingt mille livres; M. le Duc pariait pour lui contre différents seigneurs de la cour, et le total allait, dit-on, à quatre-vingt mille livres. Il y a neuf lieues jusqu'à Chantilly, cela faisait donc trente-six lieues en six heures; permis à de Saillant de changer de chevaux tant qu'il voudrait, et on lui avait donné à choisir dans toutes les écuries du roi et des seigneurs. Il avait essayé plus de deux cents chevaux, et en avait choisi seize qui sont, comme l'on entend, ce qu'il y a de plus parfait dans le royaume pour la vitesse.

Jeudi, on avait dressé, sous la porte Saint-Denis, un échafaud où étaient toutes les dames de la cour, M. le Duc, le comte de Charolais, le prince de Conti et autres seigneurs. Il y avait aussi environ quatre mille âmes, tant dans le faubourg Saint-Denis que sur la route, à cheval et en carrosse. De Saillant fut de retour à la porte Saint-Denis avant neuf heures, ayant déjà gagné plus de quinze minutes sur la moitié de la course. Il but un verre de vin à la santé des dames, et jeta le verre en l'air (il avait bu pareillement dans la cour de Chantilly, cela était du marché), repartit sur-le-champ, et revint pour la seconde fois à la porte Saint-Denis, à onze heures trente-cinq minutes, en sorte qu'il a gagné de vingt-cinq minutes. On lui avait préparé un lit à la porte Saint-Denis, chez un limonadier, où il est demeuré une heure et demie. Il voulait aller tout de suite au dîner du roi, mais on l'en empêcha. L'après-midi il était à l'Opéra [1]. On peut regarder cela comme une forte course, et il faut être non-seulement bon écuyer, mais robuste, pour courir six heures de suite d'une pareille vitesse. Quelques seigneurs avaient voulu suivre pendant un certain temps, mais ils ont perdu haleine. De Saillant ne descendait pas de cheval aux relais. Il côtoyait le cheval et passait d'un étrier à l'autre. Le temps ne lui a pas été favorable, car il plut depuis huit heures du matin jusqu'à midi, mais M. le Duc avait eu la précaution, soit pour la sécheresse du pavé, soit pour la pluie, de faire sabler tous les passages de ville ou village, comme depuis la porte Saint-Denis jusqu'à la Chapelle, dans Saint-Denis, dans Écouen, etc.

— Lundi, 10, à deux heures après midi, comme M. le maréchal de Villeroi, gouverneur du roi, se rendait chez M. le régent, il fut arrêté par M. de La Fare, capitaine des gardes de ce prince, qui lui dit : « Vous voulez bien que, de la part de M. le régent, je vous donne la main pour vous mettre en carrosse et vous conduire à Villeroi. » M. de La Fare était accompagné de sept ou huit de ses gardes, qui sont à présent dans le château, parce que le régent y a son appartement.

[1] Les représentations de l'Opéra commençaient à cinq heures un quart (art. 32 du règlement au sujet de l'Opéra, en date du 19 novembre 1714).

M. le maréchal resta tout interdit; l'autre ajouta : « Monsieur, il faut faire les choses de bonne grâce; il ne conviendrait pas, dans un endroit comme celui-ci, de vous faire violence. » Le bonhomme, qui a plus de quatre-vingts ans et qui est faible, remit son épée à M. de Biron, premier écuyer de M. le régent, et se laissa emmener. On le mit dans une chaise à porteurs qui était là toute prête (c'était celle de M. Le Blanc, ministre de la guerre), et on le conduisit, par les jardins, dans la cour de l'Orangerie, où était un carrosse à six chevaux. Là, M. de La Fare le remit à M. d'Artagnan, commandant des mousquetaires gris, qui l'a escorté avec vingt mousquetaires. Ils se sont égarés en chemin, et lorsqu'ils sont arrivés à Villeroi, tout était fermé et tout le monde couché.

Voilà comme cela s'est passé : on a enlevé le maréchal du Louvre[1], la compagnie de Villeroi[2] fournissant le guet et son fils étant de service. Voilà la récompense de ses soins pour l'éducation et pour la conservation de la santé du roi, et parce qu'il n'a pas voulu que le régent entretînt celui-ci hors de sa présence. Le silence du roi, dans cette circonstance, n'est pas d'un bon caractère; on dit cependant qu'il pleura le soir, mais il est assez grand pour n'en pas rester là. Ce sont les premiers fruits du voyage de Versailles : ce coup aurait été plus risquable à Paris, où tout le peuple aime et respecte le maréchal. Tous les honnêtes gens de cette ville ont été saisis de cette nouvelle, mais c'est un saisissement muet, car les lettres de cachet s'expédient légèrement.

[1] Voir la note 2, page 8.
[2] La première compagnie française des gardes du corps, que commandait Louis-Nicolas, duc de Villeroi.

M. le maréchal de Villeroi est parti pour Lyon, dont il est gouverneur, avec ses chevaux, à petites journées et sans escorte. Il se porte bien et a eu une grande cour à Villeroi. M. d'Artagnan y est resté avec lui, mais il est méprisé de tout le monde de s'être chargé d'une mission pareille.

— Grande nouvelle. Samedi, 22, M. le cardinal Dubois a été déclaré premier ministre du royaume, avec douze gardes. Le lendemain il a prêté serment entre les mains du roi. Nous aurons donc de notre temps un premier ministre cardinal.

— Il y a un jeune homme qui est aussi dans l'intime secret du régent et du cardinal, auquel on ne songeait guère. C'est le comte de Belle-Isle [1], petit-fils du grand Fouquet. Il n'a que trente-cinq ans, de l'esprit apparemment et travaille comme un diable. Il est mestre de camp général des dragons.

— Le cardinal ne veut point de gardes comme premier ministre. Il dit que le cardinal Richelieu en avait besoin, parce qu'il s'était fait faire premier ministre contre le peuple; le cardinal Mazarin, parce qu'il occupait ce poste dans un temps de troubles et de minorité; mais que lui n'a rien à craindre, attendu qu'il n'a d'autre dessein que de faire du bien au peuple.

— On a donné le surnom de *Pillaurine* à M. le duc de Charost, qui a succédé à M. de Villeroi comme gouverneur du roi. Le sel de ce mot est que Pillaurine est le prête-nom des fermiers généraux pour un reste de bail; et comme le duc de Charost n'est gouverneur que pour peu de temps, on a comparé cela à une fin de bail.

[1] Louis-Charles-Auguste Fouquet, né le 22 septembre 1684.

Septembre, 4. — Je vis hier notre roi à Versailles ; il se porte bien, a un beau et bon visage, bon air, et n'a point la physionomie de tout ce qu'on dit de lui, morne, indifférent et bête. Je le vis se promenant à pied dans les jardins, son chapeau sous son bras, quoiqu'il fît un vent froid. Il a une très-belle tête, et cela fera un beau prince. Je fus fort content de le voir en cet état, et je crois que, quand il sera majeur, il se fera bien obéir.

— Il est arrivé, il y a quinze jours, un bon tour aux chartreux de Paris. Le P. Machou, leur procureur, a décampé et a emporté une somme d'argent considérable, quarante mille livres, suivant les uns, et cent mille livres, suivant les autres. Son frère, qui est commis, et qui avait demandé un passe-port, un ordre pour les postes et un certificat de santé dont le chartreux s'est servi, a été arrêté, ainsi qu'un perruquier et sa femme, chez qui le bon père allait faire ses petites parties de plaisir. Pour lui, il y a apparence qu'il a passé en Angleterre.

— On change au palais toute la grand'chambre. Elle sera magnifique pour le lit de justice, à la majorité. C'est une dépense de deux cent mille livres que le cardinal Dubois fait faire pour le parlement.

— Pour divertir le roi, on a fait un camp, qu'on appelle *Porchefontaine*, à Montreuil, près Versailles. Le régiment du roi y est campé, et c'est M. le marquis de Pezé, colonel de ce régiment et favori du roi, qui y commande ; il a table ouverte de cent couverts, soir et matin. On a construit aussi un fort, dont on fait le siége dans toutes les règles : il est occupé par une partie du même régiment sous les ordres du lieutenant-colonel,

M. Desclavelles. On a fait venir pour cette expédition des canons de 48. Tout Paris va en foule au camp ; vendredi, 25, j'y ai été moi-même et suis entré dans le fort, qui est très-bien travaillé. L'après-midi, le roi vint à cheval ; il y eut plusieurs attaques et plusieurs sorties, et on fit sauter une mine. Cela est très-curieux pour les gens qui ne sont pas destinés à voir ces choses en réalité. On voyait des hommes tomber comme morts, et que l'on emportait, les officiers sur une civière, les soldats sur les épaules ; d'autres regagnaient leurs troupes en boitant. Les assiégeants avaient l'habit blanc du régiment du roi ; les assiégés étaient en surtout bleu, et on les appelait les Hollandais. Sur le soir, le roi parcourut à pied la tranchée, la ligne et les batteries. Il sautait tout cela d'un air très-délibéré. S'il vit, ce sera un prince beau, bien fait et alerte. On tira à côté de lui des canons et des bombes sans qu'il eut la moindre frayeur.

Octobre. — J'ai vu ces jours-ci, par amis, chez M. Rondet, joaillier du roi, la couronne que l'on a faite pour le sacre ; c'est la chose la plus brillante et l'ouvrage le plus parfait que l'on puisse imaginer. Elle a huit branches dont le bas forme une fleur de lis de diamant, et au sommet est aussi une grande fleur de lis en l'air et isolée. Le diamant appelé *Sanci*, qui était le plus beau du temps de Louis XIV, fait le haut de la fleur, et il y a quatre autres gros diamants qui font les feuilles ; cela est monté en perfection. Le diamant que M. le régent a acheté pour le roi est placé au milieu du front. Il est surprenant pour le volume, et certainement plus gros qu'un gros œuf de pigeon. Il vaut trois millions, aussi le nomme-t-on le *millionnaire*. J'ai vu en même temps le carrosse que le roi fait faire pour entrer dans Reims ;

il sera aussi d'une grande magnificence. Le dedans est tout garni d'un velours à ramage de points d'Espagne d'or. Enfin j'ai vu la nef d'or [1] qui sert au sacre pour le dîner du roi et dans quoi on met son couvert. C'est un bel ouvrage que Louis XIV fit faire, il y a plus de cinquante ans, pour le sacre des rois : cette nef pèse, dit-on, cent sept marcs.

— Le roi est parti le 24 ; il a passé par Paris avec toute sa maison, habillée de neuf et très-magnifiquement. Il y avait un camp assez considérable auprès de Reims ; dans les premiers jours, faute d'ordre, on voulut y vendre le pain six ou sept sous aux soldats, ce qui causa une émotion, dans laquelle fut tué un officier aux gardes françaises. On s'était figuré qu'il y aurait un monde considérable dans la ville, et cette idée a empêché bien des gens d'y aller ; de façon qu'il y avait bonne place. Bien des personnes y tenaient table, et elles étaient vides. M. le duc de Villeroi, qui commandait le camp, y a fait une dépense excessive ; il avait soir et matin cents couverts.

Décembre. — Mardi, 8 de ce mois, à trois heures et demie du matin, Madame [2] est morte à Saint-Cloud. Le deuil est de quatre mois et demi, et il se prendra dimanche, 13. Six semaines grand deuil ; après, deuil ordinaire, et six semaines petit deuil. Les marchands ont été bien attrapés. Le matin du jour de la mort, les commissaires ont eu ordre d'aller chez tous les drapiers et marchands d'étoffes de soie, demander la quantité

---

[1] Vaisseau qui a quelque ressemblance avec une petite *nef*, qu'on sert par grandeur sur un bout de la table du roi, où l'on enferme sa serviette ou ce qu'on met avec son couvert. (*Dict. de Trévoux.*)

[2] Mère du régent. Elle était née le 22 février 1650.

de drap et d'étoffe qu'ils avaient chez eux et leurs prix, puis d'en dresser procès-verbal. Là-dessus le conseil de commerce a fixé le prix du drap noir pagnon, qui est le plus beau, à vingt-neuf livres l'aune; c'est ce qu'on le vendait avant la mort, mais il serait monté à quarante livres. Le plus beau ras de Saint-Maur ne se vendra que quatorze livres cinq sous; on dit qu'il revient à plus aux marchands, mais il faut convenir que ce sont tous des fripons pour enchérir leurs marchandises.

10. — Il est venu ici un Allemand se disant possesseur d'un secret pour éteindre le feu qui est dans une maison. On en a fait aujourd'hui l'expérience aux Invalides, d'abord sur un petit édifice en bois que l'on avait construit exprès, et ensuite sur une cabane de jardinier. Le secret a parfaitement réussi. C'est une poudre qu'on jette sur le feu. M. le cardinal premier ministre y est venu; on a tiré le canon pour lui et on a battu aux champs comme pour le roi.

— Le doyen des prisonniers de la Bastille est mort ces jours-ci. Il y avait trente-cinq ans qu'il y était. Il avait été pris en habit de jacobin, et avait été soupçonné d'avoir voulu empoisonner M. de Louvois, mais il n'y avait aucune preuve contre lui. Lorsqu'on l'interrogea, il répondit dans un jargon qu'aucun interprète du roi pour les langues étrangères ne put comprendre, en sorte qu'on n'a jamais su ni son nom, ni son pays, ni ce qu'il faisait en jacobin, et il a passé ainsi trente-cinq ans sans livres ni papiers.

— Pour conduire Madame à Saint-Denis, le roi avait nommé, selon la coutume, mademoiselle de Charolais, madame la duchesse d'Humières et deux dames de cour, dont l'une était madame la marquise de Flamarens. Quand on a descendu le corps dans le caveau, mademoiselle de Charolais a suivi, et madame d'Humières a voulu l'accompagner; mademoiselle de Charolais lui dit que, quoique ennemie des cérémonies, elle était obligée de soutenir son rang et de lui remontrer qu'elle devait marcher derrière elle, et les deux autres dames après. La duchesse n'est pas convenue du fait; on a cherché M. le marquis de Dreux, grand maître des cérémonies, qui a décidé que madame d'Humières devait marcher quatre pas en arrière. Nonobstant cela, elle n'a pas voulu en démordre, et mademoiselle de Charolais a été obligée de faire marcher madame de Flamarens de l'autre côté d'elle. Sur ce, grande dispute en cour; les ducs ont voulu prendre le parti de madame d'Humières; mais le dernier jour, celle-ci, accompagnée de M. le marquis de Biron, a été trouver mademoiselle de Charolais, et lui a dit qu'elle était fâchée de lui avoir déplu, qu'elle avait été conseillée par M. le régent de venir lui en faire ses excuses. La princesse a répondu : « Dites plutôt, Madame, que le roi vous a ordonné de me venir demander pardon, » et lui a tourné le dos. Cette duchesse est l'héritière de la maison d'Humières, qui a épousé un cadet du duc d'Aumont, à la charge de porter le nom et les armes de sa maison.

—M. le duc de Gèvres[1], fils du duc de Tresmes, qui avait la survivance du gouvernement de Paris, ayant été régalé par la Ville le 10 de ce mois, jour de sa réception au parlement, a régalé la Ville à son tour

---

[1] François-Joachim-Bernard Potier, né le 29 septembre 1692.

chez lui. M. le cardinal Dubois y était, qui gracieusa fort la Ville, et qui but à la santé de chaque échevin en particulier. Tout le monde est fort content de sa politesse. On dit qu'il s'empare furieusement de l'esprit du roi.

— Les six mois accordés à madame la princesse de Conti, pour rester dans son couvent, ont expiré[1] le 22 décembre. Il fallait qu'elle appelât ou qu'elle revînt avec son mari. Le crédit de M. le Duc, son frère, y a pourvu. Le roi a envoyé, la veille de Noël, une lettre de cachet au prince de Conti et à la princesse, pour surseoir à toute procédure. Cette défense est motivée sur le chagrin que le roi a d'un pareil procès entre ses cousins, et sur l'éclat que cela ferait au parlement.

M. le prince de Conti a tenu un conseil secret avec mon père, pour savoir s'il demeurerait dans le silence jusqu'à la majorité, ou s'il se plaindrait dès aujourd'hui. Mon père m'avait même communiqué cette alternative. Après avoir pesé les raisons de part et d'autre, il a été décidé qu'il devait s'en plaindre, quoique certain que la défense aurait son exécution.

ANNÉE 1723.

Janvier. — L'on s'est aperçu de l'approche de la majorité; jamais il n'y a eu tant de monde à Versailles que le premier jour de l'an.

— M. le prince de Conti a fait une partie à l'Ile-Adam, qui est sa maison de campagne pour la chasse,

---

[1] Voyez ci-dessus, page 148.

à huit lieues de Paris, par Saint-Denis. Il y avait quarante maîtres, et tout ce qu'il y a de plus haut à la cour, hors la maison de Condé, avec laquelle il ne *chasse point*, comme l'on dit proverbialement. La tête de cette compagnie était M. le duc de Chartres, M. le comte de Toulouse, M. le prince de Dombes et M. le comte d'Eu, fils de M. le duc du Maine; le prince Charles de Lorraine, le comte d'Évreux, ainsi du reste. Dans cette assemblée, il y avait deux évêques, savoir, l'évêque de Beauvais, fils de M. de Saint-Aignan, qui est buvant, ayant de bon vin dans sa cave et sa maîtresse à sa table dans la ville de Beauvais, et l'évêque de Laon, bâtard de M. le régent[1]. On a fait des parties de chasse magnifiques, et cela a dû coûter cher à M. le prince de Conti. Il est généralement beaucoup plus aimé par les seigneurs de la cour, que les princes de la maison de Condé.

— On a fait une polissonnerie un peu forte sur M. le régent; c'est une épitaphe pour Madame douairière, sa mère. *Ci-gît l'oisiveté!* Allusion à M. le régent, parce que l'oisiveté est la mère de tous les vices.

— On a refusé, ou du moins remercié dans les visites, deux individus qui avaient acheté des charges de conseiller au parlement, et qui sollicitaient leur réception. L'un, Fargès de Polisy, était avocat du roi au Châtelet, et avait même assez bien fait. Son père, qui est secrétaire du roi, a été munitionnaire général des armées, a beaucoup gagné au Mississipi[2], et a, dit-on, plus de vingt millions de bien : il a été autrefois soldat dans sa jeunesse; est homme de rien, et toutes ces raisons

---

[1] L'abbé de Saint-Albin.
[2] Dans le trafic des actions de la compagnie d'Occident ou du Mississipi.

ont fait refuser son fils. Mais il fera en sorte de passer à la charge de maître des requêtes. C'est le refuge des gens notés et de peu de naissance, car on en a reçu qui, après avoir fait bien des métiers différents de celui de magistrat, se sont fait un an conseillers au parlement de Metz, qui est le pont aux ânes, et de là maîtres des requêtes. Le second s'appelle Lhéritier, et était conseiller au Châtelet. Son père est secrétaire du roi et trésorier des invalides, venant de petite bourgeoisie de Montlhéry. Celui-ci a un frère procureur au Châtelet, et il a été taxé pour les actions. *Inde iræ.*

M. de Bullion, prévôt de Paris, est mort il y a déjà quelque temps. Son fils aîné, lieutenant général des armées du roi, n'a pas voulu de cette place, non plus que son second fils, le marquis de Fervaques, officier général et gouverneur du pays du Maine. Le troisième, le comte d'Esclimont, qui était chevalier de Malte, qui a quitté la croix, et qui est colonel du régiment de Provence, a pris la charge de Paris. Mais ce qu'il y a de plus plaisant, c'est qu'il ne se contente pas d'être bailli d'épée, il veut aussi se mêler de la justice. Il étudie depuis deux ans avec des avocats, et il s'est fait recevoir dans cet ordre. Samedi, 30 janvier, il a été reçu prévôt de Paris au parlement, et M. le président de Lamoignon, avec quatre conseillers de grand'chambre, sont venus l'installer au Châtelet. Après les cérémonies et les discours faits en son honneur et gloire, on a plaidé une cause. M. le président a été aux opinions, et il a demandé l'avis de M. le prévôt de Paris, qui a opiné. Sur quoi M. le lieutenant civil a fait des protestations qu'il avait toutes prêtes, et qu'il a données à M. Gilbert, greffier en chef, qui était venu avec la cour, pour qu'il les insérât dans le procès-verbal d'installation. Il prétend que M. le prévôt ne doit point avoir voix délibérative. De son côté M. d'Esclimont a fait des protestations contraires. Voilà le premier pas du procès.

A l'égard de la cérémonie, le président à mortier, les quatre conseillers et le prévôt sont venus à pied du palais au Châtelet. M. le chevalier du guet marchait à la tête de sa troupe; le lieutenant de robe courte à la tête de sa compagnie; puis venaient le suisse du prévôt, douze laquais de livrée, ses douze hoquetons, et enfin M. Lebrun, prévôt général de l'Isle de France, à cheval, à la tête de la maréchaussée, comme gens qui dépendent tous du prévôt de Paris. Un lieutenant particulier, et les quatre doyens des quatre colonnes des conseillers[1] sont venus les recevoir au bas de l'escalier. Au siége, le président est dans le fauteuil, à sa droite deux conseillers de grand'chambre, puis le prévôt de Paris, le lieutenant civil, un lieutenant particulier, et quelques conseillers du Châtelet. C'est ainsi que cela était.

Il y avait nombre de personnes de distinction à la réception. Le même jour, le prévôt a eu chez lui un dîner de cent couverts, où se trouvaient le premier président et presque toute la grand'chambre, tous les premiers magistrats et gens du roi du Châtelet, et les quatre conseillers doyens.

Février.—Lundi, 1ᵉʳ, le prévôt a assisté à l'audience de la grand'chambre, où sa place est en bas, après les huissiers. Ses hoquetons, qui l'accompagnaient, sont restés dans la grande salle, à la porte du parquet. Mer-

---

[1] Le service du Châtelet se divisait en quatre quartiers ou colonnes dans lesquels étaient répartis les conseillers.

credi, 3, il a été siéger au Châtelet, pour recevoir l'invitation de M. le grand maître des cérémonies au service de Madame douairière, à Saint-Denis, après quoi il est sorti pour aller faire l'ouverture de la foire Saint-Germain. Il marchait dans la foire, et M. d'Argenson, lieutenant de police, disait aux marchands ce qu'il fallait faire. Ce même jour, le feu prit le soir au port aux veaux[1], et il y eut deux maisons de brûlées. M. le prévôt y alla, en sorte qu'il veut faire par lui-même ce que ses lieutenants font seuls ordinairement. Mais sa grande prétention est de venir tenir l'audience quand il voudra, d'y opiner, et de faire appeler les placets. Pour la prononciation, elle se fait par le lieutenant. Il voudrait aussi entreprendre sur ce qui se fait en l'Hôtel, mais il n'a point encore fait de démarches à ce sujet. Cette prétention inquiète fort M. le lieutenant civil, car cela diminuerait considérablement sa charge, qui lui a coûté cinq cent mille livres. D'ailleurs, il est fort haut, défaut qui lui a fait des ennemis; parce qu'il s'appelle d'Argouges, il croit que sa place est au-dessous de lui, et il croit la relever par sa fierté. A part ce faible, il a beaucoup d'esprit et de mérite.

—Malgré la misère du temps, on a fait bonne chère ce carnaval, et le bal de l'Opéra a été bien couru.

4.—Le dimanche gras, le roi s'est trouvé mal après la messe : lundi il a été saigné. On craignait la petite vérole, et l'alarme était déjà dans Paris; mais hier, mercredi, M. le cardinal premier ministre a écrit une lettre au lieutenant de police, où il détaille la maladie du roi, et son rétablissement. Il lui marque, comme

---

[1] Le marché aux veaux était alors quai des Ormes.

cette nouvelle est très-importante, d'en faire part au public. Là-dessus, M. d'Argenson a envoyé copie de la lettre à tous les commissaires, avec ordre de la distribuer dans les lieux d'assemblées, c'est-à-dire les cafés, ce qui a été fait aussitôt.

14. — L'aînée des filles que M. de Nicolaï, premier président de la cour des comptes, a eues de son second mariage avec mademoiselle de Lamoignon, épouse M. le marquis de Nançai, colonel du régiment de Béarn, fils unique de M. de La Chastre, lieutenant-général des armées du roi, et de mademoiselle de Beaumanoir de Lavardin. Voilà une bonne demoiselle qui épouse un bon gentilhomme. Elle est belle comme l'amour et très-bien faite, et a seize ou dix-sept ans. Aujourd'hui le premier ban.

21. — Je dînai hier chez M. le premier président de Nicolaï, avec M. le comte de Nançai, futur époux. C'est un homme de vingt-huit ans, bien fait et assez bel homme, de bonne humeur et un peu étourdi, en homme d'épée. Il dérange par ses contes la gravité du beau-père. Ce gendre est d'une maison très-illustre. Il y a eu fort anciennement deux de La Chastre maréchaux de France [1], et c'est allié en grand à toute la cour. En badinant, il nous dit à table qu'il avait oublié de voir un de ses parents, M. Crozat fils, à qui son père, le plus riche particulier du royaume, a donné en mariage cent mille livres en deux terres. Il a épousé avec cela mademoiselle de Gouffier, qui est une des premières maisons de France, ce qui fait la parenté avec M. de la Chastre. Pour la mariée, elle est tou-

---

[1] Claude de La Chastre, en 1594, et Louis de La Chastre, en 1616.

jours belle comme l'amour. Le mariage se fera dans la nuit du lundi au mardi 23 de ce mois.

— On se plaint fort de la taciturnité du roi, et on ne sait de quel caractère cela provient. On dit qu'il ne répondit rien quand M. le duc d'Orléans alla lui faire compliment sur sa majorité, et lui remettre tous les pouvoirs qu'il avait. Ce que je sais d'original, est que vendredi, lorsque M. le premier président de Nicolaï, avec M. le président de Lamoignon, le maréchal de...., le duc de Chaulnes et M. de Béringhen, premier écuyer, allèrent lui faire signer le contrat de mariage, il ne leur dit pas un mot. L'infante, au contraire, qui n'a pas cinq ans, mais qui est très-jolie, dit au président : « Monsieur, je vous souhaite toute sorte de bonheur. » Du moins, cela contente.

20. — Demain, le chancelier d'Aguesseau ne venant pas au lit de justice pour la majorité du roi, M. le premier président voulait présider et porter la parole, d'autant que cela n'appartient pas au garde des sceaux. Mais M. d'Armenonville s'est accommodé avec M. le premier président, à qui, je crois, on a donné de l'espèce, car personne n'en dépense comme lui.

— Lundi, 22 février, le roi vint du Louvre au parlement, à dix heures du matin, pour entendre d'abord la messe à la Sainte-Chapelle. Comme il n'y avait pas moyen d'entrer dans la grand'chambre pour voir le lit de justice, je me contentai de voir passer le roi dans la rue Saint-Honoré. Il était accompagné des deux compagnies de mousquetaires, des gendarmes, des chevau-légers et des Cent-Suisses. Ceux-ci sont en noir. M. le marquis de Courtenvaux, leur capitaine, était habillé particulièrement. Il était à cheval, en habit noir, rabat plissé et un manteau court noir : je ne sais de quel droit il porte le manteau et le rabat comme font les ducs et pairs. Le roi était dans un carrosse violet avec les princes du sang.

Un magnifique équipage était celui du jeune duc de Gèvres, qui, depuis peu, a été reçu en survivance de la charge de gouverneur de Paris, et qui, en cette qualité, a été au parlement. D'abord marchaient douze suisses, en noir, avec leurs hallebardes; puis son capitaine des gardes à cheval, ses soixante gardes ou plus, bien habillés; vingt-quatre domestiques de livrée en noir; lui, seul dans un carrosse avec six pages, savoir, deux devant et quatre derrière (j'aurais cru que le roi seul avait des pages derrière son carrosse); enfin, deux autres carrosses de suite. Ils le portent haut dans cette maison.

Un autre seigneur qui aussi le porte haut, est le maréchal de Villars. Comme il a fait les fonctions de connétable[1], et qu'il est à présent le doyen des maréchaux, il avait devant lui la connétablie et trois carrosses de suite en allant au palais.

Le roi ne fut qu'une heure dans la grand'chambre ; tout le public fut attrapé : il ne fut question de rien. M. le régent parla bien, en assurant le roi qu'il avait eu en vue le bien de l'État dans tout ce qu'il avait fait. M. d'Armenonville fit aussi son compliment, lequel, dit-on, était un peu insolent pour le parlement. On n'a point entendu les trois mots que le roi a dit. On a ensuite enregistré un édit très-rigoureux contre les duels, et voilà tout ce qui s'est passé dans cette

---

[1] Au sacre de Louis XV.

belle assemblée. On était fou d'attendre autre chose d'un enfant de treize ans. M. le régent n'a eu aucun titre, ni de lieutenant général, ni d'ordonnateur du royaume, comme on disait. Mais, sans titre, c'est toujours lui qui gouverne avec le cardinal Dubois.

— Le roi est resté à Paris jusqu'à mercredi. On joua le lundi la comédie au Palais-Royal, comptant que le roi irait; on afficha même au double. Mais il ne voulut aller ni le lundi à la comédie, ni le mardi à l'Opéra, quelque instance que lui en ait faite M. le duc d'Orléans. Il est très-particulier; il n'a répondu mot à tous les compliments qu'on lui a faits pour sa majorité.

— Le public est bien fâché contre Sa Majesté. On attendait de sa tendresse naturelle le retour de M. le maréchal de Villeroi. Mais le régent lui a fait entendre qu'il était nécessaire, pour le bien de l'État, qu'il restât dans son exil, et le roi a eu la dureté de renouveler trois lettres de cachet : une pour le bon maréchal, pour deux ans, c'est-à-dire pour le reste de sa vie, car ce coup doit le faire crever; une pour le duc de Noailles[1], et l'autre pour le chancelier d'Aguesseau. Voilà un drôle bien avancé des belles équipées qu'il a faites!

— Mardi, 23, madame la princesse de Condé, palatine en son nom, et cousine de Madame, est morte dans son hôtel au Petit-Luxembourg, âgée de soixante-seize ans. Madame la princesse de Conti, sa fille aînée, à qui on avait refusé la porte la veille, a fait apposer le scellé le même jour par deux commissaires du parlement. Mon père y fut jusqu'à deux heures après minuit.

Toutes les cours, les couvents, les paroisses ont été

---

[1] Il avait été exilé par le régent au mois de juin précédent.

jeter de l'eau bénite à madame la Princesse. Elle a eu cet honneur parce qu'elle est veuve du premier prince du sang. L'hôtel est tendu magnifiquement, quatre hérauts d'armes sont autour de son corps, et il y a toujours une douzaine de religieux qui disent des prières.

Mars. — Il y a ici une grande affaire contre M. Le Blanc, secrétaire d'État de la guerre. Les Pâris ont présenté un mémoire par lequel ils justifient que les trésoriers généraux de l'extraordinaire des guerres, qui sont les sieurs Durey de Sauroy et de La Jonchère, ont dissipé, de concert avec M. Le Blanc, douze millions, car on ne parle plus à présent que par millions. Il y a un souterrain dans cette accusation; les Pâris se défendent dans le public de le faire de leur chef. Madame de Prie, maîtresse de M. le Duc, est brouillée avec M. Le Blanc et avec madame de Pleneuf, sa mère, laquelle est la bonne amie de M. Le Blanc. Comme ces p......-là n'ont ordinairement aucune règle dans l'esprit, madame de Prie a engagé M. le Duc à perdre M. Le Blanc, et M. le Duc a fait agir les Pâris. On dit, de plus, que M. le cardinal a envie de donner la place de secrétaire d'État de la guerre à M. le comte de Belle-Isle, son ami. On ne sait ce que tout cela deviendra. A le bien prendre, ce sont des fripons qui en accusent d'autres.

— L'affaire de Cartouche était un peu assoupie par le nombre de contumaces. Mercredi, 10, on a encore condamné un de ses complices à être rompu. Il a fait le second tome de Cartouche : il n'a rien dit à la question; mais il est monté à l'hôtel de ville, a fait venir plus de cent personnes, et n'a été rompu que le lendemain à six heures du soir. Ils trouvent ainsi le secret de vivre vingt-quatre heures de plus, et de boire et manger malgré l'arrêt du parlement, car celui-ci a mangé un bon plat de morue à son dîner. Il s'appelait de L'Aulne.

—M. le cardinal a plus de crédit depuis la majorité qu'auparavant; il prend connaissance de tout. M. le comte d'Évreux n'a plus le détail de la cavalerie, ni M. de Coigny celui des dragons. M. le duc d'Orléans a voulu obliger M. le duc de Chartres, son fils, à aller travailler chez le cardinal en qualité de colonel général de l'infanterie, dont le régiment des gardes fait aussi partie à présent. M. le duc de Chartres n'a pas voulu obéir et a tenu bon contre son père, en lui disant que le sang et le devoir l'empêchaient de faire une pareille démarche. Il paraît dur à ce prince d'aller travailler chez un homme qu'il a vu comme domestique dans sa maison. M. le duc d'Orléans ne manquera pas de croire que ce conseil lui vient du prince de Conti, dont il est fort ami. M. le duc de Chartres a vingt ans, et, de tous les princes, il n'y a qu'eux deux qui ont de l'esprit et des sentiments.

Les choses ont été si loin entre M. le duc de Chartres et son père, que celui-ci lui a dit que s'il continuait à le prendre si haut, on pourrait bien l'éloigner. Le fils a répondu qu'il en était le maître; qu'il avait pris son parti là-dessus, et qu'il avait fait mettre des chevaux à sa chaise de poste à tout hasard, mais qu'avant de partir il avait quelque chose à faire. Cette menace a surpris M. le duc d'Orléans, qui a été sur-le-champ dans l'appartement de sa femme, lui dire : « Madame, je ne sais à qui en a votre fils; il a aussi peu d'esprit que M. le Duc, il est aussi brutal que M. le comte de Charolais, et aussi fou que M. le prince de Contì. » Cette réflexion du duc d'Orléans a paru assez jolie.

29. — Hier, jour de Pâques, le feu prit dans un four chez un boulanger de la rue du faubourg Saint-Antoine, pendant que tout le monde était à l'église. Il y a eu trois maisons de brûlées et plusieurs personnes tuées. On a détaché plus de cinq cents hommes du régiment des gardes pour y travailler, parce que la ville donne une somme par an à l'état-major des gardes, afin d'avoir ainsi du secours dans les incendies.

Avril. — Le roi a donné, il y a quinze jours, la croix de Saint-Louis à un officier de fortune qui avait eu sa commission de capitaine du temps de Louis XIII[1], son trisaïeul. Cet homme est âgé de cent onze ans. Tout le monde l'a vu avec plaisir à Versailles.

28. — Avant-hier, il a été décidé touchant le rang de M. le duc du Maine, qui avait été attaqué durant la minorité. On lui donne le titre de prince du sang légitimé, le rang au parlement au-dessus des ducs et pairs; mais il n'aura pas le droit de traverser le parquet, ce qui n'appartient qu'aux princes du sang. Il ira à sa place, par les lanternes, comme les autres ducs. Cela rabaisse M. le comte de Toulouse, qui jusqu'ici avait traversé le parquet. On conserve les mêmes honneurs aux enfants de M. le duc du Maine; mais ses petits-enfants n'auront rang au parlement que suivant leur pairie. Les princes légitimés conservent au Louvre les mêmes honneurs que les princes du sang. Ils ôtent le service, c'est-à-dire qu'ils ôtent la chemise des mains du grand chambellan pour la mettre au roi, et la ser-

---

[1] Le 28 janvier 1636, c'est-à-dire depuis quatre-vingt-huit ans; cet officier, qui se nommait Carnel, mourut au mois de février 1726.

viette des mains du premier maître d'hôtel pour la donner au roi, ce qui n'appartient qu'aux princes du sang. Les enfants de M. le duc du Maine n'ont pas ce droit.

Mai. — La nuit du jeudi au vendredi dernier avril, M. d'Argenson, lieutenant de police, assisté de six commissaires, alla mettre le scellé à la banque sur quatre bureaux ou caisses; de là, se transporta chez les quatre caissiers, à trois heures après minuit, les prit et les fit conduire à la Bastille. Ces quatre principaux commis sont Dodé, Samson, Féburier, que je connais, et Gally. Ces commis, qui avaient les déclarations et les secrets de tous, présentaient des placets au nom des particuliers qui avaient été liquidés et qui ne se plaignaient pas de la diminution qui leur avait été faite. Ils demandaient, en leur nom et à leur insu, qu'on leur fît justice et qu'on leur rétablît tant d'actions. Si le contrôleur général, croyant que c'était au profit des particuliers, mettait *bon*, et qu'en conséquence on délivrât un certificat pour un certain nombre d'actions, comme ce certificat était au porteur, les commis l'envoyaient vendre sur la place. On dit que, par ce manége, ils doivent avoir fait deux millions d'argent. On prétend aussi qu'on a trouvé chez Féburier quatre mille louis de Noailles[1] et trois cents actions. Il n'est pas étonnant si sa femme avait des boucles d'oreille de quinze mille livres pièce !

On accuse également les commissaires de ces bureaux, c'est-à-dire les maîtres des requêtes qui présentaient ou faisaient le rapport des placets sur lesquels le contrôleur général mettait le bon. Ceux que l'on

---

[1] Nom donné aux louis d'or, de vingt au marc, fabriqués en 1716, lorsque le duc de Noailles était président du conseil des finances.

soupçonne, d'une voix générale, sont Dodart, fils du premier médecin (ses deux secrétaires sont en fuite), Regnault, Pinon d'Avor, de Talhouet, et l'on nomme aussi Fontanieu.

—Dimanche, 9 mai, M. d'Argenson alla, à cinq heures du matin, arrêter M. de Talhouet, un des commissaires au visa, en vertu de lettres de cachet du roi, et le conduisit à la Bastille.

—Ce Talhouet s'appelle La Pierre en son nom et est fils d'un marchand de Bretagne qui avait de gros biens. Il faisait ici une dépense considérable, était gros joueur, et reçu tous les jours chez les princes et les seigneurs. Il a épousé, il y a un an, la fille de M. Bosc, procureur général de la cour des aides et chancelier de l'ordre de Saint-Lazare, homme très-estimé et fort protégé de M. le duc de Chartres, grand-maître de l'Ordre. M. Bosc a été se jeter aux pieds de M. le duc d'Orléans, pour savoir s'il n'y avait pas de grâce à espérer; mais le prince lui a dit : « Monsieur, vous avez fait là une triste alliance. Au surplus, vous savez que j'ai fait périr sur un échafaud M. le comte de Horn, mon parent, parce qu'il était coupable. Si votre gendre est criminel, il sera puni. » Le roi a nommé des commissaires pour cette affaire ; mais Talhouet ne veut pas répondre. Il dit qu'on lui fera son procès comme à un muet. Cela éveille les soupçons, d'autant plus qu'il s'est vanté d'avoir eu des ordres pour ce qu'il a fait, ce qui semble compromettre le cardinal ou M. le duc d'Orléans. Cela ne le fera traiter que plus rigoureusement.

—Comme on avait soupçonné aussi l'abbé Clément, conseiller au grand conseil, un des commissaires du visa, il a fait courir dans le public une décharge signée

Talhouet, comme quoi ce n'était qu'en l'absence et à la prière de celui-ci qu'il avait signé des liquidations sur les ordres que Talhouet disait avoir de la cour.

— Le comte de Charolais est d'un étrange caractère. Il s'est mis en possession de la maison d'Anet pour faire ses parties. Dans ce mois-ci, en revenant de la chasse, il aperçut dans le village un bourgeois sur sa porte, en bonnet de nuit. De sang-froid le prince dit : « Voyons si je tirerais bien ce coup-là ! » le coucha en joue et le jeta par terre. Le lendemain, il alla demander sa grâce à M. le duc d'Orléans, qui était déjà instruit de l'affaire, et qui lui répondit : « Monsieur, la grâce que vous demandez est due à votre rang et à votre qualité de prince du sang : le roi vous l'accorde, mais l'accordera encore bien plus volontiers à celui qui vous en fera autant. » Cette réponse a été trouvée très-belle et pleine d'esprit.

Ce prince avait de la Delisle, fille d'opéra, un fils qui était chéri de toute la maison de Condé, où pas un d'eux n'est marié. Cet enfant, âgé de six à huit mois, étant tombé malade à Versailles, il lui fit prendre de l'eau-de-vie de Dantzick ; et comme l'enfant creva sur-le-champ, il dit : « Oh ! il n'était donc pas de moi, puisque cela l'a fait mourir » (attendu qu'il boit comme un diable). Peut-on rien de plus dur ?

Il a donné à la Delisle un habit en argent fin, qui coûte deux mille écus, pour danser une danse seule dans l'opéra d'à présent[1]. Cette créature est jolie et très-bien faite. Avant d'être à l'Opéra, c'était une p..... à cinquante sous. Elle est bien heureuse maintenant ; le

---

[1] *Pirithoüs*, tragédie lyrique en cinq actes, poëme de La Serre, musique de Mouret, représentée pour la première fois le 20 janvier 1723.

prince tient table chez elle, et elle mène un train magnifique. A la vérité, il y a à souffrir avec un homme brutal qui, le plus souvent, est ivre.

— Depuis longtemps il n'a fait une sécheresse pareille à celle de cette année; il n'a pas plu depuis plus de deux mois. Il n'y aura point de foin, très-peu d'avoine, et les vignes ainsi que les blés pourront être endommagés si cela continue. Il y a trois semaines que l'on est venu de tous les côtés en procession à Sainte-Geneviève; mais le temps est si fort déterminé à la sécheresse, qu'on n'a pas osé descendre la châsse, crainte de commettre son crédit.

— M. le duc d'Orléans, qui n'a plus de maîtresse en titre, soupe encore quelquefois avec madame d'Averne. On blâme fort le marquis d'Alincourt, qui était d'abord son amant et qui a repris la place en chef, de le souffrir. C'est un jeune homme qui prend cela pour honneur. Le duc de Mazarin n'est pas si complaisant à l'égard de la petite Émilie de l'Opéra, qu'il entretient, et que M. le duc d'Orléans a eue.....

— Jeudi, 27 mai, le sieur de La Jonchère, trésorier de l'extraordinaire des guerres et trésorier de l'Ordre de Saint-Louis, dont il porte le grand cordon rouge, a été arrêté à trois heures du matin, et conduit à la Bastille. Ce La Jonchère avait commencé par une très-petite commission à Metz, et s'était poussé. Il a une fort jolie femme, qui a été maîtresse de M. Le Blanc, secrétaire d'État de la guerre, si elle ne l'est encore : cela a fait sa grande fortune. Aussi se donnait-on de furieux airs dans cette maison, et faisait-on grande dépense.

Il y a longtemps que les quatre frères Pâris avaient entrepris de faire connaître les malversations qui s'étaient commises dans l'extraordinaire des guerres. Comme tout se mène ici par compère et par commère, cela avait été admis et rejeté, et on avait regardé les Pâris comme des dénonciateurs; mais ils ont de nouveau remis cette affaire sur le bureau. Ils ont présenté une requête, avec soumission de la perte de tous leurs biens, et de telle peine personnelle que l'on voudrait; ont répandu des mémoires dans le public, et on leur a enfin accordé des commissaires. L'objet de l'accusation est qu'on avait remis considérablement d'argent aux trésoriers, en 1720, pour payer les officiers et leur donner peu de billets; que les trésoriers ont payé en billets, gardé l'argent, et rendu leur comptabilité sur le pied d'argent, ce qui forme enfin une malversation de douze à treize millions. C'est cette découverte qui est cause de l'arrestation de La Jonchère. Comme c'est la créature de M. Le Blanc, on craint fort que cela ne retombe sur celui-ci. Il serait fort étonnant qu'on voulût se mettre sur le pied de punir les fripons de conséquence, car il y a longtemps que l'on dit qu'il n'y a que les petits fripons qui sont pendus : deux ou trois exemples les rendraient sages; mais cela n'arrivera pas.

— La cause de la fortune du père de Talhouet, qui est M. La Pierre tout court, est assez originale. Cet homme était un très-petit marchand dans Rennes, ou peut-être un simple artisan, et avait une très-jolie femme. Un soir qu'il revenait avec elle, et sans suite, comme on juge bien, ils furent rencontrés par plusieurs jeunes seigneurs bretons qui étaient ivres, et qui firent violence à la jeune femme. Le mari rendit plainte; cela fit une affaire considérable, par suite de laquelle La Pierre eut dix mille francs de dommages-intérêts. Il mit cet argent dans le commerce, l'employa sur mer, et il lui porta tant bonheur, que cet homme est mort très-riche. On peut bien dire que la fortune se sert de toutes les voies pour pousser ses élus !

Comme Talhouet est le nom d'une terre que le fils a acquise, une femme de la bonne maison des Talhouet, en Bretagne, a écrit à M. le duc d'Orléans pour le prier de faire faire le procès du trésorier sous son véritable nom de La Pierre.

Juin. — Il y avait dans les prisons[1] un agioteur qu'on voulut ôter de sa chambre, le 10 de ce mois, pour le mettre, dit-on, au cachot. Le drôle ne consentit point à cette translation de reliques ; il se défendit comme un diable avec un couteau et une fourchette de fer qu'il avait à la main, blessa nombre de personnes, et finit par être tué d'un coup de pistolet que lui tira un archer. Par sentence et arrêt on l'a condamné, comme rebelle à justice, à être traîné sur la claie et pendu par les pieds à une potence élevée en place de Grève. Ce jugement a paru extraordinaire, attendu qu'il ne se fait que contre ceux qui se défont eux-mêmes.

— Cette affaire n'en reste pas là ; cet homme, nommé Chéret, que l'on dit être de bonne famille, n'était pas détenu d'ordonnance du juge ordinaire, mais par lettres de cachet. Il était porteur d'effets appartenant à des maîtres des requêtes, et surtout à M. Le Gendre de Saint-Aubin, desquels effets il a fait un mauvais usage tendant à friponnerie. Les maîtres de requêtes de quartier aux requêtes de l'hôtel, se sont assemblés pour

---

[1] Au Châtelet.

connaître de cette affaire, et il y a eu un arrêt du conseil d'en haut qui renvoie par-devant eux pour connaître de l'assassinat du sieur Chéret; c'est ainsi qu'on s'explique.

16. — Depuis que le roi est à Meudon, il a fait deux chasses, l'une avec les équipages de M. le Duc, l'autre avec les siens; ils n'ont rien pris : ces chasses sont pour le cerf. M. le prince de Conti, qui a un équipage magnifique composé de quatre-vingts chevaux et de cent cinquante chiens, proposa au roi de lui donner une chasse au bois de Boulogne; cela fut exécuté hier, mardi 15, par une très-grosse chaleur. Pour n'être point embarrassé par le peuple de Paris et par les carrosses, les portes du bois ont été saisies, à quatre heures du matin, par les gardes du corps, avec défense de laisser entrer qui que ce soit, ni à pied, ni en carrosse; on avait même posté des gardes aux maisons qui ont communication avec le bois, dans les villages de Passy, Auteuil et Boulogne. Au moyen de la petite maison que j'ai dans la cour du château de Madrid, moi, et ceux qui y ont des logements, nous n'avons pas été compris dans les défenses. Nous y avons été coucher la veille, et l'on nous a même donné permission, pour les dames, d'aller en carrosse au rendez-vous de chasse qui était, à deux heures après midi, à la croix de Mortemart. L'équipage du prince de Conti était presque habillé de neuf : le prince et ses principaux officiers, en drap jaune galonné d'argent sur toutes les coutures, avec les parements de velours bleu, les piqueurs et autres demi galonnés : plusieurs seigneurs avaient pris l'habit uniforme du prince. Le roi était dans sa calèche avec M. le duc de Charost, son ci-devant

gouverneur. Quatre calèches de M. le prince de Conti remplies de femmes, mademoiselle de La Roche-Guyon à cheval, avec quelques autres, mademoiselle de Charolais, M. le duc de Chartres, M. le Duc, et tous les jeunes seigneurs de la cour, suivaient la chasse. Au moyen de la fermeture des portes, il n'y avait dans le bois que les carrosses de la cour de Madrid, lesquels ne couraient point, et pas vingt personnes d'inutiles, en honnêtes gens. On a lancé le cerf du côté de Madrid ; la chasse a été très-mal pendant près de quatre heures ; les chiens ont pris plusieurs défauts, et le cerf les a menés dans tous les coins du bois. Au milieu de la chasse, le roi a fait une collation dans sa calèche pendant une bonne heure ; le prince de Conti avait fait dresser des rafraîchissements considérables, en viande, pour tout le monde, à la croix de Mortemart. On a relancé plusieurs fois, et l'on désespérait de la réussite, lorsqu'en me promenant tout doucement avec deux personnes, du côté de la mare aux biches, j'ai vu venir le cerf droit à nous. Il était assez fatigué, et s'est jeté dans la mare, n'étant suivi ni de chiens, ni de piqueurs, ni de qui que ce fût de la chasse. Il s'est baigné pendant un demi-quart d'heure, puis il est sorti ; à la fin il est arrivé un piqueur qui, sur notre rapport, a été chercher la chasse ; les chiens sont arrivés, et nous avons indiqué les voies aux chasseurs. Le bruit s'est répandu dans tout le bois que le cerf était à la mare aux biches et, en moins d'un quart d'heure, le roi, ainsi que toute la chasse, sont arrivés à nous. On s'est informé des faits ; on a remis de nouveaux chiens encore plus juste sur la voie, et après une demi-heure le cerf a été forcé contre les murs, entre la porte de Longchamp et la terrasse de Madrid. M. de La Chevaleraye, capitaine des chasses de M. le prince de Conti, à l'Ile-Adam, et colonel réformé, est venu en apporter la nouvelle au roi, de sorte que, sans chevaux, nous avons vu tout le beau de la chasse. Nous nous intéressions d'autant plus à donner ces renseignements, que M. le prince de Conti s'étant donné des mouvements épouvantables et n'ayant pas quitté les chiens, devait être très-chagrin du mauvais succès de la chasse, et que M. le Duc en était bien aise. Parmi les seigneurs de la cour du prince de Conti, il y a le marquis du Bellai qui est pis qu'un piqueur. Tous ces seigneurs étaient magnifiquement montés, avaient changé plusieurs fois de chevaux, et allaient comme des diables à travers bois; je ne sais comment ils peuvent résister à une pareille fatigue. Le roi et les autres se sont rendus à l'endroit de la mort, et là on a fait la curée.

J'ai remarqué, pendant la chasse, l'assiduité du duc de Chartres près de mademoiselle de la Roche-sur-Yon, et son attention à ne la pas quitter; apparemment qu'il l'aime toujours.

Le roi est retourné à Meudon; le prince de Conti donnait un gros souper, à Clichy, à M. le duc de Chartres et quantité de seigneurs; M. d'Armenonville, garde des sceaux et capitaine des chasses du bois de Boulogne, avait deux tables de vingt couverts dans le château de Madrid.

— Le roi reste toujours à Meudon, et fait très-souvent des parties de chasse dans le bois de Boulogne; c'est son grand plaisir.

— Par arrêt de messieurs des requêtes de l'hôtel, on a exhumé le corps de Chéret qui avait été mis à

Montfaucon[1], et on l'a enterré à sa paroisse. Les chirurgiens des requêtes de l'hôtel, qui ont fait la visite du corps, ont déclaré que Chéret avait été tué d'un ou de plusieurs coups de feu, et qu'il avait des balles dans le corps; au lieu que le procès-verbal fait par les chirurgiens du Châtelet, dit qu'il est mort d'un coup de pertuisane, arme de fer. Cette fausseté du procès-verbal fait beaucoup crier. On ne s'entretient plus à Paris que de cette affaire, et on y parle très-mal du lieutenant criminel et du procureur du roi. On dit que le cardinal, qui prend cette affaire à cœur, les a traités de fripons, et il semblerait presque qu'on les soupçonnât d'être complices de la mort de ce Chéret. Celui-ci, au reste, est cousin du traiteur de ce nom[2].

— Il a couru un air de pont-neuf assez joli, sur lequel on a fait des chansons, tant sur les hommes que sur les femmes de la cour, en conservant le refrain de l'ancien air, qui est : *J'ai un mirliton, mirliton*, etc. Cela a donné lieu à dire bien des gaillardises[3].

Juillet, 1er. — M. Le Blanc a été déplacé et exilé à Doüe, qui est la terre du marquis de Traisnel, son gendre. La place de ministre et secrétaire d'État a été donnée à M. de Breteuil, maître des requêtes et intendant de Limoges, homme de condition et d'infiniment d'esprit, qui faisait à outrance le petit-maître, étant con-

---

[1] Bien que l'on n'exposât plus à Montfaucon, à cette époque, les cadavres des condamnés, on enterrait toujours sous le gibet ceux qui avaient été exécutés sur les diverses places de Paris. Cet usage s'est conservé jusqu'en 1789.

[2] Le conseil, par lettres de rémission, renvoya le mois suivant cette affaire au parlement.

[3] Une expression plus énergique eût été nécessaire pour caractériser cette œuvre licencieuse, attribuée à M. de Meuse.

seiller au parlement; mais ce grand feu est passé. Il est beau d'être ministre à trente-huit ans. Cela est encore plus beau pour sa femme, qui est fille de Charpentier, homme très-riche, dit *des Bœufs* parce qu'il était boucher des Invalides. Elle va se voir à présent dame et maîtresse dans l'hôtel des Invalides, dont son père était boucher!... Cela est fort plaisant !

La fortune de M. de Breteuil vient de ce qu'étant intendant de Limoges, il a enlevé, dit-on, des registres de Brives-la-Gaillarde, l'acte de mariage du cardinal. Le service n'est pas petit, comme l'on voit. On croit, du reste, que M. de Breteuil, qui ne sait rien, aura peine à se soutenir dans sa nouvelle place, car il succède à un homme qui la remplissait parfaitement bien, et qui est regretté de tous les officiers.

— On a conservé à M. Le Blanc une pension de quarante mille livres; il n'est pas bien à plaindre. L'argent qu'il a pris lui a servi à payer une terre très-considérable qu'il a achetée en Flandres.

— Le cardinal ne se porte pas bien; on le disait presque mort ces jours passés. Il crie quelquefois comme un diable, et par conséquent il jure beaucoup, puisqu'il jure bien sans crier. Ce serait une perte, car c'est un homme de beaucoup d'esprit, et qui paraît se présenter de bonne grâce pour faire punir les coquins de tous états. A son défaut, on parle fort, pour premier ministre, du P. Laffiteau, évêque de Sisteron et jésuite.

9. — La commission dans l'affaire Talhouet a décrété celui-ci avant-hier, ce qui est le commencement de l'instruction criminelle. On a décrété en même temps l'abbé Clément, dont on a parlé dès le commence-

ment[1]. Il a été arrêté par Duval, commandant du guet à cheval, et conduit à la Bastille. Le grand conseil a fait des remontrances pour le revendiquer et lui faire son procès; mais on ne le rendra pas, d'autant que la commission porte : *sans préjudice des priviléges*.

Ce malheur en a attiré un autre à l'abbé Clément. Il jouissait de douze à quatorze mille livres de rente, de bénéfices, et dans le scellé on a trouvé son contrat de mariage parmi ses papiers. Il est marié, dit-on, avec la veuve de son cocher, et il a trois enfants. Voilà, comme on voit, un homme perdu, de quelque manière que ce soit. C'est le fils de ce fameux accoucheur qui a accouché madame de Bourgogne, mère du roi, et toutes les princesses. Son frère aîné est conseiller au parlement.

— On parlait hier, aux Tuileries, entre gens de la bonne robe, d'un autre maître des requêtes encore arrêté. Les maîtres des requêtes ont l'oreille plate. Cela confirme bien ce que le parlement disait d'eux dans ses remontrances, que *c'étaient des juges ramassés* au hasard.

Les jésuites ont eu ces jours-ci un soufflet pour leur constitution. Le fameux M. de Bossuet, évêque de Meaux, qui a tant écrit contre les hérétiques, et qui était un peu janséniste de son métier, a laissé un manuscrit sur les libertés de l'Église gallicane, qui est vraisemblablement un bel ouvrage. Avant de mourir, il a remis cet ouvrage à son ami, M. l'abbé Fleury, qui a fait la grande *Histoire ecclésiastique*, et qui a été précepteur de Louis XV[2]. Tant que cet homme recom-

---

[1] Lors de l'arrestation de Talhouet. Voir page 173.

[2] Barbier se trompe : c'est l'abbé de Fleury, évêque de Fréjus, et plus

mandable a vécu, on ne lui a rien dit; mais il est mort le 14 de ce mois, ayant nommé son exécuteur testamentaire, M. de La Vigne, ancien et fameux avocat, son ami et son conseil, homme dévot, peut-être même un peu janséniste. On a pensé que celui-ci avait eu le manuscrit, et jeudi, 15, M. d'Argenson, avec qui j'avais été toute la matinée pour autre affaire de conséquence, se transporta chez lui dans l'après-midi. D'abord grandes politesses de part et d'autre. « Qui peut vous amener ici? dit M. de La Vigne. — Chose pas autrement gracieuse, répondit M. d'Argenson; je suis porteur d'une lettre de cachet du roi pour vous demander tel manuscrit. — Je ne l'ai pas, dit M. de La Vigne, je l'ai eu, mais je ne l'ai plus. — Entre les mains de qui l'avez-vous remis? répliqua M. d'Argenson. » M. de La Vigne dit alors : « Monsieur, permettez-moi de prendre connaissance de la lettre de cachet. » Après l'avoir lue : « Votre ordre se borne, dit-il à M. d'Argenson, à me demander le manuscrit; vous n'avez point de pouvoir du roi pour me demander à qui je l'ai remis; vous me permettrez donc de ne vous rien dire là-dessus. A l'égard de chez moi, voici les clefs, vous pouvez tout faire ouvrir. » M. d'Argenson rédigea un petit procès-verbal de la réponse, le fit signer à M. de La Vigne, et s'en alla; en sorte qu'en cas que le manuscrit n'eût pas été copié, on a eu le temps de le faire. La réponse de M. de La Vigne est bien d'un homme consommé et de grand sang-froid.

— Le duc de La Meilleraye, fils du duc de Mazarin, est un fou et un étourdi que personne ne voit. Cela

tard cardinal, qui avait été précepteur de Louis XV. L'abbé Fleury, auteur de l'*Histoire ecclésiastique*, avait été son confesseur.

s'appelle mauvaise compagnie. Il ne va, le plus souvent, que dans un phaéton qu'il mène. Il passait sur le Pont-Royal, il y a quelques jours, et pensa renverser un cheval, dans le panier duquel il y avait des petits enfants. Un prêtre qui se trouvait là [1] voulut lui faire des remontrances. Le petit duc descendit et lui donna vingt coups de fouet. Le curé de Saint-Sulpice en a fait ses plaintes, et, par lettres de cachet, le duc est pour un an à Vincennes. Il a fait des excuses au prêtre, et on dit qu'il lui fait deux cents livres de pension par ordre de M. le régent.

— On ne voit que de l'or dans le commerce; cela est au point qu'il en coûte jusqu'à vingt sous, dans la place de l'agio, pour changer un louis. Les changeurs n'ont pas d'argent blanc. D'un autre côté, on pèse les louis dans le commerce, et c'est un grand embarras. Il faut toujours avoir un trébuchet dans sa poche.

— Le premier de nos avocats plaidants, qui est M. Aubry, homme de quarante ans, car à présent, au barreau, tout le brillant est dans quatre ou cinq jeunes avocats, Aubry, donc, plaidait contre M. l'abbé de La Forêt d'Armaillé, d'une bonne maison de robe, mais personnellement très-méprisé. Il était moine, a passé dans l'ordre de Cluny, et c'est un pilier du palais, connu depuis trente ans par son esprit de chicane. Il n'aime que les procès, de manière même qu'il est abonné avec un procureur pour signer sa procédure; de fait c'est lui qui conduit et fait tout, et il a chez lui une étude en forme. Il y avait beau jeu à mordre, et nos avocats sont assez de ce goût-là. Bref, Aubry l'appela moine défroqué. Cela le fâcha, et au sortir de l'audience il

---

[1] Marais (*Journal*, etc.), ajoute que le prêtre était en surplis.

dit à Aubry, en présence d'autres avocats, qu'il lui donnerait des coups de bâton. Aubry a rendu plainte au parquet de messieurs les gens du roi, a fait informer, et comme la preuve était facile, il y a eu un décret d'ajournement personnel.

Août, 10. — Dimanche, 8, M. le cardinal Dubois se trouva très-mal à Meudon. Il fut résolu qu'il fallait lui faire une opération [1] sans perdre de temps; mais il voulut retourner à Versailles, disant que l'air de Meudon ne lui valait rien. La question fut pour le transport : on accommoda dans un grand carrosse, nommé *corbillard* [2], des matelas qu'on suspendit au moyen de cordes qui passaient sur l'impériale, car il ne pouvait soutenir le mouvement d'aucune voiture. Quand la machine fut préparée, on ne put jamais le transporter de son lit : il fallut rester là. Il avait toujours la fièvre. La nuit du dimanche fut cependant un peu meilleure, et hier, lundi, on l'apporta à Versailles, sur le midi, dans une litière du roi, allant très-doucement; quatre gens de livrée se relayaient pour tenir la litière par les côtés afin d'en empêcher le mouvement. Suivaient trois carrosses à six chevaux : dans l'un, les aumôniers, dans l'autre, les médecins et ensuite les chirurgiens. Belle escorte!.... On arriva ainsi à Versailles. Quand le cardinal fut dans son lit, on alla chercher un père récollet qui le confessa, après quoi M. La Peyronnie, premier chirurgien du roi, fit l'opération, qui ne dura que trois minutes, mais une heure après, il y eut ton-

---

[1] Elle était nécessitée par un abcès au col de la vessie.

[2] Le mot corbillard s'emploie encore pour désigner certaines grandes voitures dont on se sert chez les princes pour faire voyager les gens de leur suite.

nerre et éclairs, ce qui ne convient pas aux malades. M. le duc d'Orléans, M. le Duc et M. le prince de Conti furent tous à Versailles le voir et savoir de ses nouvelles.

Aujourd'hui, le cardinal est mort à Versailles, à quatre heures après midi. Il est mort archevêque de Cambrai, et il n'y a jamais été, ce qui est assez surprenant. Voilà une vacance de cinq cent mille livres de rente en postes et en bénéfices à donner[1]. Ce premier ministre sera bientôt oublié, car il n'a laissé ni fondations, ni famille élevée; mais il doit être regretté de M. le duc d'Orléans. C'était un homme d'esprit et qui avait entièrement sa confiance. Il n'a jamais fait grand mal; cependant il était peu aimé, haut, vilain et emporté. Cela fera du bien aux exilés et aux prisonniers de la Bastille.

— Le cardinal a été apporté mercredi, 11, à dix heures du soir, à Saint-Honoré[2], où il avait un neveu chanoine, homme sage et dévot, qui n'estimait point son oncle. Ce neveu a une incommodité épouvantable; il bégaye extraordinairement, et cela a nui à son avancement. Le corps est resté dans l'église pour y être exposé huit jours. Le matin, tandis qu'on célèbre les messes, le petit peuple dit des sottises infinies de ce pauvre cardinal. On savait son impiété, et c'est ce qui lui attire ces malédictions.

— M. le duc d'Orléans a prêté serment entre les

---

[1] Barbier devrait dire cinq cent mille *écus*, car le revenu annuel de Dubois se montait à un million cinq cent trente-quatre mille livres. On en peut voir le détail dans les *Mémoires de Saint-Simon*, t. XX, p. 395.

[2] Cette église était située rue Saint-Honoré, en face de la rue de la Bibliothèque.

mains du roi, comme premier ministre. Il vaut bien mieux que ce soit lui que M. le Duc, qui voulait l'être, et qui est mené comme un enfant par madame la marquise de Prie. Le duc d'Orléans dit des sottises avec ses maîtresses; mais il n'est jamais question avec elles des affaires d'État, et cela est d'un grand prince.

— Il est étonnant comme tout cet État est présentement gouverné par la jeunesse. M. de Breteuil, secrétaire d'État de la guerre, a trente-huit ans; M. de Morville, secrétaire d'État des affaires étrangères, a trente-trois ou trente-quatre ans : j'ai étudié avec lui; M. de Maurepas, ministre de la marine, a vingt-deux ou vingt-trois ans, et M. d'Argenson, qui est l'homme du régent, en a vingt-sept.

— On a remarqué une chose, que je viens de vérifier, et qui est assez surprenante. Le cardinal Dubois est mort le jour de Saint-Laurent, qui est le jour où il avait fait enlever M. le maréchal de Villeroi, il y a un an, et à la même heure. Il semble que ce soit là une punition bien marquée!

23. — Aujourd'hui, lundi, M. de Mesmes, premier président du parlement de Paris, âgé d'environ soixante ans, est mort à huit heures du matin, dans son hôtel[1], au palais, d'une attaque d'apoplexie qui lui a pris la nuit; c'était la troisième. Cet homme était très-incommodé et mangé de goutte, suites des débauches qu'il avait faites du temps de monseigneur le Dauphin, dont il était un des favoris, et ensuite à la cour de madame la duchesse du Maine, à qui il avait l'obligation de sa place de premier président. Cet homme a fini glorieu-

---

[1] Aujourd'hui l'hôtel de la préfecture de police, rue de Jérusalem.

sement sa carrière; il a parfaitement rempli sa charge, et l'affaire de Pontoise l'a immortalisé, par la grandeur avec laquelle il y a vécu. S'il s'entendait avec la cour, comme il y a grande apparence, il l'a fait assez adroitement pour être toujours aimé et respecté de sa compagnie. Il laisse de quoi payer ses dettes, qui est tout ce qu'on peut demander après la magnificence qu'il a toujours déployée. Voilà une belle place à donner par M. le duc d'Orléans, et il y a bien des prétendants.

27. — Aujourd'hui, vendredi, M. de Mesmes a été enterré aux Grands-Augustins. On l'a d'abord porté à la basse Sainte-Chapelle, qui est sa paroisse, avec deux cents flambeaux, et tout le parlement en corps. Ensuite on l'a mis dans un carrosse à huit chevaux caparaçonnés, qui était suivi de deux autres à six chevaux, un pour ses officiers, et l'autre pour le curé et les prêtres.

— Le même jour, M. de Talhouet et M. l'abbé Clément ont été condamnés à avoir la tête tranchée, et deux commis à être pendus; mais nous n'aurons jamais ici le plaisir de voir pendre les fripons de qualité : il y a une commutation de peine.

Novembre. — J'ai passé le mois de septembre et la moitié du mois d'octobre en province. Pendant le dernier mois, M. le duc d'Orléans, ou, pour mieux dire, le roi, a nommé aux bénéfices vacants, et a donné, entre autres, l'évêché de Laon à l'évêque de Marseille [1]. On ne pouvait trop le récompenser pour ce qu'il a fait dans cette ville pendant la peste. Il y est resté presque seul de prêtre, et a administré les sacrements à tous les malades. On ne peut rien de plus zélé pour la religion. Le voilà, par là, duc et pair de France.

[1] M. de Belzunce.

— L'abbé de Saint-Albin, bâtard de M. le duc d'Orléans, avait cet évêché; mais il n'y a pas eu moyen de le faire recevoir duc et pair au parlement. Sa naissance est très-difficile à ajuster. M. le duc d'Orléans ne peut pas le reconnaître pour son bâtard, parce qu'il a été baptisé sous le nom de Coche, premier valet de chambre et favori du prince; et il ne peut passer pour enfant de Coche et de sa femme, parce que cette dernière n'a jamais eu d'enfant. D'ailleurs, ce jeune abbé n'a jamais été nommé Coche dans les actes qui ont été passés à son sujet, et n'a point eu d'autre nom que celui d'abbé de Saint-Albin; en sorte que la chose est très-embarrassante. On lui a donné, à la place de l'évêché de Laon, l'archevêché de Cambrai, qui est d'un bien plus gros revenu; mais on n'en reste pas là. M. le duc d'Orléans veut le faire coadjuteur de Paris, ce qui n'est pas sans difficulté. Cela ne peut se faire que du consentement de l'archevêque, et le bonhomme est toujours antijésuite. Il sait que l'abbé de Saint-Albin est entièrement de leurs amis et de leur morale, qu'il a même fait le diable à quatre à Laon, avec les chanoines et les religieuses, et il ne veut pas livrer tout le troupeau parisien à un pareil pasteur.

— Ce qu'il y a eu d'extraordinaire dans ce pays, c'est la sécheresse de cet été et les maladies qu'elle a causées. Depuis trois mois, il règne dans cette ville une petite vérole, mêlée de pourpre, qui a désolé presque toutes les familles. Il est mort une infinité de monde, et le roi fait un gain considérable sur les rentes viagères, où plus d'un père a été obligé de mettre sur sa tête et sur celle de ses enfants, pour sauver son bien. Quoique nous soyons au mois de novembre, cette peste dure encore. Elle en a beaucoup voulu à la maison d'Aumont : la jeune duchesse en est morte, la douairière mourut il y a quinze jours, et le duc, homme de trente-cinq ans, l'a présentement. Madame d'Argenson [1], jolie femme de dix-sept ans, est la seule qui y ait échappé. Le bonheur est dans cette famille.

— M. le duc de Noailles est enfin revenu de son exil; madame son épouse est encore en chemin. Il est descendu à l'archevêché, où il a commencé par se confesser à M. Vivant, grand pénitencier, et par faire ses dévotions entre les mains de M. le cardinal de Noailles, son oncle. Cette démarche a paru assez bizarre; quelquefois, pour trop vouloir en imposer au public, on en devient la risée. Il a été parfaitement reçu de M. le duc d'Orléans, avec lequel il a été deux heures enfermé. Ce prince lui avait eu de grandes obligations lors de la mort de Louis XIV; mais le cardinal Dubois avait un tel empire sur le régent, qu'il l'obligeait d'éloigner ses meilleurs amis lorsqu'ils lui déplaisaient, ou lorsqu'ils n'avaient pas pour lui les égards que son rang demandait, égards dont ils pouvaient quelquefois se croire dispensés par leur naissance.

— La rentrée s'est faite au palais sans premier président en titre. M. de Novion en faisait les fonctions. M. d'Aguesseau, fils du chancelier, a fait [2] un fort beau discours sur la raison. Son père est grand ami du duc de Noailles : on ne sait s'il reviendra; mais, à mon

---

[1] Anne Larcher, née en 1706, fille d'un conseiller au parlement de Paris, et femme du comte d'Argenson.

[2] Comme avocat général.

sens, son caractère froid et sérieux, ses yeux baissés et son air en dedans, ne conviennent guère au duc d'Orléans. Ce prince mitonne nécessairement quelque dessein, et garde la place de premier président pour un débauché.

— Mon père a quitté cette année la plaidoirie, pour se mettre au rang des consultants. Il a eu l'avantage de quitter le Châtelet avec le regret général de la juridiction et du public.

Décembre, 3. — Ce matin, à sept heures, comme je travaillais à un projet concernant ma profession, dont j'avais été chargé de la part du duc d'Orléans, on est venu m'annoncer que ce prince est mort hier soir subitement, d'une attaque d'apoplexie. Cette mort me regarde, quoique très-éloignée de moi. M. d'Argenson[1] était l'homme de confiance du prince, et serait parvenu aux plus grands emplois, et moi j'avais la confiance de M. d'Argenson. Voilà tout le brouet renversé. De tous les princes du sang, M. le Duc était seul à Versailles ; il demanda sur-le-champ la place de premier ministre, que le roi lui accorda. Voilà tous gens nouveaux qui vont paraître. M. de Fortia, conseiller d'État et chef du conseil de M. le Duc, homme d'esprit et très-fin ; M. Milain, avocat, son secrétaire des commandements, homme d'esprit et savant. Mais quelle différence de gouvernement ! M. le Duc est d'un esprit très-borné, ne sachant rien, n'aimant que son plaisir et la chasse, et étant très-attaché à madame la marquise de Prie,

---

[1] Le comte d'Argenson, lieutenant de police, que le duc d'Orléans avait nommé peu de temps auparavant son chancelier garde des sceaux, et surintendant de ses finances, place qui valait de quarante à cinquante mille livres de rente.

fille de Berthelot de Pléneuf, directeur général des vivres dans les dernières guerres. C'est elle qui gouvernera et qui tirera tout l'argent qu'elle pourra, aussi bien que M. le Duc et M. le comte de Charolais, son frère. Il suffit d'être du sang des Bourbons pour aimer ce métal.

Le duc d'Orléans n'a eu contre lui que le malheureux système de 1720 qui a renversé tout le royaume, c'est-à-dire ruiné bien des familles particulières; car, en général, le royaume n'a jamais été si riche ni si florissant, et quoique je sois un des blessés, il faut bien rendre justice à la vérité. Hors cela il n'y a jamais eu un plus grand prince : il avait reçu la plus belle éducation qu'on puisse avoir, et savait tout : peindre assez joliment, la musique parfaitement, la mécanique, la chimie, l'histoire, le cérémonial, le droit public. Il parlait comme un ange, et avait tout enfin pour être premier ministre, bien qu'il eût cependant quelques défauts, comme d'être trop bon pour ses favoris; de dire oui à l'un, et le moment d'après non à l'autre; de sacrifier ses anciens amis à la politique; enfin d'être avare, aimant trop l'argent, et voulant l'avoir pour lui seul.

— En général on ne chante pas les louanges dudit seigneur. On dit qu'il est mort pour avoir trop différé de mettre à exécution la résolution de passer par le grand remède. Cela pourrait être vrai, car je sais très-parfaitement que M. d'Argenson, son seul favori, allait demeurer à Versailles, avec titre de conseiller d'État et de premier commis du duc d'Orléans, sous prétexte que le prince voulait se reposer; tous les secrétaires d'État lui auraient rendu compte, et lui seul serait entré dans l'appartement du prince. Cette circonstance mettait M. d'Argenson au degré suprême, et le conduisait à la place de premier ministre.

Le duc d'Orléans se formait un confident en M. d'Argenson, mais celui-ci était encore trop jeune pour lui confier inutilement des secrets sur lesquels il n'aurait pas été en état de donner de conseil. Si le prince agissait par inclination en élevant M. d'Argenson, il pouvait le faire aussi par reconnaissance, car il avait des obligations infinies au père. Dans le temps de la chambre de justice, M. d'Argenson, père, était très-mal dans ses affaires; on avait arrêté tous les gens qui avaient été à lui, et l'on devait le décréter le lendemain. Pour surcroît de malheur, M. le duc d'Orléans, prévenu contre lui, ne voulait ni le voir ni l'écouter. Néanmoins, malgré les défenses du prince, Ibagnet, concierge du Palais-Royal, l'introduisit le soir. M. d'Argenson, qui s'était déjà présenté quatre fois dans la journée, fut fort mal reçu par le régent; mais il lui fit entendre que le moment était pressant, qu'il devait être arrêté le lendemain, et que sa perte serait suivie de la sienne, parce qu'il avait chez lui, dans une cassette que Louis XIV lui avait remise en dépôt, tous les papiers concernant son affaire d'Espagne. En effet, le duc d'Orléans avait été accusé d'avoir voulu détrôner Philippe V., le faire empoisonner, répudier la duchesse d'Orléans, épouser la reine, et se faire roi d'Espagne[1]. Toutes les preuves avaient été portées en cour, et le roi avait fait travailler au procès. Ces papiers, comme l'on voit, étaient de grande importance. M. d'Argenson fit entendre qu'il fallait

[1] Voir Duclos, *Mémoires secrets*, t. Ier, p. 30 et suiv.

faire un échange. On avait saisi une cassette qui renfermait des papiers relatifs à son administration, lorsqu'on avait arrêté Pomereu, un de ses exempts, et on se serait servi de ces papiers pour le perdre à la chambre de justice. M. d'Argenson redemanda cette cassette, et dit qu'il rendrait l'autre. Le régent sentit la conséquence de cette affaire, envoya chercher M. de La Vrillière, secrétaire d'État, qui alla, à quatre heures du matin, à la Conciergerie, enlever d'autorité et faire sortir Pomereu, entreprise qui, pour lors, déplut fort au parlement. M. de La Vrillière alla ensuite chez Fourqueux, procureur général de la chambre des comptes et de la chambre de justice, retirer la cassette de Pomereu. Il la rapporta au Palais-Royal, où se fit l'échange des cassettes, et l'on dit que deux heures entières furent employées à brûler les papiers qu'elles contenaient. M. le duc d'Orléans ayant connu dans cette entrevue l'esprit de M. d'Argenson, le prit pour son conseil et s'en est bien trouvé ; car le prince, de son naturel, était très-bon et très-timide, et c'est M. d'Argenson qui lui a appris à gouverner avec hauteur, à être intrépide, et à mener le parlement comme il a fait.

— Qui gagne à cette mort ? c'est la jeune princesse de Conti, car elle est soutenue par messieurs ses frères, et le prince ne trouvera plus de justice à aucune porte. Elle sortait déjà très-souvent, dans son carrosse, sans nécessité ni sans permission. Il y a huit jours que son mari pensa la surprendre dans Paris et la ramener à l'hôtel. Il était à Versailles, et fut averti que la princesse avait pris ce temps pour sortir. Il revint sur-le-champ, à toute bride, en berline à six chevaux, mais son carrosse se cassa en chemin, et on fut obligé d'atteler les six chevaux au premier fiacre qui se rencontra là. Quand il arriva à Port-Royal, la princesse était rentrée.

— Notre nouveau premier ministre n'est du goût de personne; on sait qu'il n'a pas le sens commun, ni aucune pratique des affaires publiques, ce qui est triste dans une pareille place. Tous les seigneurs et les officiers crient; mais cette affaire-ci raccommodera et réunira la maison de Condé avec celle de Conti. Selon ce que j'ai appris, M. le Duc a fait quelque avance, parce que, n'étant pas bien assuré dans sa position, il a grand besoin d'être appuyé par le prince de Conti qui est très-estimé à présent; il est vrai que M. le duc d'Orléans avait un peu de part à leur mésintelligence, parce qu'il a toujours été de son intérêt que ces deux maisons fussent brouillées. Ce que je sais positivement, et qui n'est connu de personne, c'est qu'il y a eu un accommodement au sujet de la princesse de Conti; la première proposition s'en est faite par mademoiselle de Charolais, et le prince a fait les siennes ensuite; il consent à ce que sa femme demeure quatre ou six ans dans le couvent de Port-Royal, à certaines conditions.

— Circonstance épouvantable et particulière arrivée après la mort du duc d'Orléans. On a ouvert le corps, à l'ordinaire, afin de l'embaumer, et de mettre le cœur dans une boîte pour le porter au Val-de-Grâce. Pendant cette ouverture il y avait dans la chambre un chien danois, au prince, qui, sans que personne ait eu le temps de l'en empêcher, s'est jeté sur le cœur et en a mangé les trois quarts. Ceci semble marquer une certaine malédiction, car un chien comme celui-là ne doit pas être affamé, et pareille chose n'est jamais arrivée. Ce fait a été caché autant qu'on l'a pu, mais il est absolument vrai.

— On n'a point fait apposer le scellé chez M. le duc d'Orléans; c'est un bruit de ville. Je le sais parfaitement : mon père a été consulté pour savoir ce qu'il y avait à faire pour la tutelle de M. le duc de Chartres qui n'a que vingt ans, pour celle d'une des princesses qui n'en a que sept[1], ainsi que pour l'inventaire, et il lui a été dit qu'il n'y avait point de scellé.

— L'accommodement est fait avec M. de Novion, qui a été nommé premier président le 5 de ce mois, mais qui ne voulait accepter qu'à la condition que sa charge de président à mortier serait conservée à son petit-fils qui n'a que quatorze ans. M. de Lamoignon de Blancmesnil, premier avocat général, a la charge de président à mortier avec parole d'honneur, dont le roi est dépositaire, de la rendre au petit-fils de M. de Novion, quand il sera en âge, et autre parole, dans la famille, de marier ce jeune homme avec la fille unique, quant à présent, de M. de Blancmesnil.

— Le lendemain de la mort du duc d'Orléans, le prince de Conti alla faire compliment au duc de Chartres et lui protester de son dévouement; il lui devait cette offre, étant son ami de tout temps. Ce qui est certain, c'est qu'il n'a point encore été voir M. le Duc depuis sa nouvelle dignité de premier ministre; il est le seul de la cour qui y ait manqué, et cela fondé, non-seulement sur ce qu'ils étaient mal ensemble, mais aussi sur ce que M. le Duc ne lui a rendu visite dans aucune occasion.

15. — Voici une nouvelle qui fait raisonner Paris; depuis jeudi, il y a autour de la maison de Port-Royal,

---

[1] Louise-Diane, demoiselle de Chartres, née le 27 juin 1716.

où est madame la princesse de Conti, une garde de deux sergents et cinquante soldats aux gardes qui, tous les soirs, vers cinq heures, viennent s'emparer du circuit de la maison. Ils y restent jusqu'au lendemain matin avec ordre, dit-on, de tirer sur tous ceux qui entreprendraient quelque chose contre les murailles du couvent. Cette garde a été mise par ordre du roi, sur le rapport qui lui avait été fait que M. le prince de Conti avait menacé d'enlever sa femme et de mettre le feu au couvent. Le prince, averti, a été se plaindre au roi du mauvais service qu'on lui avait rendu près de Sa Majesté, et lui dire qu'il était trop soumis à ses ordres pour avoir dessein de faire de pareilles choses; l'on ne sait point quel est l'auteur de ce rapport.

— L'accommodement pour la princesse de Conti est rompu. Ce pauvre prince de Conti se trouve dans le détroit, car il n'a rien à espérer de l'appui du duc de Chartres qui n'a pas de génie; son père le connaissait bien. Imaginez-vous que le lendemain de la mort du duc d'Orléans, il vint plus de deux cents officiers dans l'appartement de son fils pour lui faire compliment. Au lieu de les gracieuser, de leur demander leur amitié, il passa tout le long des chambres sans rien dire. Les officiers n'y sont pas revenus. Outre ce, il a remis le détail de l'infanterie, en sorte qu'il sera sans aucun crédit.

— Voici un fragment d'une épitaphe satirique pour M. le duc d'Orléans :

> L'on dit qu'il ne crut pas à la Divinité :
> C'est lui faire une injure insigne.
> Plutus, Vénus et le dieu de la vigne
> Lui tinrent lieu de Trinité.

— Le lendemain de la mort du duc d'Orléans,

M. d'Argenson alla trouver M. le Duc, et le supplia de faire trouver bon au roi qu'il lui remît sa commission de lieutenant général de police ; il dit que son père et lui, tant sous Louis XIV que sous le régent, avaient été accoutumés à faire cette charge avec distinction (voulant dire qu'ils rendaient compte directement au prince, et qu'ils étaient sur le pied de ministres); qu'il ne lui convenait pas d'être réduit à la simple fonction de lieutenant de police ; que d'ailleurs il était si fort attaché à la personne de M. le duc de Chartres, qu'il aurait peine à vaquer à sa charge. — M. le Duc l'a reçu parfaitement, l'a prié instamment de garder ce poste, parce qu'il y était nécessaire au roi, et l'a assuré qu'il ferait tout ce qui dépendrait de lui pour lui faire trouver les mêmes agréments qu'il avait eus jusqu'ici.

— Lundi, 25, M. de Novion a été reçu premier président. M. le duc de Gêvres, gouverneur de Paris, vint à la réception de son parent avec ses gardes et tout son train, jetant même de l'argent dans les rues, ce que l'on dit être un droit de sa charge et n'appartenir qu'à lui. Après la réception, on tint à l'ordinaire la grande audience. M. de Blaru, avocat, avait la parole. C'est un des premiers avocats du palais, et qui a son fils conseiller au parlement. Au milieu de sa cause, il fit un compliment à M. de Novion, qui ôta son bonnet, et lui dit, toujours le bonnet à la main : « Blaru, je ne puis m'empêcher de vous interrompre pour vous remercier de l'honneur que vous me faites. Je vous prie d'être persuadé de l'estime que j'ai personnellement pour vous, Monsieur, et que j'ai eue dans tous les temps pour l'ordre des avocats, en général. Je ne manquerai aucune occasion de lui en donner des marques, et du meilleur de mon cœur. » Il appuya sur ces derniers termes, et remit son bonnet. Blaru, après avoir remercié par une révérence très-profonde, continua sa plaidoirie. Rien n'est plus gracieux que ce compliment, et il a été fait avec majesté.

— On a réglé la maison de M. le duc de Chartres, aujourd'hui duc d'Orléans. On lui donne cent soixante officiers commensaux, à l'instar, ce dit-on, de la maison de François Ier, quand il n'était que comte d'Angoulême, héritier présomptif de la couronne. Il n'a point de gardes, quoiqu'il ait un capitaine des gardes, mais c'est comme gouverneur de province[1], ainsi que tous les autres princes du sang en ont. Il n'a pas conservé grand nombre des officiers de son père : il a pris ses créatures, et ce qu'il y a de mieux dans la noblesse. M. d'Argenson est surintendant de sa maison, chef de son conseil et chancelier de l'apanage.

ANNÉE 1724.

Janvier. — La reine, car on appelle ainsi l'infante, est tombée malade de la rougeole. On a voulu la saigner avant que l'éruption ne parût; mais il a fallu pour cela bien des cérémonies. On a fait paraître d'abord un homme en bottes, comme arrivant d'Espagne et apportant des ordres du roi et de la reine : cela ne l'a pas intimidée. On a fait entrer alors un officier des gardes du corps, avec quatre gardes le fusil sur l'épaule, lequel a dit à la reine qu'il venait de la part du roi, qui était instruit de sa maladie, et qui lui ordonnait de se laisser saigner : elle s'y est enfin déterminée.

[1] Il avait le gouvernement du Dauphiné.

— M. d'Argenson avait bien prévu qu'il ne pourrait rester dans la place de lieutenant de police. M. le Duc a fait cependant tout ce qu'il a pu pour le retenir. M. d'Argenson lui a toujours dit la même chose : qu'il avait tant d'obligations à M. le duc d'Orléans, père, qu'il ne pouvait abandonner en aucune occasion la personne et les intérêts du fils. M. le Duc a été obligé de le laisser se retirer[1], et il a fait donner la charge de lieutenant de police à M. Ravot d'Ombreval, ci-devant avocat général de la cour des aides, et présentement maître des requêtes. Il y a longtemps qu'on lui donnait cette place dans le public, parce que sa mère était Berthelot, et qu'il est cousin germain de madame la marquise de Prie, maîtresse de M. le Duc. Il est, par le même endroit, neveu du premier président de Novion. Ce M. d'Ombreval est un homme de beaucoup d'esprit, grand travailleur, qui a été et est encore assez débauché, et qui vit mal avec sa femme. Il a, présentement, une malheureuse affaire avec le chevalier d'Ombreval, son frère, pour raison d'un billet de deux cent soixante mille livres fait par une grosse marchande de Paris en faveur du chevalier d'Ombreval, son gendre, au préjudice de ses autres enfants. Cette affaire est embarrassée, de manière que le public ne la juge pas à l'avantage de MM. d'Ombreval. Elle est du reste appointée[2], à cause du crédit; mais on regarde cela comme un tour trop suspect pour un homme en place.

[1] Marais (*Journal de Paris*) dit au contraire que M. d'Argenson reçut l'ordre de donner sa démission. (*Revue rétrosp.*, 2ᵉ série, t. IX, p. 467.)
[2] Quand les juges veulent favoriser une mauvaise cause, ils sont d'avis de l'appointer au lieu de la juger. (*Dict. de Trévoux.*)

— C'est le duc d'Orléans qui a remis au roi la démission de M. d'Argenson, et qui a demandé pour lui une expectative de conseiller d'État. Le roi, qui aime d'ailleurs M. d'Argenson, la lui a accordée volontiers. J'ai vu depuis M. d'Argenson; il est charmé d'être conseiller d'État à vingt-sept ans. Il a été installé lundi, 28, et il a reçu les compliments de toute la cour et de tout Paris. Il a de l'esprit, il est aimé, et il a eu pendant deux ans la confiance du cardinal Dubois et de M. le duc d'Orléans, personnages dont on est obligé de reconnaître l'esprit et la pénétration. Il s'est attaché, par ses actions de reconnaissance, M. le duc d'Orléans actuel, et comme il a par devers lui une très-grande qualité, tout le monde est persuadé qu'il ira loin.

Février. — Il n'y a point eu d'hiver cette année; il n'a pas gelé deux jours. Afin d'avoir de la glace cet été, M. d'Ombreval a eu attention de faire mettre le scellé sur les glacières de quelques limonadiers, et il taxera la glace.

— Les bouchers ont porté le prix de la viande jusqu'à quatorze sous la livre. M. d'Ombreval a établi quatre boucheries, dans Paris, où on la donne à sept sous. A la vérité, c'est de la viande qui n'est bonne que pour le peuple.

— Les affaires sont dans un état paisible; on ne dit ni bien ni mal du gouvernement. La compagnie des Indes se soutient toujours et entreprend peu à peu sur le commerce de Paris, car elle vend le café à l'exclusion des épiciers. Il n'est pas même permis aux limonadiers d'en vendre une once en poudre. Il y a pour cela des bureaux dans Paris, et les amendes sont considérables. Cela fait qu'on achète le café cinq livres, à quoi il est fixé, et qu'on ne l'aura jamais à bon marché.

— On a bien peu de soin dans ce pays-ci. Le fameux du Châtelet[1], compagnon de Cartouche, qui a été condamné, comme ce dernier, à être rompu vif, mais à qui on avait promis la vie parce qu'il avait fait prendre Cartouche, était enfermé à Bicêtre. Il était enchaîné, et même gardé à vue; mais on lui permettait de voir du monde, et, à la fin, quatre de ses amis sont entrés avec outils et armes, ont tenu la sentinelle en respect, ont scié les chaînes, et se sont enfuis avec du Châtelet, par-dessus les murs. Ce drôle veut faire exécuter son arrêt; mais il assassinera peut-être bien du monde auparavant, car c'est pis que Cartouche. On aurait dû empoisonner un pareil homme dans la prison, et ne tenir la parole que pour le public.

— Il y a, dans l'ordre du Saint-Esprit, quatre officiers qui portent le cordon bleu comme les chevaliers, dont deux ne sont point obligés de faire preuve de noblesse. Ordinairement ces charges sont possédées par des ministres ou par des personnes élevées dans la robe, qui, ne pouvant pas être chevaliers, sont décorés par le cordon. De plus, pour multiplier cet honneur, on fait vendre la charge à quelqu'un en faveur, et celui qui la vend conserve le cordon. Sous Louis XIV, deux hommes ont acheté de ces charges, qui ne demandent point de preuves: Crozat, dont j'ai déjà parlé[2], et Montargis[3], qui a commencé par une commission de quatre

---

[1] Voir page 111.
[2] La charge de grand trésorier (page 47.)
[3] La charge de secrétaire et greffier.

cents livres, et qui, par les degrés de la finance, est devenu garde du trésor royal; l'un et l'autre bien liés par le mariage de leurs enfants. Crozat a marié sa fille avec le comte d'Évreux, de la maison de Bouillon, qui, à la vérité, a bien pris les quinze ou seize cent mille livres de dot, mais n'a jamais demeuré avec sa femme, quoiqu'elle soit fort aimable; il a un fils maître des requêtes, et un autre colonel, qui a épousé la fille du marquis de Gouffier. Montargis a donné une de ses filles au président Hénault[1], homme de rien; mais il a marié l'autre au comte d'Arpajon, qui est de grande qualité. En vertu de ces alliances, on avait donc permis à ces deux personnages d'acheter des charges et de porter le cordon, ce qu'ils faisaient; mais, par malheur pour eux, ce mois-ci, on leur a enjoint de se défaire de leurs charges, avec défense à eux de porter le cordon. Cela doit bien rabattre leur fierté.

Comme, dans ce pays-ci, l'argent est d'une grande ressource, on dit que ces messieurs conserveront le cordon bleu moyennant trois cent mille livres chacun, dont ils feront présent à l'État, ou soi-disant tel.

— L'affaire qui fait grand bruit ici est celle de La Jonchère, dont j'ai parlé plus haut[2]. Le dimanche gras, 27, il est survenu un incident qui l'aggrave encore. M. de La Guillonnière, capitaine de carabiniers, et de haute taille, comme Pâris Duverney, sortait, à huit heures du soir, de l'hôtel de La Force (rue Saint-Antoine), qui est habité par les Pâris, dont il est cousin. Il était seul dans la rue Pavée, derrière cet hôtel, lorsqu'il a été attaqué par quatre hommes. On lui a donné

---

[1] L'auteur de l'*Abrégé chronologique de l'Histoire de France*.
[2] Voir page 175.

trois coups de poignard, qui n'ont pas porté, parce qu'il s'est débattu. Comme il n'a pas été volé, on croit que c'était à Pâris Duverney qu'on en voulait, et qu'on s'est mépris à la taille, qui n'est pas commune.

Mars, 6. — Cette nuit, à trois heures du matin, le guet à cheval s'est assemblé, et l'on a conduit M. le comte de Belle-Isle à la Bastille. Cet homme, qui a été dans une protection et une fortune considérable du temps du cardinal Dubois, pouvait relever sa maison, mais il n'en prend pas le chemin. Il est extrêmement haut, insatiable pour l'argent et haï de tout le monde. Il a trente-cinq ans, et est fort entreprenant.

— Le même jour, Duval, commandant du guet à cheval, a été à Doüe[1], arrêter M. Le Blanc. Celui-ci sera plaint, car, quoiqu'il y ait un peu de friponnerie dans tout ce manége, les officiers l'aiment et le regrettent.

— Il y a eu tous ces jours-ci de grandes recherches dans les auberges de Paris. On dit que les commissaires les ont visitées la nuit passée en faisant lever tous ceux qui y étaient couchés. L'assassinat du dernier jour donne l'alarme, d'autant qu'on suppose que ce ne sont pas des fripons qui l'ont fait.

8. — La dernière nuit on a arrêté Conches, capitaine de dragons, attaché à M. de Belle-Isle. C'est un homme de quarante-cinq ans, qui fait le beau, qui emploie trois heures à sa toilette, et qui met du rouge.

— Tous les jours on arrête quelques personnes, sous prétexte de chercher les preuves des assassinats du parent de Pâris Duverney, et de Sandrier. La veuve de ce dernier crie comme un diable et demande

---

[1] La terre de Doüe ou Doué était dans les environs de Coulommiers.

vengeance : le coup est effectivement affreux. Sandrier était bon garçon, premier commis de La Jonchère et son ami. Il avait le secret de tout, et on se doute qu'il n'a pas voulu se prêter à quelque friponnerie. Ce qu'il y a de certain, c'est qu'en 1722 il fut perdu trois semaines, au bout desquelles on le trouva noyé aux filets de Saint-Cloud[1]. On peut passer aux ministres de friponner un peu dans les caisses ; mais faire assassiner est un peu trop fort.

— Grand mariage dans l'État, auquel on ne s'attendait pas. M. le duc d'Orléans épouse la fille du prince Louis-Guillaume de Bade-Baden[2]. C'est une très-bonne maison d'Allemagne, alliée à tous les princes de l'Europe. Cependant ce mariage étonne tout le monde, et l'on comptait que M. le duc d'Orléans, dans la place où il est, devait prendre du plus relevé. C'est le fils d'Imbert, qui était apothicaire de M. le duc d'Orléans défunt, qui, en qualité de secrétaire, a été envoyé à Rastadt faire les premières démarches.

Avril. — L'argent est diminué d'un tiers cette année ; mais on éprouve bien de la difficulté pour remettre les choses en règle, ce qui fait connaître le danger qu'il y a d'accoutumer les ouvriers à gagner beaucoup. Il leur paraissait doux de ne travailler que trois jours de la semaine, et d'avoir de quoi vivre le reste. On peut voir jusqu'où va la faction de ces gens du peuple. Il y a peut-être à Paris quatre mille ouvriers en bas. A la première diminution des espèces, ils ont voulu gagner cinq sous de plus par paire de bas. Il a fallu que le marchand les leur accordât. A la seconde

---

[1] Voir page 141.
[2] Jeanne-Marie-Auguste, née le 10 novembre 1704.

diminution, le marchand a voulu diminuer ces cinq sous; l'ouvrier n'y a pas consenti; le marchand s'est plaint, les ouvriers se sont mutinés. Ils ont menacé de coups de bâton ceux d'entre eux qui prendraient de l'ouvrage à moindre prix, et ils ont promis un écu par jour à ceux qui ne pourraient point vivre sans cela. Pour cet effet, ils ont choisi un secrétaire, qui avait la liste des ouvriers sans travail, et un trésorier qui distribuait la pension. Ces ouvriers demeuraient dans le Temple. Ils profitaient du besoin qu'on a d'eux, et faisaient les séditieux. On s'est plaint au contrôleur général, et on en a fait mettre une douzaine en prison, au pain et à l'eau. Cela montre qu'il ne faut pas laisser le peuple se déranger, et la peine qu'on a à le réduire.

— M. le Duc fait venir des bœufs d'Irlande; soit que l'espèce manque ici, ou que les bouchers soient des fripons, la viande a valu douze sous la livre ce carême. On ne pouvait faire ni gras ni maigre à cause de la cherté de tout le vivre.

— Lundi, 10, La Jonchère a été jugé par messieurs les commissaires de la Bastille, et condamné à restitution de deux millions quatre cent mille livres envers le roi. M. de Belle-Isle est garant du débet, jusqu'à concurrence de six cent mille livres, et hors de cour sur l'extraordinaire; mais les prisonniers ne sont point sortis de la Bastille, et on a commencé l'instruction de l'affaire criminelle au sujet de quatre assassinats[1]. Samedi, 29, M. le Duc envoya chercher M. Arnauld de Bouex, et lui demanda comment allait cette affaire à la Bastille;

---

[1] Ceux de Sandrier, de La Guillonnière, d'un charretier de la ferme de la Malmaison où Sandrier aurait été assassiné, et de Gazan de La Combe qui fut trouvé pendu en avril 1722.

M. de Bouex lui répondit que, quoiqu'il fût à présent maître des requêtes, il était obligé de lui dire que tous messieurs les maîtres des requêtes n'entendaient rien à cela, et qu'il y avait nombre de nullités dans la dernière instruction. Ceci va achever de discréditer les maîtres des requêtes qui sont méprisés au dernier point dans le public. On les taxe ouvertement de mauvaise foi et d'ignorance; effectivement, c'est une étrange juridiction.

Mai. — Sur le rapport de M. de Bouex, on a pris le parti, en cour, d'évoquer l'affaire à la Tournelle, sauf les droits des privilégiés, c'est-à-dire que M. le comte de Belle-Isle, comme gentilhomme, a droit de faire assembler la grand'chambre et la Tournelle, et M. Le Blanc, de demander tout le parlement assemblé, comme maître des requêtes honoraire. Ceci devient très-sérieux, car on va droit dans ce tribunal, et ils savent la procédure criminelle[1].

— La petite vérole reprend le même train que l'an passé. M. le prince de Soubise, capitaine des gendarmes de la garde, en survivance, beau prince, âgé de vingt-huit ans, est mort en quatre jours : on dit que les médecins l'ont tué. Sa femme est morte quelques jours après.

— Il y a eu ces jours-ci une grande affaire au parlement. Madame la marquise d'Hautefort avait chez elle une jeune personne qui n'était point sa parente, et qu'on appelait mademoiselle de Saint-Cyr. Lorsque cette

---

[1] On avait voulu composer une commission de maîtres des requêtes et de conseillers du parlement, mais le parlement n'a point voulu de commission, attendu qu'il est juge de ces sortes d'affaires.

(*Note de Barbier.*)

demoiselle a eu vingt-cinq ans, elle a prétendu être fille de M. et de madame de Choiseul, et de plus, la seule qui reste à présent. Soutenue dans ce parti par madame d'Hautefort, elle a rendu plainte qu'on avait soustrait des actes de famille pour s'emparer d'une succession ; elle a fait informer, et il s'est trouvé que l'accusé est M. le duc de La Vallière, frère de madame la duchesse de Choiseul défunte. Il y a preuve également que cette dame est accouchée d'une fille, du vivant de son mari, mais il n'y a point d'extrait baptistaire. Par arrêt du conseil d'en haut, la procédure, qui avait été commencée au Châtelet, a été renvoyée au parlement, toutes les chambres assemblées, et la cour suffisamment garnie de pairs ; M. le duc d'Orléans et M. le prince de Conti y étaient ; cela a fait la matière d'une grande plaidoirie. M. Julien de Prunay plaidait pour M. le duc de La Vallière, et M. Le Normand pour la demoiselle. Par arrêt du vendredi 19, la demoiselle a perdu sa cause. On a mis hors de cour sur l'extraordinaire, et on a renvoyé les parties aux requêtes du palais, à fins civiles, c'est-à-dire pour la question d'état.

Tout le monde est persuadé que cette fille est une bâtarde de madame de Choiseul [1] qui, en étant accouchée à l'insu de son mari, l'avait recommandée à M. le duc de La Vallière.

Juin. — On fait à Versailles la grande cérémonie pour la réception des cordons bleus. Il y a dans la ville une si grande affluence de monde, que les chambres y sont louées cinquante livres pour un jour et une nuit.

[1] Marais (*Journal de Paris*) la dit fille du comte d'Albert, cadet de la maison des ducs de Luynes.

Mais comme peu de gens pourront être placés dans la chapelle, c'est peine perdue.

— M. de Villeroi est rappelé de son exil, au grand contentement de sa famille et de tous les honnêtes gens. Après avoir reçu à Paris la visite de tout le monde, il est arrivé à Versailles, lundi 26, à dix heures du soir, et est descendu à la grille pour aller dans l'appartement de madame de Ventadour. Le peuple de Versailles l'attendait, et a crié hautement : *Vivent le roi et le maréchal de Villeroi!* Mardi matin, entre le conseil et le dîner, le maréchal, soutenu par ses deux fils, l'archevêque de Lyon et le duc de Villeroi, a salué le roi dans son cabinet ; il s'est jeté à ses genoux et lui a baisé la main. Le roi l'a laissé faire, sans lui adresser la parole. On dit pourtant qu'on a remarqué qu'il était assez aise de le voir, mais pas un mot. Le maréchal éprouve le premier l'effet de la fierté et de la hauteur qu'il a inspirées au jeune monarque.

Juillet, 1er. — Hier, le roi partit pour aller chez M. le Duc, à Chantilly, où l'on a fait des préparatifs pour de grandes fêtes et de grandes chasses. Comme il fait très-chaud, on lui demanda s'il voulait partir un peu matin, afin de soulager ceux qui sont obligés de l'accompagner à cheval. Il répondit qu'il partirait à midi précis, et de fait il a tenu parole, car je l'ai vu passer à une heure et demie dans le bois de Boulogne, accompagné de gardes du corps et de mousquetaires ; il était même sur le devant du carrosse avec M. le prince Charles, à cause du soleil et de la poussière, en sorte qu'il a lui-même souffert le premier. Jamais le service n'a été plus dur qu'à présent ; il se plaît à faire souffrir ses officiers.

On croit, dans Paris, qu'on va faire de grandes affaires à Chantilly; mais le sujet véritable du voyage est très-croustilleux. On veut tâcher de donner au roi du goût pour les femmes, parce qu'on espère que cela le rendra plus traitable et plus poli; on compte beaucoup, pour cela, sur la petite duchesse d'Épernon, qui est très-jolie et très-jeune. C'est madame de La Vrillière qui est chargée de la commission; mais elle pourrait bien prendre le roi pour elle-même, car elle est jolie aussi, et femme d'expérience.

Août. — Il y avait dix-sept femmes nommées pour le voyage, et tous ces préparatifs ont donné lieu à un couplet de chanson sur l'air de *Margot la Ravaudeuse.*

> Margot la rôtisseuse
> Disait à son ami :
> « Que fait-on de ces gueuses
> Qu'on mène à Chantilly?
> Quoi! pour un pucelage,
> Fallait-il tout ce train
> De dix-sept catins. »

Il ne paraît pas qu'on ait réussi dans le projet de ce voyage de Chantilly; le roi ne songe qu'à la chasse. C'est dommage, car il est bien fait et beau prince; mais qu'y faire, si c'est son goût? il est en place à ne se point gêner.

— Malheureusement cela s'est terminé par une tragédie. Le roi devait revenir le samedi 29 juillet, mais le départ a été remis, et l'on a fait ce jour-là une grande partie de chasse. Les animaux, qui n'entendent que cors et chiens à leurs trousses, sont enragés, et les seigneurs se piquent à qui suivra le cerf de plus près. M. le Duc et M. le duc de Melun couraient ainsi, lorsqu'ils ont rencontré le cerf; M. le Duc a passé le premier, mais le cheval de l'autre n'ayant pu s'arrêter pour laisser passer la bête, le cerf a donné un coup d'andouiller à M. de Melun, qui a été renversé par terre, et qui, le lendemain, est mort de cette blessure[1]. On dit que le bois du cerf est mortel, d'où vient l'ancien proverbe :

> Coup de cerf,
>   Bière :
> Coup de sanglier,
>   Barbier.

Ce seigneur a été fort regretté : il était par les femmes, prince d'Espinoi, en Flandre, et, par lui-même, d'une très-ancienne maison. Il avait vingt-sept ans, était veuf[2], point d'enfants, et trois cent mille livres de rente.

— Le mois dernier, la duchesse d'Orléans est enfin arrivée : elle est blanche, petite et potelée ; on ne peut pas dire qu'elle soit jolie, elle a même l'air un peu grossier, mais elle est bonne, généreuse, et tout le monde se loue fort d'elle. Le 4 août, à trois heures après-midi, elle a été présentée au roi, pour la première fois, par madame la duchesse d'Orléans douairière. J'y étais, et la vis passer dans la chambre du roi ; celui-ci, qui était dans son cabinet, l'embrassa, mais ne lui dit pas un mot, car elle ne fit qu'entrer et sortir ; tout le monde en fut étonné. On cite, au sujet du silence du roi, un bon mot de l'infante, qui, quoique enfant, a beaucoup d'esprit. « Il faut que le roi vous aime bien, dit-elle au maréchal de Villeroi, car il ne vous a rien dit. » Cela vient de ce que le roi ne lui parle pas non plus, à elle, et qu'on lui fait croire néanmoins que le roi l'aime bien.

[1] La mort de M. de Melun forme un épisode de l'intéressante nouvelle de madame de Genlis, intitulée : *Mademoiselle de Clermont*.

[2] Il avait épousé Armande de La Tour, morte en couche, en 1717.

— Samedi, 19 août, quatre particuliers mangèrent de la morue à leur dîner, chez un aubergiste gargotier de la rue de la Huchette; sur-le-champ ils tombèrent évanouis, et on les porta à la Charité; l'un d'eux mourut deux heures après, et les autres ont été très-mal. M. d'Ombreval s'est transporté chez l'aubergiste que l'on a mis en prison; et, après avoir bien examiné, on a reconnu que cela venait de la morue que l'on lave dans l'eau de chaux, avec de l'alun et autres drogues pour la faire blanchir. On a visité tous les magasins de morue qui sont à Paris, et on a été deux jours de marché sans en vendre. Depuis, on a rendu une ordonnance de police qui fait défense aux marchands de la blanchir dans quoi que ce soit, en sorte qu'on mangera dorénavant de la morue jaune. Malgré la sentence de police, il y a quantité de gens prévenus qui n'aiment pas les morts violentes, et qui ne veulent plus manger de morue.

Septembre. — Enfin, M. de Novion, qui a fait tant de pas pour être premier président, n'a pu résister à son caractère particulier et à son avarice. Il lui a été impossible de s'accoutumer à voir du monde et à figurer. Quelle petitesse pour un homme que tout le monde croit avoir de l'esprit! Il avait porté sa démission, par trois fois, à M. le Duc, et comme il est parent de madame de Prie, on la lui avait rendue; mais, à la quatrième, M. le Duc la reçut, et lorsque M. de Novion fit la sottise de retourner l'après-midi pour la redemander, il n'était plus temps. La place avait été donnée à M. Portail, président à mortier et ci-devant avocat général; magistrat d'une très-belle figure pour représenter, gracieux, d'une politesse infinie pour tout le monde, et de beaucoup d'esprit; il remplira parfaitement cette place. Ceci fait bien enrager M. de Lamoignon, qui est le plus ancien président à mortier; petit-fils d'un premier président, et d'un beau nom. La manière dont il s'est comporté à la tête de la dernière chambre de justice ne lui a pas fait honneur, et lui a fait grand tort dans la circonstance présente.

M. Portail n'a pas par devers lui une naissance proportionnée à la place de premier président du parlement de Paris, quoique, à le bien prendre, tout homme soit au-dessus de quelque poste que ce puisse être, quand il a assez d'esprit pour en remplir parfaitement tous les engagements. Je sais la généalogie de celui-ci sur pièces produites pour un retrait. Un Portail, qui était chirurgien dans quelque petite ville de Gascogne, ayant suivi Henri IV en France, devint premier chirurgien de ce monarque. Cependant j'ai vu dans des mémoires particuliers que Portail était premier chirurgien de Henri III. Quoi qu'il en soit, Portail eut plusieurs garçons; l'aîné fut conseiller au parlement, un autre procureur du roi au Mans. Ce dernier eut un fils qui devint président de la chambre des comptes de Dijon, et qui a eu pour enfant M. Portail, mort à quatre-vingts ans, doyen de la grand'chambre, père de notre premier président d'aujourd'hui.

Novembre. — Il y a plus de six semaines que le roi est à Fontainebleau, où il se plaît parfaitement, au grand regret de tous les seigneurs de la cour. Il va tous les jours à la chasse, et l'on court dans la même journée cerf et sanglier. Il a, à dîner, douze couverts remplis par les princes et par les seigneurs particuliers qu'il nomme. M. le contrôleur général et les autres ministres y ont dîné. Le soir, il y a jusqu'à vingt couverts remplis par les princes, princesses et dames de la cour que le roi désigne. On joue ensuite ; le roi se couche très-tard ; nulle règle pour le lever, et beaucoup de dérangement pour les conseils. Il est d'âge à ne point aimer le travail, et quelquefois on tient des conseils à onze heures du soir. On dit qu'il veut rester jusqu'au mois de décembre ; s'il s'aperçoit que cela fasse peine aux autres, il ne reviendra pas sitôt.

Décembre. — Les vivres sont toujours fort chers ; les œufs valent deux livres le quarteron.

— M. le premier président Portail fait une très-belle figure et grande dépense, ce qui a donné lieu de dire que M. de Mesmes vivait en gentilhomme, M. de Novion en bourgeois, et que M. Portail vit en bourgeois gentilhomme ; cela attaque sa naissance.

ANNÉE 1725.

Janvier. — Lundi, 8, le parlement s'est assemblé pour travailler à l'affaire de M. Le Blanc, La Jonchère, etc. Il s'agit, en premier lieu, de savoir si on décrétera M. Le Blanc, car il n'est arrêté qu'en vertu d'ordre du roi. On travaille deux heures par jour et il y a deux rapporteurs. Il y avait d'abord cinq ducs, qui se sont retirés : mais il reste encore plus de cent quatre-vingts juges. M. le duc d'Orléans entreprend ouvertement la défense de M. Le Blanc ; lui, et M. le prince de Conti, n'ont pas manqué une séance.

Lundi, 15, on a jugé l'affaire : il y avait cent soixante-treize juges, et il n'y a pas eu une voix contre

M. Le Blanc. Cela lui fait un honneur infini, et, en même temps, beaucoup de tort au procureur général de se trouver seul d'avis d'un décret. Tout le monde a été charmé de ce jugement et de la conduite qu'a tenue en ceci M. le duc d'Orléans. Il n'y avait de soupçon contre M. Le Blanc, qu'au sujet de La Combe, qu'on avait trouvé pendu dans la maison de La Barre, lieutenant de la connétablie, parce que ce dernier a montré un ordre signé de M. Le Blanc, qui lui ordonnait, de la part de M. le duc d'Orléans, de garder cet homme dans sa maison.

MM. les ducs de Richelieu, de La Feuillade et de Villars Brancas ont été pendant trois jours au parlement, mais on les a regardés dans le public comme les espions de M. le Duc, et ils se sont retirés. On a fait des chansons sur eux et on les a tympanisés. J'entendis, à cette occasion, un assez bon mot de M. le marquis de Montmorency, premier gentilhomme de M. le prince de Conti. Il dit qu'il ne fallait pas s'étonner de la retraite de M. de La Feuillade dans cette affaire : qu'il était habitué à lever le siége [1].

Février. — M. Dodun, contrôleur général des finances et puissamment riche, a acquis le marquisat d'Herbault, proche Orléans, et la charge de lieutenant de roi d'Orléans. Cela lui a paru trop bourgeois de rester en homme de robe, surtout ayant le cordon bleu; il a pris l'épée, s'est fait appeler M. le marquis d'Herbault [2], et, entre autres choses, s'est fait galonner un habit ni plus ni moins qu'un officier des gendarmes.

---

[1] Allusion à la levée du siége de Turin, en 1706.
[2] On lui avait donné le surnom de *Colloredo*, parce qu'il avait le cou roide et qu'il faisait le glorieux. (Marais, *Journal de Paris*.)

Cela a paru si ridicule qu'on n'a pu y tenir. Comme le sieur Dodun est fort haï, on a recherché son origine, et on a trouvé que son grand-père avait été laquais. Enfin on a fait sur lui, et sur sa femme, des chansons qui ont été chantées jusque par les décrotteurs. Madame Dodun en a été huit jours sans dormir. Voici une de ces chansons; elle est sur l'air *de la Testard*[1].

Dodun dit à son tailleur :
« Marquis d'Herbaut je me nomme :
Il me faut en grand seigneur
Habiller, et voici comme :
Galonnez (*ter*)-moi,
Car je suis bon gentilhomme ;
Galonnez (*ter*)-moi,
Je suis lieutenant de roi. »

— « Mon cousin, dit le tailleur,
Je défie toute personne
D'avoir l'air d'un grand seigneur
Comme aura votre personne.
Galonnez (*ter*) vous,
Votre aïeul, si honnête homme,
Galonnez (*ter*)-vous,
Portait galons comme vous. »

La Dodun dit à Frison :
« Qu'on me coiffe avec adresse ;
Je prétends, avec raison,
Inspirer de la tendresse.
Maronnez, bichonnez, tignonnez-moi,
Je vaux bien une duchesse.
Maronnez, bichonnez, tignonnez-moi
Je vais souper chez le roi[2]. »

[1] Nom donné à un air de contredanse sur lequel on avait fait diverses chansons, à propos de l'aventure de mademoiselle Testard, jeune personne de dix-huit ans, qui se disait tourmentée par un lutin.
[2] Elle soupa, un jour de carnaval, à Marly, avec le roi.

Mars. — On a parlé ici du renvoi de l'infante et du mariage du roi avec différentes princesses : on nommait mademoiselle de Sens, la princesse d'Angleterre, celle de Pologne, etc.; mais ces nouvelles se ralentissent et il est même tellement défendu de les répandre qu'on a arrêté plusieurs personnes qui en parlaient.

Avril. — Jeudi dernier, 5, l'infante est partie de Paris [1]. Elle a été coucher à Châtres, autrement dit Arpajon [2]; le roi ne lui a point dit adieu. Il était à Marly et n'est retourné à Versailles que le soir du départ, dont madame la Duchesse [3] et madame la marquise de Prie, qui ne quittent pas le roi, l'auront fait rire. On a dit seulement à l'infante que son père demandait à la voir et que c'était le sujet de son voyage.

— Le 13 ou 14 de ce mois, madame la princesse de Conti qui est à Port-Royal et qui avait tant de répugnance pour son mari, lui envoya dire qu'elle voulait lui parler. Le prince y alla avec joie et la fin de la conversation fut que madame la princesse de Conti monta en carrosse avec son mari et qu'elle revint à l'hôtel où elle est actuellement, ce qui a surpris bien du monde. Le mardi, 17, elle alla, avec le prince, demander à M. le Duc la place de surintendante de la maison de la reine que l'on forme à présent. M. le Duc répondit qu'il l'avait donnée à mademoiselle de Clermont. Il n'était pas de sa politique de nommer madame la princesse de Conti, qui aurait pu s'emparer de l'esprit

---

[1] Pour retourner en Espagne, son renvoi ayant été décidé.

[2] La terre de Châtres ayant passé dans la famille d'Arpajon, en 1720, le nouveau propriétaire, celui qui avait épousé la fille de Montargis (voir page 204), obtint son érection en marquisat d'Arpajon.

[3] Mère du duc de Bourbon.

de la reine et en disposer plutôt à l'avantage de son mari et de ses enfants que de son frère.

Mai. — On ne sait encore rien de positif sur la reine. La princesse Stanislas reprend le dessus. Toute la maison de la reine est faite, semblable à ce temple qu'on avait élevé à Rome avec l'inscription : *Deo ignoto,* au Dieu inconnu.

— Dimanche, 27, après son dîner, le roi a déclaré son mariage avec la princesse royale de Pologne qui est la princesse Leczinska, fille du roi Stanislas. Ce mariage étonne tout le monde. Il ne convient, en effet, en aucune façon au roi de France, d'autant que la maison Leczinski n'est pas une des quatre grandes noblesses de Pologne. Cela fait de simples gentilshommes, et c'est une fortune étonnante pour cette princesse. La princesse Sobieska [1], femme du prince de Turenne, qui est d'une fierté insupportable et qui regarde avec mépris la maison de Bouillon, sera bien piquée de voir si fort au-dessus d'elle une particulière de son pays qu'elle regardait infiniment au-dessous.

Juin. — Nous avons eu un miracle dans Paris le dernier mai, à la procession de la grande Fête-Dieu, et il est si avéré que je suis obligé moi-même de le croire, ce qui n'est pas peu. Il y a dans la paroisse Sainte-Marguerite, au faubourg Saint-Antoine, la femme d'un ébéniste, nommé La Fosse, âgée de quarante-cinq ans, qui était paralytique depuis longtemps, ne pouvant

---

[1] Marie-Charlotte, petite-fille de Jean Sobieski, roi de Pologne, qui, après avoir été unie à Frédéric-Maurice de La Tour d'Auvergne, prince de Turenne, devint veuve au bout de dix jours de mariage et épousa, l'année suivante (1724), Charles Godefroi, prince de Bouillon, frère de son premier mari.

même marcher dans sa chambre, et qui, par-dessus le marché, avait une perte de sang depuis sept ans. Cette femme avait foi à l'Évangile, et une véritable, comme on va le voir. Elle avait eu envie, bien souvent, de se faire porter dans la rue, le jour de la grande Fête-Dieu, et de se prosterner devant le saint sacrement pour lui demander sa guérison; mais son confesseur, à qui elle avait communiqué son dessein, et qui n'avait pas tant de foi qu'elle, l'en avait détournée. Enfin, sans rien dire davantage, elle s'est fait descendre à la porte et lorsque le dais a été près d'elle, elle s'est traînée de force sur les mains jusqu'à lui en disant, tout haut, les paroles du paralytique de l'Évangile : *Seigneur, tu peux me guérir si tu le veux.* Cela a causé de l'émotion. On lui a même un peu déchiré ses habits pour la retenir, croyant que c'était une folle. Mais elle s'est relevée sur-le-champ et, à la vue de tout le monde, elle a suivi la procession et conduit le saint sacrement à l'église, comme les autres[1]. Il y a actuellement des commissaires nommés pour faire le procès-verbal de ce fait qui est d'autant plus important, où il est arrivé, qu'il y a quantité de huguenots dans le faubourg Saint-Antoine. Toutes les dames de la première qualité ont été et vont voir cette femme. Le curé[2] l'a priée de ne point aller à la

[1] Une plaque en marbre avait été placée dans l'église, à l'entrée du chœur, pour consacrer la mémoire de ce miracle. Ce qu'il y a d'assez curieux, c'est que Voltaire fut du nombre des témoins qui furent entendus dans l'enquête : lui-même le rapporte en ces termes : « Le miracle du faubourg Saint-Antoine m'a donné un petit vernis de dévotion : je suis cité dans le mandement (du cardinal de Noailles). J'ai été invité en cérémonie au *Te Deum*, chanté en action de grâces de la guérison de madame La Fosse. » (Lettre du 20 août 1725.)

[2] M. Goy, prêtre janséniste, auteur de *la Vérité rendue sensible*, ouvrage dirigé contre la constitution.

procession de la petite Fête-Dieu parce que cela causerait trop de confusion. Le bon de l'affaire est que M. le cardinal de Bissy a envoyé son grand vicaire à cette femme pour lui faire accepter la constitution. Comme c'est le grand soutien de la bulle, d'autant plus accréditée que le pape, que l'on croyait contraire, l'a acceptée purement et simplement, il a cru qu'il n'y avait qu'une femme constitutionnaire sur qui Dieu pouvait avoir fait des miracles. Mais la femme a répondu au grand vicaire qu'elle le remerciait et qu'elle n'entendait rien à cela. Ce miracle ne porte pas à en attendre autant de sainte Geneviève, car depuis deux mois il pleut presque nuit et jour avec une obstination incroyable, et l'on ne parle non plus de la sainte que s'il n'y en avait pas.

— Vendredi, 8, le roi a tenu son lit de justice en se rendant à Chantilly. Tout le monde a remarqué qu'on n'a crié : « Vive le roi! » ni à son arrivée, ni à son départ. Après celui-ci le parlement a fait des protestations contre l'enregistrement des édits [1], attendu qu'il n'avait eu lieu que forcé par la présence du roi.

— J'ai déjà dit qu'il pleut tous les jours depuis trois mois; cela commence à déplaire et à inquiéter, mais nous avons ici un remède sûr dans la châsse de sainte Geneviève. On l'a découverte, il y a quinze jours, et il y est venu des processions de toutes parts, même de vingt lieues; la pluie cependant a toujours continué et il faut y mettre ordre. Sur la demande de la Ville, le parlement a ordonné la descente de la châsse et la pro-

---

[1] Il y avait dix édits ou déclarations : le plus important de ces édits, et celui qui excitait un mécontentement général, était l'imposition du cinquantième denier, c'est-à-dire du cinquantième du revenu de tous les biens pendant douze années.

cession, ce qui cause bien du mouvement dans Paris, attendu qu'il y a seize ans que cela n'a été fait.

Juillet. — Samedi, 30 juin, commencèrent les processions des paroisses qui allaient d'abord à Notre-Dame et ensuite à Sainte-Geneviève. Soit par intérêt personnel, par rapport aux biens de la terre, soit dévotion à la sainte, jamais je n'ai vu de processions si pieuses et si solennelles, pour la quantité de peuple et des meilleurs bourgeois et bourgeoises qui suivaient. Aux processions des Fêtes-Dieu, il n'y a personne en comparaison.

Il y a eu deux grandes processions, savoir : celle des Petites-Maisons [1], où les pauvres de toutes les paroisses de Paris, qui sont à la charité, assistent par quadrille, distingués par paroisses, avec un bedeau à leur tête ; celle de l'hôpital et de la Salpêtrière : cela composait quatre à cinq mille personnes. M. le procureur général a assisté à toutes les deux.

Les couvents sont venus aussi en procession. Saint-Martin-des-Champs a un beau droit, celui d'aspersion dans Paris. J'ai vu un religieux qui jetait de l'eau bénite au peuple pendant tout son chemin : je ne l'ai vu faire qu'à eux [2].

Jeudi, 5, a été faite la procession de la châsse de sainte Geneviève, cérémonie des plus solennelles du royaume. Il ne tomba que quelques gouttes d'eau, et comme il fit un vent très-fort, le chemin était sec. La rue Saint-Jacques était remplie de tout ce qu'il y a de

---

[1] Aujourd'hui l'hospice des Ménages, rue de la Chaise. Cet hôpital tirait son nom des petites maisons fort basses qui entouraient les cours, et qui servaient de logement à plus de quatre cents vieilles gens pauvres.

[2] Saint-Germain-des-Prés a le même droit. (*Note de Barbier.*)

gens de qualité ; il y avait un monde surprenant. Les rues étaient barrées ; mais les archers ne s'étant emparés des postes qu'à cinq heures du matin, comme le chemin est court, il était déjà rempli de peuple, en sorte qu'il fallut faire ôter deux rangs de chaque côté, et les faire reculer par le haut et par le bas de la rue Saint-Jacques. Cela ne put se faire qu'avec violence, par le guet tant à cheval qu'à pied. La procession fut trois heures à passer et n'arriva qu'à près de deux heures à Notre-Dame. Elle était fort mal en ordre. Elle commence par une quantité infinie de confrères de Jérusalem, qui précèdent les cordeliers, ce qui fait une marche fort ennuyeuse ; on devrait en retrancher les trois quarts.

Le matin, toutes les processions se rendent à Notre-Dame, d'où elles partent à huit heures pour se rendre à Sainte-Geneviève, en passant par la rue Galande. Le parlement et les autres cours se rendent séparément, par un autre chemin. Après la grand'messe, toutes les processions reconduisent la châsse, excepté celle de Notre-Dame qui ne va que jusqu'à Sainte-Geneviève-des-Ardents [1]. Là les deux châsses s'inclinent pour se dire adieu, et celle de Saint-Marcel rentre à Notre-Dame. Les cours ni la Ville ne reconduisent point la châsse de la sainte ; il n'y a que le Châtelet qui l'accompagne à Sainte-Geneviève où il dîne. Tout cela fut si long qu'il n'y arriva qu'à sept heures du soir.

Les chanoines de Notre-Dame étaient tous habillés de violet avec les parements pourpre. Il n'y avait auparavant que les dignitaires qui fussent ainsi, et c'est

---

[1] Cette église était située rue Neuve Notre-Dame, en face de l'Hôtel-Dieu et non loin de la rue de Marché-Palu.

la première fois qu'ils se sont ainsi décorés. Ceux qui sont conseillers étaient tout en rouge, à l'ordinaire.

Il faut convenir que le temps a changé entièrement depuis la procession. A la vérité, il y avait changement de lune, mais il avait toujours plu malgré les changements de lune précédents. Néanmoins le pain a augmenté considérablement. Il vaut encore ici quatre sous la livre.

17. — Samedi, 14, un boulanger du faubourg Saint-Antoine voulut, dit-on, vendre trente-quatre sous un pain qui avait été donné, le matin, à trente. La femme à qui cette aventure arriva, fit du bruit et appela voisins et voisines. Le peuple s'assembla en fureur contre les boulangers. Ils furent bientôt au nombre de dix-huit cents, pillèrent toutes les maisons de boulangers du faubourg depuis le bas jusqu'en haut, et jetèrent pâte et farine dans le ruisseau. Quelques-uns prirent aussi de là occasion de voler argent et argenterie. La garde, qui est de jour aux barrières, vint, mais elle fut repoussée à coups de pierres. Elle eut la présence d'esprit de faire fermer les trois portes Saint-Antoine. On fit venir du guet à cheval qui entra et fonça, l'épée à la main, sur la populace, et tira trois coups de feu qui dispersèrent celle-ci. Mais il arriva un grand malheur. Un mousquetaire noir et deux officiers étaient en chemin pour venir à la ville. Le mousquetaire reçut un coup de feu à la tête qui le tua sur-le-champ. C'était un jeune homme de condition, de quatorze à quinze mille livres de rente. On le porta à l'hôtel et les officiers furent obligés de contenir les mousquetaires qui voulaient sortir et tomber sur le guet.

On avait pris huit des séditieux, et aujourd'hui on

en pend deux dans la grande rue du faubourg Saint-Antoine. On a commandé, pour cet effet, le régiment des gardes qui, dès midi, s'est emparé de toutes les rues de traverse pour empêcher la populace d'assister en foule à cette exécution.

24. — Hier, mon père entra pour la première fois dans le conseil de M. le duc d'Orléans qui se tient en sa présence.

Août. — M. le duc d'Orléans a lieu d'être piqué contre M. le Duc. Lorsqu'il est arrivé à Metz[1], on lui a envoyé cinquante hommes de gardes sans drapeau blanc. Il s'en est plaint au commandant qui, en lui faisant excuse, lui a montré l'ordre, signé de M. de Breteuil, de lui rendre les honneurs dus aux princes du sang, en général. Non-seulement M. le duc d'Orléans représente le roi dans ce voyage, mais il est colonel général de l'infanterie, et par cette charge il doit avoir une garde comme le roi. Sur-le-champ, il a envoyé un gentilhomme avec une lettre adressée au prince de Conti pour être remise, par lui-même, au roi. On a donné ordre de lui rendre tous les honneurs qui lui étaient dus, et M. le Duc a rejeté cette erreur sur M. de Breteuil.

— Pendant que le roi et M. le Duc, son premier ministre, s'éloignent de Paris et se préparent à des plaisirs[2], le peuple est dans les gémissements, car le pain est à sept et huit sous la livre, et encore en a-t-on avec grande peine. Cela se fait par un manége qu'il y a

[1] En se rendant à Strasbourg pour y épouser, par procuration, la princesse Leczinska.
[2] Le roi était parti, le 21, pour Fontainebleau où devait se faire son mariage avec la princesse de Pologne.

sur le pain, car on défend aux fermiers d'amener du blé aux marchés, et on ne délivre aux boulangers qu'une certaine quantité de farine. On a prescrit aussi la manière de faire du pain [1]; on ne mange plus de petit pain ni de pain mollet à Paris. Il est vrai que la saison est effroyable. Il pleut continuellement, et peut-être plus vivement encore qu'avant la procession de Sainte-Geneviève. Elle n'a eu que le crédit de donner le temps de faire les foins; cependant la récolte du blé sera abondante. La fureur est au pain; chacun en veut prendre plus qu'il ne lui en faut, et il y a des soldats aux gardes dans les marchés. On a même pris des mesures contre la sédition, et les mousquetaires, qui devaient tous partir pour Fontainebleau, sont restés à Paris. On a trouvé, plusieurs matins, des placards qui contenaient des choses horribles contre le gouvernement et contre M. le Duc. Depuis très-peu de temps nous essuyons en taxe le joyeux avénement [2], la ceinture de la reine [3], le cinquantième des biens en nature, et une cherté extraordinaire sur le pain. C'en est trop à la fois pour ne pas crier.

— Il y a ordinairement un repas de trois mille livres pour l'installation des échevins, qui a lieu dans ce mois-ci. Au lieu de le faire, ils ont envoyé cet argent aux curés pour le distribuer aux pauvres.

— M. d'Ombreval, lieutenant de police, est révoqué

---

[1] Arrêt du parlement, du 21 août, qui ne permet de faire que deux espèces de pain, l'un bis-blanc, l'autre bis.

[2] Droits que les rois de France levaient sur leurs sujets en arrivant au trône.

[3] Droit qui se percevait à Paris, de trois en trois ans, sur certaines sortes de marchandises.

et remplacé par M. Hérault, intendant de Tours, homme de trente-deux ans, de beaucoup d'esprit, honnête homme, mais peut-être trop sévère pour cette place; au surplus grand ami, de tout temps, des jésuites. M. de Châteauneuf, prévôt des marchands, qui avait encore un an à rester en place, a été aussi remercié par le roi qui a pris prétexte sur son âge. C'est un fripon avéré qui a gagné des sommes immenses sur la capitation et avec les marchands de bois, auxquels il permettait de mettre un tiers de bois blanc dans le bois pour la fourniture de Paris. M. Lambert, premier président de la deuxième chambre des enquêtes, qui le remplace, a été toute sa vie un grand magistrat et un très-honnête homme.

Septembre. — Le 4, le roi alla, avec toutes les princesses dans son carrosse, au-devant de la reine, au-dessus de Moret. La reine fit attendre quelque temps, parce que son carrosse était embourbé, de manière qu'il fallut y mettre plus de trente chevaux pour le retirer. Les chemins sont épouvantables et toute la maison du roi n'était que boue. A la rencontre des deux carrosses on jeta par terre un tapis et un carreau. La reine descendit et voulut se mettre à genoux; mais le roi, qui était à terre, ne lui en laissa faire que la façon. Il la releva et l'embrassa des deux côtés avec une vivacité qu'on ne lui avait jamais vue. Il monta ensuite, avec madame la duchesse d'Orléans, dans le carrosse de la reine qu'il conduisit à Moret, où il resta à causer avec toute la politesse possible, pendant une demi-heure. Il revint ensuite à Fontainebleau où la reine arriva le lendemain, 5, sur les dix heures du matin. Elle monta droit à son cabinet pour sa toilette, et on fut trois heures à l'accommoder. Toute la cour, princes et princesses, y vinrent. La reine les reçut avec beaucoup de grâce, à ce que l'on dit, en sorte que tout le monde en est fort content. Le roi envoya plusieurs fois savoir quand la toilette serait finie.

— Le voyage de Fontainebleau s'est passé avec un continuel empressement de la part du roi pour la reine ; mais cette princesse est obsédée par madame de Prie. Il ne lui est libre ni de parler à qui elle veut, ni d'écrire. Madame de Prie entre à tous moments dans ses appartements pour voir ce qu'elle fait, et elle n'est maîtresse d'aucune grâce.

— On dit que M. le Duc a voulu exiler M. le duc de Gèvres, parce que celui-ci aurait détourné le roi de nommer M. le marquis de Prie duc et pair, et qu'il lui a envoyé, à cet effet, une lettre de cachet par M. de Maurepas, à un retour de chasse. M. de Gèvres quittait le roi qui, comme on en juge bien, ne savait rien de cela : il prit la lettre de cachet avec soumission, répondit qu'il allait partir, et se mit en redingote, habillement, venu des Anglais, qui est ici très-commun à présent pour le froid, la pluie et surtout pour monter à cheval. Le duc, qui a tout l'esprit possible, qui est grand courtisan et qui est aimé de tout le monde, entra ensuite dans l'appartement du roi, se jeta à ses genoux et lui marqua beaucoup de chagrin de lui avoir déplu. Le roi, qui ne l'attendait plus dans cet équipage, fut étonné de tout ce préambule, se mit à rire comme un fou, se moqua du duc de Gèvres, et lui dit d'aller se déshabiller. Cette affaire n'a pas été bien publique ; plusieurs néanmoins l'assurent, ce qui aurait été un grand déboire pour M. le Duc.

ANNÉE 1726.

Janvier, 19. — Le commencement de cette année a été très-pluvieux, de manière que la rivière a débordé de tous les côtés et est encore fort haute. Le 14, le temps a changé tout d'un coup; un très-grand froid s'est fait sentir, et la rivière charrie, ce qui cause des malheurs étonnants. Hier, les glaces ont brisé des bateaux chargés de vin, au-dessus de la Tournelle; on dit qu'il y a eu quinze cents pièces perdues. Comme il a déjà péri plusieurs personnes, on n'a pas osé s'exposer pour reprendre les tonneaux qui s'en allaient sur l'eau, et il n'y a eu que quelques déterminés qui l'ont fait. Mais il est arrivé un bien plus grand malheur. Les glaces ont coupé les cordes qui retenaient trois moulins à eau placés sur des bateaux, vis-à-vis le quai des Morfondus, et dans lesquels il y avait plusieurs personnes. Un de ces bateaux a enfilé une arche du Pont-Neuf et périra au pont de Sèvres ou ailleurs. Les autres se sont brisés contre le Pont-Neuf et se sont arrêtés sous une arche. On faisait la cuisine dans ces moulins; le feu y a pris et durait encore cette nuit. Il était si violent qu'on a appréhendé pour la clef de l'arche et pour la Samaritaine [1]. Tous les magistrats sont venus sur le midi; on a empêché de passer sur le pont, mais on n'a pu donner de secours à ceux qui étaient dans les bateaux.

Ce qu'il y a de singulier, c'est que l'on disait, il y a

---

[1] On appelait ainsi une pompe placée à la seconde arche du Pont-Neuf, du côté du Louvre, parce que la façade du bâtiment, qui regardait le pont, était ornée d'un groupe de figures en bronze doré représentant Jésus-Christ et la Samaritaine au puits de Jacob.

quatre jours, parmi le peuple, qu'il y aurait un grand malheur le 17; qu'on avait trouvé cette prédiction dans les papiers du P. Gourdan[1], qui est à Saint-Victor, et que le peuple regarde comme un saint.

Février. — M. Arnauld de Bouex, qui a fait tant de bruit lors du procès des Cartouchiens, n'a pas été beaucoup estimé depuis qu'il est maître des requêtes, surtout dans l'affaire de M. Le Blanc. On l'a accusé d'avoir voulu suborner des témoins contre ce ministre, et on a très-mal parlé de lui au parlement, lorsque l'affaire s'y est jugée.

Depuis peu, un certain abbé Margon, grand fripon, mêlé dans cette même affaire, a été repris pour avoir déposé du mal et du faux. Il a apparemment recommencé à charger M. Arnauld, car le parlement avait résolu de décréter celui-ci, et avait même envoyé chercher M. Joly de Fleury, procureur général, pour donner promptement des conclusions. Mais on dit que M. Joly a averti d'abord M. Guyot de Chesne, avocat du conseil de M. le Duc, et beau-père de M. Arnauld de Bouex; en sorte qu'avant le décret, M. Hérault, lieutenant de police, s'est transporté chez M. Arnauld avec une lettre de cachet, et a saisi ses papiers. M. de Bouex est parti une heure après pour le Chesne, terre de son beau-père, près Montargis. On avait, au commencement, regardé cela comme un exil et une disgrâce, mais à la réflexion on a vu que c'était un coup de politique pour soustraire M. Arnauld au parlement.

---

[1] Simon Gourdan, né à Paris en 1646, chanoine de Saint-Victor, s'était acquis cette réputation de sainteté par l'austérité de son genre de vie. Il s'abstenait constamment de viande, de poisson, de vin, et jeûnait avec la plus grande rigueur.

— On a fait, dans le ministère, une opération des monnaies injuste, et qui ne réussira pas. Le roi a diminué l'écu de quatre livres et l'a mis à trois livres; il le prend à trois livres cinq sous à la Monnaie, et donne, en échange, un nouvel écu de cinq livres qui, au marc, n'est autre chose que le vieil écu sur le pied de quatre livres. De manière que c'est faire une refonte pour gagner quinze sous par écu, et les faire perdre au public. Comme on est devenu habile dans ce pays-ci, et que tout le monde connaît la valeur de l'argent par marc, on ne porte presque rien à la Monnaie.

Mars. — Il est arrivé un grand malheur la nuit du mardi gras. M. de Colonne[1], Italien, et l'abbé Laurent[2], deux gens de lettres savants, âgés de près de quatre-vingts ans, demeuraient ensemble au second étage d'une maison de la rue Saint-Anastase, au Marais. L'un d'eux s'est apparemment endormi en lisant dans son lit, comme ils avaient coutume de faire, et le feu a pris à la maison si extraordinairement que ni M. de Colonne, ni M. Laurent n'ont pu sortir de leurs chambres. Ils y ont été brûlés et consumés entièrement. Madame de Colonne, qui logeait au premier, s'est sauvée en chemise avec sa servante. Un laquais, qui était au quatrième, voyant l'escalier en feu, s'est jeté par la fenêtre; il est mort depuis. La maison, les meubles, les livres, tout a été brûlé : voilà un avis aux lecteurs!

[1] Il avait publié, l'année précédente, un ouvrage en deux volumes ayant pour titre : *Les Principes de la nature, suivant l'opinion des anciens philosophes.*

[2] Il était fils d'un trésorier de l'extraordinaire des guerres. On a de lui une traduction en cinq volumes de l'*Histoire turque* de Sagredo ; et il allait publier une traduction de Tite-Live, à laquelle il travaillait depuis vingt ans. Elle fut brûlée avec tous ses papiers.

Avril. — Le cuisinier de M. Le Guerchoys, conseiller d'État, avait écrit à son maître une lettre anonyme dans laquelle il lui disait de mettre un sac de louis sur la fenêtre de la rue, ou qu'autrement on l'assassinerait. On posta du monde dans la rue pour espionner, et on mit ensuite un sac de gros sous à la place indiquée. Le cuisinier, dont on ne se cachait pas, et qui entendait parler de ces détours, écrivit trois nouvelles lettres à M. Le Guerchoys, disant qu'on l'avait manqué tel jour sur le Pont-Neuf, lorsqu'il revenait de souper, parce qu'il était bien accompagné; mais que, tôt ou tard, il n'échapperait pas. Il eût été difficile de découvrir l'auteur de la lettre si, par hasard, on ne s'était avisé de donner congé au cuisinier. Madame Le Guerchoys, en le payant, lui ayant demandé une quittance qu'il lui donna, fut frappée de la ressemblance de l'écriture. Le cuisinier fut arrêté et, par sentence du Châtelet, confirmée par arrêt, il a été pendu, le 12 de ce mois, sur le quai des Augustins, au bout de la rue Pavée, où demeure M. Le Guerchoys.

Le peuple et bien d'autres gens ont trouvé ce jugement rigoureux, de faire perdre la vie à un homme qui n'a ni tué ni volé, et qui n'avait jamais fait une mauvaise action. La populace même en a marqué son ressentiment en cassant les vitres de M. Le Guerchoys; mais, tout considéré, comme le cas est nouveau, on a bien fait de pendre cet homme pour l'exemple : surtout parce que c'est un domestique, et qu'on ne peut trop acheter la tranquillité publique.

— Il y a encore des gens déterminés : un conseiller au grand conseil, nommé La Fresnais, qui, de son métier, était agioteur, s'est tué, il y a huit jours, dans l'appartement de madame de Tencin[1], chanoinesse, sœur de l'archevêque d'Embrun. C'est une femme de quarante ans passés, mais qui a de l'esprit comme un diable, femme galante et qui a été la maîtresse de Law. La Fresnais aussi avait été son amant et il voulait renouer avec elle. Il voulait même l'épouser, dit-on, car elle s'est fait relever de ses vœux; ce qui ne lui a pas été difficile, l'abbé de Tencin, son frère, ayant fait les affaires de France à Rome. Quoi qu'il en soit, La Fresnais alla chez elle un matin, et après lui avoir fait des propositions qu'elle n'accepta pas, il passa dans un cabinet et se tua d'un coup de pistolet. On conseilla à madame de Tencin d'avertir le premier président et le procureur du grand conseil, qui firent enterrer le corps; mais cela a amené un conflit avec le Châtelet qui a prétendu devoir connaître de cet événement. M. le garde des sceaux ayant décidé en faveur du Châtelet, le lieutenant criminel fit arrêter madame de Tencin la nuit et la fit conduire au grand Châtelet, d'où elle a été menée à la Bastille, par le crédit de l'archevêque d'Embrun. On assure même qu'on ôtera l'affaire au Châtelet. Le lieutenant criminel a été assez imprudent, car personne ne pense que cette femme soit coupable du meurtre. On ne voit que du dérangement d'esprit dans la conduite de La Fresnais. Il y a douze jours, il déposa son testament[2] entre les mains de M. de Sacy, avocat au conseil, son ami; mais ce testa-

---

[1] Claudine-Alexandrine Guérin de Tencin, née à Grenoble en 1681, dont le salon fut le rendez-vous des littérateurs les plus distingués du xviii° siècle.

[2] Ce testament a été imprimé plusieurs fois : notamment dans les *Mélanges historiques*, etc., de Boisjourdain, t. II, p. 41.

ment, au lieu de disposer de prières, n'est qu'un libelle diffamatoire contre madame de Tencin.

14. — Par arrêt de grand'chambre d'hier, samedi, mademoiselle de Saint-Cyr[1] a été reçue à faire preuve, par témoins, de l'accouchement de madame de Choiseul. C'est avoir d'avance gagné son procès, car elle a la preuve complète qu'elle est fille de cette dame. Cela fera bien du tort à la réputation de M. le duc de La Vallière qui a eu connaissance de ces faits et qui a toujours soutenu le contraire.

— On dit que M. de La Vallière a présenté sa requête en cassation au conseil des dépêches[2], où les secrétaires d'État reçoivent toutes sortes d'affaires et matières inconnues aux princes et ministres qui le composent; il en résulte que la faveur a grande part à ces jugements, quoique suprêmes et sans ressources. Cela n'empêchera pas mademoiselle de Choiseul de faire sa preuve, mais il n'est pas sûr à présent qu'elle gagne.

— La voûte de la grande croisée du milieu de l'église Notre-Dame, au-dessus de la chapelle de la Vierge, ne paraît pas bien solide et l'on a résolu de la réparer. La difficulté est d'enlever la première pierre, parce qu'on ne sait pas l'effet que cela produira; aussi a-t-on fait un échafaudage immense, qui monte jusqu'à la voûte, et qui a déjà coûté douze à quinze mille livres. Des vo-

---

[1] Cette affaire, dans laquelle il y avait déjà eu un premier jugement rendu dès le mois de juin 1724 (voir p. 209), avait continué à occuper le parlement, et il était intervenu divers arrêts pendant la fin de 1724 et le courant de 1725.

[2] L'un des conseils du roi, c'est-à-dire ceux qui étaient censés se tenir en sa présence et qu'il présidait lorsqu'il y assistait. Les autres étaient le conseil d'État et le conseil royal des finances.

leurs se sont entendus pour profiter de cette circonstance. Le jour de Pâques, pendant les vêpres, l'un d'eux fit remuer une échelle sous l'échafaudage, et les autres crièrent que la voûte allait fondre. Il y avait foule dans l'église, et une terreur panique s'empara des assistants qui se culbutèrent pour sortir, au point que quelques-uns passèrent par les fenêtres. Il y eut aussi quelques bras et quelques jambes cassés, et pendant ce temps-là les fripons qui faisaient la presse et le désordre s'emparèrent de cannes, montres, tabatières et autres choses. On peut dire que le tour est assez plaisant. Un ancien chapelain de Notre-Dame a remarqué qu'il en arriva autant il y a quarante ans, un jour de la Vierge, mais il n'y avait pas le prétexte de la chute de la voûte.

Mai. — Il a été exécuté, ce mois-ci, une course de cheval vigoureuse. M. le comte de Saillant[1] avait parié contre M. le marquis de Courtenvaux qu'il viendrait, en trente minutes, sur le même cheval, de la grille de Versailles à la grille des Invalides. Le pari était de six mille livres, et tous les seigneurs avaient fait, en outre, des paris particuliers. Madame de Saillant[2] ayant supplié le roi de défendre à son mari de faire cette course, à cause de la montagne de Sèvres qu'il faut descendre et où le cheval peut s'abattre, la défense a été faite; mais M. de Saillant a proposé son valet de chambre pour courir à sa place. Celui-ci a eu trois chevaux à choisir dans l'écurie de son maître; il en a fait l'essai plusieurs

---

[1] Le marquis et non le comte de Saillant, le même qui avait fait une course de Paris à Chantilly, au mois d'août 1722 (voir p. 151).

[2] Marie-Henriette Colbert qu'il avait épousée en secondes noces, Catherine du Bellai, sa première femme, étant morte en 1722.

fois, et on a nourri le cheval qui devait courir, au biscuit et au vin de Champagne. Le jour a été fixé au jeudi, 9 mai, pour partir de Versailles à six heures précises du soir. On a pris deux pendules de l'Observatoire, montées également, dont l'une a été mise à la grille de Versailles, et l'autre à celle des Invalides. Cette dernière était enfermée, jeudi, dans une guérite dont M. de Coigny avait la clef, et où se trouvaient aussi plusieurs seigneurs pour être juges.

Afin de raccourcir le chemin dans la plaine de Grenelle, on avait fauché des seigles et fait un sentier de trois pieds de large, en ligne droite, depuis Sèvres. Ce chemin était marqué par de grands bâtons piqués en terre, au bout desquels il y avait des papiers blancs. Un homme du guet à cheval, ou de la maréchaussée, était près de chacun de ces piquets pour empêcher que personne ne se mît dans le sentier, et surtout pour en éloigner les chiens. Le temps était assez beau, quoique un peu couvert, et il y avait, dans la plaine, un nombre infini de carrosses qu'on avait laissé passer aux Invalides jusqu'à une certaine heure, ainsi que beaucoup de monde à pied. Lorsque le cavalier passa devant moi, il était précédé et suivi de quelques seigneurs qui l'accompagnaient depuis Sèvres ou les environs, pour animer son cheval. Il n'allait cependant que le grand galop ordinaire. Il arriva à la grille deux minutes trente secondes au delà de la demi-heure, et par conséquent plus tard qu'il ne fallait, en sorte que M. de Saillant a perdu.

Cette course est néanmoins très-vigoureuse pour le cheval; mais plusieurs raisons l'ont fait perdre : 1° on dit que le cheval a été trop pressé d'abord ; 2° le pari ayant été fait par M. de Saillant qui pesait quarante livres de plus que son valet de chambre, il a fallu remettre le poids sur le cheval, et, pour cela, le valet de chambre portait comme un corps de buffle ou plastron, dans le devant et le derrière duquel on avait réparti les quarante livres : or, ce poids mort fatigue davantage l'animal et incommode beaucoup l'homme ; 3° il y avait eu de la pluie, ce qui rendait la terre et ce chemin nouveau difficiles. Il pleuvait très-peu dans la plaine où j'étais, mais la nuée suivait le cavalier, et quand celui-ci eut passé, il arriva incontinent une ondée si terrible, qu'en mon particulier je fus percé avant d'avoir rejoint mon carrosse. Du reste, j'eus cela de commun avec beaucoup de gens.

On avait dit que le pauvre cheval était mort, mais cela n'est pas vrai. Il se porte bien et il n'y paraît pas. Ce pari-là aurait été suivi de bien d'autres, si tous les seigneurs n'étaient pas obligés de rejoindre leurs régiments.

Juin. — L'autre nuit le feu a pris au collège des jésuites[1], feu considérable qui a brûlé deux planchers. Le lieutenant de police y est venu et il y a eu de prompts secours. Il y a, dit-on, pour dix mille livres de vaisselle d'étain fondue.

— Mardi, 11, pendant que j'étais à Osny[2] chez M. de Nicolaï, on a renversé le gouvernement, ce que tout le monde souhaitait, mais ce à quoi personne ne s'attendait. Il y avait eu conseil, le matin, à l'ordinaire, et à

---

[1] Le collège de Clermont ou de Louis-le-Grand, devenu collège royal sous ce dernier nom.

[2] Château situé sur la rivière de Vionne, à deux kilomètres de Pontoise. Il appartient encore à la famille de Nicolaï.

trois heures après midi, le roi partit pour aller souper et coucher à Rambouillet, chez M. le comte de Toulouse. Vers huit heures du soir, comme M. le Duc, premier ministre, se préparait à rejoindre le roi, M. le duc de Charost, capitaine des gardes du corps, entra dans son cabinet, porteur d'une lettre de cachet par laquelle le roi le remerciait des soins qu'il avait pris de ses affaires, lui ordonnait de se rendre à Chantilly et lui défendait de voir la reine. En même temps M. l'évêque de Fréjus porta à celle-ci une autre lettre de cachet par laquelle le roi la priait absolument de ne point recevoir M. le Duc. Cela fut exécuté. Le prince partit pour Chantilly, et M. de Maurepas, secrétaire d'État, vint mettre le scellé dans son cabinet. Personne ne sut cet événement à Versailles le mardi soir, M. le prince de Conti était à Paris, M. le duc d'Orléans d'un autre côté, et il ne paraît pas qu'ils fussent avertis le moins du monde. M. de Fréjus a accoutumé de bonne heure son élève à dissimuler, car il est certain que le roi dit à M. le Duc, en partant : « Venez de bonne heure à Rambouillet ; je vous attendrai pour jouer et ne commencerai pas sans vous. » M. le Duc ayant eu cette parole du roi, qui était son dernier ordre verbal, pouvait fort bien n'en pas connaître d'autre, et M. de Fréjus a été heureux qu'un prince en place de premier ministre ait été si pacifique et si obéissant, le roi, surtout, n'étant pas à Versailles.

— Jeudi, 13, M. de Breteuil porta sa démission de secrétaire d'État de la guerre entre les mains de M. de Fréjus, et M. Le Blanc est actuellement dans son ancienne place avec l'applaudissement général. On a remarqué qu'en arrivant à Paris, il avait toute sa livrée neuve, ce qui fait juger qu'il était averti du changement. Le jugement du parlement à son égard, et ce retour-ci, le rendent plus glorieux qu'il n'a jamais été.

— Le peuple a été si content de ce changement qu'on a été obligé d'empêcher qu'il ne fît des feux de joie dans les rues, ce qui aurait été trop insultant vis-à-vis de la personne d'un prince du sang. M. Hérault, lieutenant de police, a écrit à cet effet à tous les commissaires des quartiers, en quoi il a eu tort, parce que ses lettres restent et ont été vues de tout le monde. Il fallait seulement envoyer chercher ces magistrats et leur donner l'ordre verbalement.

— M. de Breteuil reste chancelier de la reine, avec le cordon bleu, sans aucun sujet de mécontentement contre lui. Il doit être assez satisfait, et il attrapera quelque place dans la suite.

— M. Dodun, contrôleur général, a aussi été remercié, de la part du roi, par M. de Fréjus. On dit qu'aucun ministre, jusqu'ici, n'a autant pillé que celui-là, qui n'a point d'enfant et qui est homme de rien. Son père était conseiller au parlement de Paris, et son grand-père avait été laquais, comme je l'ai déjà dit. Il est haï et méprisé généralement. M. Le Pelletier Desforts, conseiller au conseil royal des finances, a été nommé contrôleur général, en sorte que les choses vont être sur le pied où elles étaient anciennement.

— Madame de Prie, maîtresse de M. le Duc, et qui était dame d'honneur de la reine, est exilée dans ses terres, en Normandie. Les quatre frères Pâris sont également exilés : l'un va en Périgord, l'autre en Dauphiné, le troisième à Saumur et le dernier par delà Vitry-le-

Français. Enfin on a mandé en cour M. d'Ombreval, qui est à présent intendant à Tours, pour rendre compte de son administration lorsqu'il était lieutenant de police, au sujet de la cherté du pain. Chacun politique et fait des contes différents sur ces grands événements. L'on dit hautement que M. le Duc avait fait un traité avec les Pâris, et d'autres, pour acheter tous les blés du royaume en vert, c'est-à-dire sur pied. Savoir si cela aurait pu être mis à exécution. Quoi qu'il en soit, M. le Duc est à Chantilly, qui chasse à son ordinaire, et qui ne laisse pas que d'avoir une belle cour. Madame la Duchesse, sa mère, lui a fait de vifs reproches, et lui a rappelé que, depuis longtemps, elle lui avait prédit qu'il se perdrait par les conseils d'une gueuse; c'est ainsi qu'elle s'exprime en parlant de madame de Prie, à qui elle a dit aussi toutes ses petites vérités.

— Le roi, comme un grand garçon, a fait un discours au premier conseil qu'il a tenu depuis l'exil de M. le Duc. Il a dit que ce qu'il avait fait ne diminuait en rien l'amitié qu'il avait pour son cousin, mais qu'il était bien aise de remettre les choses dans l'état où elles étaient du temps de Louis XIV. Qu'il donnerait des heures à tous les ministres pour travailler avec lui en présence de l'ancien évêque de Fréjus qui assisterait à tout. On voit, par là, que si cet évêque n'a pas le titre de premier ministre il en aura tout le crédit.

Cet évêque de Fréjus qui, par malheur pour lui, a soixante-dix-sept ans, s'appelle Fleury[1]. Il est, m'a-t-on dit, fils d'un receveur des tailles dans le Languedoc.

---

[1] André-Hercule de Fleury, issu d'une ancienne famille du Languedoc, était né à Lodève le 22 juin 1653 : il n'avait par conséquent que soixante-treize ans.

Quant à son caractère, on ne peut trop le connaître : il était autrefois janséniste à outrance, mais il a changé entièrement, et s'est tourné du côté des jésuites, quand il a vu que cela était nécessaire à son ambition. Comme il a refusé, il y a cinq ans, l'archevêché de Reims [1] qui est un bon morceau, de bonnes gens ont cru que c'était par humilité, tandis qu'il n'avait d'autre but que de rester en cour et d'y attraper la place qu'il tient aujourd'hui. Au surplus, on ne le dit pas un grand génie, ni autrement propre aux affaires d'État.

23. — Madame la première présidente Portail, femme de quarante-sept ans et nullement jolie, a été atteinte de la petite vérole il y a trois semaines. Elle avait pour amant, depuis quinze ans, M. Lambert de Torigny, président des requêtes du palais, garçon de quarante ans, très-riche, le plus bel homme et le mieux fait de la robe, qui a eu la sottise de vouloir tenir compagnie à sa maîtresse. Il a pris son mal, a été forcé de rester au palais, dans la maison du premier président, et y est mort cette nuit après avoir été malade cinq jours seulement. Il est généralement regretté; il laisse un frère qui n'a pas voulu entrer dans la robe et qui est capitaine de cavalerie. Son oncle, le président Lambert [2], à présent prévôt des marchands, sera inconsolable et n'assistera certainement pas aujourd'hui au feu de la Saint-Jean. Cette aventure va faire la conversation de la cour et de la ville. Si elle était arrivée entre trois jeunes étourdis, elle serait pardonnable; mais dans la maison du premier président du parlement de

---

[1] Voir p. 111.

[2] Nicolas Lambert, président de la seconde chambre des requêtes; son neveu était président de la première chambre.

Paris, où tout doit être grave, il est bouffon de voir un garçon venir s'enfermer avec la femme de ce premier président, parce qu'elle a la petite vérole. M. de Torigny avait déjà eu cette maladie et ne devait plus la craindre; peut-être a-t-il fait cette galanterie par un faux point d'honneur. Cet exemple rendra les autres sages.

Juillet. — Le nouveau gouvernement apporte des changements. M. d'Ombreval, intendant de Tours, est révoqué, aussi bien que M. de Fontanieu, intendant de Grenoble, et M. de Vatan, intendant de Flandre. On a fait une plaisanterie sur ce dernier qui est homme de condition : on raconte qu'il est venu en cour et qu'on ne lui a pas dit plus haut que son nom, *va-t'en*.

— Autre polissonnerie. Hier matin, il y avait des affiches ainsi conçues : « Cent pistoles à gagner pour celui qui trouvera une jument de *prix*, accoutumée à suivre un cheval borgne. » Cela s'applique à madame de Prie, exilée dans ses terres, en Normandie, et c'est un peu insultant pour M. le Duc qui est borgne.

— M. Le Blanc a été fort indisposé ; il aime la bonne chère, il a trop mangé à un souper chez Samuel Bernard, et il en est encore incommodé. Ce ministre a éprouvé un chagrin des plus sensibles depuis le retour de sa fortune. La petite vérole a pris, ces jours-ci, au marquis de Traisnel, son gendre, qui en est mort en trois jours. C'était un homme d'une grande maison, âgé de vingt-huit ans, colonel du régiment de dragons d'Orléans, et ayant trois enfants. Son beau-père avait reçu de lui tous les secours imaginables pendant sa disgrâce.

— On prétend que M. Le Blanc a fait tirer son horoscope que voici : « Chassé par un prêtre (le cardinal

Dubois); rappelé par un prêtre (l'évêque de Fréjus), et mort peu de temps après. » Quelque force d'esprit qu'ait M. Le Blanc cela doit bien le tourmenter.

31. — Le roi est aussi tombé malade sur la fin de ce mois, d'une indigestion considérable. Il avait mangé beaucoup de figues, des cerneaux, du lait et autres choses, car il mange à étonner. Sa maladie a été sérieuse, et il a été saigné deux fois au pied. Cependant cela a tourné à bien; il se porte mieux. Hier, le parlement fit chanter un *Te Deum* par la Sainte-Chapelle, et rendit un arrêt qui ordonnait des feux de joie. Les commissaires avertirent dans les quartiers, mais sur les huit heures du soir il y eut un contre-ordre. On dit qu'il vint de la cour qui ne reconnaît pas au parlement le droit d'ordonner ainsi des feux de lui-même.

Août. — Vendredi, 2, M. Maréchal, premier chirurgien du roi, a fait à M. Le Blanc l'opération de l'empyème. La plaie est aussi belle qu'on peut le souhaiter; mais quoiqu'il n'ait que cinquante-deux ans, le corps est usé par suite de maladies, de chagrins et de débauches, et il y aura toujours à craindre pendant quelque temps. Il est étonnant de voir les attentions du roi pour M. Le Blanc. Il a défendu aux Cent-Suisses et aux gardes de battre quand il va à la messe, de peur que le bruit des tambours n'incommode le malade. Il envoie savoir de ses nouvelles au moins quinze fois par jour.

6. — Avant-hier, dimanche, madame la duchesse d'Orléans, ayant senti quelques douleurs, est revenue à Paris pour y accoucher. Elle était étendue dans son carrosse et se trouva mal en chemin. Hier, à midi, elle accoucha d'une fille.

7. — Dans l'état où était la princesse, ce voyage n'a été ni prudent ni heureux. Aujourd'hui, madame la duchesse d'Orléans est très-mal. Elle a été saignée au pied dans la matinée, et à midi M. le curé de Saint-Eustache lui a porté le bon Dieu. Je me suis précisément rencontré au passage du cortége comme il revenait du Palais-Royal. Il y avait pour le moins cent personnes de livrées portant des flambeaux ; derrière le dais marchaient, d'un côté de la rue, M. le comte de Toulouse, M. d'Argenson, chancelier de la maison, et, plus près du ruisseau, M. le comte de Clermont, premier écuyer, cordon bleu ; de l'autre côté de la rue, sur la gauche, étaient M. l'archevêque de Cambrai et M. le chevalier d'Orléans, grand prieur de France, bâtards de M. le régent. J'ai été ensuite au Palais-Royal où tout était plein de monde, tant de la cour que de la ville ; chacun avait l'air consterné, car cette princesse est généralement aimée.

— J'ai vu aujourd'hui deux originaux différents. J'ai rencontré le vieux Verthamon, premier président du grand conseil et cordon bleu, dans son carrosse, avec quatre laquais, en robe et rabat, sans perruque et ayant sur la tête un mouchoir blanc qui pendait en forme de cornette de nuit d'une femme ; cela faisait une figure à rire.

D'un autre côté, j'ai vu M. le comte de Charolais avec un habit de drap vert brodé d'or, une petite veste et un couteau de chasse, se promenant dans le jardin du Palais-Royal au moment où on portait le bon Dieu à madame la duchesse d'Orléans.

— Jeudi, 8, à six heures du matin, la pauvre duchesse d'Orléans est morte de suites de couches ; elle n'avait que vingt-deux ans [1]. Madame Langlois, première accoucheuse et sage-femme de l'Hôtel-Dieu, qui a plus d'expérience que tous les accoucheurs et médecins de la cour, a voulu donner un remède pour appliquer, mais les médecins s'y sont refusés. Ils ont fait saigner la princesse de telle sorte qu'elle n'avait plus de force; aussi l'on dit publiquement que les médecins, et surtout Chirac [2], sont cause de sa mort. Elle a été exposée deux jours dans son lit, et on la voit présentement sous le dais. Il y a deux chapelles où l'on dit la messe: d'un côté des dames de sa cour; de l'autre, des prêtres et religieux et deux hérauts d'armes. Toute la cour y va jeter de l'eau bénite; les cours supérieures, l'Université et les mendiants y ont été aussi, ce qui se fait ordinairement pour une princesse du sang.

16. — Hier, 15, jour de la Vierge, à dix heures du soir, le corps de la duchesse d'Orléans a été conduit à l'abbaye royale du Val-de-Grâce, comme n'étant plus dans le rang d'être porté à Saint-Denis. Je le vis passer dans la rue de la Comédie. Il y avait un grand concours de peuple sur le chemin du convoi, et tout le monde était d'une tristesse étonnante [3].

20. — La reine a aussi été très-malade. Le 13, à six heures du soir, elle reçut tous les sacrements et le len-

---

[1] Voir la note 2, page 206.

[2] Pierre Chirac, né en 1650, et qui a contribué à relever la chirurgie de l'état secondaire où la médecine l'avait reléguée, jouissait de son vivant de la plus haute réputation. Cependant il fut en butte aux attaques d'un certain nombre de ses contemporains, et c'est sans doute à cette rivalité qu'il faut attribuer les accusations dont Barbier se fait ici l'écho.

[3] On peut lire dans le *Mercure de France*, année 1726, page 1935 et suivantes, la relation très-détaillée des cérémonies qui eurent lieu dans cette circonstance.

demain matin on commença les prières des quarante heures à Notre-Dame. On attribue encore l'état de la reine aux médecins qui l'ont fait saigner du bras et du pied trois ou quatre fois. Ils ne savent point d'autre remède. Cependant, on lui a donné de la *poudre des Chartreux*[1] qui est un médicament assez à la mode, et qui lui fit faire des évacuations surprenantes. Aujourd'hui, elle se porte beaucoup mieux et elle est tirée d'affaire; mais on dit que le roi a beaucoup d'indifférence pour elle.

— On a mis à la Bastille, ces jours-ci, un nommé Bouret dont la fille a épousé Monet, fils d'un homme d'affaires qui est dans la robe. Ce Bouret, qui faisait grosse figure, avait été directeur général de la création des offices municipaux[2]. Ces offices s'achetaient en liquidation pour éteindre les papiers royaux, mais cela a été supprimé aussitôt que levé, et la finance placée sur les tailles au denier cinquante. Bouret s'est servi de six ou sept millions de papiers que la province de Languedoc avait donnés pour l'établissement de ces charges. Il s'est associé avec Baresme, fils du grand arithméticien, qui avait été employé dans la banque[3] et dans toutes les opérations de finances, qui, à ce métier, avait un bon carrosse, et qui faisait l'entendu. Ils ont mis ces fonds sur la place pour acheter des actions et tripoter, et ont beaucoup gagné. Cela s'est découvert par une indemnité qui était sous le scellé de

---

[1] Nom vulgaire d'une préparation d'antimoine que l'on appelle autrement *kermès minéral*.

[2] Rétablissement du droit annuel des offices et charges, suivant la déclaration du roi, en date du 9 août 1722.

[3] Il avait été l'un des directeurs de la compagnie des Indes.

Le Blanc, le fameux agioteur. Baresme est aussi à la Bastille.

28. — Hier, à dix heures du soir, on amena à la Bastille Pâris Duverney, que M. Langlois, grand prévôt de la maréchaussée d'Alsace, a arrêté dans l'endroit où il était exilé[1] et qu'il a fait conduire à petites journées, avec bonne escorte de maréchaussée. Il y a longtemps que cela aurait dû être fait. On dit qu'on va remuer l'affaire du pain qui est terrible et qui crie vengeance; car, non-seulement on a mangé le pain à un prix exorbitant, mais encore c'était de mauvais blé, et actuellement, dans les provinces, il y a des maladies infinies.

Septembre. — M. Le Blanc se promène un peu et se porte aussi bien qu'on peut le souhaiter. Le roi lui a fait défense de travailler crainte d'altérer sa santé.

14. — Ces jours passés, un ancien officier, un fameux chirurgien nommé Le Seigneur, et un autre, étaient chez un de leurs amis, dans un château près de Roissy, du côté de Dammartin. Étant allés à la chasse, ils voulurent gagner une remise où, sans qu'ils le sussent, il y avait en dépôt du tabac et des toiles peintes, marchandises de contrebande. Ceux à qui cela appartenait, et qui étaient cachés derrière une haie, voyant approcher les chasseurs, crurent qu'ils étaient découverts. Ils montèrent à cheval et coururent sur eux en criant : « Armes bas! » Ils étaient quatre. Les chasseurs ne sachant pas ce que c'était levèrent leurs fusils. Un contrebandier tira un coup de pistolet sur l'officier, et lui attrapa le pouce; mais l'officier put cependant lâ-

---

[1] Près de Langres.

cher son coup de fusil et il tua son homme. Ses compagnons ne furent pas si adroits, ils ne firent que blesser leurs adversaires, et, leurs armes déchargées, ils se trouvèrent sans défense, tandis que les cavaliers avaient chacun cinq coups de pistolets qu'ils lâchèrent à bout portant. L'officier est mort trois jours après, et M. Le Seigneur a été enterré hier. Les contrebandiers ont enlevé leurs marchandises et s'en sont allés sans être pris.

— Depuis cinq ou six jours, le feu est dans les bruyères de la forêt de Fontainebleau sans que l'on sache comment il y a été mis; il est devenu si considérable, à cause de la grande sécheresse, qu'il y a, dit-on, plus de deux cents arpents de brûlés, et que l'on a craint que cela ne gagnât la grande forêt. Vendredi, 13, à minuit, on battit la générale dans Paris pour faire partir sur-le-champ les régiments des gardes suisses et françaises, même les soldats qui étaient revenus la veille de monter la garde. On a fait sortir aussi ceux qui étaient en prison. La précipitation de ce départ a été cause que, le lendemain matin, on a répandu le bruit que l'on avait voulu enlever le roi[1] à la chasse; qu'il y avait quatorze cents hommes cachés dans la forêt, etc. : il n'y a pas de conte que l'on n'ait fait là-dessus, et le tout retombait sur le compte de M. le Duc à qui l'on prêtait cette belle entreprise. Ce qu'il y a de vrai, c'est que les deux régiments des gardes sont campés autour de la forêt, que l'on travaille à faire des tranchées pour couper le feu, et que ce sont les mousquetaires qui montent la garde à Fontainebleau.

[1] Il était à Fontainebleau depuis le 27 du mois précédent.

— M. l'évêque de Fréjus a reçu le chapeau de cardinal, et on l'appelle M. le cardinal de Fleury. Il n'a pas le titre de premier ministre, mais il l'est réellement dans toutes ses fonctions.

Octobre, 20. — Hier, il a paru, sur les neuf heures du soir, un phénomène qui a duré jusqu'à deux heures après minuit. C'était un espace considérable du ciel, en feu blanc, qui paraissait s'ouvrir en deux arcs, et de là partaient des rayons très-vifs et très-agités. MM. de l'Observatoire en ont donné l'explication ; mais cela a très-fort étonné le peuple de Paris qui attend, en conséquence, quelque grand événement.

Novembre. — Pendant tout ce mois-ci, j'ai été à Osny [1] afin d'assister à une descente du parlement qui s'est faite pour le bornage entre la terre de M. de Nicolaï et celle d'un voisin nommé Rivié. Ce Rivié était garçon maréchal du temps de M. de Louvois qui lui fit sa fortune à cause de la guérison d'un cheval de prix. Il a tant gagné dans les entreprises de chevaux et autres, durant les dernières guerres, qu'entre autres biens, il possède actuellement, dans le Vexin français, pour trente-cinq mille livres de rentes en terres qui appartenaient au maréchal de Créqui.

— M. Le Pelletier Desforts a fait un triste cadeau aux sujets du roi pour son arrivée dans le ministère. Il a retranché les rentes viagères sous prétexte que la plupart avaient été constituées en papier. Ce coup a fait beaucoup crier parce que, dans le dérangement du système, presque tous les pères de famille ont placé des fonds sur la tête de leurs enfants [2]. Il n'y a plus rien

---

[1] Voir page 237.
[2] Au mois de janvier suivant, le roi commit M. de Machault, conseiller

de sûr. On a donné verbalement pour raison, dans Paris, que la maison de Condé s'était fait plus d'un million de rentes viagères pendant le ministère de M. le Duc. Mais il fallait supprimer ces rentes et ne pas accabler le public. Cela a donné lieu de faire un brevet du régiment de la calotte pour M. Le Pelletier, que l'on nomme bourreau du régiment et auquel on adjoint, comme valets, MM. de La Porte, fermier général, et Senozan, intendant général des affaires temporelles du clergé.

Décembre. — Il vient d'arriver une histoire qui prouve que l'homme ne saurait répondre de lui. M. Petit de Montempuys, chanoine-prêtre [1] de Notre-Dame, et, de plus, grand janséniste, est âgé de soixante ans et a régenté toute sa vie la philosophie au Plessis [2]. C'est un homme rare par son érudition et sa sagesse, qui n'avait jamais perdu sa gravité et n'avait même jamais été au spectacle. Cependant il lui a pris envie, à la fin, d'aller à la comédie; mais il a cru qu'il serait déshonoré s'il y était reconnu soit en habit long, soit en manteau court, et il a résolu de se déguiser. Il n'a confié son secret à personne, et, ayant trouvé dans un vieux coffre les habits de sa grand'mère, manteau, jupe, écharpe et cornettes très-hautes (tandis qu'on les porte, aujourd'hui, très-basses), il s'est affublé de ces vêtements, sans songer à l'extravagance d'un costume si

---

d'État, pour examiner les réclamations de ceux qui pourraient prouver qu'ils avaient employé leur patrimoine à l'acquisition de ces rentes.

[1] Il n'est porté, dans l'almanach royal de cette époque, qu'au nombre des chanoines diacres.

[2] Le collège du Plessis, rue Saint-Jacques, dont les bâtiments sont aujourd'hui réunis à la Sorbonne.

différent de celui qui est de mode à présent. Il est monté dans un fiacre sans qu'on l'ait vu, et est allé s'installer à la Comédie, aux troisièmes loges. Les voisins ont trouvé cette figure extraordinaire; ils sont descendus avertir le parterre qui a regardé mon homme, et qui s'est mis à faire un tapage de tous les diables, suivant sa louable coutume quand quelque chose lui déplaît. Un exempt ayant su que c'était un homme déguisé, est monté, a fait sortir l'abbé, l'a mis dans un fiacre et l'a conduit chez M. Hérault, lieutenant de police, qui n'était pas alors chez lui. C'est son premier secrétaire qui l'a reçu et qui m'a raconté cela. Jamais homme n'a été plus fâché, ni plus interdit de la sottise qu'il avait faite, et sa figure était, dit-on, des plus risibles. On le renvoya chez lui, en lui promettant de ne point dire son nom; néanmoins tout Paris l'a su, et les jésuites ont été charmés de cette aventure arrivée à un janséniste. Depuis, on l'a fait partir pour un couvent de province[1], en vertu d'une lettre de cachet. On ne dit point que l'esprit ait tourné à cet homme. Il répondit et parla de très-bon sens chez M. Hérault, mais avec une confusion extrême, contant son dessein et l'idée qu'il avait eue d'être bien caché de cette manière[2].

[1] Il est revenu de son exil peu de temps après, et habite le cloître Notre-Dame, avec quelque différence cependant des autres chanoines. (*Note postérieure de Barbier.*)

[2] Cette aventure ne pouvait manquer d'exercer la verve des poëtes, et, en effet, elle donna naissance à une foule de chansons, parmi lesquelles il en était une qui commençait ainsi :

> Question rare et nouvelle,
> Pour les savants de Paris;
> Dira-t-on, *Mademoiselle?*
> Ou *Monsieur* de Montempuys? etc

— M. Baunier, trésorier des États de Languedoc, riche de dix à douze millions, et âgé de cinquante ans, est mort à Montpellier pour avoir voulu tenir table ouverte au régiment de son fils, et en faire les honneurs. Ce fils a été fort embarrassé pour savoir s'il prendrait la charge de son père ou s'il garderait son régiment des dragons-dauphin, qui est un des plus beaux régiments de France. On avait prétendu, d'abord, qu'il préférait le titre de colonel et donnait la charge à son cousin ; mais il est certain qu'il a quitté son régiment [1] et donné sa démission de maréchal des logis de la maison du roi. Il a eu, en échange, la charge de trésorier des États de Languedoc, et l'on compte qu'il gagne à cela cent mille écus de revenu.

ANNÉE 1727.

Mars. — Pour le coup, la reine est grosse de trois mois. Le roi a beaucoup de complaisance pour elle et ne va plus tant à la chasse.

Avril. — Le roi a rendu à M. le prince de Dombes et à M. le comte d'Eu, fils de M. le duc du Maine, ainsi qu'à M. le duc de Penthièvre [2], fils de M. le comte de Toulouse, les honneurs de princes du sang légitimés, c'est-à-dire qu'ils auront le titre d'Altesse Sérénissime et la préséance sur les ducs. Cela a fait croire, d'abord,

[1] Il le céda au marquis de Vassé, qui obtint l'agrément du roi au mois de février suivant.

[2] Louis-Jean-Marie, né le 16 novembre 1725. Sa mère était Marie-Sophie de Noailles, sœur de l'ancien président du conseil des finances, et veuve de Louis Pardaillan, marquis de Gondrin, que le comte de Toulouse avait épousée secrètement, au mois de février 1723. Le mariage fut déclaré au mois de décembre suivant, après la mort du duc d'Orléans.

qu'il était question de quelque mariage avec les princesses de la maison de Condé.

— Il y a eu bien du mouvement au Châtelet. Les avocats qui plaident devant cette juridiction, de concert avec ceux qui plaident seulement au parlement [1], ont prétendu qu'ils ne devaient le serment qu'au parlement, et, à la rentrée des vacances, ils ont cessé de le prêter entre les mains du lieutenant civil, comme cela se pratiquait depuis plus de cent ans. Le lieutenant civil a été piqué, et, dans l'idée, peut-être, de les faire revenir au serment à la rentrée de Pâques, il a cherché, pendant deux ou trois jours, à les molester en n'appelant que des placets de procureurs. Les avocats, qui étaient à l'audience jusqu'à près de midi sans plaider une cause, se sont aperçus de l'affectation et se sont tous retirés du Châtelet. Il y a eu, au palais, une assemblée de l'Ordre dans laquelle il a été proposé que tous ceux qui occupaient une certaine position déposassent dix louis (c'est-à-dire deux cent quarante livres) entre les mains de M. le bâtonnier, afin de soulager ceux du Châtelet qui, n'ayant plus d'emploi, ne sauraient subsister. Le lieutenant civil a vu que cela devenait sérieux et allait perdre sa juridiction, d'où l'on retirerait toutes les grandes affaires s'il n'y avait plus d'avocats. Il a été obligé d'aller rendre visite à M. Guyot de Chesne, bâtonnier, et de lui demander d'engager MM. les avocats à revenir plaider au Châtelet, lui promettant d'en user

---

[1] Les avocats étaient alors, comme à présent, partagés en deux classes : il y avait les avocats aux conseils du roi et les avocats au parlement. Ceux-ci plaidaient à toutes les juridictions, et si quelques-uns d'eux restaient plus particulièrement attachés au Châtelet, ils n'en conservaient pas moins leur qualité et figuraient sur le tableau suivant leur ordre de réception.

dorénavant avec eux, à l'ordinaire. Cette démarche a dû coûter infiniment à un lieutenant civil, et surtout à M. d'Argouges, qui est un homme de qualité et d'une grande fierté, comme je l'ai déjà dit [1].

Mai. — M. le Duc est tombé en apoplexie, à Chantilly. Cela a tourné en paralysie sur un bras, et on craignait même pour son bon œil. Il est allé prendre les eaux de Bourbon.

— Nous avons perdu, le 4 de ce mois, M. le prince de Conti qui est mort d'une fluxion de poitrine, à l'âge de trente-deux ans. C'était, pour ainsi dire, le seul prince qui eût de l'esprit, qui s'appliquât aux affaires et sur lequel on pût compter dans le conseil; aussi il est très-regretté de tout le monde. Il laisse deux fils, et une fille qui est née l'année dernière.

On ne croit pas, dans le public, que madame la princesse de Conti soit fort affligée de la mort de son mari. Ils avaient eu ensemble de ces affaires qui restent toujours dans le cœur, et il s'était encore passé quelque chose entre eux pendant les fêtes de Pâques dernières. Le prince avait forcé sa femme d'aller, malgré elle, à l'Ile-Adam, et il lui avait dit de gros mots, jusqu'à la menacer de la faire mettre de force dans un carrosse si elle résistait davantage. Cependant, il s'est réconcilié publiquement avec elle, à sa mort, qui est le moment où les hommes sont ordinairement petits. Il lui a demandé pardon de tous les chagrins qu'il lui avait causés lors de son procès avec elle, disant que c'était d'après les conseils d'un valet de chambre, nommé Olivier, qu'il a mis dehors sur-le-champ, et d'après ceux de madame

---

[1] Voir page 164.

de La Roche, dame d'honneur de la princesse, sa mère. On doit le blâmer, en cela, d'avoir nommé cette dame, qu'il avait chargée expressément de lui rendre compte de la conduite de sa femme. Cela apprend qu'il ne faut pas trop se mêler des affaires des grands, et qu'il est toujours dangereux de découvrir à un mari les intrigues de sa femme.

Le prince a désigné l'abbé Menguy, conseiller de grand'chambre et son ami, pour être son exécuteur testamentaire [1].

Juin. — Il y a eu un fameux duel, mercredi 28 mai, à dix heures du matin, derrière les Chartreux, entre M. le duc de Crussol, fils aîné de M. le duc d'Uzès, premier duc et pair de France, et M. le comte de Rantzau, Allemand, petit-fils du maréchal de France de ce nom [2].

La querelle eut lieu le vendredi auparavant. Le duc de Crussol, qui n'a que dix-sept ans, quoiqu'il soit déjà marié avec la fille de M. le duc de La Rochefoucault, badinait à l'Opéra et distribuait des dragées de chicotin. Il en donna à plusieurs seigneurs, et, entre autres, au comte de Rantzau, homme d'une trentaine d'années, qui se fâcha; les autres s'étant mis à rire, cela piqua le comte qui cracha les dragées au nez de M. le duc de Crussol, en l'appelant morveux; ajoutant que, s'il n'était pas homme de condition, il lui donnerait des coups de pied dans le derrière. La garde vint et chacun sortit. Le samedi, le comte alla à Versailles et y resta jusqu'au mardi, tandis que le duc le

---

[1] Voir, pour le détail des cérémonies des obsèques, le *Mercure de France*, année 1727, p. 1033 et suivantes.

[2] Le maréchal de Rantzau, mort en 1650, ne laissa point d'enfants.

cherchait partout à Paris. Quelque cher qu'il fût à sa famille, l'on sentait bien qu'il fallait avoir raison de l'insulte. Le mercredi matin, à huit heures, on alla à l'auberge du comte, rue de Tournon, lui dire qu'un jeune seigneur l'attendait dans le Luxembourg. Il comprit ce que cela signifiait, s'habilla et se rendit au rendez-vous. Ils firent deux tours ensemble, comme si de rien n'était, sortirent par la rue d'Enfer et gagnèrent le derrière d'un mur; là ils se battirent tous deux en braves gens. Il faut observer que le comte de Rantzau était un grand garçon bien fait et que le duc de Crussol est un enfant très-petit, contrefait et bossu. Cependant le duc donna à son adversaire un premier coup d'épée qui le fit tomber. Le comte s'étant relevé, reçut un second coup qui le fit tomber de nouveau. Le duc lui demanda alors si ce n'était pas suffisant; mais le comte se releva plein de rage et répondit qu'il fallait que l'un des deux pérît. Le duc le tua raide et s'en alla, en passant par le Luxembourg. L'action a été vue de trois femmes et de deux charretiers à qui les témoins donnèrent sur-le-champ de l'argent. Le soir, M. le duc de Crussol était aux Tuileries, et le jeudi aussi, mais sa taille l'avait trahi, et tout Paris savait que c'était lui qui s'était battu. Vendredi, sur les conclusions du procureur général, le parlement rendit un arrêt par lequel il est enjoint à M. de Crussol de se rendre dans les prisons de la Conciergerie. On a regardé cet arrêt comme une grâce pour avertir le duc de se retirer. Aussi est-il parti, samedi, pour Avignon, dit-on. L'on poursuit la procédure et l'on a publié ces jours-ci des monitoires.

Juillet. — Le marquis de Gandelus, frère de M. le

duc de Gèvres, gouverneur de Paris, est avec son régiment de cavalerie[1], à un camp formé près de Metz. Dans un moment où il était ivre, il a excité ses camarades et des officiers de son régiment à imaginer quelque bon tour, et il a été résolu qu'on irait enlever les drapeaux du régiment de Lyonnais[2], appartenant au duc de Retz. Ils y sont allés au nombre de dix ou douze, l'épée à la main, et avaient déjà pris quelques drapeaux lorsqu'on est venu, averti par la sentinelle qui avait eu la prudence de tirer en l'air. L'on s'est battu, et il y a eu nombre de gens tués et blessés de part et d'autre. Il faut avoir autant de crédit que M. le duc de Gèvres pour que son frère ne soit pas au moins cassé, après une pareille affaire.

— Il a couru un fort vilain bruit sur le compte de M. le duc de Richelieu, ambassadeur à Vienne[3]. On raconte que, s'étant lié d'amitié avec un seigneur de la cour de l'empereur qui partage ses goûts pour la magie, la chimie et ces sortes de sciences extraordinaires, ils avaient un jour emmené deux cordeliers avec eux dans une maison de campagne; que là, ils avaient fait dire la messe, et qu'après la consécration, ils avaient donné les hosties à deux boucs, l'un noir, l'autre blanc, dans le dessein de voir le diable. On ajoutait qu'ils avaient été surpris par le nonce du pape qui avait envoyé les deux cordeliers à l'inquisition. Dans le fait, il a été dit dans la *Gazette* qu'on établissait, chez

---

[1] Ce régiment avait été créé en 1666 sous le nom de Foucault.
[2] Régiment créé en 1660; c'était le seul de l'armée dont les tambours portassent la livrée du colonel au lieu de celle du roi.
[3] Il y avait été envoyé, en qualité d'ambassadeur extraordinaire, au mois de juillet 1725.

l'empereur, un tribunal d'inquisition pour arrêter et punir les impiétés qui se commettaient[1], ce qui prouve qu'il y a dans tout cela quelque chose de vrai. Cette histoire était généralement répandue dans Paris, mais l'on dit à présent que le duc de Richelieu n'y a point eu part[2].

Août, 14. — Aujourd'hui, jeudi, à onze heures un quart, la reine est accouchée de deux filles[3]. Il lui prit, hier soir, un vomissement après avoir mangé des figues et un melon à la glace, et toute la médecine avait regardé cela comme une indigestion, car on n'attendait la couche que dans le mois de septembre. Quoi qu'il en soit, la reine se porte assez bien, et le roi est fort charmé de son ouvrage. Il a passé du temps dans l'appartement de madame de Ventadour à considérer les deux enfants.

— M. le chancelier d'Aguesseau, qui était depuis si longtemps relégué à sa terre de Fresnes, est à Paris d'hier soir, 13. Le roi l'a rappelé pour faire les fonctions de sa charge, mais on ne sait point encore s'il aura les sceaux ou si M. d'Armenonville les conservera.

17. — Jeudi soir, M. d'Armenonville remit les sceaux entre les mains du roi, d'une manière très-noble, disant que, puisque M. d'Aguesseau était revenu, personne ne pouvait mieux s'acquitter que lui de la place de garde des sceaux. Il s'est ensuite retiré dans le château de Madrid, où il a un beau logement comme capitaine des chasses du bois de Boulogne.

— Aujourd'hui, on a chanté un *Te Deum* à Notre-

---

[1] *Gazette de France*, année 1727, pages 377-378.

[2] Duclos (*Mémoires secrets*, tome II, page 379 et suiv.) rapporte également cette anecdote qu'il donne comme très-authentique, tandis qu'elle est traitée de fable ridicule par Soulavie, dans les *Mémoires du maréchal de Richelieu*.

[3] Marie-Louise-Élisabeth, et Anne-Henriette.

Dame pour l'heureuse délivrance de la reine. La curiosité m'y a fait aller, avec beaucoup d'autres, pour voir si M. d'Aguesseau aurait avec lui les deux hoquetons [1] de la prévôté de l'hôtel. Il les avait, en effet, ainsi que le sieur de Monticour, exempt de la prévôté qui est attaché à suivre le garde des sceaux ; mais les hoquetons ne sont pas restés à côté de lui, dans le chœur, où l'on dit qu'ils sont ordinairement.

18. — M. le président Chauvelin [2] est garde des sceaux. Il les reçut hier du roi et prêta serment dans l'après-midi, pendant que le chancelier assistait au *Te Deum*. On dit qu'il a un crédit infini à la cour et que personne n'est plus délié que lui. Il a, d'ailleurs, de gros biens par sa femme, qui est petite-fille de Fontaine des Montées, riche commerçant d'Orléans. On voudrait quasi le blâmer d'avoir fait des menées pour se faire nommer ; mais il est, en définitive, garde des sceaux ; il illustre sa famille, et il a une place de plus de cent vingt mille livres de rente.

— Quant à M. d'Aguesseau, voilà encore un vilain soufflet qu'il reçoit. Si M. d'Armenonville eût conservé les sceaux, cela eût été moins piquant ; mais le rappeler pour donner les sceaux à un autre, en sa présence, c'est lui faire une injure insigne et marquée. Cet homme-là a, en effet, une physionomie malheureuse et sombre. C'est un puits de science, voilà tout. Il avait, hier, en allant au *Te Deum*, les yeux baissés sur ses souliers, à son ordinaire, voyant tout le monde sans qu'on lui aperçût les yeux. Son histoire ne sera pas

---

[1] Voir la note 1, page 30.
[2] Germain-Louis Chauvelin, président à mortier du parlement de Paris.

belle; il n'a fait que des sottises depuis qu'il est chancelier, et il est entré dans cette place par la plus vilaine porte, en trahissant sa patrie.

— Pour consoler M. d'Aguesseau, le roi lui a accordé deux hoquetons et un lieutenant qui ira dans son carrosse. C'est toujours une marque de distinction.

22. — M. Chauvelin vient d'être nommé ministre et secrétaire d'État des affaires étrangères, à la place de M. de Morville [1], et on dit qu'il achète le cordon bleu de M. Dodun. Le public n'est pas satisfait de ce changement et l'on ne goûte pas de voir mettre ministre des affaires étrangères un homme qui n'en a ni usage ni connaissance. Il y a eu aussi dispute, pour le pas, dans le conseil. Le maréchal de Villars a prétendu que les maréchaux de France devaient avoir la préséance sur le garde des sceaux; mais le cardinal de Fleury a dit que le roi avait pourvu à cette difficulté, et donné à M. Chauvelin la survivance de la place de chancelier.

— On sait, présentement, que c'est à Rambouillet que s'est tramé le rappel de M. d'Aguesseau. Le roi trouve cet endroit beau pour la chasse, et la compagnie de madame la comtesse de Toulouse lui plaît. Elle a beaucoup d'esprit, elle amuse le roi, et il n'y a qu'elle qui ait du pouvoir sur lui. Elle en a profité pour parler en faveur du chancelier qui, de tout temps, a été intime avec son frère. De façon qu'il se trouve, par cascade, que c'est M. d'Armenonville lui-même qui a préparé le lieu de sa défaite, car il possédait autrefois Rambouillet lorsqu'il était directeur général des finances. Il y fit tant d'embellissements (folie ordinaire des financiers et de lui, en particulier, qui a un goût infini),

[1] Il occupait ce poste depuis le mois d'août 1723.

que Louis XIV lui demanda ce château pour le comte de Toulouse, son fils. M. d'Armenonville le céda, mais il n'osa pas même montrer les mémoires des dépenses qu'il y avait faites. Voilà aujourd'hui une famille bien rabaissée. Par rapport au père, il faut convenir qu'il ne sait rien; avec cela il avait de petits secrétaires, tant pour le sceau que pour le conseil, et il n'a pas laissé que de faire des étourderies. En voici une assez grande, en dernier lieu. Il avait fait recevoir président au grand conseil, par lettres de jussion, M. de Grassy qui est homme de peu de chose. Ce président ayant opiné un jour longuement et d'une façon extraordinaire, le président de Mascrany lui fit là-dessus quelques remontrances. Ils s'échauffèrent et en vinrent aux gros mots. M. d'Armenonville rendit, par suite, un arrêt qui permettait au sieur de Grassy d'informer, et qui, cependant, suspendait M. le président de Mascrany, tandis qu'il n'y a qu'un ajournement personnel qui puisse interdire un magistrat. Le grand conseil, par députés, a porté ses plaintes au cardinal, et cela a fait tort à M. d'Armenonville. A l'égard du fils, on met plusieurs choses sur son compte; comme d'avoir écrit à Rome, du temps du ministère de M. le Duc, pour empêcher le cardinal de Fleury d'avoir le chapeau. Il n'y avait pas de sa faute, mais, depuis, il a nié le fait, ce qui l'a mis en froid avec le cardinal qui a fait venir quelques-unes de ses lettres et qui les lui a présentées, etc.

— On donne trente-six mille livres de pension à M. d'Armenonville, et vingt mille livres à M. de Morville. C'est ainsi qu'on agit dans ce pays. On retranche à cent pauvres familles des rentes viagères qui les faisaient subsister, qui étaient acquises avec des effets dont le roi était débiteur et dont le fonds est éteint, tandis qu'on donne cinquante-six mille livres de pension à des gens qui ont occupé des postes élevés, dans lesquels ils ont amassé des biens considérables aux dépens du peuple!...

Septembre.—Les affaires de la religion sont en grand mouvement depuis quelque temps. On met tout en usage pour faire valoir la constitution *Unigenitus* qui n'a pas grand renom dans le public. Il y a eu une lettre du roi, le 24 mai dernier, qui convoquait un concile provincial à Embrun, le 15 juin suivant. L'évêque de Senez a été cité à ce concile au sujet d'une instruction pastorale qu'il a donnée, où il condamne la constitution et élève le livre du P. Quesnel. Cet évêque était appelant au futur concile de l'acceptation de la constitution, etc., et il renouvelle son appel, nonobstant une déclaration du roi, de 1720, qui fait défense d'appeler. Mais il a eu une consultation de vingt de nos meilleurs avocats, qui l'autorise à réitérer ses appels au futur concile, attendu que la déclaration du roi, de 1720, n'a été enregistrée qu'avec des restrictions pour la conservation des libertés de l'Église gallicane. Cette consultation, qui a été imprimée, lui conseille en outre d'interjeter appel comme d'abus, au parlement, de tout ce qui se fera contre lui.

— Trente curés de Paris ont adressé une lettre, en forme de *mémoire*[1], au cardinal de Noailles, leur archevêque, au sujet du bruit qui avait couru, qu'il allait accepter la constitution. Cet écrit a été supprimé par

---

[1] *Mémoire présenté par trente curez de la ville de Paris à S. E. Monseigneur le cardinal de Noailles, leur archevêque, au sujet du bruit qui s'était répandu, d'une prochaine acceptation de la bulle* Unigenitus. 1727, in-4 de 20 pages.

un arrêt du conseil d'État [1] qui ordonne qu'il sera mis au greffe du lieutenant de police et lacéré par lui, au lieu de dire « en sa présence, » ce qui est une bévue, et a fait dire que M. Hérault était le *bourreau* du conseil, parce que les libelles et écrits séditieux sont ordinairement condamnés à être brûlés par la main du bourreau.

Octobre. — Un imprimeur-libraire de la rue Saint-Jacques, nommé Aumont [2], fils d'un libraire et marié à la fille d'un miroitier nommé La Roüe, s'est avisé, par l'appât du gain, d'imprimer la lettre des trente curés, et un autre livret intitulé *les Trois puissances*, dirigé contre les cardinaux de Fleury, de Rohan et de Bissy. Il a été trahi par son prote, et on est venu faire une saisie à son domicile où, par bonheur pour lui, il ne se trouvait pas. Il est même si bien caché qu'il n'a pu encore être pris; mais ses ouvriers et ses domestiques ont été emmenés prisonniers. On a délivré une commission à M. Hérault, lieutenant de police, et à des conseillers au Châtelet, pour juger cette affaire en dernier ressort, et, par arrêt du commencement de ce mois, le sieur Aumont a été condamné, par contumace, au carcan et à trois ans de bannissement. Les deux familles, qui se trouvent déshonorées par là, sont à Fontainebleau pour tâcher d'obtenir la commutation de cette peine infamante en une amende pécuniaire.

— Il n'y a que les évêques et les abbés de cour qui aspirent aux grâces qui se soient rangés du parti des jésuites : tout le second ordre ecclésiastique, la plus

---

[1] Du 14 juin 1728.

[2] Il y a ici une faute d'orthographe, et l'imprimeur dont il s'agit est ce même Osmond dont Barbier cite les brillantes illuminations, en 1721, à l'occasion du rétablissement de la santé du roi (v. p. 99).

grande partie des bourgeois de Paris, de la robe, du tiers état, et même, ce qui est plus plaisant, les femmes et le peuple, tout est déchaîné contre les jésuites et crie contre ce qui se fait. Voilà pourquoi il circule dans Paris tant d'écrits satiriques et critiques. Ils passent secrètement de main en main, et, malgré toutes les recherches, on ne peut parvenir à découvrir ni les auteurs de ces ouvrages, ni ceux qui les impriment.

— Ce qui rend le concile peu respectable et peu respecté, c'est qu'il était présidé par l'archevêque d'Embrun, qui est l'abbé de Tencin, ami de Law, homme dévoué à la cour, dont la conduite n'est pas des plus régulières, et dont la sœur, fille d'intrigue, a eu cette sotte affaire avec La Fresnais[1]. D'un autre côté, l'évêque de Senez, l'accusé, est le P. Soanen, de l'Oratoire, qui a prêché toute sa vie avec grand éclat, qui a quatre-vingts ans, et qui vit en apôtre dans son diocèse où il donne tout aux pauvres. Nonobstant cela, l'instruction de M. de Senez a été condamnée comme séditieuse et préparant plusieurs hérésies; lui-même suspendu de toutes fonctions sacerdotales et épiscopales, et renfermé à l'abbaye de la Chaise-Dieu.

— Le jugement d'Aumont a été exécuté en effigie. On a pendu celle-ci dans la place Cambrai, mais le tableau n'y a été qu'un instant. On a eu aussi l'attention de ne pas faire passer la marche le long de la rue Saint-Jacques, à cause de toute la famille qui y demeure. J'ai vu passer la charrette sous mes fenêtres[2], mercredi matin; elle était accompagnée de deux cents archers à pied, sans exagération, pour ne rien conduire. Le bour-

---

[1] Voir page 233.
[2] Barbier demeurait rue Galande.

reau était derrière et le greffier de la commission à cheval; la cérémonie ne s'est pas réitérée le samedi suivant.

Novembre. — On attend une grande consultation, signée de plusieurs avocats, qui établit les nullités du concile d'Embrun. On craint cette pièce en cour. Le cardinal a consulté le premier président et le procureur général sur les moyens de l'empêcher; mais ils lui ont répondu qu'il n'y avait aucune voie de fait à exercer contre les membres de ce corps, qui cesseraient sur-le-champ toutes leurs fonctions dans le barreau et même dans l'intérieur des cabinets. M. Hérault a envoyé défense à tous les imprimeurs de l'imprimer sous peine de la vie.

— Il y a eu, depuis quelque temps, un peu de confusion dans la maison de la reine d'Espagne [1] qui loge au Luxembourg. Elle se brouille avec son beau-père par suite des conseils de S. A. R. madame la duchesse d'Orléans, sa mère, qui est une princesse haute, ne supportant pas la contradiction, et peu capable de choisir le vrai dans son vouloir. Le roi d'Espagne avait nommé le prince de Robecq [2] grand écuyer et grand maître de la maison de sa belle-fille, et madame la princesse de Berghes [3], fille du duc de Rohan, sa *camerera major,* ou surintendante. La jeune reine les a renvoyés et a pris auprès d'elle madame la duchesse de

---

[1] Louise-Élisabeth d'Orléans, veuve de Louis, prince des Asturies, qui l'avait épousée en 1722 (voir page 106), et qui mourut en 1724, après avoir occupé quelques mois le trône d'Espagne, par suite de l'abdication de son père. Cette princesse était revenue en 1725, et avait fixé sa résidence au Luxembourg.

[2] Anne-Auguste de Montmorency, de la branche des comtes d'Esterre.

[3] Anne-Henriette-Charlotte de Rohan Chabot, née en 1682, mariée au prince de Berghes en 1710.

Sforce [1], qui a tant de crédit sur l'esprit de son altesse royale [2], et M. le duc de Nevers [3], neveu de cette dame. Il y a eu bien des courses d'un pays à l'autre, et, pour peine de la désobéissance de la reine, son revenu, qui est son douaire, lui ayant manqué, il a fallu diminuer le train. Cela est venu à tel excès que le roi de France s'est mêlé de la querelle. M. Chauvelin, garde des sceaux, a été, ces jours-ci, dire à son altesse royale qu'elle eût à faire retirer madame de Sforce et M. le duc de Nevers, qu'autrement le roi leur enverrait des lettres de cachet. Madame la duchesse d'Orléans a été trouver sa fille, qu'elle gouverne entièrement, et enfin mardi, 25, la reine d'Espagne cassa sa maison, monta en carrosse avec madame la marquise de Paulmy, sa femme d'honneur, deux camèristes, un chien, deux chats, et se retira dans le couvent des Carmélites [4] du faubourg Saint-Germain. De sorte que la pauvre reine est la victime des conseils de sa mère. Elle a dix-sept ans, est bien faite, blanche, grasse et assez aimable : mais on dit que c'est une enfant sans sentiment et sans résolution, comme à l'âge de sept ans.

Décembre. — Grande nouvelle à Paris. M. le Duc a été rappelé par le roi, et mercredi, 3 de ce mois, il le salua à Versailles. Il n'y avait que le roi, le cardinal et lui dans le cabinet, en sorte qu'on n'a pu savoir ce qui s'y était dit, quelque curiosité qu'on en ait eu. On dit, seulement, que le compliment de M. le Duc terminé,

---

[1] Adélaïde-Louise de Damas de Thianges, veuve de Louis-François-Conti-Sforce, mort en 1685.

[2] Madame la duchesse d'Orléans.

[3] Celui dont il est parlé page 71.

[4] Il était situé rue de Grenelle. La place Bellechasse occupe aujourd'hui une partie de son emplacement.

le cardinal y répondit, et que le roi, qui ne parle pas beaucoup, mais qui n'a que la chasse en tête, interrogea par trois fois M. le Duc sur les cerfs et les sangliers qui sont à Chantilly. Le cardinal, qui n'a pas trop envie que le roi fréquente Chantilly comme par le passé, rompit les chiens à chaque fois, et après un quart d'heure, M. le Duc alla voir la reine. Il fut une demi-heure tête à tête avec elle, et se rendit ensuite chez le cardinal où il resta aussi longtemps. De là, il alla dans la maison du grand maître, car il n'a point d'appartement au château, et il y reçut la visite de toute la cour. Le jeudi et le vendredi il demeura à Paris, et il y eut chez lui le concours de ceux qui ont droit de se présenter devant un prince du sang. Le samedi, il retourna à Chantilly.

—M. le duc de Crussol, qui s'est si bien tiré de son duel[1] et qui s'était retiré à Avignon, s'est, depuis, rendu à la Conciergerie, et, par arrêt de lundi, il a été déchargé de l'accusation. Cela n'a passé, dit-on, que de deux voix, mais cela était fait exprès, apparemment, car le parlement s'est porté de bonne grâce à cette affaire. Le duc d'Uzès, père du duc de Crussol, le duc de La Rochefoucault, son beau-père, et le maréchal de Villeroi, son parent, ont sollicité très-régulièrement. On a eu le crédit, par M. de Bullion, prévôt de Paris[2], qui est aussi oncle du duc, de prendre les informations qui étaient mal faites, de les jeter au feu et d'en faire d'autres. C'est M. Drouet, ancien greffier criminel du parlement, très-habile, qui a été chargé de ce travail. Il a fallu pour cela

---

[1] Voir page 256.
[2] Celui dont il a été question précédemment sous le nom de comte d'Esclimont (voir page 162).

être maître du contrôle et avoir bien du crédit. Il résulte, dit-on, de ces nouvelles informations, que celui qui a été tué était plus petit que son adversaire, et il n'y avait plus moyen de reconnaître le duc de Crussol qui n'allait qu'au coude du comte de Rantzau. Cette affaire a coûté soixante mille livres au duc d'Uzès; car tout cela ne se fait pas pour rien, et on a enlevé cinq personnes, charretiers et femmes, qui se trouvaient dans les champs et avaient vu le duel, que l'on a menés à la terre de La Rochefoucault, avec deux cents livres de pension viagères chacun. Quoi qu'il en soit, la maison d'Uzès serait bien fâchée que cette affaire ne fût pas arrivée. Il faut dire aussi que, d'abord, madame la duchesse de Brunswick, tante à la mode de Bretagne du comte de Rantzau, et l'ambassadeur de l'empereur voulaient poursuivre, mais qu'à la fin ils se sont désistés.

ANNÉE 1728.

Janvier. — Il y a eu, ce mois-ci, de grands mouvements à Paris au sujet de la seconde consultation des avocats que l'on attend tous les jours. Cela est long parce qu'ils sont cinquante qui ont signé, et que chacun d'eux a eu l'original pendant deux jours pour en prendre connaissance. C'est Aubry, âgé de quarante-deux ou quarante-trois ans, grand avocat plaidant, qui a rédigé cette consultation. M. l'évêque de Senez lui a envoyé, en conséquence, les Conciles du père Labbe[1], ce qui vaut bien sept à huit cents livres. L'on conçoit qu'il a eu aussi des mémoires sur le dogme et les faits particuliers par les plus zélés jansénistes.

---

[1] *Sacrosancta concilia ad regiam editionem exacta*, etc. Philippi Labbei et Gabrielis Cossartii. *Parisiis*, 1672, 18 vol. in-fol.

— On a saisi deux mille exemplaires de la consultation à Chartres et autant à Étampes, car cette consultation a été imprimée en province. Cela retarde l'arrivée et redouble la curiosité des Parisiens. Voilà en effet, dans cette ville, deux partis bien formés sous prétexte de religion, les jansénistes et les molinistes, sur des faits, des distinctions et des interprétations que la plupart des uns et des autres n'entendent pas; mais n'importe. Le parti des jansénistes est plus fort, de vrai, et entêté comme un diable. Les femmes, femmelettes, jusqu'aux femmes de chambre s'y feraient hacher. Enfin, hier, mon laquais me demanda, en me couchant : « Monsieur, est-il vrai ce que l'on dit, que quand la constitution sera reçue, on n'ira plus à confesse ?—Non, mon ami, lui dis-je, on ne sera pas si aise; cela ne vous empêchera ni de dîner, ni de souper, ni d'aller à confesse tant que vous voudrez... » L'on voit, par là, les impertinences qui se débitent dans le peuple.

— Les bourgeois de Paris ont été effrayés d'une nouvelle sorte de voleurs qui, dès six ou sept heures du soir, étourdissaient un homme en lui donnant sur la tête un coup d'un gros bâton court, et qui le volaient ensuite. Cela a fait augmenter le guet, et on a pris de grandes précautions : on a fait, le soir et la nuit, des visites très-exactes dans les auberges et les mauvais lieux. On a été jusqu'à regarder dans les armoires d'honnêtes gens logés en chambres garnies. Cela s'est dissipé et maintenant on n'en parle plus.

Février. — Enfin la consultation[1] est arrivée, entrée et distribuée. On dit qu'on avait promis, en cour, six

---

[1] *Consultation de MM. les avocats du parlement de Paris, au sujet d'un jugement rendu à Embrun contre M. l'évêque de Senez.*

mille livres de pension à M. Hérault s'il l'empêchait, ce qui a donné lieu aux quatre vers suivants :

> Hérault, la terreur des écrits,
> En guettait un de friande capture.
> Il l'a trouvé : on le dit; on l'assure,
> Entre les mains de tout Paris.

J'ai eu difficilement un exemplaire de cette consultation, car ils sont assez rares et le deviendront encore plus. C'est un long travail, trop long même, car il a cinquante pages d'impression; mais c'est un bel ouvrage!... Non-seulement il prouve l'incompétence du concile d'Embrun dans la forme, et la nécessité d'un concile général, mais il entre aussi dans la matière au sujet de la constitution. Il attaque le pape, les évêques d'à présent, et déchire l'archevêque d'Embrun, président du concile, à l'égard d'un procès qu'il a eu pour un bénéfice. Il en rapporte le fait et les moyens pour prouver qu'il n'a été condamné que parce que la confidence[1], qui est un crime ecclésiastique des plus considérables, était prouvée de sa part. Encore une fois, cette consultation est un bel ouvrage où les principes pour les lois de l'État et les libertés de l'Église gallicane sont bien établis; mais il est visible que c'est moins une simple consultation qu'un libelle fait volontairement par nos avocats, par chaleur de parti. Ils ont cru qu'il n'y avait qu'eux qui fussent en droit, par leur indépendance, de déclarer les grandes vérités de l'Église, sans respecter l'autorité du roi bien ou mal employée, ni celle du pape, ni celle des évêques.

— Des cinquante avocats qui ont signé la consulta-

---

[1] Convention secrète et illicite par laquelle on se réserve la disposition, ou le revenu d'un bénéfice que l'on donne, ou fait obtenir à un autre.

tion, il y en a six ou sept qui comprennent ces sortes de matières, et le reste n'y entend rien. Cela est mêlé de consultants et de plaidants dont les six premiers du palais sont du nombre, Aubry, Le Normand, Cochin, Julien de Prunay, Huart et encore quelques autres. En consultants, il y a MM. Duhamel, Berroyer, La Vigne. Denyau, Pothouin, Leroy. Guyot de Chesne et Tartarin, avaient signé la première consultation, mais ils n'ont pas voulu signer la seconde. Le surplus des cinquante sont avocats du second ordre, qui certainement ont demandé à signer. Il y a même des jeunes gens comptant par là que leur fortune est faite et que cela leur fera un honneur infini. Heureusement que ni mon père ni moi ne sommes mêlés dans cette liste des cinquante. Je crois qu'il faut faire son emploi avec honneur sans se mêler d'affaires d'État, sur lesquelles on n'a ni pouvoir ni mission.

M. l'archevêque d'Embrun a écrit une lettre circulaire à toutes les personnes constituées ici en dignité, tant à la cour qu'à Paris, pour se justifier. Il marque qu'il n'a entrepris le procès, qu'il a perdu, que sur la consultation de MM. Nouet, Chevalier et Aubry, qui l'avaient conduit dans le dessein qu'il avait de réunir un bénéfice à son abbaye. Il se plaint que Me Aubry qui a consulté[1] et qui a plaidé pour lui, qui, par conséquent, avait son secret, l'ait révélé dans un ouvrage tel que celui-ci. Tout le monde convient maintenant que c'est mal à Aubry, en sorte que l'auteur de la con-

---

[1] Le parti constitutionnaire fit réimprimer, en y ajoutant des notes critiques, le *Mémoire de Me Aubry, avocat au parlement*, *pour messire Pierre Guérin de Tencin, abbé de Vezelay, appelant, contre le sieur Vaissière, clerc tonsuré du diocèse de Cisteron, intimé*. 1728, in-4 de 15 pages. La première édition du *Mémoire* est de 1721.

sultation étant honni et blâmé, cela discrédite un peu l'ouvrage.

Mars. — Il y a plus de mouvements que jamais dans l'Église. Douze évêques, des plus qualifiés dans l'épiscopat, ont écrit une lettre au roi dans laquelle ils concluent à la nullité du concile d'Embrun, par la forme seulement, sans parler du dogme ni de la constitution. M. le cardinal de Noailles a signé à la tête; après lui M. d'Armagnac, prince de la maison de Lorraine, évêque de Bayeux, M. de Caylus, évêque d'Auxerre, M. de Vaubecourt, évêque de Montauban, M. de Caumartin, évêque de Blois, etc. Cette lettre est datée du 28 octobre, deux jours avant la consultation; mais c'est un tour, et tout le monde dit que c'est la consultation des avocats qui a donné le branle.

— On ne croirait jamais que le cardinal a été embarrassé par rapport aux paniers que les femmes portent sous leurs jupes pour les rendre larges et évasées. Ils sont si amples qu'en s'asseyant cela pousse les baleines et fait un écart étonnant, en sorte qu'on a été obligé de faire faire des fauteuils exprès. Il ne peut pas tenir plus de trois femmes dans les loges des spectacles pour qu'elles y soient un peu à leur aise. Cette mode est devenue extravagante comme tout ce qui est extrême, de manière que les princesses étant assises à côté de la reine, leurs jupes, qui remontaient, cachaient celle de la reine. Cela a paru impertinent; mais le remède était difficile, et, à force de rêver, le cardinal a trouvé qu'il y aurait toujours un fauteuil vide de chaque côté de la reine, ce qui l'empêcherait d'être incommodée. On a pris pour prétexte que ces deux fauteuils étaient pour Mesdames de France.

— Lundi, 15, eut lieu, à Saint-Étienne-du-Mont, l'enterrement de M. Viel, recteur de l'Université, qui demeurait au Plessis. On nomme tous les ans un recteur[1], et il y a cent vingt-huit ans qu'il n'en est mort un en place. On était curieux de voir les cérémonies que l'on ferait, d'autant que les prérogatives du recteur sont magnifiques; mais l'épargne a empêché l'Université de les conserver. Le dernier enterrement avait coûté, suivant les registres, vingt-huit mille livres, somme considérable pour l'époque. On doit rendre au recteur les mêmes honneurs qu'aux princes du sang; c'est-à-dire qu'il reste huit jours sur un lit de parade, et, en vertu d'une lettre de cachet, les cours sont obligées de venir lui jeter de l'eau bénite. Elles assistent aussi au service qui se fait pour lui. L'antépénultième recteur mort en exercice, ce qui remonte peut-être un peu loin, a été enterré de droit à Saint-Denis.

Il n'y a eu, cette fois, rien de tout cela. L'enterrement s'est fait très-simplement, accompagné seulement de tous les corps de l'Université, comme à la procession du recteur[2]. Toute la différence qu'il y a eu avec les enterrements ordinaires, c'est qu'au service le corps était sur une estrade élevée de deux marches, et sous un lit de parade à quatre piliers. Voilà comme les anciens droits se perdent.

— On raconte un bon mot sur le compte de M. le cardinal de Bissy[3], qui a été malade ces jours-ci. Son

---

[1] Le recteur était élu de trois mois en trois mois, mais souvent on le continuait.

[2] La procession générale de l'Université qui se faisait quatre fois l'an.

[3] Henri Pons de Thiard de Bissy, évêque de Meaux, abbé de Saint-Germain-des-Prés, etc.

médecin ayant paru surpris, en lui trouvant de la fièvre un matin, on prétend que le valet de chambre dit : « Comment voulez-vous, Monsieur, que cela soit autrement; monseigneur a travaillé jusqu'à deux heures après minuit pour répondre à la consultation des avocats. Ces b...... sont cause de la maladie de mon maître. Cela leur est bien aisé, à eux, d'écrire comme ils le font. Ils trouvent tout ce qu'ils disent dans la sainte Écriture; mais ce qu'écrit mon maître, il le prend tout dans sa tête. »

Avril. — Le roi a nommé, et fait assembler un certain nombre d'évêques qui étaient à Paris, ou aux environs, afin d'examiner la consultation des avocats. Cela s'entend des évêques du parti des jésuites, car les douze signataires de la lettre au roi, et les appelants, ont eu des lettres de cachet pour rester dans leurs diocèses. L'assemblée [1] a eu lieu chez M. le cardinal de Rohan qui a un appartement au Louvre. Elle ne s'est point occupée de répondre à la consultation ni de la juger. Sa mission se bornait simplement à donner un avis, une qualification, car le roi s'est réservé la connaissance de cette affaire pour en décider.

Pendant l'assemblée de ces évêques, un homme, passant près du Louvre et voyant nombre de carrosses, demanda à quel propos ils étaient là? « Ce sont, lui répondit quelqu'un, les écoliers des jésuites qui composent pour les prix! »

Mai. — L'histoire des paniers a eu des suites. Comme il y a eu de la distinction entre la reine et les princesses du sang, celles-ci ont voulu en avoir avec les

---

[1] Elle se composait de vingt-six évêques.

duchesses, et de fait elles ont obtenu un tabouret vide entre elles. Cela a fort piqué les ducs, et il a couru, en cour, un écrit très-vif et très-injurieux contre les princes du sang, qui a été brûlé par la main du bourreau [1]. Il n'a pas été possible d'avoir cet écrit que l'on a d'abord attribué dans le public au duc de la Trémoille, et depuis au chevalier de Rohan-Chabot, parce que ce sont là les grandes maisons de nos ducs; mais, par bonheur pour l'auteur, on ne sait pas de qui cela vient.

— Mercredi, 19, M. Le Blanc est mort à Versailles, à quatre heures du matin, fort regretté de tout le monde. Mercredi, 25, il a été enterré ici, à Notre-Dame, dans la chapelle des Ursins. Quoiqu'il ne laisse aucune suite, tout Paris et toute la cour assistaient à la cérémonie, en robe et épée, ce qui marque bien la considération qu'on avait pour lui.

— Des douze évêques qui ont écrit la lettre au roi, neuf ont formé opposition, entre les mains de M. le procureur général, à tout enregistrement de lettres patentes, bref et autres choses, parce que l'on n'a point encore envoyé au parlement le bref du pape qui confirme le concile d'Embrun. Mais lundi, 29, M. le cardinal de Noailles, qui était à la tête de ces neuf, a fait signifier le désistement pur et simple de son opposition. On dit que c'est M. le duc de Noailles, son neveu, et le père de La Tour, général de l'Oratoire, qui, à force de le tourmenter, l'ont déterminé à cela. De plus, on l'a emmené hors de Paris pour lui éviter des visites. Voilà

---

[1] C'est le libelle contre lequel est dirigé l'arrêt de la cour de parlement du 30 avril 1728, dont on trouve le texte dans le *Mercure de France* du mois de mai 1728, p. 1072. Cet arrêt ne précise point la nature des faits contenus dans le mémoire condamné.

bien des fois que ce bonhomme-là varie, parce qu'il n'a guère été capable de prendre un parti de lui-même. Quoi qu'il en soit, l'alarme est dans le camp jansénien ; il y en a qui n'ont pas dîné le jour de la nouvelle. Cet archevêque de Paris, honnête homme et aimé, à la tête du parti, était ce qui embarrassait le plus.

— M. Bauyn d'Angervilliers, intendant de Paris, a été nommé secrétaire d'État de la guerre à la place de M. Le Blanc. C'est une assez bonne famille de robe, et, quant à lui, il y a longtemps que j'ai entendu dire qu'il était presque le seul capable de remplir cette place.

— On a nommé intendant de Paris M. de Harlay, qui était intendant à Strasbourg ; il a fallu le retirer de là à cause de ses hauteurs et des sottises qu'il faisait avec les officiers de la garnison. Cela a été au point que M. de Montmirail, lieutenant de roi, lui a dit qu'il mériterait qu'il le fît jeter par les fenêtres. D'autres disent qu'il a souffleté un officier, lequel, attendu ses fonctions, lui a donné des coups de bâton. On l'a déjà retiré de Metz pour pareille querelle avec M. de Saillant qui était gouverneur. En considération de son nom on veut lui donner de quoi subsister, car il n'est pas riche, et l'intendance de Paris vaut quarante mille livres de rente ; en outre, il ne sera exposé, ici, à aucuns démêlés.

Juin. — Malgré les défenses d'imprimer sans permission ce qui a trait à la religion, on a encore imprimé et distribué, dans la première semaine de juin, les *Nouvelles ecclésiastiques* [1] en quatre feuilles. Il est humiliant

---

[1] Les *Nouvelles ecclésiastiques*, qui se distribuaient ordinairement par demi-feuilles, chaque semaine, commencèrent à paraître le 23 février 1728 ; mais plus tard on publia, sous la même forme, un résumé de ce qui s'était

pour le gouvernement de ne pouvoir être obéi et de ne pouvoir découvrir où cela se fait.

— Le roi est parti pour Compiègne le 4, qui était un vendredi, jour où Louis XIV ne se mettait jamais en route. Il y aura dix-huit chasses. M. le Duc est du voyage, et je crois que c'est parce qu'on a besoin de son équipage de chasse.

— Le congrès, dont on parlait depuis si longtemps, se tient à Soissons [1]. J'ai vu une lettre écrite par un officier du roi qui mande qu'on avait fait tendre la salle du congrès avec les conquêtes de Louis XIV, ce que les plénipotentiaires n'ont pas trouvé bon. On les a ôtées et remplacées par l'histoire de Josué. Cet officier marquait aussi que le cardinal avait fait mettre le portrait du roi, avec un dais, dans son appartement, mais qu'il l'avait ensuite ôté parce que cela n'avait pas été trouvé convenable non plus.

— La chasse a été difficile à Compiègne parce que les bêtes y sont fortes; ce sont de vieux routiers. Néanmoins le roi s'est beaucoup plu dans cette résidence, et il a ordonné de faire soixante routes dans la forêt.

Juillet. — Mademoiselle de Choiseul dont la question d'état a fait tant de bruit à Paris [2], et a duré tant de temps n'a pas été plutôt déclarée fille du duc de Choiseul, avec un legs universel de madame d'Haute-

---

passé en France depuis l'arrivée de la constitution, en 1713. Ces *Nouvelles* continuèrent sans interruption jusqu'en 1789, et forment dix-huit volumes in-4°. Jacques Fontaine de La Roche, ancien prêtre du diocèse de Tours, mort à Paris en 1761, en fut le principal rédacteur.

[1] Le congrès qui avait été stipulé lors de la signature des préliminaires de paix signés au mois de mai 1727, et qui devait primitivement se réunir à Aix-la-Chapelle.

[2] Voir p. 234.

fort, qu'elle est morte au commencement de ce mois. Il y a une terre de vingt-cinq mille livres de rente substituée, par le testament de madame d'Hautefort, en faveur du prince de Conti.

— L'avis des cardinaux et évêques assemblés au Louvre, a paru. Cet avis, en forme de Lettre au roi[1], est raisonné. On y réfute, assez pertinemment, la consultation qui y est condamnée. Cela est suivi d'un arrêt du conseil d'État, du 3 juillet, par lequel le roi ordonne que, sur l'avis et jugement des cardinaux et évêques, la consultation des avocats sera supprimée, etc.

— Mercredi, 28, la reine est accouchée, mais comme on n'a entendu ni canon, ni tocsin, on s'est douté que c'était d'une fille[2], ce qui est en effet. On était d'un très-grand chagrin à Versailles, mais le roi a bien pris la chose, et a dit à la reine qu'il fallait prendre parole avec Payrat, son accoucheur, pour un garçon l'année prochaine. Cependant, malgré les préparatifs, il n'y a eu ni *Te Deum*, ni feu, ni réjouissances.

Août. — Le congrès de Soissons va très-doucement. La plupart des plénipotentiaires sont à Paris, où ils font belle figure, et où il y a beaucoup d'étrangers.

Octobre. — Lundi, 4, notre bonne reine a vu Paris[3]: elle est venue à Notre-Dame demander un Dauphin à

---

[1] *Lettre des cardinaux*, etc. *assemblez extraordinairement à Paris, pour donner à Sa Majesté leur avis et jugement sur un écrit imprimé, qui a pour titre :* Consultation de MM. les avocats du parlement de Paris, au sujet du jugement rendu à Embrun contre M. l'évêque de Senez. *Paris, veuve Mazières,* 1728, *in-*4° *de* 104 *pages.*

[2] Louise-Marie de France.

[3] Elle n'était point encore venue dans cette ville, quoiqu'il y eût déjà plus de trois années écoulées depuis son mariage.

la Vierge, et de là elle est allée à Sainte-Geneviève, à la même fin.

Elle a fait ce voyage, en quelque façon, incognito, c'est-à-dire que ce n'était point une entrée. Elle n'avait que son train ordinaire qui se compose de quatre carrosses à huit chevaux, dont il y en a deux magnifiques, de vingt gardes à cheval, de quelques pages et de dix à douze valets de pied. Il n'y avait point de soldats aux gardes dans les rues de Paris, mais seulement du guet de robe courte, et autres archers, dans les carrefours où le cortége devait passer : les boutiques étaient ouvertes à l'ordinaire.

La reine partit de Versailles à près de neuf heures. Tous les chemins étaient bordés des habitants des villages voisins, et, du côté du Cours-la-Reine, il y avait nombre de peuple de Paris et de carrosses. M. le duc de Gèvres, gouverneur de Paris, M. le président Lambert, prévôt des marchands, et les échevins étaient en deçà de la porte de la Conférence[1], du côté de la ville. M. de Gèvres avait là, suivant son habitude dans les cérémonies, six suisses, plus de soixante gardes, dix ou douze gens de livrée et six pages; personne ne marche avec plus de magnificence. Les archers de la ville étaient en file le long du quai, et la terrasse des Tuileries était pleine de monde.

M. le cardinal de Noailles, en crosse et en mitre, avec tout son clergé, les chanoines en chape, et toute sa maison, officiers et gens de livrée, a été recevoir la reine à la porte de l'église Notre-Dame; ensuite le cortége ecclésiastique a remonté la nef et

---

[1] Elle était située vers l'extrémité du quai des Tuileries, entre la terrasse du bord de l'eau et la rivière. Elle fut démolie en 1730.

est entré dans le chœur. La reine, précédée de ses officiers, de ses pages et de ses valets de pied, et suivie de toutes les dames du palais, marchait appuyée d'un côté sur le marquis de Nangis, son chevalier d'honneur, de l'autre sur le comte de Tessé, son premier écuyer, tous deux gens bien faits et cordons bleus. La reine avait quitté le deuil pour cette cérémonie. Elle avait une robe de cour, couleur de chair, toute découpée en festons, sans or ni argent, mais elle était chargée de tous les diamants qu'elle pouvait avoir, et portait dans ses cheveux *le Sanci*, diamant qui vaut dix-huit cent mille livres. Toutes les dames de la suite étaient aussi magnifiquement mises, et couvertes de diamants. Personne n'était en deuil, et M. le duc de Noailles, capitaine des gardes du corps, avait un habit rouge.

La reine, après être entrée dans le chœur, où il y avait un prie-Dieu et un dais, et y avoir fait sa prière, a été entendre la messe sur un autre prie-Dieu vis-à-vis la chapelle de la Vierge. Elle avait à côté d'elle deux aumôniers, derrière, était mademoiselle de Clermont, sur un carreau, et ses officiers et dames formaient le cercle. La messe lui a été dite par son chapelain, et elle ne l'a pas entendue dans le chœur parce que les chanoines ne souffrent pas que d'autres qu'eux y officient.

J'ai vu tout ceci, ayant entendu la messe au milieu des officiers.

Après la messe, la reine a été à la sacristie, par la porte de côté, prendre un bouillon. Elle est rentrée dans le chœur par la petite porte, apparemment pour l'examiner, et elle a regagné la nef pour sortir. Le cardinal l'a reconduite jusqu'à la porte, mais il était en habit rouge et calotte. La reine s'est rendue ensuite à Sainte-Geneviève, où la châsse de la sainte était découverte par-devant. En revenant, elle a suivi la rue Saint-Jacques, le pont Notre-Dame, les rues de la Ferronnerie et Saint-Honoré, puis elle est sortie par la porte Saint-Honoré et a été dîner à la Muette, où elle ne sera pas arrivée avant trois heures.

A la porte de la Conférence et à la porte de Notre-Dame, quand la reine est entrée dans l'église et quand elle en est sortie, on a lâché d'une corbeille une vingtaine d'oiseaux[1] qui se sont envolés. C'est un droit et une obligation des jurés oiseliers, symbole de la liberté que les rois et reines doivent donner aux prisonniers.

Quant à ce qui est de la personne de la reine, elle est petite, plus maigre que grasse, point jolie, sans être désagréable, l'air bon et doux, ce qui ne lui donne pas la majesté requise pour une reine. Elle avait l'air bien contente. Elle a fait un assez grand tour dans Paris et elle a vu une affluence de monde étonnante. On a jeté de l'argent à la portière de sa voiture, pour douze mille livres, dit-on.

23. — Aujourd'hui, samedi, à six heures du matin, on a affiché aux principales portes des églises seulement, un mandement de M. le cardinal de Noailles, que j'ai pris la peine d'aller lire, car on ne pouvait l'avoir autrement. Par ce mandement, l'archevêque annonce sa soumission au saint-siége, accepte purement et simplement la constitution, c'est-à-dire la condamnation des cent une propositions extraites du livre du

---

[1] Cela avait lieu primitivement sur le Pont-au-Change seulement, lorsque les rois le traversaient en faisant leur première entrée à Paris.

père Quesnel, révoque son instruction pastorale de 1719, ainsi que tout ce qui a paru sous son nom contraire à la présente acceptation, etc. Au bas est la constitution imprimée.

Cela a causé une grande rumeur dans Paris. L'on voit aussi que, de la part de la cour, on n'a fait cette opération qu'à demi, et en tremblant, car le matin il y avait des archers qui accompagnaient les afficheurs. On dit, et je le crois, qu'il y en avait trois cents qui ont rôdé tout le jour. On n'a pas affiché à tous les coins de rue, où l'on a coutume de le faire, apparemment parce que cela aurait assemblé trop de peuple à la fois. Il est dit, dans ce mandement, qu'il sera lu et publié où besoin sera, et ce n'est point là la forme d'un mandement. On n'a pas osé le faire publier aux prônes des paroisses crainte de trouble, et d'autant que la plupart des curés s'y refusaient. Après tout, ces précautions sont sages, car en bonne politique, et surtout en fait de religion, il faut éviter avec grand soin le tumulte du peuple de Paris.

— Il y a toujours des gens hardis. Sur le mandement affiché au coin de Saint-Séverin, on a osé appliquer ce matin, en plein jour, avec deux pains à cacheter, une bande de papier sur laquelle il y avait : « Les vrais chrétiens n'accepteront point la constitution, quelque persécution qu'on fasse. » Cela paraissait écrit de la main d'une femme.

— Voici un autre tour. Cette après-midi, il a paru un imprimé appelé le *Contre-poison de l'acceptation*. Ce sont des protestations faites et signées par le cardinal de Noailles et déposées, dit-on, entre les mains d'un évêque janséniste. L'archevêque proteste de nullité de tout ce qu'on lui fera faire pour accepter la constitution, comme surpris de lui par force, violences, promesses, etc. Ces protestations sont datées du 28 août dernier; les jansénistes avaient cela tout prêt pour jeter dans le public, le jour du mandement. Est-il bien sûr que ce ne soit pas une invention de leur part, et ne pourrait-on pas les accuser de supposer ces protestations? car il y a toujours de la fourberie dans les affaires de parti.

24. — On a déchiré cette nuit tous les mandements, jusqu'à gratter la pierre. A Saint-André, on a couvert de boue l'endroit où était l'affiche; ce matin on a remis des mandements en beaucoup d'endroits. Du reste, hier, les archers avaient ordre de n'arrêter personne, même ceux qui arracheraient les affiches, afin d'éviter le désordre.

27. — On a publié et vendu publiquement le mandement hier et avant-hier.

— On déclame un peu, à présent, contre notre pauvre archevêque. Un janséniste disait, ces jours-ci, qu'on ne devait pas attendre que le destructeur de Port-Royal mourût défenseur de la vérité. Il est vrai qu'on peut reprocher ce trait au cardinal de Noailles. C'est lui qui a donné la permission de raser la maison et l'église [1]; en sorte que ce n'est plus qu'un champ sur lequel on laboure, sans vestige de maison religieuse. Cette destruction, et le renvoi des religieuses, s'est fait avec dureté, et M. l'archevêque pouvait s'y prendre

---

[1] En 1709, sous l'épiscopat de M. de Noailles, la maison de Port-Royal-des-Champs avait été supprimée définitivement. Les biens furent adjugés à la maison de Paris, les religieuses enlevées de force et dispersées, et les bâtiments démolis.

d'une autre manière. Depuis ce temps-là, il a été à la tête du jansénisme, et enfin, voilà son dernier acte.

— Voici une nouvelle qui fait bien oublier les autres. Hier, 26, la fièvre a pris au roi, à Fontainebleau, et aujourd'hui on apprend que c'est la petite vérole qui s'est déclarée. Le premier médecin[1] a appelé Dumoulin et autres fameux médecins de Paris.

Novembre. — Il n'y a jamais eu de petite vérole plus heureuse que celle du roi. Il n'a point été malade ni eu de fièvre, il a bien dormi, en sorte que, sans aucun remède, il en a réchappé.

25. — Toutes les compagnies, à leur rentrée, ont fait chanter un *Te Deum* en action de grâces du rétablissement du roi, et tous les corps et communautés en font chanter chaque jour. Ceux qui avaient le plus excellé jusqu'ici, c'étaient les receveurs généraux qui, samedi, 20, en firent chanter un aux Grands-Jésuites[2], par mesdemoiselles Antier, Le Maure et autres de l'Opéra, avec cent cinquante musiciens. Mais hier, 24, les fermiers généraux l'ont emporté aux Jacobins de la rue Saint-Honoré[3]. La musique était la même, à la différence que, par défense de M. l'archevêque, les filles de l'Opéra n'y ont point chanté. La cour, qui est fort grande, était environnée d'une architecture de charpente en arcades, ornée de pots à feu et de lampions qui faisaient une illumination superbe. La façade, sur la rue Saint-Honoré, était dans le même goût. Il y avait une garde étonnante du guet et de suisses. On n'entrait que par billets; néanmoins, c'était

---

[1] Jean-Baptiste Dodard.

[2] Voir p. 57, note 1.

[3] Le marché Saint-Honoré a été ouvert sur l'emplacement de ce couvent.

une tuerie, tant à la porte de la rue qu'à la porte de l'église. Tout ce qui est curieux à Paris, en hommes et en femmes, y sont venus. On dit que cela a coûté seize mille francs.

— M. d'Armenonville, ci-devant garde des sceaux, a voulu faire d'abord l'esprit fort sur sa disgrâce, mais, au dedans, il n'a pu en soutenir le coup. Depuis trois mois il est tombé en langueur, il a la bile répandue sur tout le corps, et il est d'une maigreur étonnante. On désespère absolument de lui. Sollicité par son confesseur, il a assemblé sa famille ces jours passés, et lui a déclaré le mariage qu'il a contracté, il y a sept à huit ans, avec une femme appelée la veuve Morin. Elle était veuve d'un gros joueur qui s'est trouvé ici avec dix-huit cent mille livres d'argent comptant, et qui a tout perdu. On dit qu'elle est demoiselle[1], qu'elle a plus de cinquante ans et qu'elle a beaucoup d'esprit. M. d'Armenonville avait eu du goût pour elle lorsque son mari vivait, et du vivant aussi de madame d'Armenonville, mais sans réussite. Depuis, il l'a épousée à condition que le mariage serait secret. La déclaration qu'il en a faite n'est pas devenue publique, cependant tout Paris l'a sue. La famille nie à présent le mariage; il n'y a point d'enfants, et l'on croit que les parents de M. d'Armenonville ont passé un acte avec cette dame; ils lui feront peut-être une bonne pension à la charge de conserver le nom de veuve Morin.

— M. d'Armenonville est mort au château de Madrid. Il a été enterré à Saint-Eustache, sa paroisse, samedi 28.

---

[1] De noble extraction, fille d'un gentilhomme.

ANNÉE 1729.

Janvier. — Depuis le jour de Noël jusqu'au 25 janvier il a fait un froid extraordinaire, à peu près semblable à celui du grand hiver de 1709; et, comme il y avait beaucoup de neige, il y a eu des promenades en traîneaux. Le roi y a été à Versailles, et à Paris, le prince de Carignan en a donné la fête à la jeune princesse de Bourbon¹. Il y avait sept ou huit traîneaux à un cheval, et trois relais pour chacun, avec un traîneau à quatre chevaux pour la musique. La promenade se faisait à toute bride dans le Cours-la-Reine. Les femmes étaient fourrées à la polonaise, et, malgré le froid terrible, il y avait deux mille personnes à voir cela.

— La ville a distribué du bois, pendant quelques jours, afin de faire des feux, dans les carrefours, pour les pauvres. Elle a fait délivrer aussi du bois à de pauvres gens, à six livres au-dessous du prix. Les cours souveraines ont vaqué pendant cinq jours, et les spectacles publics ont cessé.

Février. — Le 19 de ce mois le roi a déclaré le mariage de M. le duc d'Orléans avec une princesse de Lorraine². M. le duc d'Orléans a reçu à Paris, le len-

---

[1] Caroline de Hesse-Rhinfels, née le 18 août 1714, que M. le Duc avait épousée au mois de juillet précédent.

[2] Élisabeth-Thérèse, fille de Léopold-Charles, et cousine germaine du duc d'Orléans. Tous les journaux du temps rapportent, en effet, que le prince demanda l'agrément du roi pour ce mariage, et le *Journal de Verdun* ajoute qu'au moment de la mort de Léopold, le 27 mars 1729, M. d'Argenson, chancelier du duc d'Orléans, était à Lunéville, muni de pleins pouvoirs pour signer le contrat. Néanmoins, le mariage n'eut pas

demain, les compliments de tous les premiers magistrats.

Mars. — Par une ordonnance du 6 M. le cardinal de Noailles a rétabli les jésuites dans tous les pouvoirs [1], comme avant l'ordonnance du mois de novembre 1716. Il y avait plus de douze ans qu'ils étaient interdits, mais ils ne sont contents ni du style de l'ordonnance, ni du temps qu'on a pris. Le carême étant commencé, les chaires sont remplies, en sorte qu'ils n'ont point d'autres prédicateurs à la maison professe que le supérieur, lequel resta court, à son second sermon, et fut obligé de descendre de chaire. Cette affaire n'est pas finie, et la paix n'est pas sincère entre les deux partis. Du côté des jansénistes on imprime toujours, sous main, les *Nouvelles ecclésiastiques* qui sont piquantes à l'égard de la conduite qu'on tient de la part de la cour.

— Il est mort, il y a près d'un an, un monsieur Pâris [2], frère d'un conseiller de grand'chambre, qui était janséniste dans toutes les formes. Il avait dix mille livres de rente qu'il donnait toutes aux pauvres, ne mangeait que des légumes, couchait sans drap et vivait constamment d'une manière sainte. Il a été enterré à Saint-Médard, faubourg Saint-Marcel, et est regardé comme un bienheureux. Tout le peuple de Paris, et même des gens au-dessus du peuple ont été à sa tombe, où, suivant le dire de ces gens-là, il se fait des miracles.

---

lieu, et la princesse Élisabeth épousa, en 1737, Charles-Emmanuel, roi de Sardaigne.

[1] Les pouvoirs de confesser et de prêcher.

[2] François Pâris, fils d'un conseiller au parlement, né le 30 juin 1690, mourut le 1er mai 1727.

— Il y a deux mois¹ que le père Gourdan, religieux de Saint-Victor, est mort âgé de plus de quatre-vingts ans. Il vivait si pieusement qu'il ne descendait pas même dans le jardin avec les autres religieux. On n'a pas attendu sa mort pour lui faire la réputation d'un petit prophète. Depuis très-longtemps le peuple, surtout les femmes et les filles, allaient lui faire dire des messes, et lui demander des nouvelles ou des réponses sur un mariage, un procès, un voyage, toutes sortes de choses, en un mot. Il est mort sans recevoir les sacrements, les ayant refusés de la main de son supérieur qui est janséniste et appelant de la constitution. On crie actuellement dans les rues l'explication de l'apparition de la sainte Vierge, qui s'est présentée à lui, à sa mort, ce qui est imprimé et se vend avec permission.

Qui de ces deux hommes, qu'on doit regarder comme élus, avait la grâce pour penser juste?

— On a fait une drôle d'histoire sur M. le prince de Tingri, qui a rêvé voir son billet d'enterrement tout imprimé, et le jour indiqué pour le 19 de ce mois. Il a été fort inquiet jusqu'à ce jour-là, mais il en a été quitte pour la peur.

30. — Hier, mardi, le roi alla à la chasse le matin, et dîna à la Muette. De là, il vint à l'opéra de *Tancrède*¹, accompagné de ceux qui avaient dîné avec lui, et sans qu'on en sût rien à Versailles ni à Paris. On

---

¹ Ne serait-ce pas plutôt *deux jours?* Le *Mercure de France* mentionne cette mort à la date du 10 mars.

² Tragédie lyrique en cinq actes, de Danchet, musique de Campra; elle avait été représentée, pour la première fois, le 7 novembre 1702, et eut cinq reprises en 1707, 1717, 1729, 1738 et 1750.

avait commandé secrètement trois cents soldats aux gardes pour cinq heures, dans le Carrousel, d'où ils ont été bientôt rangés jusqu'à l'Opéra[1] : c'est la première fois que le roi est venu à ce théâtre depuis qu'il ne demeure plus à Paris. Il s'adonne maintenant à la musique, et fait de petits concerts particuliers avec les seigneurs.

Avril. — Le grand jubilé que nous aurions dû avoir en 1725, a commencé le 1er de ce mois. Les processions courent les rues avec un grand concours de gens du peuple, et même de femmes de qualité, les jupes retroussées, suivies d'un cortége de laquais. On a été bien mouillé cette semaine. Le roi a fait ses quatre stations à Versailles, à pied, au milieu des crottes.

Mai. — Mercredi, 4, M. le cardinal de Noailles, archevêque de Paris depuis trente-trois ans, est mort à l'âge de soixante-dix-huit ans. Ce prélat a toujours eu une conduite très-respectée, mais comme c'était un esprit médiocre, il s'est laissé conduire pour la morale, et on l'a fait varier tant de fois, dans l'affaire du jansénisme, que cela lui a fait grand tort. On l'a vu à découvert le jour de sa mort, et sur son lit de parade le jeudi et le vendredi. Le samedi matin a eu lieu l'enterrement qui, à cause de la pluie, n'a fait d'autre tour, au sortir de la rue Neuve-Notre-Dame, que de prendre par la Madeleine, rentrer dans le cloître par la rue des Marmousets, et dans l'église par le Parvis. Sans la pluie, on aurait été devant le palais, par le Marché-Neuf, dans la rue de la Vieille-Draperie et la

---

[1] L'Opéra était alors attenant au Palais-Royal, et on y entrait par un cul-de-sac qui donnait sur la place, presque en face de la rue Froidmanteau.

rue des Marmousets, comme à la procession de la Notre-Dame d'août. Il y avait bien cent pauvres avec du drap et un flambeau, les capucins, les cordeliers, les jacobins, les augustins et les carmes, tout Notre-Dame, quatre douzaines d'enfants bleus, rouges[1], et des enfants trouvés, une centaine de laquais, les officiers de la maison du cardinal en manteau et en rabat, plus de soixante cierges, avec les armoiries, portés autour du corps par des enfants gris. Le corps était porté par des prêtres et le poêle par quatre chanoines : derrière venait M. le duc de Noailles et quantité de ducs et de cordons bleus. Il n'y avait point de magistrats, si ce n'est l'abbé Pucelle, conseiller de grand'-chambre.

— Le 16 de ce mois, on a fait une exécution qui a attiré un concours de peuple étonnant. On a fustigé et fleurdelisé une m..... publique, coiffée d'un chapeau de paille. Elle était laide comme le péché. Si on châtiait toutes ses pareilles, il y en aurait pour longtemps à Paris.

Juin. — Le dernier mai, on a exécuté le fameux voleur Nivet et ses complices. Cartouche n'était rien en comparaison de Nivet, qui a commis nombre d'assassinats. Il y a neuf mois qu'il est prisonnier à la Conciergerie, et il a déclaré tous ses complices. Il a fait venir de Cette, en Provence, un homme de soixante-douze ans, qui s'y était retiré et vivait tranquillement depuis dix ans; mais qui avait eu la fleur de lis il y a cinquante ans. Nivet a vécu fort gaiement dans la prison et faisait bonne chère. Il avait deux gardes qui ne

---

[1] On appelait enfants bleus, rouges ou gris, des orphelins élevés dans les hôpitaux et diversement habillés pour les faire distinguer.

le quittaient pas, et avec qui il a joué au volant tout l'hiver. Cette affaire, attendue depuis longtemps, a attiré l'attention de ceux qui aiment les grands spectacles : toutes les fenêtres de la Grève avaient trouvé marchand pour les louer. Mardi, 31, on a sorti cinq hommes de la Conciergerie, dans deux charrettes, pour être rompus vifs véritablement, et expirer sur la roue. Baremont, fils d'un fameux rôtisseur, rue Dauphine, après avoir eu les jambes liées sur la croix, a demandé à parler. On l'a rhabillé et conduit à l'hôtel de ville. Depuis Cartouche c'est la mode, et on les y a menés tous les cinq. Là, le vieillard a été plus ferme que les autres ; il a déclaré qu'il ne dirait rien, qu'on n'avait qu'à l'expédier, et en effet, il a été roué à neuf heures du soir sans avoir dit un mot. Malgré son âge, il a resté une heure et demie sur la roue. A onze heures on a roué Nivet, et le lendemain, 1er juin, on a expédié les autres qui n'ont pas laissé que de déclarer et faire mener plusieurs personnes en prison. Cette affaire aura plus de suite que celle de Cartouche.

Juillet. — Il y a dans l'office pour chaque saint une légende où, pour la gloire du saint, on met ses principaux gestes. Le pape[1] s'est avisé, ces jours-ci, d'envoyer à l'ordre de Saint-François, qui lui est aveuglément dévoué, trois leçons et un *oremus* pour changer, dans le bréviaire, la légende de Saint-Hildebrand, qui n'est autre que Grégoire VII, celui qui excommunia l'empereur Henri IV, et qui dégagea ses sujets du serment de fidélité. Il l'appelle *Romanæ libertatis vindex*, rapportant ce fait d'autorité comme l'action la plus belle

---

[1] Benoît XIII.

de sa vie ; et dans l'*oremus*, on prie Dieu de donner à ses successeurs la même force et la même vigueur. L'empereur s'est plaint de cela, pour faire connaître les dangereuses maximes de la cour de Rome, et l'on s'était contenté d'abord ici d'arrêter, chez le libraire Coignard, l'impression du bréviaire ; mais, depuis, la légende a été supprimée par arrêt du parlement [1].

— Comme le parti constitutionnaire avait le dessus, un savetier, nommé Nutelet, qui se mêlait de faire des controverses, eut l'insolence d'interrompre le curé de Saint-Benoît, et de vouloir disputer avec lui, ce qui le fit mettre à la Bastille. Un prêtre a eu l'imprudence d'en faire autant à Saint-André. Il a dit à un prêtre de la paroisse qu'il était un malavisé, que ce qu'il prêchait était rempli des hérésies de Calvin et Luther. Il a été mis en prison, condamné, par l'officialité, à des peines canoniques, et par le Châtelet à faire réparation au prêtre de Saint-André, dans la chambre du conseil, en présence de douze personnes, nu-tête et à genoux : de plus, condamné à cinq cents livres de dommages et intérêts, à une amende et à cinq années de bannissement.

— Il y a cinq ans, un capitaine de dragons du régiment de Bonnelles, aujourd'hui d'Armenonville, donna deux coups de canne à un aide-major, à la suite d'une querelle. Il a fait quatre années de prison pour cela. Mais l'aide-major ne s'est pas encore trouvé lavé, et hier, ayant rencontré le capitaine dans le café de la place du Palais-Royal, il sortit, l'attendit dans la rue Saint-Thomas-du-Louvre, et lui fit mettre l'épée à la main. Ils

---

[1] Arrêt du 20 juillet 1729. Il est imprimé dans le *Mercure de France*, p. 1688.

se battirent bien, mais le capitaine a été tué; l'autre a été blessé et s'est sauvé dans le Palais-Royal.

— Roy[1], ci-devant conseiller au Châtelet, fameux poëte connu dans le pays des belles-lettres, a épousé la fille d'un bon marchand, et s'est fait secrétaire du roi. On dit qu'il a donné un carreau[2] à sa femme, et que quelques personnes lui ayant rapporté qu'on en plaisantait, Roy répondit, que de pareilles plaisanteries ne méritaient que des coups de bâton. Sur quoi quelqu'un lui repartit, qu'il ne serait pas surprenant qu'il en donnât, attendu qu'il en avait à revendre. Ce qui fait un joli mot, parce qu'on sait que ses poésies lui ont attiré plus d'une fois des coups de bâton.

— Le président Lambert, prévôt des marchands, vient de mourir. Cet homme, étant président des requêtes du palais, passait pour être le plus honnête homme de Paris, bon citoyen, et on parlait toujours de lui comme étant l'un des premiers qui seraient exilés dans les affaires de trouble. Il n'a pas été plus tôt prévôt des marchands, qu'il s'est livré à la cour, et a fatigué le peuple plus qu'un autre, de manière qu'il a été très-mal famé et peu regretté. M. Turgot[3], second président de la même chambre des requêtes, le remplace comme prévôt des marchands. Au moyen de cela, et de ce que M. Vallier, premier président, est aveugle et ne vient pas, M. Ogier, fils de l'ancien rece-

---

[1] Pierre-Charles Roy, né à Paris en 1683, auteur d'un recueil de poésies, travailla beaucoup pour le théâtre : il composa les poëmes de six opéras, onze ballets, et de plusieurs intermèdes.

[2] Grand oreiller ou coussin de velours, dont les dames et les évêques se servaient à l'église, pour se mettre à genoux plus commodément, et qui était aussi une marque de qualité.

[3] Michel-Étienne, père du contrôleur général.

veur général du clergé, qui n'est reçu président que depuis un mois, va devenir président de chambre tout jeune.

—Lundi, 18, mardi et mercredi, il y a eu, dans tous les quartiers de Paris, une fameuse procession des religieux de la Merci, avec les captifs qu'ils ont rachetés et ramenés d'Alger, au nombre de quarante-six, parmi lesquels il y avait un capitaine de vaisseau et un religieux de la Merci. Ils n'ont pas laissé que de faire bien de l'argent par leur quête, dans le tour des processions.

Août, 10. — Ces pauvres jésuites sont bien haïs dans le public, en voici des preuves. Mardi, 2 de ce mois, c'était la tragédie du collége. On avait affiché, à leur porte, le placard suivant, formé de grandes lettres imprimées et rassemblées : « Les comédiens ordinaires du pape représenteront aujourd'hui, sur leur théâtre de la rue Saint-Jacques, *les Fourberies d'Ignace*, et pour petite pièce, *Arlequin jésuite*, en attendant la farce des *Tableaux*. » Ceci concerne un legs de tableaux, valant six mille francs, fait par un particulier à la maison du noviciat des jésuites en considération d'un certain père, son ami. Les héritiers ont fait un procès pour faire déclarer le legs nul, et cela s'est plaidé aux requêtes de l'hôtel. C'était précisément Aubry, auteur de la consultation des avocats, qui plaidait contre les jésuites, et qui avait arrangé les choses de façon que, par la cession d'un père à son fils, c'était un père de l'Oratoire qui était partie adverse des jésuites. Hier, 9, ces derniers ont perdu leur cause avec dépens. Non-seulement on a claqué des mains, mais il y avait à la cause quatre pères jésuites que le peuple a reconduits jusque dans la cour du palais, avec des huées et une avanie épouvantable ; et cela à midi, devant tout le monde qui est dans la grande salle du palais dans ce temps-ci.

— Malgré cette haine marquée, les jésuites ont actuellement dans leur collége, cinq cents écoliers, de toutes sortes d'états ; de qualité, et bourgeois : il faut y retenir une chambre un an d'avance. Cela prouve qu'ils ont plus d'amis que d'ennemis dans un certain monde. Il y a à dire, aussi, que ceci est une querelle de religion dont la plupart des honnêtes gens de la cour et de la ville ne s'embarrassent guère, et qu'ils n'entendent pas. Il leur suffit de savoir que les jésuites élèvent parfaitement bien la jeunesse, en général. Le grand nombre de jansénistes, à Paris, est dans le peuple, cuistres de colléges et prêtres de paroisses ; gens caustiques et demi-savants qui ne fournissent pas beaucoup d'enfants à élever dans les colléges.

Septembre. — Grand événement dans notre État. Dimanche, 4 de ce mois, entre trois et quatre heures du matin, la reine est accouchée d'un Dauphin [1]. Aussitôt courrier à la ville et à M. le premier président, et le tocsin du palais et de la ville ont été entendus [2]. Il y avait déjà, à midi, une ordonnance de MM. les prévôt des marchands et échevins qui était affichée pour faire faire des feux de joie et illuminer les maisons pendant trois jours, comme aussi pour faire fermer les boutiques. Les échevins ont illuminé leurs maisons en lampions et avec des lustres ; ils avaient tous les soirs, en outre,

---

[1] Louis, mort en 1765, et qui fut père de Louis XVI, Louis XVIII, etc.
[2] Suivant l'usage, ces cloches furent sonnées pendant trois jours et trois nuits consécutifs. — Voir pour les détails des fêtes, le *Mercure de France*, année 1729, p. 2054 et suiv.

chacun à leurs portes deux tonneaux de vin, des cervelas et des petits pains.

Le quatrième jour, le mercredi, le roi vint de Versailles à Paris, sur les cinq heures, pour assister à un *Te Deum* qui a été chanté en musique à Notre-Dame. Lorsqu'il arriva devant la porte de l'église, on tira le canon de la Grève, et alors toute l'infanterie fit trois décharges, ce qui fut répété de l'un à l'autre, depuis Notre-Dame jusqu'aux Tuileries, par les gardes françaises et suisses qui garnissaient les quais. Cela fit un fort bel effet. Après le *Te Deum*, le roi se rendit à l'hôtel de ville, où il assista à un feu magnifique, après lequel il y eut un souper. Il sortit de l'hôtel à onze heures et demie, et alla, par la rue des Lombards, gagner la rue de la Ferronnerie. La rue Saint-Honoré offrait un coup d'œil magnifique, mais la place Vendôme était le plus beau morceau. Elle était illuminée avec uniformité et, au lieu des lanternes qui sont autour, chacun avait mis un lustre avec des bougies. Le roi fit le tour de la place, gagna la porte Saint-Honoré, le long des Tuileries, et retourna à Versailles.

Il y aura des feux, des *Te Deum* et des illuminations pendant un mois, par tous les corps et communautés.

11. — Aujourd'hui, dimanche, a eu lieu la procession générale, c'est-à-dire celle de tous les chapitres de Paris qui vont, à Notre-Dame, prendre M. l'archevêque et le chapitre, et se rendent dans la cour du palais, au bas de la Sainte-Chapelle, où il y a de la vraie croix qu'on expose. Comme il y a soixante-huit ans qu'il n'y a eu de Dauphin[1], il a fallu rechercher les cérémonies.

---

[1] Depuis Louis, dit *Monseigneur*, aïeul de Louis XV, né le 1ᵉʳ novembre 1661.

Outre cette procession, et en vertu d'un mandement de M. l'archevêque, toutes les églises paroissiales, et toutes les communautés, séculières ou régulières, vont ce matin rendre grâce à Dieu ; en sorte qu'on n'entend que chanter dans les rues.

— Notre nouvel archevêque [1], qui depuis longtemps attendait ses bulles, prit possession, mardi 6, et donna un grand dîner à son chapitre, car il aime fort à manger. Sans chercher à deux fois, il leur dit que la joie du roi serait parfaite si la paix était dans l'Église, et que le chapitre de Notre-Dame devrait lui prouver son zèle en acceptant purement et simplement la constitution. Cela en resta là ; mais on tint un chapitre le lendemain, où il y avait vingt-neuf chanoines, et ils ont tous reçu la constitution, à l'exception de quatre qui ont protesté. Cette affaire fait grand bruit parmi les gens des deux partis, et l'on s'attend à un mandement pour faire publier cette constitution par les curés de Paris ; mais cela ne sera pas si aisé que pour messieurs du chapitre.

— Le grand Thomas, personnage original par sa figure, qui arrache les dents au milieu du Pont-Neuf, a fait quantité de belles choses pour la naissance du Dauphin [2]. Il était présent, sur son espèce de trône, lors du passage du roi, en sorte que l'on dit que celui-ci lui a donné une pension. Pour ne pas avoir le dernier en générosité, il a fait annoncer que lundi, 19, il donnerait sur le Pont-Neuf un grand repas à tout le peuple.

---

[1] Charles-Gaspar-Guillaume de Vintimille, des comtes de Marseille du Luc.

[2] Le jour de la naissance du Dauphin, il annonça qu'en réjouissance de cet heureux événement, il arracherait les dents et distribuerait ses fioles *gratis* pendant quinze jours consécutifs.

Il avait, à cet effet, acheté un bœuf, des moutons, fait provision de vin, et il avait fait imprimer son repas avec permission, lorsque le conseil de police a réfléchi sur les inconvénients d'un pareil festin au milieu du Pont-Neuf. Le dimanche au soir on lui a fait défense d'exécuter son repas. Le lundi, le peuple s'est assemblé, et ne voyant aucuns préparatifs, il s'est porté à la maison du grand Thomas, dont il a cassé les vitres. On a été obligé d'envoyer la garde pour la sûreté de sa personne et pour chasser cette populace. Le Pont-Neuf, la place Dauphine et les quais, étaient remplis à ne pouvoir passer. Cela suffit pour montrer qu'on a fort bien fait d'empêcher ce repas, mais il fallait le défendre à la première réquisition, sans attendre que Thomas eût fait ses provisions.

— Notre archevêque est toujours grandement occupé de l'affaire de la constitution. Il s'agit de réduire les curés de Paris, ce qui n'est pas peu de chose, parce que la paroisse a sucé la doctrine du pasteur. Il y en a qui seront diablement durs, comme ceux de Saint-Séverin, de Sainte-Marguerite, faubourg Saint-Antoine, de Saint-Germain, et autres, et l'on ne veut pas prendre de parti violent. Le malheur, aussi, c'est que notre archevêque n'est pas généralement considéré. Le peuple dit qu'il aime beaucoup à manger, qu'il ne songe qu'à sa table, et il le regarde comme un goinfre. N'a-t-on pas affiché à la porte de l'archevêché, quand il a été nommé, que Saint-Antoine (c'était le nom de M. de Noailles) était mort et qu'il nous avait laissé son cochon! On a dit aussi, pour bon mot, qu'on ne retrouvera pas un archevêque comme le dernier, *en vînt-il mille*.

— L'archevêque a fait afficher un mandement pour

faire connaître que la constitution n'est point opposée à des points de morale de notre religion, comme les jansénistes et le peuple de Paris le pensent; mais on n'a pas osé ordonner aux curés de parler de ce mandement dans leurs prônes, et il n'y en a eu que très-peu qui l'ont fait. Le curé de Sainte-Croix, en la cité, a été du nombre de ces derniers, bien qu'il eût promis, dit-on, à son vicaire de garder le silence. Un dimanche, que ce vicaire disait la grand'messe de paroisse, le curé étant monté en chaire, au milieu de la messe, pour faire le prône, et ayant parlé du mandement, le vicaire a quitté le chœur, a été se déshabiller, et a laissé là la messe, ce qui a causé un scandale épouvantable dans l'église. Ce janséniste outré a pris le parti de se retirer à Utrecht, sans quoi il aurait mal passé son temps.

Novembre. — Au *prima mensis* de Sorbonne, on est convenu de s'assembler à un jour donné pour l'affaire de la constitution. Comme on savait ceux qui étaient le plus opposés, il y a eu une lettre de cachet qui a ôté toute voix active et passive à quarante-huit docteurs qui étaient réappelants depuis 1720, et qui leur a même enlevé les émoluments de docteur. Le jour de l'assemblée, ces quarante-huit docteurs, et huit autres qui n'étaient pas exclus et qui se joignirent à eux, firent signifier, par un huissier, une opposition à tout ce qui serait fait. L'assemblée se tint et la constitution fut reçue; mais les jansénistes disent que ce n'est plus une délibération et une assemblée libre, du moment que l'on exclut d'avance ceux que l'on pense être d'un avis contraire à celui que la cour veut faire passer.

— Depuis ce temps-là on a inquiété plusieurs vicaires et prêtres de paroisse que l'on a exilés, et à qui on a ôté les pouvoirs. Il faut dire aussi que la plupart de ces prêtres ne se contentaient pas de penser, mais qu'ils ont gâté l'esprit des femmes et du peuple de Paris de ce jansénisme, auquel tous n'entendent rien. De plus, il y a bien de l'abus et du désordre dans la plupart de ces prêtres, jusque-là qu'on a dit à l'archevêque que dans la paroisse de Saint-Benoît, dont on a chassé six prêtres, il y en avait qui ne trouvant pas dans leurs pénitents des deux sexes une contrition assez vive, les fouettaient dans leurs chambres.

— Les jansénistes ont beaucoup crié en voyant tous ces exils. Cela coûte des sommes infinies à plusieurs familles de Paris, car tous ces prêtres, qui ne font plus rien et qui n'ont point de quoi vivre, sont nourris et entretenus, soit à Paris, soit à Utrecht, aux dépens de particuliers jansénistes qui donnent de l'argent entre les mains de quelqu'un qu'on ne connaît pas. Ils ne menaçaient pas moins que d'ôter les aumônes et le pain à tous les pauvres des paroisses, ce qui serait d'une conséquence très-dangereuse pour Paris.

— On est maintenant assez tranquille, si ce n'est que la *Gazette ecclésiastique* continue toujours, qu'on a débité une réponse au mandement de l'archevêque, et qu'on dit même qu'on a imprimé sa vie ; il n'est pas possible au lieutenant de police de découvrir cela.

Décembre. — Le roi d'Espagne a pris la naissance du Dauphin au sérieux. Il a envoyé ordre à ses ambassadeurs de faire ici une fête au-dessus de ce qu'on n'a jamais vu en Europe. Ces plénipotentiaires ont emprunté, à cet effet, l'hôtel de Bouillon[1]. Ils ont fait faire du jardin

[1] L'hôtel de Bouillon, qui subsiste encore, est sur le quai Malaquais. Il porte le n° 17.

une salle parquetée et couverte, dans laquelle il y aura des tables pour trois cents couverts, et bal après. Ils ont passé des marchés pour un feu sur l'eau, entre l'hôtel de Bouillon et le Louvre. Suivant le dessin, ce sera une chose merveilleuse. La rivière, dans sa largeur, d'un bord à l'autre, formera un parterre dessiné par des lumières avec des allées d'orangers. Il doit y avoir huit mille pots à feu. Par malheur la saison est bien contraire par les pluies et le vent. Il y avait déjà deux charpentes élevées sur des bateaux, et qui devaient représenter les Pyrénées; mais dans la nuit du 7 au 8, il y eut un vent si prodigieux que les charpentes ont été renversées, les bateaux coulés à fond, et toute la couverture du jardin brisée. On dit même que les fers qui soutiennent les lanternes, sur le Pont-Royal, ont été forcés par la violence du vent.

ANNÉE 1730.

Janvier. — Ce qu'il y a eu de plus remarquable ce mois-ci, c'est le feu qui a été tiré sur l'eau, et la fête[1] que les ambassadeurs ont donnée dans l'hôtel de Bouillon, le 24. La maison de Condé a tenu le premier rang à cette fête, car on n'a prié personne de la maison d'Orléans, apparemment à cause des différends qui se sont élevés entre la cour d'Espagne et S. A. R. madame la duchesse d'Orléans, au sujet de la reine douairière. Celle-ci n'est point encore retournée au Luxembourg; elle est toujours dans son couvent, mais elle sort.

[1] La relation de cette fête se trouve dans le *Mercure* de l'année 1730, p. 390, mais il en fut imprimé, en outre, plusieurs descriptions spéciales.

Madame la duchesse du Maine et sa fille n'assistaient point non plus à la fête. Il existe toujours du ressentiment de la part de cette maison contre celle de Condé, par suite des procès qu'ils ont eus.

— Dimanche, 29, M. le duc de Lorraine est arrivé à Paris, au Palais-Royal, chez M. le duc d'Orléans, son cousin. Il est ici sous le nom du comte de Blamont, et vient prêter foi et hommage au roi, à cause du duché de Bar.

Février. — M. le duc de Lorraine est resté dix ou douze jours au Palais-Royal, dont M. le chevalier d'Orléans lui a fait les honneurs. M. le duc d'Orléans dînait avec lui, mais il n'y soupait pas. Le duc de Lorraine priait qui il voulait. Il était toujours accompagné de quelques princes de sa maison, a été à la chasse avec le roi, à tous les spectacles, et prenait goût pour ce pays. Il a vingt ans et paraît fort vif. Cette visite a un peu gêné M. le duc d'Orléans dans sa dévotion, surtout pour donner la liberté de ses loges qui donnent sur l'Opéra, car depuis que le duc de Lorraine est parti cela est toujours fermé et les loges sont toujours vides. Non-seulement le prince ne veut pas voir l'Opéra, mais il ne veut pas que sa maison soit une occasion à ses officiers d'assister au spectacle. M. d'Argenson, son chancelier, qui était souvent dans sa petite loge, sur le théâtre, est obligé d'aller aux places ordinaires.

— On parle d'un grand projet pour faire une magnifique salle d'opéra et de spectacle dans l'hôtel de Soissons[1]. C'est M. le prince de Carignan qui voudrait faire cette entreprise, pour laquelle il ne manque que

---

[1] Voir la note, p. 45.

de l'argent. M. le duc d'Orléans ne demanderait pas mieux, pour travestir la salle de l'Opéra actuelle en une chapelle. En tous cas, si sa conduite est belle pour là-haut, elle ne donne pas le relief d'un grand homme ici-bas.

— Le pape Benoît XIII est mort à Rome, le 21 de ce mois, âgé de quatre-vingt-un ans, après avoir donné un bref contre les arrêts du parlement, qui ont défendu la légende nouvelle dans l'office de Grégoire VII [1]. Le parlement a ordonné, par arrêt, la suppression de ce bref; néanmoins il a eu un brevet dans le régiment de la calotte, pour n'avoir ordonné que la suppression, car en bonne justice, cela méritait d'être brûlé.

Mars. — Les actions de la compagnie des Indes ont eu un échec ces jours-ci. Il y en a eu pour cinq à six millions de détournées, du nombre de celles qui étaient en dépôt à la banque, entre les mains du sieur Nicolas, préposé à cette garde. Ce Nicolas a été mis à la Bastille, mais on assure qu'il a tous les ordres de M. Le Pelletier Desforts, contrôleur général, et de plus, que, par prudence, il les a déposés à mesure chez un notaire, ce qui fera sa décharge. L'on ajoute que ces actions ont été détournées par madame la contrôleuse générale et par M. Lamoignon de Courson, conseiller d'État, son frère; mais toujours sur les ordres de M. Le Pelletier. Les mesures qu'on a prises, par des arrêts, pour tâcher de réparer cela, ont fait tomber les actions. Il est bien honteux qu'un contrôleur général aussi ancien dans la finance que celui-là, ayant près de deux cent mille livres de rente à lui, ne puisse avoir de probité.

[1] Voir p. 291.

Cela s'est découvert par un homme qui avait déposé soixante actions, qu'il donnait *à prime* (commerce autorisé, puisqu'il y avait dépôt public), et qui avait conservé le numéro de ses actions. Ayant plus tard acheté de nouvelles actions, il a reconnu, à plusieurs de celles-ci, des numéros que portaient les anciennes ; on a appris par là que l'on faisait négocier sur la place les actions qui devaient rester en dépôt.

— Le 19, M. Le Pelletier Desforts a été remercié par le roi. Une nuit on avait affiché à sa porte, en manière d'écriteau : *Maison à brûler ; maître à rouer ; femme à pendre et commis à pilorier.*

— Notre nouveau contrôleur général est M. Orry de Vignory, maître des requêtes, et qui venait d'être nommé intendant à Lille. Il est garçon, âgé de quarante-deux ou quarante-trois ans, fils d'un homme qui a été en Espagne pour y établir des maltôtes lors de l'avénement au trône de Philippe V, et qui pensa même y être pendu. Les changements d'état sont prompts dans ce pays-ci. Mon père, plaidant un jour pour ce M. Orry, père, avait dans son sac un acte passé par M. Orry, bourgeois de Paris, c'est-à-dire, n'ayant aucune qualité à mettre, et un autre acte passé par M. Orry, chevalier, seigneur de Vignory, conseiller du roi en tous ses conseils, et président à mortier au parlement de Metz. Ce président avait épousé en secondes noces la fille d'un avocat. Cette femme, qui vit encore et qui a environ quarante-cinq ans, était très-belle ; elle a été maîtresse, dit-on, de M. Chauvelin, garde des sceaux, est fort intrigante et a infiniment d'esprit. On dit aussi que M. Orry, le fils, est ami du cardinal de Fleury, qu'il est un peu philosophe, qu'il a beaucoup d'esprit et qu'il est honnête homme ; mais gare le mauvais air !...

— Nous avons perdu, le 23 de ce mois, mademoiselle Lecouvreur, première actrice de la comédie française, morte en deux jours d'une dyssenterie et d'une convulsion, à l'âge d'environ trente-cinq ans [1]. Elle n'était pas jolie, mais elle avait beaucoup d'esprit, savait et parlait de tout. Quelqu'un l'ayant emmenée en province, elle se joignit à des troupes de campagne et acquit bientôt un grand talent. Un nommé Prungent, intendant de madame la duchesse de Brunswick, a été son amant à Paris, et a mangé avec elle beaucoup d'argent à la princesse. Elle a eu depuis bien d'autres amants, notamment le maréchal de Saxe[2], à qui elle a rendu de grands services d'argent et de conseils dans les affaires qu'il a eues avec le roi de Pologne, son père, au sujet de la Courlande[3]. Aussi le maréchal l'estimait-il infiniment, et quoiqu'il ait à présent la petite Carton [4], chanteuse de l'Opéra, qui est plus jeune et plus jolie, il voyait toujours la Lecouvreur, et il était près d'elle à sa mort.

Celle-ci est arrivée dans des circonstances assez

---

[1] Adrienne Lecouvreur, née en 1690, à Fismes, en Champagne, fut amenée fort jeune à Paris, où l'acteur Legrand, ayant eu occasion d'apprécier ses dispositions, lui fit embrasser la carrière du théâtre. Elle acquit bientôt la réputation de la meilleure tragédienne qui eût paru au Théâtre-Français, et opéra une véritable révolution dans son art, par son jeu plein de naturel et d'énergie. Tous les poëtes contemporains firent des vers pour elle, et en particulier Voltaire, qui eut avec cette actrice des rapports plus intimes que ceux d'une simple amitié.

[2] Voir la note 1, p. 121.

[3] On sait qu'elle fit le sacrifice de ses pierreries et de ses bijoux pour lui envoyer une somme de quarante mille livres lorsqu'il était assiégé dans Mittau.

[4] Ce nom est écrit Cartou dans l'*Histoire du théâtre de l'Opéra* par Durey de Noinville.

particulières. Il y a trois ou quatre mois on a conté dans Paris qu'un abbé[1] avait écrit à la Lecouvreur qu'il était chargé de l'empoisonner, suivant les uns, au moyen d'un bouquet, et suivant les autres, avec des biscuits, mais que la pitié lui faisait donner cet avertissement. L'on réveille à présent cette histoire et l'on ne soupçonne pas moins que madame la duchesse de B.., fille du prince de...[2], qui est folle de Tribou, acteur de l'Opéra, quoiqu'elle ait pour amant le comte de C...[3]. Mais il faut que ce dernier souffre cela. On dit que Tribou aimait beaucoup la Lecouvreur et que voilà la querelle.

M. le curé de Saint-Sulpice, qui a été voir M. l'archevêque de Paris au sujet de cette mort, n'a pas voulu laisser enterrer la comédienne au cimetière. Il a fallu un ordre de M. le lieutenant de police pour la faire enterrer dans un chantier du faubourg Saint-Germain. Le plus plaisant c'est que, par son testament, mademoiselle Lecouvreur avait légué deux mille livres à Saint-Sulpice, que le curé n'aura pas. On dit qu'elle avait plus de trois cent mille livres de biens; cependant elle ne laisse qu'une modique pension viagère à sa sœur; elle institue légataire universel M. de Ferriol d'Argental, conseiller au parlement, son ami, mais c'est un fidéicommis en faveur de deux filles qu'elle a eues et dont on ne nomme pas le père[4].

[1] L'abbé Bouret; il fut mis à la Bastille au sujet de cette affaire.

[2] La duchesse de Bouillon, fille du prince Jacques Sobieski : il a déjà été question d'elle, p. 219, note 1. Cette accusation d'empoisonnement, qui se trouve aussi dans les *Mémoires de l'abbé Annillon* et dans les *Lettres de mademoiselle Aïssé*, a été niée par Voltaire. Lémontey, dans sa *Notice sur mademoiselle Lecouvreur*, ne la repousse pas aussi formellement.

[3] Probablement le comte de Clermont que mademoiselle Aïssé dit en avoir été amoureux.

[4] L'une d'elles a épousé, trois ou quatre mois après, un musicien de

— Cet hiver n'a pas été, à beaucoup près, aussi rude que celui de l'année passée, mais il y a eu, néanmoins, à Paris, une maladie violente et générale causée par un rhume qui a repris par trois fois à chaque personne. Sans exagération, qui que ce soit n'en a été exempt, et il n'a pas laissé que de mourir beaucoup de gens. C'était une contagion qui était venue ici par les vents du nord, et qui successivement a gagné les autres pays.

— Nous avons eu cette année, à la Foire, une chose fort curieuse. C'est une chienne, nommée Charmante, grande comme un chien de chasse, qui joue à la triomphe avec le premier spectateur donné, qui écrit des noms ou des nombres au moyen de caractères mobiles, etc. Tout Paris a vu cette chienne, et l'on croit, ma foi, qu'il y a un peu de magie dans ce fait-là.

— M. Languet, évêque de Soissons, et frère du curé de Saint-Sulpice, a fait, au commencement de cette année, la plus grande sottise qu'il pouvait faire. Il a composé un livre qui est la relation de la vie d'une religieuse morte en 1690, dans le couvent de la Visitation Sainte-Marie de Paray-le-Monial, en Charolais, et il a dédié ce livre à la reine. Cette religieuse, qui s'appelait Marguerite-Marie Alacoque, avait une singulière dévotion au cœur de Jésus-Christ. On décrit, dans cet ouvrage, toutes ses austérités, et ses méditations pendant lesquelles elle avait une conversation réglée avec Jésus-Christ. Dans les enthousiasmes de cette conversation toute spirituelle, notre évêque fait tenir à la religieuse et à Jésus-Christ des discours très-tendres, où ils se servent d'expressions trop vives que les lecteurs ont

---

l'Opéra (François Francœur), et a eu soixante mille livres de dot. C'est M. d'Argental qui a fait le mariage. (*Note postérieure de Barbier.*)

tournées à mal. Cela a suffi pour que toute la cour et la ville aient voulu avoir ce livre : il n'était plus question que de Marie Alacoque, dont le nom s'est trouvé plaisant par hasard. Cela a occasionné cent contes plus ridicules les uns que les autres, en prose et en vers, sur le compte de M. l'évêque de Soissons, à qui on a donné le brevet d'historiographe du régiment de la calotte[1].

— Il y a grand fracas, dans Paris, à l'occasion de la constitution *Unigenitus*. Le roi a envoyé au parlement une déclaration foudroyante, par laquelle il ordonne que tous les ecclésiastiques, curés, bénéficiers et autres, recevront purement et simplement la constitution, sans aucune modification. Faute par eux de le faire, les bénéfices sont déclarés vacants et impétrables. Il a fallu nommer des commissaires pour examiner cette déclaration. M. le premier président Portail, qui est entièrement dévoué à la cour, et dont il faut convenir que la position est très-embarrassante dans de pareilles conjonctures, s'est avisé de nommer, non-seulement des conseillers de la grand'chambre, mais aussi des conseillers des enquêtes. Il l'a fait afin d'avoir des gens sur qui il pût compter, parce que le parlement, en général, est janséniste. MM. les présidents des enquêtes se sont opposés à cela, attendu que, dans les affaires publiques, ils ont chacun, dans leur chambre, le droit de nommer les commissaires, et que ce droit n'appartient au premier président que dans la grand'-chambre seule. Cela a arrêté, et a donné lieu à des

---

[1] C'est à Marie Alacoque qu'est due l'institution de la fête du Sacré-Cœur de Jésus-Christ. Les journaux de ce mois-ci (août 1846) annoncent qu'il est question de la canoniser.

voyages à Versailles. M. le chancelier a voulu nommer des commissaires, comme chef de la justice, mais cela n'a pas passé davantage. Là-dessus, on a défendu au parlement de s'assembler, parce que, si les choses se passaient librement, la déclaration serait sûrement refusée. Aussi l'on croit généralement que le roi viendra lundi, 3 avril, tenir son lit de justice.

Le corps des avocats est le plus entêté et le plus ferme sur cette matière du temps, quoique, à proprement parler, il ne soit pas obligé de soutenir les droits de l'État. Il y avait pour conclusion, dans une thèse de théologie soutenue aux Jésuites : « Concilium œcumenicum nunquam est absolute necessarium, » un concile général n'est jamais absolument nécessaire. Comme il y en a eu dix-huit, et que cela est contraire, d'ailleurs, aux maximes et à l'usage, les avocats, ces jours-ci, ont dénoncé cette proposition. Leur dénonciation est signée de trente noms; c'est Aubry qui l'a faite, et on dit qu'elle est parfaitement écrite. Ils ont même trouvé un arrêt de 1663 condamnant une proposition qui n'était pas en termes si forts et si précis, et ils ont fondé le droit qu'ils avaient de faire une pareille dénonciation, sur la formule du serment qu'ils prêtent à la cour, où il y a que, si dans les affaires qui leur passent entre les mains il y a quelque chose de contraire aux droits du roi et de l'État, ils en donneront avis et dénonceront à la cour, « curiæ illico advisabunt. » Ils voulaient remettre leur dénonciation à M. le premier président, mais ils ont rencontré M. l'abbé Pucelle, qui leur a conseillé de ne pas le faire dans la conjoncture présente, où la déclaration du roi embarrasse déjà suffisamment M. Portail. Comme

M. l'abbé Pucelle est à la tête du parti janséniste, dans le parlement, c'est à lui qu'ils l'ont donnée pour en faire tel usage qu'il voudrait.

Avril, 3. — Aujourd'hui, lundi saint, le roi est venu à Paris tenir son lit de justice; le parlement n'a reçu la lettre de cachet, c'est-à-dire chaque conseiller, que le dimanche, après midi. Ils y ont été dès sept heures du matin pour conférer, mais il n'a pas été possible de joindre le premier président qui n'est arrivé dans la grand'chambre qu'un moment avant le roi. Celui-ci est venu à dix heures et demie avec M. d'Aguesseau, chancelier, les princes du sang, M. le duc d'Orléans à la tête, et la plus grande partie des ducs et pairs. Ce qu'il y a eu de curieux, c'est que le cardinal de Fleury était dans la lanterne [1], du côté des greffes, avec les ambassadeurs étrangers. Il a ôté les jalousies, s'est appuyé sur la petite barre de fer, à découvert, et a salué tout le monde.

Tout étant en place, M. le chancelier, ayant fait une génuflexion, a dit que le roi ne venait pas tant pour honorer le parlement de sa présence, que pour donner plus d'authenticité à la réception de la constitution généralement reçue par l'Église. Il a ensuite loué le roi sur sa soumission à l'Église et sur sa religion. Le premier président, après avoir salué, a prononcé un discours contenant également l'éloge de la personne du roi, et approbatif de ce que l'on allait faire. Le greffier en chef a lu la déclaration, puis M. Gilbert, avocat général, a de nouveau fait l'éloge du roi, et demandé l'enregistrement, dans lequel il serait mis que le roi était

---

[1] On donne le nom de *lanternes* à des espèces de loges placées dans certaines salles d'assemblées publiques, et d'où l'on peut voir sans être vu.

séant en son lit de justice. En sorte que le chancelier, le premier président et l'avocat général, tout cela était préparé pour parler de même.

Alors le chancelier s'est levé pour aller prendre l'avis des princes du sang. M. le président de Lesseville, qui est conseiller d'honneur au parlement, s'étant levé aussi pour parler, M. d'Aguesseau lui a dit : « Monsieur, le roi vous ordonne de vous taire ; vous ne devez parler qu'à votre rang, pour opiner, et vous devez avoir plus de respect devant le roi. » Le président de Lesseville faisait effectivement une sottise, mais le chancelier lui a parlé durement.

Tous les princes et ducs et pairs ont été de même avis, sans rien dire.

Le chancelier est venu aux présidents à mortier ; M. Amelot, qui avait déjà frondé la déclaration lorsqu'elle fut envoyée au parlement, a parlé un peu de temps, ainsi que quelques autres de ses collègues. M. l'abbé Pucelle a refusé en montrant l'inconvénient de la déclaration, et a dit à M. d'Aguesseau que ce qui l'étonnait le plus c'est qu'elle fût présentée par lui, après ce qu'il lui en avait entendu dire, il y a quinze ans [1].

M. le chancelier a eu l'attention de dire aux conseillers que l'usage était d'opiner bas, mais M. l'abbé Guillebaut, de la troisième chambre des enquêtes, qui s'est fait conseiller à soixante ans, a dit, de façon à être entendu de tout le monde, que la quatre-vingt-onzième proposition de la constitution tendait à arracher le sceptre des mains du roi ; que la déclaration d'aujourd'hui était dans le même esprit, en confirmant une pareille proposition, et qu'il ne pouvait pas la

[1] Voir la note 1, p. 47.

recevoir. Il était précisément au-dessous du cardinal de Fleury. On a obligé le chancelier, pour prendre l'avis, à aller dans tous les rangs des conseillers, et la plus grande partie de ceux-ci l'ont arrêté. M. de Godeheu a dit assez haut qu'il croirait trahir le roi s'il acceptait pareille chose. Il y a eu deux opinions; l'une de supplier le roi de retirer sa déclaration, l'autre de permettre de lui faire des remontrances, et tout le monde s'est aperçu qu'il y a eu plus des deux tiers qui ont refusé. Après cette façon d'opinions, le chancelier est revenu près du roi et a fait semblant de lui parler, puis il s'est retourné et a prononcé : « Le roi ordonne que la déclaration sera enregistrée, etc. » Après la prononciation, le roi, qui s'était assez ennuyé pendant cette cérémonie, est parti ; M. le chancelier, les princes et les ducs ont suivi, ainsi que M. le premier président, qui a filé très-vite avec MM. les gens du roi. Il était midi et demi quand le roi est parti. Les conseillers et présidents sont restés. M. l'abbé Pucelle a couru après le premier président, mais il n'a pas pu l'arrêter, non plus que les gens du roi. Avant de se séparer, on a dit qu'il fallait faire des protestations, constater que la pluralité des voix était contre l'enregistrement, et on a remis à demain à délibérer. Un des conseillers est venu, en sortant du palais, m'apprendre tout ce qui s'était passé [1].

—Le public a remarqué que le peuple n'a point crié : *Vive le roi!* dans la cour du palais, ni sur le passage, ce qui est fort extraordinaire et montre la prévention.

4. — Aujourd'hui, mardi, les membres du parlement se sont assemblés au nombre de plus de cent trente,

---

[1] Ce récit, si différent des relations officielles, est conforme en tout point à la version donnée par les *Nouvelles ecclésiastiques* du 5 avril.

dans la grand'chambre, et ont envoyé, par deux fois, chercher le premier président qui, à la fin, est venu. On a dit qu'il s'agissait de délibérer sur ce que l'on ferait au sujet de ce qui s'était passé au lit de justice, et M. le premier président a tiré alors de sa poche une lettre de M. le chancelier qui, de la part du roi, défendait de s'assembler. On a répondu qu'on ne connaissait point une lettre de M. le chancelier, mais le premier président s'en est allé, et les présidents à mortier ont filé aussi. Alors chacun s'est rendu dans sa chambre et a fait, à son greffe, des protestations, datées de lundi, jour du lit de justice.

— On a fait faire là une vilaine équipée au roi, qui a vu de ses propres yeux la rumeur et le refus général du parlement, aussi bien que le cardinal-ministre, qui avait fait venir avec lui les ministres étrangers. Ce qui restera de cela, c'est une grande aliénation entre le premier président et sa compagnie; le voilà méprisé pour longtemps, et encore, en cour, lui en voudra-t-on de n'avoir pas plus de crédit sur le parlement. M. Gilbert ne sera pas non plus bien aimé pour tout ceci. Quant au premier président, il faut avouer qu'un poste comme le sien est fort embarrassant en pareille occasion, et il faut avoir bien du manége et de la politique pour se maintenir bien avec la cour et sa compagnie. Dans le doute, il vaut mieux préférer cette dernière, avec qui on a à vivre, à moins d'avoir une porte promise pour sortir.

— Quelques anciens avocats, excités par M⁰ Duhamel, fameux consultant, ont fermé leurs cabinets, ne voulant pas consulter. Ce matin, à l'audience des requêtes du palais, il n'y avait point d'avocats pour plaider. Il y en avait quelques-uns dans la grande salle, mais ils étaient en habit et avec des cannes. Si ce n'est que pour aujourd'hui, ils ne risquaient pas beaucoup, puisque c'est le dernier jour du palais [1], mais si c'est pour tout de bon, soit pour refuser de consulter, soit pour ne point plaider après la Quasimodo, cela est trop fou, car on ne leur a rien dit ni rien fait.

17. — Les avocats ont reconnu la sottise de cette démarche, et aujourd'hui, lundi de la Quasimodo, on a plaidé à l'ordinaire.

— Hier, dimanche 16, on arrêta, et on conduisit à la Bastille, une mercière de la rue Saint-Jacques et sa sœur, deux filles dévotes qui, à l'instigation apparemment de quelque confesseur de notre paroisse de Saint-Séverin, où l'on est furieusement janséniste, avaient le matin, à six heures, affiché et distribué aux Tuileries des placards écrits à la main, où il y avait : *Vive le roi! périssent la constitution et ceux qui la soutiennent.*

Le roi est parti aujourd'hui, 17, pour aller passer six semaines à Fontainebleau, espérant y trouver des cerfs et de quoi chasser, ce qui est sa seule occupation, non pas absolument tant pour la chasse, que pour être en mouvement, car souvent, pendant que l'on chasse, il s'arrête et se met à jouer dans la forêt.

19. — Aujourd'hui, mercredi, le parlement s'est assemblé à l'ordinaire pour les mercuriales, et après, on a dit à M. le premier président que l'on souhaitait délibérer sur ce qui s'était passé le 4 de ce mois. M. Portail a répondu que cela ne se pouvait pas, et il a montré successivement des lettres à lui écrites par le chancelier, et par le roi, pour défendre au parlement

---

[1] Le parlement vaquait depuis le mercredi saint jusqu'au lundi de la Quasimodo.

de s'assembler. Messieurs ont déclaré qu'ils ne connaissaient point cette lettre du roi écrite au premier président, qu'il fallait qu'elle fût adressée au parlement. C'est M. l'abbé Pucelle qui a tenu le haut bout pour parler. Il a dit au premier président que, en général, le parlement devait l'avoir à sa tête pour agir, mais que, néanmoins, il y avait des exemples dans les registres qui prouvaient que lorsque le chef se sépare de sa compagnie celle-ci est en droit et en pouvoir de s'en nommer un. On a insisté pour délibérer, et, non-seulement l'abbé Pucelle, mais tous les autres (car chacun parlait avec un peu de confusion), ont traité ce pauvre premier président Portail comme un galopin.

M. le premier président a dit alors qu'il avait une lettre de cachet du roi, adressée au parlement, lui faisant défense de s'assembler, et il l'a tirée de sa poche pour la lire. Là-dessus tumulte épouvantable ; on n'a pas voulu lui laisser donner lecture de cette lettre, disant qu'il fallait mander le parquet pour le faire [1]. Le premier président a voulu remontrer que c'était inutile ; qu'il ne s'agissait pas d'agir en forme puisqu'il était défendu de s'assembler, mais on a insisté, et on a envoyé chercher les gens du roi par un huissier. M. Gilbert, premier avocat général, qui est aussi un peu vendu, n'a pas voulu venir, prétendant qu'on ne leur avait parlé de rien et qu'ils n'étaient point préparés. Le parlement a trouvé cela très-mauvais, et a signifié au premier président qu'il fallait qu'il l'ordonnât, sinon qu'on nommerait un de Messieurs pour faire les fonctions de procureur général. On a envoyé derechef

---

[1] La lettre de cachet aurait dû, régulièrement, être envoyée au parquet.

chercher les gens du roi, et ils sont venus à la fin faire lecture de la lettre, dans laquelle le roi traite d'irrégulière l'assemblée du parlement du 4, et défend de délibérer, directement ou indirectement, sur la déclaration du 24 mars.

Le premier président a fait sur cela un discours, disant qu'il avait voulu leur épargner le chagrin de leur faire voir les ordres du roi, et de leur faire apercevoir les suites fâcheuses de la désobéissance, comme pour les menacer, à mots couverts, d'exil. Mais cela n'a pas intimidé le parlement ; il s'est élevé du bruit dans la chambre, et l'abbé Pucelle a entrepris M. Portail, à qui il a reproché d'oublier le serment qu'il avait prêté d'être fidèle au roi. Il a soutenu qu'il y avait certaines occasions, quand il s'agissait de l'intérêt du roi et de l'État, où il fallait montrer de la fermeté au roi lui-même, qui ne connaissait pas ses droits. Il a fait la distinction entre le vrai respect dû au roi, et le faux respect avec lequel on le trahissait, a dit qu'il ne s'agissait point ici de la lettre de cachet, et qu'il fallait délibérer.

Le premier président a répondu qu'il ne pouvait consentir à cela et commettre une pareille désobéissance. Puis il s'est retiré suivi de tous les présidents à mortier. Cela a causé de nouveau un grand tumulte, et, comme il était une heure et demie, il a été résolu qu'on se rendrait l'après-midi, par députés de chaque chambre, dans la première chambre des enquêtes. En effet, on s'est réuni à trois heures après midi, et on a envoyé chercher le premier président par un huissier auquel il a été répondu que Malaval, chirurgien, venait de le saigner. Il est certain que voilà un événement bien embarrassant pour un homme, quelque esprit qu'il ait; mais aussi il faut convenir que M. Portail a mené cela en petit garçon, car c'est une mauvaise manœuvre pour un premier président d'avoir sur lui ces trois lettres, et de les tirer l'une après l'autre.

20. — Les députés ont travaillé hier, dans l'après-midi, à la première chambre des enquêtes jusqu'à neuf heures du soir, et aujourd'hui, jeudi, toute la matinée. Après, les députés sont revenus, dans chaque chambre, rapporter la délibération qui a été inscrite sur le registre. Au sortir du palais, un conseiller qui l'avait copiée, me l'a apportée, la voici :

« Cejourd'hui, MM. les députés des enquêtes et requêtes assemblés au cabinet[1] de la première en la manière accoutumée, en vertu du pouvoir qui leur a été donné par leurs chambres, ont arrêté :

« 1° Qu'il sera fait procès-verbal exact de tout ce qui s'est passé au sujet de la déclaration du 24 mars 1730, depuis et compris le 28 mars de la présente année, qu'elle a été apportée à la compagnie, jusques et y compris cejourd'hui.

« 2° Qu'il sera dressé des protestations contre le refus qui a été fait par M. le premier président, aux chambres assemblées, de les laisser délibérer sur la lettre de cachet du 18 avril 1730, apportée par les gens du roi, ce qui les a empêchés de représenter au roi les justes sujets de leurs alarmes, sur le contenu en ladite lettre, en ce qui concerne la discipline de la compagnie, et sur les défenses que le roi y fait à son parlement de faire aucune délibération, directement ni indirecte-

---

[1] On nommait la première chambre des enquêtes *le cabinet*, et cela s'appelait *s'assembler au cabinet*.

ment, au sujet de ladite déclaration du 24 mars 1730, et ce, au préjudice des ordonnances et de l'usage perpétuellement observé dans la compagnie ; ce qui lui ôterait toute voie de faire, audit seigneur roi, les justes remontrances que son zèle pour l'intérêt de la religion, la sûreté de sa personne sacrée, le soutien des droits de sa couronne et le maintien des précieuses libertés de l'Église gallicane exigent d'elle sur le contenu en ladite déclaration.

« 3° Que suivant l'usage de ladite compagnie, MM. les députés des chambres des enquêtes et requêtes iront demander l'assemblée des chambres à M. le premier président, ou autre président de la grand'-chambre, pour délibérer sur ladite lettre de cachet du 18 avril 1730, adressée à la compagnie, et, en cas de refus, lesdites chambres des enquêtes et requêtes iront prendre leurs places en la grand'chambre, et le plus ancien des présidents desdites chambres portant la parole, requerra qu'il en soit fait registre, et à cet effet en laissera une copie signée des députés desdites chambres sur le bureau du greffier en chef. »

Il n'y avait point, à cette assemblée, de députés de la grand'chambre, parce que les conseillers de grand'-chambre prétendent ne devoir point être présidés par un président des enquêtes.

20. — Aujourd'hui, après midi, les députés sont retournés à la première des enquêtes pour travailler au procès-verbal et aux protestations. Voilà, comme l'on voit, une désobéissance formelle de la part du parlement : aussi parle-t-on de son exil à Amboise. Ce qui se passe est embarrassant pour tout le monde ; si on laisse le parlement exécuter son dessein, l'autorité du roi se

trouve entamée; tout ce qui a été fait jusqu'ici pour le projet de constitution recule, et cela va redonner du courage aux jansénistes, dont Paris est rempli. D'un autre côté le parlement n'est pas aisé à réduire comme une troupe de prestolets. Ce qui le révolte dans la constitution, c'est la condamnation de la quatre-vingt-onzième proposition du père Quesnel, portant que *la crainte d'une excommunication injuste ne nous doit jamais empêcher de faire notre devoir*. La cour de Rome prétend que, quand elle excommunie, même à tort et à travers, l'on doit suivre ses volontés à la lettre, et que, par là, elle peut excommunier les rois, et dégager les peuples du serment de fidélité.

22. — Les députés des chambres ont continué leurs assemblées le jeudi 20, après midi, et le vendredi 21, toute la journée; mais la première et la cinquième des enquêtes sont plus douces que les autres. Leurs députés ont proposé de changer dans la délibération ci-dessus, à la fin de l'article 2, les quatre motifs de zèle qui les font agir, et de mettre « que son zèle *peut*[1] exiger d'elle dans plusieurs occasions, et principalement dans celle-ci[2], » sans dire *sur le contenu en la déclaration*. Ils donnent pour raison que la lettre de cachet portant précisément et nommément défense de délibérer sur la déclaration, ce serait être, en quelque façon, réfractaire aux ordres du roi.

La grand'chambre fait ici, en quelque sorte, comme un corps particulier. Quoiqu'il y ait plusieurs de ses membres qui soient opposés à la déclaration, elle a fait un procès-verbal de ce qui s'était passé avec M. le

[1] Cette modification ne fut pas admise.
[2] La rédaction définitive porte : « Et même en la présente. »

premier président, dans lequel elle a mis, dit-on, que lors du lit de justice *quelques-uns* de Messieurs s'étaient opposés à l'enregistrement. On voudrait bien se concilier pour ne faire qu'un seul procès-verbal, mais les enquêtes et requêtes ne veulent point de cette manière de parler, lorsque presque tous sont du même avis. Elles proposent cependant au premier président et à la grand'chambre de se rapprocher, et, dans ce cas, on ajouterait à ce qui a été fait par la grand'chambre, et on diminuerait un peu des expressions trop fortes qui pourraient être dans le procès-verbal du parlement.

— L'abbé Dumans, conseiller de la troisième, et docteur de Sorbonne, qui a signé et accepté la constitution en Sorbonne, voulait assister aux délibérations de sa chambre sans les signer. On l'a traité fort durement, jusqu'à dire qu'on ne voulait point de faux frère, et enfin on l'a forcé de sortir.

24. — Aujourd'hui, lundi, les commissaires des chambres ont été, à huit heures du matin, à la grand'chambre, demander une assemblée du parlement. M. le premier président leur ayant répondu que cela ne se pouvait pas, qu'il avait des ordres trop précis pour ne point s'assembler, les commissaires sont sortis, et, sur-le-champ, les cinq chambres des enquêtes et les deux des requêtes sont venues en corps dans la grand'chambre, ayant à leur tête M. Bochard de Sarron, le premier président de la première des enquêtes et le plus ancien président. Elles ont pris place, et M. de Sarron a demandé qu'on enregistrât le procès-verbal et les protestations qu'ils avaient dressés. M. le président s'est levé, disant que cela ne se pouvait pas; les présidents à mortier se sont levés aussi, et sont partis avec la

grand'chambre, hors l'abbé Pucelle et l'abbé Robert. Les membres des enquêtes et des requêtes n'ont pu faire autre chose que de laisser une copie sur le bureau du greffier en chef, et ils sont retournés dans leurs chambres, dans chacune desquelles on a enregistré le procès-verbal et les protestations. L'après-midi, les commissaires se sont assemblés pour dresser un procès-verbal de ce qui s'était passé. Voilà, au bout du compte, tout ce qu'ils ont pu faire; mais quoique ces protestations soient chose secrète, ou devraient l'être, elles transpireront, et assurément elles se trouveront imprimées au premier jour [1].

Mai, 1er. — Samedi, 29 avril, on apporta une lettre de cachet au parlement, par laquelle le roi mandait à Fontainebleau, pour aujourd'hui, messieurs les présidents, quatre conseillers de grand'chambre, le premier président de chaque chambre des enquêtes et requêtes, et le doyen; on lut, à huit heures, cette lettre de cachet à la grand'chambre et à la Tournelle, et l'on chargea M. Daverdouin, conseiller de grand'chambre, de la porter aux autres chambres. Mais celles-ci furent prévenues par M. Pasquier, conseiller de la première des enquêtes, qui courut les avertir, et elles se séparèrent sans attendre, ni vouloir entendre M. Daverdouin. Leur motif fut qu'une lettre de cachet du roi au parlement doit être notifiée à celui-ci, toutes les chambres assemblées. Il semblait, par là, qu'ils étaient tous dans une prétendue ignorance de ce que portait la lettre de cachet; cependant, soit qu'il y ait eu quelque conférence après la levée des chambres, soit autrement, le dimanche, 30, M. le premier président, et le grand

---

[1] Elles parurent, en effet, dans les *Nouvelles ecclésiastiques* du 1er mai.

banc ¹, quatre conseillers de grand'chambre, dont était M. l'abbé Pucelle, etc., se sont rendus à Fontainebleau pour l'audience de lundi. On a choisi ce jour-là, parce qu'il y a trois jours de congé au palais, à cause de Saint-Gatien ².

4. — Lundi, le parlement a eu audience du roi dans son cabinet, où étaient le chancelier, le garde des sceaux, les secrétaires d'État et les grands officiers ordinaires. Après les révérences, le roi leur a dit qu'il était fort mécontent de leur conduite, et que ses intentions allaient leur être expliquées par son chancelier. Celui-ci a pris la parole sur le sujet du mécontentement du roi, à propos de leur désobéissance à ses ordres. Il a dit que, quand on leur envoyait une lettre de cachet, il fallait s'y soumettre. Il a ajouté que cependant le roi voulait bien oublier ce qui s'était passé, à condition qu'ils ne retomberaient plus dans la même faute ; qu'autrement il serait obligé d'employer la sévérité et l'autorité royale. Il leur a dit, enfin, que le roi leur permettait de s'assembler mercredi pour rendre compte à la compagnie de ses ordres.

M. le premier président a parlé ensuite et dit au roi que ce n'était point par un motif de désobéissance, mais par zèle pour ses intérêts, qu'ils avaient voulu s'assembler ; que ce zèle avait peut-être été poussé trop loin, mais que, dans toutes les occasions, le parlement donnerait à Sa Majesté des marques de son respect et de sa soumission.

¹ C'est-à-dire les présidents à mortier.
² La fête de la translation de Saint-Gatien, premier évêque de Tours, qui se célébrait le 2 mai, et que le parlement chômait depuis qu'il avait tenu ses séances à Tours, du temps de la Ligue.

Le roi a répondu qu'il réitérait ses défenses de s'assembler directement ni indirectement, au sujet de la déclaration, et de prendre prétexte de l'assemblée du mercredi pour délibérer en aucune façon.

— Hier, mercredi 3, la rentrée s'est faite au palais. Le parlement s'est assemblé dans la grand'chambre, et M. le premier président a rapporté tout ce qui s'était passé à Fontainebleau. Là-dessus l'abbé Guillebaut et M. Dupré de Saint-Maur ont voulu parler, mais le premier président leur a fait entendre que les défenses de délibérer étaient trop précises pour ne pas s'y conformer. M. Le Peletier[1] a fait observer que comme le plus ancien président de la compagnie, puisque M. Amelot n'était pas présent, c'était à lui à prendre la parole, et qu'il n'y avait rien à dire, si ce n'est de remercier M. le premier président du zèle avec lequel il avait parlé pour sa compagnie. Alors M. de Lesseville, président honoraire de la cinquième des enquêtes, qui a quatre-vingts et tant d'années, s'est levé tout ganté, et en allongeant de grands bras, a dit : « Messieurs, permettez-moi de vous remontrer que lorsque Théodose le Grand, à la tête de son armée..... » Ma foi, cela a paru devoir être trop long : M. le premier président s'est levé ainsi que tous les autres; on a laissé crier M. de Lesseville, comme un homme qui radote un peu, et on est parti sans voir défiler l'armée de Théodose le Grand.

Ainsi a fini l'histoire de la déclaration. Le parlement dit qu'il restera toujours, par là, des vestiges qu'il a fait ce qu'il a dû et pu faire; mais il restera aussi des ves-

---

[1] Louis Le Peletier, président à mortier, reçu en 1712.

tiges qu'avec une lettre de cachet, et une réprimande, la cour lui impose silence et fait ce qu'elle veut.

— M. le prince de Courtenay, âgé d'environ cinquante ans, et qui n'a point d'enfants, s'est tué, le 9, d'un coup de pistolet dans l'estomac, sans que l'on sache si c'est de chagrin, ou si l'esprit lui avait un peu tourné. On l'a trouvé mort dans son lit; il ne reste plus personne de cette branche de la maison de France, qui descend directement, et de la connaissance de tout le monde, de Louis le Gros. Cependant on n'a point voulu ici les reconnaître pour princes du sang; ils portaient les armes de France et point la livrée. Le père et le fils ont toujours été mal aisés. M. le marquis de Baufremont, homme de grande maison, a épousé la sœur.

10. — Aujourd'hui, mercredi, jour de petite audience, l'abbé Pucelle a dit qu'il fallait songer à cette dénonciation des avocats [1], et on a envoyé chercher les gens du roi. Leurs conclusions étaient toutes prêtes, et ils ont conclu à la suppression de la proposition, comme fausse. Dans le discours préliminaire, l'avocat général a dit, à cette occasion, qu'il était fâcheux que les jésuites renouvelassent des sujets de disputes dans le temps où le roi apportait tous ses soins à rétablir la paix dans son royaume. Les gens du roi retirés, la grand'chambre a délibéré et décidé de supprimer la proposition. Mais on a été d'avis, en même temps, que mal à propos l'avocat général avait donné cet éloge au roi, tandis que tout le monde savait que la déclaration avait été reçue par force. On a renvoyé chercher les gens du roi qui ont soutenu qu'ils étaient maîtres

---

[1] Voir page 309.

de leurs discours, et qu'ils voulaient que cela y restât. Après qu'ils ont été retirés de nouveau, on a encore délibéré, et on a arrêté qu'en faisant imprimer l'arrêt, on ne mettrait simplement que les conclusions sans mettre le discours préliminaire, ce qui se fait ordinairement. Voilà une querelle, entre le parquet et le parlement, au sujet d'un éloge donné au roi.

— Il y a encore eu une nouvelle dénonciation, faite par les avocats, de deux propositions soutenues dans des thèses, en Sorbonne. Le parlement a rendu deux arrêts qui ordonnent la suppression de ces thèses.

Août. — Un homme qui avait été précepteur de l'abbé Baudry, conseiller au parlement, piqué de l'avarice du sieur Baudry père, qui refusait de lui payer une pension promise, a jeté son dévolu sur l'un des bénéfices de l'abbé, sur le fondement de simonie. Cet homme ayant donné des preuves du fait, cela a fait la matière d'une grande plaidoirie à la troisième des enquêtes. On a regardé le procédé du précepteur comme infâme, mais malgré le crédit de l'abbé Baudry, qui a un frère aîné aussi conseiller à la cour, une sœur mariée à M. de Chaillon, autre conseiller; un oncle, M. l'abbé Lorenchet, conseiller de grand'chambre et très-habile; malgré l'adresse de M. Gilbert, avocat général, qui a voulu faire tomber toute la simonie sur la personne du père, la cour a déclaré tous les bénéfices de l'abbé Baudry vacants et impétrables. Il a été, par là, déclaré simoniaque, en sorte que voilà un homme de trente ans qui ne peut plus être d'Église ni de robe. En général, on n'en a pas été fâché dans le parlement. Cela a fait découvrir que le père Baudry, qui est grand maître des eaux et forêts [1], avait fait sa fortune dans l'artillerie ; qu'il est fils d'un fermier du village de Villene en Bourgogne, et qu'il avait commencé par conduire deux mulets. A l'égard de l'abbé Lorenchet, son oncle, son crédit n'a pas été grand dans le parlement, parce que, lors du dernier lit de justice, il a été du parti de la cour et de la constitution. Aussi a-t-il fait entendre apparemment au cardinal-ministre que cette raison de haine avait contribué, en quelque chose, à perdre son neveu, car il vient d'avoir, pour se consoler, un bénéfice de quinze mille livres de rentes.

— J'ai vu, dans une affaire, le contrat de vente d'une charge de procureur au parlement que possédait Jean Talon, qui, en 1655, se fit secrétaire du roi. C'est la branche de messieurs Talon qui étaient dans l'épée, et M. Talon, à présent avocat général au parlement, vient d'un avocat qui était apparemment frère aîné du procureur. En sorte que cette maison n'est pas depuis longtemps illustrée dans la robe.

Septembre. — Le 30 août, sur les huit heures du matin, la reine est accouchée très-heureusement d'un garçon, auquel on a donné le nom de duc d'Anjou. La veille, j'étais à Versailles, et j'avais vu la reine, à sept heures, se promener dans les jardins. On a sonné le tocsin du palais et de l'hôtel de ville pendant trois jours; il y a eu des feux de commandés, et le samedi, 2 septembre, le roi est venu à Paris, entendre le *Te Deum* à Notre-Dame. Tout s'est passé comme à la naissance du Dauphin, si ce n'est que le roi a fait son entrée par la

---

[1] Département de la Picardie, de l'Artois et de Flandre.

porte Saint-Honoré, parce qu'on abat la porte de la Conférence.

Octobre, 3. — Grand bruit parmi les grands, à la cour. M. le duc d'Épernon, fils du premier lit de madame la comtesse de Toulouse, et favori du roi, a remis à celui-ci un mémoire contre le cardinal de Fleury, par rapport au traité de Séville [1], que tout le monde trouve très-mal fait. Ce ministre est aussi attaqué à l'occasion de l'argent immense qui a été dépensé, soit dans les négociations étrangères, pour éviter la guerre, soit pour la constitution, à cause des recherches qu'il faut faire dans toutes les provinces. Le roi, dit-on, a copié ce mémoire de sa main et l'a donné au cardinal pour y répondre, ce qui a fort surpris et embarrassé le ministre, ainsi que M. le garde des sceaux Chauvelin, qui est son conseil intime. Comme le cardinal a beaucoup d'empire sur l'esprit du roi, il a apparemment obtenu de lui le nom du donneur du mémoire, car depuis trois jours M. le duc d'Épernon est exilé à Bellegarde [2], et M. le duc de Noailles, son oncle, gouverneur du château de Versailles, est privé, non pas du titre, mais de ses fonctions. On lui a retiré les clefs et on les a données à Bachelier, premier valet de chambre du roi, qui a fait changer les gardes de toutes les serrures. M. le duc de Gêvres, qui se mêlait aussi apparemment de parler,

[1] Conclu entre la France, l'Angleterre et l'Espagne, le 9 novembre 1729. Il confirmait et renouvelait tous les articles du traité de la quadruple alliance.

[2] La ville de Seure, en Bourgogne, sur les bords de la Saône, et qui avait été érigée en duché-pairie par Louis XIII, en 1620, sous le nom de Bellegarde. Le duc d'Épernon ne revint de son exil qu'au mois de février 1732.

est exilé de son côté à Gèvres¹. Voilà un grand coup de crédit et de faveur, car ces exilés sont les plus grands amis et compagnons du roi, et ils tiennent à toute la cour ; on dit même que le duc d'Orléans, qui ne se mêle de rien, est à la tête du parti contre le gouvernement présent. Ce qui surprend tout le monde, c'est qu'aujourd'hui, mardi, le roi va à son ordinaire à Rambouillet, chez M. le comte de Toulouse, et que le cardinal l'y accompagne².

8. — Il existe, au-dessus de Saint-Hilaire, un collége que l'on appelle Sainte-Barbe, et qui est connu aussi sous le nom des *Gillotins*³, dans lequel il y a deux cents écoliers, à pension fort modique. Ce collége était dirigé par un principal et sept ou huit ecclésiastiques, qui enseignaient cette jeunesse. Il en sortait les meilleurs écoliers de Paris et les gens les plus savants, mais d'une morale qui ne convenait pas au temps, parce que ces ecclésiastiques étaient grands jansénistes. Hier, à six heures du matin, M. Hérault, lieutenant de police, M. Moreau, procureur du roi, le commissaire Le Comte et autres, avec nombre d'archers, sont entrés dans ce collége, dont ils ont fermé les portes. M. le lieutenant de police a fait un discours pathétique aux écoliers, pour leur faire trouver bon l'ordre du roi, et il a chassé et renvoyé le principal, ainsi que les autres ecclésiastiques, qui ont eu ordre de quitter Paris. On a

¹ Terre située dans la Brie, à environ quatorze kilomètres au nord de Meaux. Le duc de Gèvres y resta jusqu'au mois de mars 1732.

² C'est à cette entreprise sans résultat, dirigée secrètement par le cardinal de Polignac, que l'on a donné le nom de *conspiration* ou *conjuration des Marmousets*.

³ Du nom de Germain Gillot, docteur en Sorbonne, qui, le premier, en 1588, y réunit deux cents écoliers pauvres.

évalué ce que pouvaient valoir les meubles de leurs chambres, et on les leur a payés comptant. Ensuite, on a substitué des sulpiciens à ces prêtres. Tous les pauvres écoliers, qui étaient fort attachés à leurs maîtres, ont marqué leur mécontentement par leurs pleurs, et il y en a même qui ont jeté des pierres à un jésuite qui regardait par une fenêtre du collége. On a voulu les apaiser en leur donnant des poulardes à souper, mets que le cuisinier, qui demeure depuis trente ans dans la maison, a dit n'y avoir point encore vu manger. M. Hérault y a dîné, et y est resté toute la journée. Le lendemain la plus grande partie des enfants ont été retirés par leurs parents [1].

— Les curés de Saint-Étienne-du-Mont, de Saint-Médard et de la Villette, tous trois religieux de l'abbaye de Sainte-Geneviève, ont été révoqués par leur abbé et par l'archevêque de Paris, qui, pour cela, devaient agir ensemble, et ont été envoyés dans d'autres monastères. Les marguilliers de Saint-Étienne qui, avec quelque raison, respectaient leur curé, ont été jusqu'à délibérer, sur leur registre, de s'opposer juridiquement à la révocation de leur curé, et à la réception du nouveau; mais un conseil sage leur a fait entendre qu'ils n'avaient aucune inspection sur le spirituel.

— Voici bien une autre affaire. On s'est aperçu que le sieur Lair, curé de Saint-Barthélemy, homme fort âgé, faisait des omissions en disant la messe, et dans d'autres cérémonies. Comme c'est un bon janséniste, on a saisi cette occasion. Le promoteur a rendu plainte, a fait informer, et l'official a suspendu et interdit

---

[1] La relation très-détaillée de cet événement se trouve dans les *Nouvelles ecclésiastiques* du 26 octobre 1730.

M. Lair. Celui-ci a interjeté appel comme d'abus au parlement, et a demandé des défenses[1], que le parlement lui a accordées, et en vertu desquelles il a prétendu être renvoyé dans ses fonctions. Un arrêt du conseil a cassé l'arrêt du parlement, le curé est resté interdit, et on a mis un desservant à sa place. Cela a déplu à plusieurs avocats, qui ont prétendu que c'était contre la règle et les usages. Il s'était présenté pareille affaire pour des curés d'Orléans. Quarante avocats avaient signé un mémoire, les 27 juillet et 7 septembre derniers, pour soutenir que le parlement est en droit de donner des défenses aux simples ecclésiastiques opprimés par leurs supérieurs, et que ces défenses suspendent l'interdiction jusqu'à ce que le fond de l'affaire soit jugé. Ce mémoire a été imprimé à trois mille exemplaires[2]; mais comme il contient quelques termes que l'on a considérés comme séditieux, il vient d'être supprimé par un arrêt du conseil, du 30 de ce mois, qui ordonne que les signataires seront tenus de désavouer ou de rétracter cette consultation, dans le délai d'un mois. Faute d'y satisfaire, ils seront interdits de toutes leurs fonctions, etc. Cet arrêt a été signifié, par un arrêt du conseil, à chacun des quarante avocats.

Novembre. — Cette affaire a fait revenir les avocats de leur campagne; on a tenu conseil et on a nommé des commissaires pour travailler à un mémoire en forme de requête. Aubry et Cochin ont dressé des ex-

---

[1] On appelle, en termes de palais, défenses ou arrêt de défenses, un jugement qui interdit de passer outre à l'exécution d'une sentence.

[2] *Mémoire pour les sieurs Samson*, etc., *sur l'effet des arrêts des parlements, tant provisoires que définitifs, en matière des appels comme d'abus des censures ecclésiastiques.* Imprimé par Ph. Nic. Lottin, 7 pages.

plications justificatives du reproche que l'on fait à l'ordre, et, lundi matin, 13, le bâtonnier a convoqué tous les avocats au palais pour affaire. Il a fallu que je m'y rendisse comme les autres, et là j'ai lu ces explications, qui sont effectivement un fort beau morceau. C'est, à proprement parler, une foi et hommage au roi, et une reconnaissance de son autorité suprême. Je l'ai signée avec deux cents autres, chose qui ne pouvait se parer à moins que de se désunir de son corps.

Deux jours après la signature de la requête des avocats, il y a eu défense de l'imprimer ; mais cette défense était bien inutile, car tout Paris est farci de copies venues évidemment par le canal des avocats, puisqu'il n'y avait que les deux doubles que l'on a signés.

— Le 15 de ce mois, quatre avocats, savoir : M. Tartarin, avocat général de la reine, à présent bâtonnier, M. Julien de Prunay, son gendre, M. Le Normand et M. Cochin, ont été présenter la requête à M. le chancelier, ainsi qu'à M. le garde des sceaux, et depuis il y a eu plusieurs allées et venues tant à Versailles qu'à Paris. Toute la semaine, depuis la rentrée, s'est passée en conférences, qui ont eu lieu chez M. Berroyer, et non chez M. Tartarin, bâtonnier, parce que sa maison n'est pas assez vaste pour contenir le nombre de plus de cent avocats qui ont voulu assister à ces assemblées. M. Le Normand, qui avait parlé à M. le cardinal, leur a rendu compte des ajustements. Il a été délibéré que la requête ou mémoire que l'on doit présenter au roi, ne sera que de vingt-cinq lignes, lesquelles ne contiendront aucune justification des expressions condamnées, mais seulement une reconnaissance de l'autorité royale. M. Le Normand a été chargé de rédiger ces vingt-cinq lignes.

25. — Hier, vendredi, les quarante avocats se sont assemblés chez M. Berroyer, pour signer ce petit mémoire, et l'après-midi, M. Le Normand a été le présenter, soit au cardinal, soit au chancelier. Aujourd'hui a été rendu un arrêt du conseil d'État, par lequel le roi fait connaître qu'il est satisfait de la déclaration des quarante avocats. Pour montrer qu'il les regarde comme de bons et fidèles sujets, et rendre public le témoignage solennel qu'il en a reçu d'eux, il ordonne que leur déclaration demeurera attachée à la minute de l'arrêt [1]. Par le fait, il n'y a point eu de rétractation, et ce qu'il y a de plus honorable pour les avocats, c'est qu'ils ont traité directement avec le premier ministre et M. le chancelier sans avoir eu recours ni au parlement ni aux avocats généraux. Bien des gens croient que le parlement est jaloux de la réussite de cette affaire, car les avocats étaient déjà bien haut, et il est à craindre que leur fierté n'augmente par cet événement qu'on peut appeler, pour eux, *felix culpa*. Ceci était, en effet, une affaire très-grave pour l'ordre, et qui ne vient que de l'étourderie d'un seul. Voici le fait au vrai. En 1717, il y a eu une affaire semblable à celle des curés d'Orléans, dont l'arrêt est mentionné dans la consultation des quarante. En 1718, pareille affaire, pour laquelle douze ou treize avocats fameux donnèrent une consultation dans laquelle ils rapportèrent l'arrêt et les principes. Cette année, lorsque la même question s'est présentée au

---

[1] Il est imprimé dans le *Mercure de France*, année 1730, p. 2548, dans le *Journal de Verdun*, janvier 1731, p. 74, etc.

sujet des curés d'Orléans, on a copié la consultation de 1718, et l'on a ajouté au bout une nouvelle consultation très-courte, où l'on ne fait qu'adhérer aux principes de l'ancienne. Un nommé Maraimberg, avocat, a été chargé de cela. Cet homme était autrefois à l'Oratoire, ce qui fait qu'il sait beaucoup mieux les affaires du temps que celles de sa profession actuelle. Il est laid comme un diable, a la figure d'un fou, mais il est grand janséniste, et, à la faveur de ce titre, il s'est impatronisé chez tous les premiers avocats qui ont signé la consultation des *cinquante* [1] et celle des *trente* [2]. Il a eu les adhésions de quarante d'entre eux, mais il s'est trouvé que la feuille contenant la copie de la consultation de 1718 et la consultation nouvelle qui la suit, était remplie jusqu'en bas, et qu'il n'y a eu place que pour deux ou trois signatures : les autres ont été données sur une feuille à part, qu'il fallait attacher à la première. Ceci est la consultation du 27 juillet.

Lottin, imprimeur, ayant fait quelques difficultés d'imprimer cette consultation, à cause des signatures qui étaient sur la feuille volante, Maraimberg a commencé, à la suite de ces signatures, un ouvrage nouveau, dans lequel il a repris toutes les autorités de la première consultation, mais en y mettant du sien pour l'arrangement des phrases, et en employant un style ampoulé. C'est ce que l'arrêt du conseil appelle la consultation du 7 septembre. Il a fallu faire signer cela de nouveau. Maraimberg a d'abord été porter son œuvre à

---

[1] La consultation qui établissait les nullités du concile d'Embrun (voir p. 268).

[2] La dénonciation au parlement d'une thèse soutenue en Sorbonne (voir p. 309).

M. Duhamel, le premier des avocats consultants, qui est aveugle, et qui l'a signé après en avoir entendu la lecture. Maraimberg est allé ensuite trouver Guérin de Richeville, autre fameux avocat, qui a également signé après avoir lu; mais comme c'était le 7 septembre, il n'a pu retrouver tous les quarante avocats qui étaient partis pour la campagne. Il n'en a rencontré que onze, outre les deux ci-dessus, qui voyant le nom de M. Duhamel, ont donné leurs signatures de suite. Maraimberg a reporté alors son mémoire à Lottin, en disant qu'il se chargeait de faire signer le reste des avocats à leur retour. Voilà pourquoi il est dit, dans l'arrêt du conseil, que les quarante avocats dont les noms sont *employés* dans le mémoire, seront tenus de désavouer : il n'est pas dit *qui ont signé*. Si on avait voulu sacrifier Maraimberg, qui le méritait bien, la cour aurait été contente, et il était bien facile aux vingt-sept qui n'avaient pas signé de désavouer; ils s'y sont refusés pour ne pas engager les treize autres, en sorte que, par raison de convenance, les quarante soutiennent tout l'ordre avec eux.

— Daunard, avocat qui plaide bien et qui a de l'emploi, s'est voulu distinguer; il a refusé de signer la première requête, et a dit qu'il continuerait toujours de plaider, quand même les autres cesseraient. A la rentrée, ceux qui étaient chargés de causes contre lui ayant refusé de plaider, il a reconnu sa faute, et a été de porte en porte, chez ses confrères, pour demander grâce. On voulait même le rayer du tableau; cependant les anciens ont été d'avis qu'il fallait abandonner ce projet. Toutefois cela lui fera grand tort dans son emploi, où il gagnait dix mille livres par an. Il n'y a pas grand mal, car c'était un des plus insolents de l'ordre, et c'est beaucoup dire.

Décembre. — Samedi, 16, les avocats ont été à Versailles, par députés, en robes, remercier M. le cardinal. Ils étaient huit, savoir : MM. Tartarin, bâtonnier, Berroyer, de La Vigne, conseil du garde des sceaux, Chevalier, conseil du cardinal, Julien de Prunay, conseil de M. le comte de Maurepas, Le Normand, Cochin et Gacon. Ils ont été parfaitement reçus, et M. le cardinal leur a dit que le roi les regardait comme les défenseurs des droits de sa couronne, et l'avait chargé de les assurer de sa protection royale en toute occasion.

— M. Languet, curé de Saint-Sulpice, frère de l'archevêque de Sens, est un bohême adroit qui n'épargne aucun tour de souplesse pour pouvoir venir à bout de faire achever le bâtiment de son église.

M. le duc de Bouillon, qui est mort cet été[1], a déclaré à son fils, qu'il avait un bâtard marchand bonnetier à Paris, lequel ignorait sa condition ; qu'il n'avait pas voulu en faire mention dans son testament, mais qu'il avait remis dix mille francs à M. le curé de Saint-Sulpice pour lui donner, et qu'il priait son fils d'en avoir soin. Le prince de Bouillon, quelque temps après la mort de son père, s'arrêta un jour à la boutique de ce bonnetier, et lui demanda des bas de soie brodés d'or. Le marchand lui ayant dit qu'il n'en avait pas : « Pourquoi n'êtes-vous pas mieux assorti, lui dit le prince. — Je fais un trop petit commerce, lui répondit le bonnetier. — Mais n'avez-vous pas eu quel-

[1] Emmanuel-Théodose de La Tour, duc de Bouillon, etc., né en 1667 ; mort le 16 mai 1730.

que bonne fortune depuis peu ? » répliqua le prince, en le questionnant. Le marchand lui avoua alors qu'un prêtre lui avait apporté, les uns disent cinq cents, les autres quinze cents livres. Le prince annonça qu'il repasserait, revint en effet, fit de nouvelles questions au marchand, et le mena ensuite chez le curé de Saint-Sulpice, avec qui il eut une explication très-vive, et qu'il força de donner le surplus de la somme.

— Ce même curé a eu une autre affaire qui a fait grand bruit dans Paris. M. du Lys[1], juif, établi en Hollande, et ayant sept à huit cent mille livres de rente, a eu pour maîtresse, pendant le séjour qu'il a fait ici, mademoiselle Pélissier[2], une des premières actrices de l'Opéra pour le chant. Il lui a donné beaucoup d'argent, et des diamants pour soixante mille francs, dit-on; mais, un peu avant son départ, il s'est plaint qu'elle lui en avait pris d'autres qu'elle refusait de lui rendre, et a voulu en avoir raison par les voies de la justice. A cet effet, on prétend qu'il a laissé une somme entre les mains du curé de Saint-Sulpice pour poursuivre l'affaire, et qu'il lui abandonne ce qu'il en retirera. Le Normand était chargé de plaider pour mademoiselle Pélissier, et Cochin pour M. du Lys, mais l'affaire ne se poursuit pas[3].

---

[1] François Lopès du Lys.

[2] Mademoiselle Pélissier, née en 1707, s'était acquis une très-grande réputation dans le genre léger et gracieux; Voltaire parle d'elle dans ses poésies. Elle mourut en 1749.

[3] Cette aventure a fourni le sujet du *Triomphe de l'intérêt*, comédie en un acte et en vers libres, de Boissy, représentée avec un grand succès sur le Théâtre-Italien, le 8 novembre 1730.

ANNÉE 1731.

Janvier. — Le parlement n'entame pas bien cette année avec la cour. Il a fait des remontrances pour se plaindre du nombre d'affaires qu'on retranche de sa juridiction, au moyen des évocations, et il a eu, par écrit, une réponse [1] très-sèche de M. le chancelier. Ce dernier va jusqu'à dire, dans cette réponse, que le parlement ne doit pas s'étonner si le roi lui retire des affaires, parce que la plupart de ses jugements sont remplis de prévention. Ce reproche, qui est vif, est relatif à l'affaire du curé de Saint-Barthélemy. Cela diminue un peu le crédit du parlement, aussi les charges sont-elles à présent à quarante mille livres, et il y en a plusieurs à vendre. M. l'abbé Pucelle, toujours violent dans son parti, a dit de fort belles choses pour soutenir l'autorité du corps ; mais le plus grand nombre a été pour la douceur. Il a été décidé que l'on ne ferait point là-dessus de nouvelles remontrances, et qu'on chargerait seulement le premier président de dire au chancelier que le parlement n'avait point mérité ce reproche.

Cela a donné lieu à un assez bon mot. L'on disait que les avocats faisaient mieux leurs affaires en cour, qu'ils avaient eu prompte et satisfaisante réponse. A quoi quelqu'un répondit que cela n'était pas surprenant, qu'ils n'avaient point de chef ! En effet, un premier

---

[1] Elle est imprimée en entier dans les *Nouvelles ecclésiastiques* de l'année 1730, p. 30.

président, qui a à se ménager avec la cour pour sa fortune et pour sa famille, va mollement dans toutes ces négociations.

— Les évêques font le diable à quatre, en cour, pour avoir raison de la consultation des quarante avocats, dans laquelle ils prétendent que leur pouvoir et leur juridiction sont blessés. Ils s'assemblaient à Paris; mais comme on les a dispersés[1], ils prennent une autre voie, qui est de faire des mandements. Comme l'archevêque d'Embrun n'est pas ami du cardinal de Fleury, c'est lui dont ils se sont servis pour attacher le grelot. Il a fait un mandement[2] terrible, où il traite les quarante avocats de schismatiques et d'hérétiques, et les parlements de tribunaux chimériques de la nation. Par ordre de la cour, on a arrêté ici ce mandement, à la chambre des libraires, et il n'y en a eu que cinq ou six exemplaires de lâchés, mais on en a pris des copies, et il est répandu partout.

— Le parlement a pris fait et cause dans cette affaire, et, par arrêt[3] du 29 de ce mois, il a ordonné que le mandement et une instruction pastorale du même archevêque, seraient et demeureraient supprimés, comme téméraires, séditieux, et tendant à troubler la tranquillité de l'Église et de l'État.

Février. — Chacun a son tour. Le parlement, par arrêt du 9 de ce mois, a condamné les cinq dernières

[1] En leur donnant ordre de rentrer dans leurs diocèses.
[2] *Mandement de monseigneur l'archevêque prince d'Embrun, portant condamnation d'un écrit signé par quarante avocats, intitulé :* Mémoire, *etc.* Grenoble, André Faure, 1730.
[3] Le texte de cet arrêt se trouve dans le *Mercure de France,* année 1731, p. 188 et suiv.

feuilles des *Nouvelles ecclésiastiques* à être brûlées par la main du bourreau, ce qui a été exécuté. Cela doit faire peine aux jansénistes, mais cette brûlure n'arrêtera pas la suite de ces nouvelles, et cela ne fera que ranimer le zèle du parti.

— On a publié ici une ordonnance de notre archevêque, au sujet de la consultation des quarante avocats. Il veut prouver à ses ouailles, par cette ordonnance, qu'un évêque a le droit de faire des lois sur la religion, et celui de les faire exécuter sans le secours du pouvoir temporel. Sur ce fondement, M. l'archevêque condamne le mémoire des quarante, comme contenant des principes faux, pernicieux, destructifs de la puissance et de la hiérarchie ecclésiastique, erronés et même hérétiques. Les avocats se sont trouvés, par là, excommuniés de droit comme hérétiques, et il ne leur a pas été possible de rester dans le silence. Ils se sont assemblés et ont nommé parmi les plus anciens avocats, et surtout parmi les quarante, trente-deux commissaires pour délibérer sur le parti à prendre.

Mars. — Tous les évêques se soutiennent; M. de La Fare, qui serait un mauvais sujet étant mousquetaire, et qui néanmoins est évêque de Laon, a publié un mandement violent contre le même mémoire des avocats. Le procureur général en ayant appelé comme d'abus, et ayant été reçu appelant, par arrêt du 20 février, M. de La Fare a fait publier une lettre pastorale, dans laquelle il signale l'appel comme d'abus comme une entreprise contre lui. Sur quoi est intervenu un nouvel arrêt du parlement du 2 mars, qui a supprimé cet écrit comme séditieux, etc. .

— Pendant toutes ces sorties entre les évêques et le parlement, les trente-deux commissaires choisis et nommés par les avocats pour réunir des matériaux, se rassemblaient dans trois bureaux différents. On a fait des recherches infinies : il y a M. Prévost, qui écrit fort mal, et qui est un ours pour la société, mais qui est très-instruit dans ces matières, et qui sait où tout se trouve, de manière qu'on avait amassé de quoi faire un mémoire foudroyant contre les évêques. MM. Aubry et Cochin étaient chargés de composer et de rédiger l'ouvrage ; ce sont d'excellentes plumes, et l'ordre se disposait avec une pareille requête d'interjeter appel comme d'abus du mandement de l'archevêque de Paris. Ceci a paru sérieux au ministère ; l'épiscopat a eu peur, d'autant que les rieurs n'étaient pas de son côté, et qu'en général, les prélats sont assez méprisés. Le procureur général a appelé comme d'abus du mandement de l'archevêque de Paris, et son appel ayant été reçu par arrêt du 5, il a fait assigner M. l'archevêque de Paris. Mais, le 10, il a paru un arrêt du conseil portant que le roi, voulant mettre fin à ces disputes, impose silence sur ces matières, défend toutes assemblées, délibérations, etc. Les avocats ayant été relevés de l'excommunication tacite prononcée contre eux, au moyen de l'appel comme d'abus reçu contre le mandement, n'avaient plus qu'à rester tranquilles, et c'est le parti qu'ils ont pris dans la dernière assemblée générale.

Avril.— Il y a eu une grande affaire en cour entre les duchesses et les femmes de qualité. La reine a douze dames dont il y en a six qui sont duchesses et six qui ne le sont pas. Dans une cérémonie (je ne sais si ce n'était pas à la Cène), madame la duchesse de Gontaut-Biron, qui est une très-jolie femme, voulut passer avec affectation devant madame de Rupelmonde, qui est fille du maréchal d'Alègre. Madame de Rupelmonde l'arrêta par le bras, et la dispute alla si loin qu'elles se traitèrent de p......, et s'envoyèrent faire f..... en propres termes. Le fait est avéré, et l'on convient, en même temps, qu'elles savent parfaitement ce que cela veut dire. Les ducs et pairs ont porté leurs plaintes, M. le duc de La Trémoille à leur tête ; il est le premier duc en cour, parce que l'érection de Thouars est plus ancienne que celle d'Uzès ; mais le duc d'Uzès est le premier duc au parlement, parce que ses lettres d'érection y ont été enregistrées avant celles du duc de La Trémoille [1].

En même temps, il y a eu assemblée du maréchal d'Alègre avec le comte de Pons et le comte de Châtillon. Ces trois personnages sont ce qu'il y a de mieux dans le royaume, et valent mieux que les ducs. Ils ont fait un mémoire dans lequel ils prétendent que les duchesses n'ont d'autres prérogatives que le tabouret chez la reine. Ils disent que l'entrée du Louvre n'est pas de droit ; que M. le duc d'Épernon, qui divertissait fort la reine mère, ne venant point au Louvre sous prétexte de goutte et d'incommodité, la reine lui permit d'entrer en carrosse jusqu'au degré, et que peu à peu les autres prirent la même liberté. Quoi qu'il en soit, l'affaire a été

---

[1] Charles IX avait érigé la vicomté de Thouars en duché, par lettres patentes du mois de juillet 1563, mais ce fut seulement en 1595 que Henri IV y joignit le titre de pairie en faveur de Claude de La Trémoille : les lettres n'en furent enregistrées au parlement que le 7 décembre 1599. Les lettres d'érection de la vicomté d'Uzès en duché-pairie, accordées par Charles IX à Antoine de Crussol, dataient de l'année 1572.

décidée par M. le cardinal de Fleury en faveur des duchesses, à qui le pas a été accordé dans trois occasions : à la Cène, pour la serviette, à la procession et à [1] . . .
. . . . De là elles prendront pied pour les autres occasions, car on dit que lorsque les dames vont avec la reine dans son carrosse, elles marchent comme elles se trouvent quand il n'y a point de princesse du sang. Bien que celle qui suit la reine ne soit pas duchesse, elle monte la première et se place à côté d'elle dans le fond, indistinctement.

On assure que Louis XIV et M. le duc d'Orléans, régent, n'avaient pas osé décider sur cette dispute, qui a été souvent renouvelée. Aussi, depuis la décision, il n'y a plus de femmes de qualité à la cour de la reine.

— Pendant la retraite de Pâques, M. le duc d'Orléans a fait une retraite à Sainte-Geneviève. Il mangeait au réfectoire comme tous les religieux, assistait à tous les offices sans avoir ni pages ni valets de pied, prenait les mêmes attitudes et faisait les mêmes contorsions de corps que les religieux. Le public l'allait voir dans le chœur, mais cela était peu convenable pour un prince du sang, et l'estime qu'on avait pour lui n'en a pas augmenté, ni son crédit non plus.

Mai. — L'hiver a duré cette année jusqu'aux premiers jours de ce mois qu'on avait encore besoin de faire du feu. Depuis trois mois il ne pleut pas, et la châsse de sainte Geneviève est actuellement découverte. Toutes les paroisses et tous les couvents de Paris vont en procession à Notre-Dame et à Sainte-Geneviève.

---

[1] Cette troisième circonstance est restée en blanc dans le manuscrit.

— On a vu que, dans le courant de l'année dernière, il était venu ici un juif, demeurant ordinairement en Hollande, nommé du Lys [1], homme de cinquante-cinq ans, riche de sept à huit cent mille livres de rente, qui a eu mademoiselle Pélissier pour maîtresse. Il a dépensé considérablement avec elle, la conduisait au Cours en carrosse à six chevaux, au milieu de la file, comme les princesses, faisait grande figure, et était toujours le premier au balcon de l'Opéra, où il faisait retenir sa place. La fin de cette aventure a été tragique. M. du Lys a quitté la Pélissier, et a eu le procès dont il a été parlé, parce qu'il a su que cette actrice le trompait, et qu'elle continuait à avoir des relations avec le sieur Francœur [2], violon de l'Opéra, qu'elle aime. Après être retourné dans son pays, il a pris fantaisie à du Lys de se venger de ces perfidies; il a envoyé à Paris le nommé Joinville [3], qu'il avait eu à son service, et qu'il avait emmené en Hollande, dans le but de faire donner des coups de bâton à M. Francœur, et aussi, dit-on dans le public, de faire quelques marques au visage de mademoiselle Pélissier. Joinville s'est adressé à des soldats aux gardes pour l'aider dans l'exécution, moyennant payement, mais malheureusement pour lui il ne savait ni lire ni écrire, et il a eu recours à un maître écrivain pour faire connaître à du Lys où il en était de son entreprise. Cet écrivain, intimidé par un ami à qui il a conté la chose, a déclaré le tout à M. le lieutenant de

---

[1] Voir page 336.
[2] François Francœur, cadet, surintendant de la musique du roi. Il a composé, mais toujours en collaboration avec François Rebel, la musique de plusieurs opéras et ballets.
[3] Louis Aline, dit Joinville.

police, et comme mademoiselle Pélissier et Francœur sont aimés pour le plaisir qu'ils procurent au public, M. Hérault a fait arrêter Joinville et les soldats aux gardes. L'affaire a été examinée si sérieusement au Châtelet, que du Lys et Joinville ont été condamnés à être pendus, ce dernier préalablement appliqué à la question. Appel : MM. de la Tournelle, plus amateurs apparemment de musique, ont trouvé la chose si grave qu'ils ont condamné M. du Lys et Joinville à être rompus vifs, ce qui a été exécuté, le 9 de ce mois, en effigie pour le premier, et très-réellement pour Joinville, qui pourtant, par grâce, a été étranglé. Ce jugement a semblé assez rude, d'autant que les coups de bâton n'ont point été donnés, mais il était nécessaire de faire un exemple pour les étrangers surtout, qui en quittant le pays croiraient pouvoir se venger impunément. Il y a eu aussi une lettre du roi à M. de Blancmesnil, président de la Tournelle, pour faire justice, et c'est peut-être ce qui a déterminé les juges à cette condamnation sévère; pourtant M. Noüet[1], fils de l'avocat, rapporteur dans cette affaire au parlement, était d'avis de se borner à confirmer la sentence du Châtelet.

Quant aux deux soldats, ils sont tirés d'affaire. On a ordonné à leur égard un plus ample informé; on aura pensé qu'il y en avait assez pour l'exemple, sans faire perdre encore des hommes à des capitaines.

Un fait que je sais du rapporteur, c'est que les lettres de du Lys à Joinville n'étaient point signées, et, bien que ce dernier avouât tout, on était embarrassé pour la condamnation. La Pélissier, ayant appris cela,

---

[1] Conseiller à la troisième chambre des enquêtes.

a eu le cœur d'apporter, ou pour mieux dire, d'indiquer à M. le procureur du roi, un contrat de mille livres de rente que du Lys avait passé chez un notaire, à son profit, et une procuration qu'il avait passée chez un autre notaire. On a fait apporter les minutes que l'on a mises, avec les lettres, entre les mains de deux experts. Puisque l'on était si rigide dans cette affaire, il fallait décréter aussi mademoiselle Pélissier, car la voilà véhémentement soupçonnée d'avoir eu commerce avec un juif, ce qui est défendu. En tout cas, c'est une coquine qui, par son libertinage, est cause de tous ces malheurs, et pour cela seul, elle mériterait d'être enfermée; mais, parce que l'on a besoin d'elle à l'Opéra, on regarde cela comme une gentillesse; on la laisse là, et on rompt, en place de Grève, le sieur Joinville, dont on n'a que faire!... Cet homme a joué de malheur et souffert plus qu'un autre, attendu que la corde du tourniquet a cassé pendant l'exécution, et qu'il a fallu en chercher une autre lorsqu'il était à moitié étranglé.

— Quoi qu'il en soit, ce jugement et le crédit de mademoiselle Pélissier n'ont point échappé à la critique, et les deux couplets suivants ont circulé :

AIR : *De tous les capucins du monde.*

Pélissier, Marseille a des chaînes
Bien moins funestes que les tiennes!
Sous tes fers on est accablé,
Sans que jamais rien tranquillise :
Quand on les porte, on est volé [1];
On est roué quand on les brise.

[1] Allusions à l'histoire des diamants.

Admirez combien l'on estime
Le coup d'archet plus que la rime!
Que Voltaire soit assommé,
Thémis se tait, la cour s'en joue :
Que Francœur ne soit qu'alarmé,
Le seul complot mène à la roue.....

— Ce pauvre Voltaire n'avait que faire de ce souvenir. C'est un jeune homme, de nos meilleurs poëtes, fils de M. Arouet, payeur des épices de la chambre des comptes, à qui M. le chevalier de Rohan-Chabot avait, dit-on, fait donner des coups de bâton pour payement de vers. Voltaire partit peu de temps après pour l'Angleterre, et il n'en a rien été [1].

— Le 10 de ce mois, M. le comte d'Agénois [2] a gagné sa cause contre les vingt-deux ducs et pairs qui s'étaient opposés à sa réception de duc et pair comme duc d'Aiguillon, duché érigé en faveur de la nièce du cardinal de Richelieu, et auquel il était appelé par substitution. M. le marquis de Richelieu, son père, n'avait pu obtenir du roi la permission de poursuivre sa réception, parce qu'il n'était pas dans le service, et que c'était un homme simple. Celui-ci, qui a la protection de madame la princesse de Conti, dernière douairière, a été plus heureux. M. Gilbert, premier avocat général, a cependant conclu contre lui à l'extinction du duché. Par l'arrêt, les ducs et pairs ont été déboutés de leur opposition, et il a été dit que le nouveau duc aurait séance au parlement du jour de sa réception. Il n'en pouvait pas être autrement, parce que ce duché

[1] Voltaire fut, au contraire, mis à la Bastille à la suite de cette aventure, qui arriva en 1726. Il y fut renfermé pour avoir fait appeler, comme on dit, le lâche chevalier de Rohan.

[2] Armand-Louis Vignerot, comte d'Agénois, né en 1683.

a été possédé par deux femmes de suite¹, en sorte que personne n'a encore prêté serment au parlement : le comte d'Agénois sera le premier. En cour, il aura son rang du jour de l'érection, qui est de 1638. C'est M. Le Normand qui plaidait pour lui et qui a plaidé bien au-dessus de M. Aubry, qui était pour les ducs. Par là le cardinal de Richelieu a laissé trois duchés à ses neveux, Richelieu, Fronsac et Aiguillon.

Juin. — Il y a grande confusion dans l'ordre des avocats, au sujet de Maraimberg, celui qui, par zèle de parti, a occasionné la grande affaire que l'on a eue avec la cour. On avait dit, dans ce temps-là, que lorsque MM. Le Normand et Julien de Prunay négociaient avec le cardinal de Fleury, ce dernier avait voulu se réserver le droit de punir Maraimberg; à quoi les deux députés avaient répondu : « Nous ne pouvons convenir de cela, ni l'abandonner, mais nous le punirons nous-mêmes en le rayant du tableau. » Enfin, il avait transpiré sourdement que, par convention secrète, on devait le révoquer. Au mois de mai dernier, il a été question de faire un nouveau tableau. C'était M. Tartarin, bâtonnier sortant, qui le faisait. On a tenu une assemblée générale au sujet de Maraimberg, et Le Normand, Julien de Prunay, Tartarin et quelques autres ont proposé de ne le point porter sur le nouveau tableau, croyant que cela passerait d'une voix; mais ils se sont trompés. L'esprit hautain de la plus grande

---

¹ 1° Marie-Madeleine Vignerot, en faveur de laquelle fut créé le duché d'Aiguillon, et qui était fille de Françoise du Plessis, sœur du cardinal de Richelieu; 2° Marie-Thérèse Vignerot, fille de François, frère de Marie-Madeleine, et par conséquent nièce de cette dernière, à laquelle elle succéda comme duchesse d'Aiguillon.

partie des avocats, surtout des jeunes gens, leur a fait croire apparemment qu'il serait honteux de déférer à une convention que l'on pouvait regarder comme un ordre, et les trois quarts des voix ont été pour conserver Maraimberg sur le tableau. Il faut croire que la cour, mécontente de ce parti, en aura écrit à M. Tartarin, car il en a parlé en particulier aux anciens, et aux principaux. On avait même chargé M. Berroyer, ancien bâtonnier, et trois autres, d'en aller conférer au parquet, lundi 4, avec les gens du roi; mais, sans attendre davantage, M. Tartarin, de concert avec Le Normand et quelques autres, a rayé Maraimberg de son autorité privée. Cela fait un tapage épouvantable. On n'a plaidé nulle part, pas même au Châtelet. La cause qui devait se plaider à la grand'chambre a été rayée du rôle de l'ordre du premier président, malgré les remontrances du procureur, et Le Normand a plaidé avec Cadet, avocat, la cause qui suivait sur le rôle, ce qui lui a attiré quantité de sottises de la part de ses confrères. Ceux-ci se plaignent hautement du procédé de M. Tartarin, qui est une perfidie et une trahison. Ils ont réveillé, à ce sujet, quelques histoires de lui qui ne sont pas bien nettes sur la matière de l'intérêt. En un mot, cela fait une division dans l'ordre. Tous les jours les avocats tiennent une assemblée dans la chambre de Saint-Louis[1], et demandent qu'on rende le tableau; il n'est plus même question de Maraimberg, qui, dit-on, se retire de lui-même.

— La fin de toutes ces assemblées est qu'on a fait

---

[1] Ou *Chambre dorée*. C'était celle où siégeait la grand'chambre du parlement, et où se tenaient les lits de justice. Elle est occupée maintenant par la cour de Cassation.

un mémoire des faits pour montrer le mauvais procédé de M. Tartarin, et il a été délibéré que ce mémoire serait remis à la bibliothèque des avocats; en sorte qu'il n'a pas seulement été publié. J'avais bien prévu que cela en resterait là. Le bâtonnier commence mal son année d'exercice. C'est M. Le Roy de Valières qui est bâtonnier depuis le mois de mai, parce que mon père et un autre ont refusé, sous prétexte d'incommodité, après avoir donné cependant chacun mille livres, qui est le présent du bâtonnier pour les pauvres veuves. Mon père est fort heureux de n'être point à la tête de ces esprits caustiques et turbulents, surtout dans des temps de troubles. Ç'a été aussi le principal motif de son refus.

— J'ai perdu, le 15 de ce mois, un homme que je pouvais regarder comme ami, M. Nicolaï de Goussainville[1], reçu, dès 1717, en survivance de la charge de premier président de la chambre des comptes. Il était le huitième de son nom qui aurait été pourvu de cette charge. Il est mort garçon, à trente-neuf ans, laissant un million six cent mille livres, ce à quoi monte son inventaire. C'était un homme mélancolique et particulier, ayant néanmoins de l'esprit, beaucoup de bon sens, et une probité à paraître farouche dans ce siècle-ci. Il était, pour le moins, aussi haut que le premier président, son père. Il n'avait point voulu se marier, et avait été attaché, pendant plus de dix ans, à la femme de M. Pinon, conseiller à la même chambre que lui; cette madame Pinon est encore belle femme. Il y a dix-

---

[1] Antoine-Nicolas, conseiller au parlement à la troisième chambre des enquêtes.

huit mois qu'on fit à M. Nicolaï l'opération de la fistule, et cette maladie l'a tenu près de huit mois dans son appartement. Je crois que, dès ce temps-là, il existait quelque brouillerie entre lui et la dame. Je l'ai vu bien remis, mais cet homme, aimant assez à rêver creux, a nourri en dedans de lui un chagrin profond de l'infidélité d'une maîtresse à laquelle il était fait et avec qui son caractère et son humeur n'étaient point gênés. Il lui a pris, il y a sept ou huit mois, une maladie de langueur et une fièvre lente. Il a voulu se choisir un médecin à sa fantaisie, et il a mis sa confiance dans le sieur Gendron, qui a été grand oculiste, mais qui n'a jamais été médecin ni passé pour tel. Cet homme était retiré à Auteuil : le malade a emprunté une maison guinguette[1] que Samuel Bernard a dans ce village, et il a reçu là un concours de visites, pendant sa maladie, jusqu'à la semaine de sa mort. Il n'avait point d'autres amis que deux valets de chambre qui le servaient depuis dix ans, et qui étaient faits à sa façon de penser pour la discrétion et le secret. C'est à eux qu'il a parlé pour la dernière fois. Il leur a avoué qu'il mourait de chagrin (je le sais), et il est mort sur-le-champ, ayant toujours eu son bon sens. Je suis sûr qu'il n'en a jamais tant dit à personne. Il a bien donné à ces deux individus des marques de son amitié, car il leur a laissé à chacun trente mille livres, legs exorbitant pour des valets de chambre, disant au notaire qu'il mourait assez riche pour les mettre en état de ne plus servir personne après lui. Il n'a laissé quoi que ce soit à aucun de ses amis,

[1] Le mot *guinguette*, qui était alors tout nouveau, désignait également un cabaret, et les petites maisons simples et propres que quelques personnes possédaient dans les faubourgs de Paris et aux environs.

pas même à ceux envers qui il était chargé de reconnaissance. Il a fait son père son légataire universel plutôt par honneur, je crois, qu'autrement.

— Il est arrivé une aventure scandaleuse au magasin de l'Opéra, rue Saint-Nicaise. Gruer, le premier des directeurs de l'Opéra, avait chez lui à dîner, Campra, directeur de la musique, qui est à présent fort vieux, mademoiselle Pélissier, mademoiselle Camargo, fameuse danseuse, et mademoiselle Duval l'aînée, qui n'a pas d'autre nom au théâtre que *la Constitution*[1]. Bien des gens ne la connaissent même que sous ce surnom, qui lui vient de ce que, suivant l'histoire, elle est fille d'un nonce du pape ; par opposition, sa sœur cadette est appelée *le Bref*. Après le dîner, ces folles, qui avaient un peu bu et qui s'étaient échauffées à chanter et à sauter, voulurent changer de chemises ; mais n'en ayant point de femmes, elles prirent celles de Gruer, et pour avoir plus frais elles jugèrent à propos de ne pas remettre de jupons. Cela se termina par une débauche complète, et comme les fenêtres de la chambre où la scène se passait étaient ouvertes, tous les gens qui sont dans le magasin en ont été témoins. Cela est parvenu aux oreilles de M. Hérault, qui ne l'a pas trouvé bon ; mais la nécessité du plaisir public rend tous ces gens-là des personnages importants dans l'État, et leur procure une

---

[1] Mademoiselle Duval du Tillet, surnommée *la Constitution* ou *la Bulle* passait pour être fille de Cornelio Bentivoglio, archevêque de Carthage, depuis cardinal, qui, pendant son séjour à Paris, s'était rendu célèbre par le déréglement de ses mœurs. Cette actrice était fort bonne musicienne, et composa la musique de l'opéra des *Génies*, dont la première représentation eut lieu le 18 octobre 1736. Elle accompagna elle-même tout son opéra sur le clavecin de l'orchestre.

espèce d'impunité¹. Cependant cela a occupé les chansonniers de notre bonne ville de Paris².

— Le roi est parti dans ce mois-ci pour Fontainebleau, ainsi que la reine, pour y rester jusqu'au mois d'août. On dit qu'il n'y a presque personne que les gens nécessaires par leurs emplois, et que l'on s'y meurt d'ennui. Le goût du roi continue toujours pour la chasse, mais l'on prétend que c'est moins la chasse, en elle-même, que l'envie de courir, de changer de lieu et de situation.

Juillet. — Il arrive une mauvaise aventure aux molinistes et aux constitutionnaires. Ce M. Pâris dont j'ai parlé³ était resté tranquille pendant quelque temps, c'est-à-dire sans faire de miracles, mais il a repris vigueur depuis deux mois, et il y a tous les jours une affluence de monde étonnante à son tombeau. Quelque éloigné que soit Saint-Médard, il s'y rend nombre de carrosses, des hommes comme des femmes et des personnes de distinction. Il y a eu plusieurs miracles qui tombent assez volontiers sur les gens paralytiques. Le peuple chante de lui-même et entonne un *Te Deum*. Cela fait grand plaisir aux jansénistes. Un frère quêteur s'étant avisé avant-hier de vouloir badiner sur tout ce monde, le peuple le chassa, et cela a suffi pour qu'on ne lui donnât plus rien dans le faubourg. Hier matin un prêtre irlandais qui dit tout haut : « Voilà bien

---

¹ Cette boutade de Barbier était trop prématurée, du moins en ce qui regarde Gruer, auquel, pour le fait dont il s'agit, on retira, le 18 août suivant, le privilége de directeur qui lui avait été accordé l'année précédente.

² On trouve dans les *OEuvres de Gentil Bernard*, une pièce de vers composée par lui à cette occasion, et intitulée *les Orgies*. Cette pièce a été imprimée aussi dans les *Mélanges historiques* de Boisjourdain, tome II, p. 425.

³ Voir p. 287.

prier pour un damné! » pensa être assommé; des gens plus prudents le firent sauver dans la sacristie. On a gravé, et on crie dans Paris, le portrait du bienheureux Pâris[1]. Le peuple le sanctifiera sans la cour de Rome, si cela continue. En revanche, on n'entend plus parler du P. Dourdan[2], qui avait été si fêté pendant sa vie; depuis qu'il est mort il est sourd et muet.

— Il y a eu défense aux colporteurs de crier l'estampe de M. Pâris, et le commissaire Regnard, s'étant transporté chez le graveur, a fait rompre la planche. Mais cela paraît assez mal concerté, et la provision en a été faite en deux jours. Depuis on a fait une autre planche, et on vend l'estampe devant Saint-Médard, on dit même assez publiquement, parce que ce sont les femmes des soldats aux gardes qui les vendent et qui, en cette qualité, ne craignent point les archers dans le faubourg Saint-Marcel.

— Dans la seconde semaine de ce mois il est arrivé, par la poste, chez plusieurs de nos confrères des plus huppés, un paquet sous enveloppe, coûtant trois livres six sous de port. C'était une lettre anonyme, imprimée[3], adressée à M. Gilbert, et où il est maltraité avec les traits les plus vifs et les plus marqués. Les avocats qui, depuis un temps, se sont chargés du rôle du ministère public, se sont assemblés sous l'aile de M. Le Roy de

---

[1] Il y est représenté vu à mi-corps, la tête penchée et appuyée sur ses deux mains jointes, contemplant un crucifix placé sur une table. Au-dessous est écrit: *François de Paris, diacre, mort en odeur de sainteté, le 1ᵉʳ mai 1727, âgé de 37 ant* (sic). Plus bas sont gravés les armes et un éloge du bienheureux.

[2] Voir p. 288.

[3] *Seconde lettre à M. Gilbert de Voisins, avocat général au parlement*, etc.

Valières, bâtonnier, et ont délibéré d'en faire la dénonciation au parlement. Samedi, 14, le bâtonnier, à la tête de nombre d'avocats, s'est transporté à la grand'-chambre, après le rapport, et a demandé audience. Le premier président, qui était instruit, lui a répondu qu'il la donnerait dans une demi-heure, et, pendant ce temps-là, pour ne point laisser aux avocats l'honneur de la dénonciation, il a fait avertir les gens du roi sur le rapport desquels a été rendu un arrêt qui condamne l'écrit à être brûlé par la main du bourreau. Ensuite on a ouvert; les avocats sont entrés, et le bâtonnier a prononcé son discours. Après quoi le premier président a répondu que la cour avait prévenu le vœu de l'Ordre par l'arrêt qu'elle venait de rendre.

— Le 24, on a publié un mandement de l'archevêque de Paris [1] qui déclare faux un prétendu miracle de M. Pâris, fait l'année dernière sur Anne Le Franc, et dont il y a eu une relation publique [2]. Ce mandement défend d'honorer le tombeau de M. Pâris, de dire, ou faire dire des messes à son intention, et de lui rendre un culte religieux. Cela n'a pas empêché que le lendemain, jour de Saint-Jacques, dès quatre heures du matin, on ne pouvait pas entrer dans l'église de Saint-Médard ni dans le petit cimetière où est le tombeau.

— Ce mois-ci, le comte de Riom, connu dans l'histoire [3], s'est battu à Rouen avec le chevalier de Caux.

---

[1] *Mandement de M. l'archevêque de Paris au sujet d'un écrit qui a pour titre: Dissertation*, etc. Paris, Pierre Simon, 1731, in-4° de 34 pages.

[2] *Dissertation sur les miracles et en particulier sur ceux qui ont été opérés au tombeau de M. de Pâris, avec la relation et les preuves de celui qui s'est fait, le 3 novembre 1730, en la personne d'Anne Le Franc*, etc., in-4° de 48 pages.

[3] Par le scandale de ses amours avec la duchesse de Berri.

Le premier a reçu trois coups d'épée. Ils sont fort amis, et avaient accompagné à Rouen M. le duc de Luxembourg, gouverneur de Normandie. Cela est venu sur de mauvais propos, tenus à table, dans le vin. Par bonheur les blessures ne sont pas dangereuses et l'affaire n'a pas de suites.

Août. — Samedi, 4, après midi, la veuve d'un soldat[1] qui demeure sur le Pont-au-Change, femme laide, de soixante ans, mais se portant bien, se mit dans l'idée d'aller visiter le tombeau de M. Pâris pour se divertir et se donner la comédie. Elle y arriva contrefaisant la boiteuse, on lui fit place, et, devant tout le peuple, elle se coucha sur le côté droit sur le tombeau du sieur Pâris, comme cela se pratique. Un quart d'heure après qu'elle se fut placée dans cette situation, elle poussa des cris, demanda miséricorde et pardon à Dieu, la bouche lui tourna, et elle devint paralytique de la moitié du corps, du côté droit. On la porta à l'Hôtel-Dieu, sur un brancard, accompagnée de trois ou quatre cents personnes qui criaient miracle dans les rues. Cette femme a demandé son confesseur ordinaire, qui est M. Chaulin, prêtre estimé, habitué à Saint-Jacques de la Boucherie. Les uns disent qu'il est moliniste, les autres qu'il ne s'est pas prononcé sur le parti. Quoi qu'il en soit, ce M. Chaulin a exigé d'elle de faire une déclaration publique, et, pour cela, il s'est transporté chez Me Maultrot, notaire, qu'il a requis. Celui-ci est venu avec Me Bouron, son confrère, et là, en présence de vingt-six personnes qu'on a fait signer, et parmi lesquelles il y a deux conseillers au parlement,

---

[1] Gabrielle Gantier, veuve de Pierre Delorme, soldat invalide.

deux chanoines de Notre-Dame, des gens d'épée et des marchands, la femme a déclaré ce que j'ai rapporté ci-dessus. On lève des expéditions de cette déclaration, que l'on a même imprimée, mais sans permission. Plusieurs honnêtes gens ont été voir cette femme ; on ne laisse plus entrer maintenant, à cause de la foule.

Au surplus, cette déclaration ne prouve encore rien ; elle n'est pas même faite par la femme, mais par Chaulin. On se contente de dire, à la fin, qu'elle a répondu oui sur tous les faits : cela ne prouve seulement pas qu'elle ait été à Saint-Médard, puisqu'il n'y a là personne qui l'y ait vue ; il faut à cela une petite information, et je ne sais pas, du reste, comment notre archevêque s'en dispensera, car vingt-trois curés de Paris lui ont présenté une requête pour qu'il lui plaise faire informer sur les miracles que l'on répand dans Paris.

— Malgré le mandement de l'archevêque qui défend de rendre un culte au tombeau de M. Pâris, madame la princesse de Conti, seconde douairière [1], qui est aveugle depuis quatre ou cinq ans, et qui a fait tous les remèdes imaginables, a été à Saint-Médard, vendredi, 17, à trois carrosses, pour y commencer une neuvaine ; elle ira le premier et le dernier jour de la neuvaine seulement, et le reste on ira pour elle. Elle a, dit-on, beaucoup de confiance.

— Il s'est répandu, sur la fin du voyage de Fontainebleau, un bruit qui ferait une grande diversion dans les affaires du temps. On a trouvé le roi fort rêveur, et on a dit partout qu'il était devenu amoureux de la jeune duchesse de Bourbon [2], qui n'a que seize ans, qui est

---

[1] Marie-Thérèse de Bourbon-Condé ; voir la note 3, p. 138.
[2] Voir la note 1, p. 286.

petite, mais qui est fort jolie. Si ce bruit se confirme, cela intriguera fort la reine et le cardinal, que cette aventure réunira; si la jeune duchesse a le dessus, et qu'elle écoute le roi, le cardinal ne peut pas rester en place. Cependant le roi, qui ne veut point se mettre à la tête de ses affaires, a grande confiance en lui, et il n'est pas à souhaiter qu'il y ait du changement.

— Ce pauvre cardinal n'est pas aimé des jansénistes qui ont fait de lui un portrait, en vers, peu avantageux. Le voici :

> Confondant du passé le faible souvenir,
> Ébloui du présent sans percer l'avenir,
> Dans l'art de gouverner décrépit et novice,
> Punissant la vertu, récompensant le vice,
> Fourbe dans le petit et dupe dans le grand,
> Voilà le cardinal, accablé de son rang.

— Les jésuites sont malencontreux. En même temps que les affaires de la religion, et les persécutions dont tant de prêtres sont l'objet, leur ont attiré, on peut le dire, la haine de la plus grande partie de Paris, il est arrivé une diable d'histoire au recteur de la maison des jésuites de Toulon, homme de cinquante ans, appelé le P. Girard. Il est accusé d'avoir suborné une pénitente de dix-huit ans, nommée mademoiselle Cadière, de l'avoir ensorcelée, de l'avoir rendue mère et de l'avoir fait avorter. Cela fait un procès épouvantable au parlement d'Aix, et nombre de mémoires imprimés de part et d'autres se distribuent publiquement à la porte des promenades et des spectacles. Ils s'impriment à Paris, quoique faits à Aix, et on ne peut pas y suffire.

— Pour le coup nous en tenons, pauvres avocats ! Bien que, par l'arrêt du conseil du 10 mars dernier [1], le

---

[1] Voir p. 340.

roi ait imposé silence sur le fait des appels comme d'abus, le bruit s'est répandu que l'archevêque de Paris avait présenté au roi, à Fontainebleau, un mémoire en forme de requête, sur lequel il avait obtenu un arrêt du conseil qui rétablissait son mandement du mois de janvier dernier, déclarant hérétiques les quarante signataires de la consultation. Ce mémoire est effectivement imprimé, et il est tombé entre les mains de quelques avocats. En conséquence, jeudi dernier, 23, les avocats s'assemblèrent au palais, à six heures du matin, au nombre de trois cents, et portèrent le mémoire au premier président, pour en demander la suppression. M. Portail leur fit beaucoup de politesses, leur dit qu'il n'avait point encore vu le mémoire, et qu'il fallait l'examiner. Dans ce temps-là, M. Hérault vint chez le premier président, et, ayant vu un peu de peuple amassé, demanda au suisse ce que c'était. Malgré la réponse de celui-ci, il monta six marches, puis il réfléchit, se remit dans son carrosse, et s'en alla.

De là, les avocats se rendirent au parquet présenter le mémoire au procureur général, qui répondit de même qu'il n'en avait pas connaissance. Prévost, dont il a déjà été parlé [1], lui dit qu'il devait se mettre à leur tête pour demander la suppression de cet écrit, dont il lui fit l'extrait. Il lui parla même durement, parce que c'est un homme violent, peu mesuré, et ayant tout le brut de la science sans éducation. Ce jour-là on ne plaida pas dans tout le palais, du moins il n'y eut qu'un avocat qui, sans savoir cela, plaida une cause à la grand'chambre.

---

[1] Voir p. 340.

— Le même jour, après midi, le vendredi et le samedi, jour de Saint-Louis, les avocats s'assemblèrent chez M. Le Roy de Valières, et il fut résolu qu'ils cesseraient toutes leurs fonctions. Le vendredi, le mémoire a paru dans Paris avec l'arrêt du conseil[1], qui est du 30 juillet. On a seulement colporté et distribué le mémoire et l'arrêt, qui tiennent ensemble, sans les crier. Par le mémoire, l'archevêque se plaint de l'arrêt du parlement qui déclare qu'il y a abus dans le mandement; il se plaint aussi du plaidoyer de l'avocat général, rappelle toutes les propositions de son ordonnance, et les soutient bonnes. Par l'arrêt du conseil, le roi évoque à lui la connaissance de l'appel comme d'abus interjeté par son procureur général du parlement de Paris, lève les défenses portées par ledit arrêt, et permet à l'archevêque de faire distribuer son ordonnance.

Cet arrêt fait grand bruit dans la ville, où presque tout le monde est persuadé que le clergé veut s'arroger des droits et un pouvoir aux dépens de l'autorité royale.

— Dimanche soir, 26, j'eus chez moi à souper un des quatre ministres, mais ces messieurs ont bouche close sur les nouvelles, et je ne pus savoir ce qui avait été résolu par rapport aux avocats, en cas qu'ils cessassent leurs fonctions. Le ministre me dit que ne plaidant pas, cela ne me regardait pas, d'autant que je n'ai signé aucune consultation ni assisté à aucune assemblée. J'appris seulement que les gens du roi avaient été

---

[1] *Mémoire présenté au roi par l'archevêque de Paris, au sujet de l'arrêt du parlement, du 5 mars 1731, qui reçoit le procureur général du roi, appelant comme d'abus, etc., avec l'arrêt du conseil rendu en conséquence.* Paris, 1731, in-4 de 56 pages.

mandés à Versailles, et qu'ils y étaient allés le matin.

28. — Hier, lundi, aucun avocat ne s'est présenté au palais, à la cour des aides, ni au grand conseil. Quelques procureurs ont plaidé à la petite audience de la grand'chambre. Ensuite on a ouvert la grande audience ; la grand'chambre en place, on a appelé les placets et, ne s'étant présenté aucun avocat, on a fait fermer la porte. A dix heures et demie le premier président a envoyé chercher toutes les chambres, et il y a eu assemblée. Il n'a point été question des avocats, mais des remontrances que Messieurs avaient tant envie de donner pour l'affaire d'Orléans [1], et au sujet desquelles ils ont été si mal reçus par le roi et par le cardinal. Les avocats généraux, qui ont été dimanche à Versailles, ont rapporté au parlement la permission de s'assembler à cet effet. La cour aura voulu faire une diversion et empêcher le parlement de se joindre aux avocats, comme le bruit courait qu'il avait intention de le faire.

Dans la journée, les gens du roi ont retourné à Versailles, ainsi qu'on leur en avait donné l'ordre la veille. On dit que M. Gilbert de Voisins s'est jeté aux pieds du roi, pour lui dire qu'il ne pouvait pas plus lui marquer sa fidélité qu'en lui remontrant que Sa Majesté était trompée par ceux qui l'environnaient. Le roi, assure-t-on, a un air fort triste, parce qu'on lui rompt la tête

---

[1] Par arrêt du 28 avril, le parlement avait admis un appel comme d'abus contre l'évêque d'Orléans, à l'occasion d'un refus de sacrements fait à une dame Dupleix. Cet arrêt ayant été cassé par le grand conseil, le parlement demanda à faire des remontrances, ce qui lui fut refusé à deux reprises différentes. Le roi répondit lui-même aux députés du parlement, qu'il défendait à celui-ci de connaître de ces matières, et qu'il voulait absolument être obéi.

de toutes ces choses auxquelles il n'entend rien, et dont, au fond, il ne se soucie guère.

— Hier, pendant que la grand'chambre était fermée, il y avait, dans le parquet des huissiers, un abbé[1] en habit long, assis sur les bancs avec d'autres gens de toute espèce, clercs, laquais et autres. Il s'avisa d'abord de parler mal de M. Pâris, et ensuite des avocats. Cela excita du murmure, et cette populace finit par se jeter sur l'abbé, le culbuta sur les bancs, lui déchira son rabat et son manteau, et le chassa avec huées du palais. Il y avait dans la salle, à ce qu'on dit, une douzaine d'agents de M. Hérault, en habits bourgeois, mais ils n'intervinrent pas dans ce démêlé, et ils firent bien.

— Il y a un avocat original, nommé M. de La Barre, grand homme sec, à perruque noire, qui vient tous les jours au pilier des consultations et qui n'est jamais consulté. Il s'avisa d'y venir de même hier, en robe, à son ordinaire, comptant peut-être qu'étant seul, il serait consulté bon gré mal gré. Les marchands se sont tellement moqués de lui qu'il a été obligé de s'en aller.

— Aujourd'hui, mardi, les avocats n'ont point été au Châtelet, tous les cabinets sont fermés pour les consultations et pour les arbitrages d'affaires qui étaient en train.

30. — Aujourd'hui, jeudi, il y a eu dix lettres de cachet délivrées à mes confrères les avocats. On les a toutes portées ce matin, à six heures et demie, et elles sont pour sortir de Paris dans les vingt-quatre heures. Ils sont exilés dans de petites villes. Le Roy de Valières, bâtonnier en exercice, va à Vierzon en Berri. Sur les

---

[1] C'était un nommé Mergé, précepteur des neveux du P. Trévoux.

dix[1], il y en a quatre qui ne sont pas des quarante qui ont signé le mémoire, et qui avaient apparemment quelque note particulière, comme d'avoir pris parti contre M. Tartarin, dans l'affaire du tableau. Parmi les quarante, on ne s'est point adressé non plus aux consultants ni à ceux qui ont un nom. Il n'y a que La Verdy, de distingué dans la plaidoirie, qui ait une lettre de cachet.

31. — Les choses sont au même état : on n'a point été aux audiences, et il n'est pas possible même qu'aucun avocat s'y présente. Les exilés ont reçu quantité de visites de toutes sortes de gens, surtout La Verdy. On dit aussi que plusieurs personnes leur ont porté et offert de l'argent.

Septembre, 1er. — M. de La Fare, évêque de Laon, a publié un mandement, qu'il a fait distribuer à Paris, qui est une pure déclamation contre M. Gilbert de Voisins et contre le parlement. Cela a paru si grave à MM. du parlement, qu'ils ont rendu aujourd'hui un arrêt par lequel le mandement a été déposé au greffe pour constater le corps du délit. Comme ils ont jugé que cela méritait mieux que d'être supprimé et brûlé, qu'il y avait lieu d'attaquer personnellement M. de La Fare, l'assemblée a été remise à mardi prochain, et il a été arrêté que MM. les ducs et pairs seraient invités à s'y trouver, attendu que l'évêque de Laon est le second duc et pair ecclésiastique.

2. — Pour empêcher l'assemblée des ducs et pairs avec le parlement, au sujet de l'évêque de Laon, aujourd'hui dimanche, le roi étant dans son conseil a rendu un arrêt par lequel il supprime le mandement,

---

[1] On trouve leurs noms et le lieu de leur exil dans l'*Histoire des avocats, etc.*, par Fournel, t. II, p. 447.

fait défense à l'évêque d'en publier d'autres, à peine de saisie de son temporel, et révoque le privilége qui lui avait été accordé, en 1724, de faire imprimer à Laon les mandements et instructions à l'usage de son diocèse.

3. — Il y a eu une bévue dans les lettres de cachet. On en avait envoyé une à Paillé du Magnou, qui est un abbé de soixante ans, janséniste et nouvelliste, mais qui ne fait rien comme avocat. Paillet des Brunières, qui est un jeune avocat fort vif et fort étourdi, a dit partout qu'il fallait qu'on se fût trompé; qu'on ne connaissait presque point Paillé du Magnou comme avocat, et que ce devait être lui. Aussi, hier, on lui a porté une lettre de cachet pour aller à Château-Chinon, à la place de Paillé du Magnou, que l'on a rappelé. La lettre portait ordre de partir dans une heure, et cela a paru dur dans le public; mais la raison c'est qu'on n'a pas voulu donner au nouvel exilé le temps de courir de porte en porte.

— Le bruit général dans Paris était, ces jours-ci, que le 3 ou le 4, il avait été rendu un arrêt du conseil, que l'on avait même envoyé à l'Imprimerie royale, par lequel le roi expliquait la condamnation prononcée par l'archevêque de Paris contre le mémoire des quarante avocats, et faisait entendre qu'il ne regardait pas ceux-ci comme hérétiques. On ajoutait que l'archevêque était allé voir le cardinal, à Versailles, pour lui déclarer que si cet arrêt paraissait, il se retirerait à Conflans[1], excommunierait le parlement, le conseil, et tous ceux qui y auraient pris part. On disait enfin que le cardinal avait

[1] Maison de campagne située près de Charenton, que François de Harlay, archevêque de Paris, avait achetée du duc de Richelieu, en 1672, et qu'il avait léguée à ses successeurs.

là-dessus envoyé ordre à M. Hérault de se transporter à l'Imprimerie royale, de faire rompre la feuille, et de retirer tout ce qui était déjà imprimé. Mais j'ai soupé depuis avec un des quatre secrétaires d'État, qui m'a juré qu'il n'y avait jamais eu de pareil arrêt. J'ai entrevu dans la conversation, quoique boutonnée, qu'on était embarrassé sur le parti à prendre contre les avocats.

— Jeudi, 6, le premier président et les présidents Le Peletier et de Maisons furent chercher la réponse aux remontrances que le parlement avait faites le 3. Il est dit à la fin de cette réponse, qui fut faite par le chancelier, « que Sa Majesté est bien éloignée de vouloir empêcher son parlement d'user de l'autorité qu'elle lui confie pour faire observer les lois et assurer la tranquillité publique. »

Ces dernières paroles ont ranimé le parlement, qui s'est assemblé le 7, et qui a rendu un arrêt contenant des articles [1] de maximes générales. Pendant qu'on travaillait à cet arrêt, l'archevêque de Sens et autres étaient chez l'archevêque de Paris, et dès qu'ils en connurent le contenu ils se rendirent sur-le-champ à Versailles.

— Dimanche, 9, à huit heures du matin, le sieur Denis, doyen des huissiers du conseil, arriva chez M. Ysabeau, fils, greffier du parlement. Il était porteur d'un arrêt du conseil, du 7, qui casse et supprime l'arrêt du parlement de ce même jour, et ordonne

---

[1] Ils établissaient que la puissance temporelle était indépendante de toute autre puissance; que les canons et les règlements que l'Église a droit de faire ne devenaient loi de l'État qu'autant qu'ils étaient revêtus de l'autorité du souverain; que les ministres de l'Église étaient comptables envers le roi de la juridiction qu'ils tenaient de lui, etc.

qu'il sera rayé et biffé. En conséquence, il somma Ysabeau de lui remettre cet arrêt, ce que l'autre ne voulait faire qu'après avoir informé le premier président. Mais Denis lui présenta un ordre particulier du roi, adressé à lui-même, et ayant biffé l'arrêt, il s'en retourna. Il est à présumer qu'Ysabeau avait été prévenu par le premier président, qui est vendu à la cour.

— Cette affaire va perdre indubitablement le premier président parmi les conseillers. Quoique ayant de l'esprit, il n'est pas aussi habile au manége de cour que M. de Mesmes, qui savait tromper sa compagnie, en être respecté, et tirer beaucoup d'argent du régent. M. Portail demande, depuis quatre ans, la pension de vingt mille livres; il en a besoin et ne peut l'obtenir.

— Le même dimanche, 9, on a distribué un autre arrêt du conseil, qui était cependant rendu dès le 5, par lequel le roi déclare que la constitution *Unigenitus* doit être exécutée et regardée comme jugement de l'Église universelle, etc.

12. — La plupart des avocats ne sont point partis pour la campagne, mais ils gardent le silence. La chambre des vacations a commencé lundi, 10, et a tenu hier, mardi. Les conseillers des enquêtes, qu'on disait n'y devoir point aller, y vont cependant. Les procureurs ont pris quelques défauts. Mais j'ai su, par un avocat général de la cour des aides, que M. Le Camus, premier président de cette cour, avait fait un beau tour. Sans en prévenir sa compagnie, il a été à Versailles, demander à M. le cardinal, et à M. le chancelier, une déclaration qui dispensât les procureurs de plaider. On la lui aurait même accordée sans les avocats généraux du parle-

ment, à qui le chancelier en parla, et qui lui montrèrent les inconvénients que cela aurait.

— M. de Maisons, président à mortier[1], âgé de trente-deux ans, est mort de la petite vérole en trois jours. Elle est très-dangereuse pour les personnes d'un certain âge. C'était un homme d'esprit, mais qui croyait quasi qu'il n'en restait plus pour personne, qui faisait le savant, et avait un laboratoire de chimie. Il était extrêmement haut, à cause de sa naissance et de son esprit, et n'était point aimé, à cause de ce caractère. Avec cent cinquante mille livres de rente, il laisse près d'un million de dettes. Il avait épousé la fille de M. d'Angervilliers, secrétaire d'État de la guerre, et laisse une petite fille et un garçon de cinq à six mois. Sa charge de président à mortier est donnée à M. Talon, avocat général, qui a épousé la nièce du garde des sceaux Chauvelin, et la place d'avocat général est donnée au fils de M. Joly de Fleury, procureur général. En sorte que par là on gratifie deux familles qui sont recommandables dans la robe.

— Pour le coup, on a découvert où s'imprimait la *Gazette ecclésiastique*. On cherchait dans les imprimeries un mémoire, sur l'affaire du P. Girard, que l'on voulait supprimer. M. Chauvelin le jeune, directeur de la librairie, fit une visite à cet effet, le 20 de ce mois, accompagné des syndics qui lui épargnèrent la peine de monter à un troisième étage, dans la rue de la Parcheminerie, chez un nommé Bullot. Ils lui di-

---

[1] Jean-René de Longueil, marquis de Maisons, académicien honoraire de l'Académie des Sciences. Il possédait un riche cabinet de médailles, et avait un jardin botanique très-bien entretenu à son château de Maisons, aujourd'hui Maisons-Laffitte, bâti par son bisaïeul René de Longueil, surintendant des finances.

rent, et ils étaient dans la bonne foi, que c'était un homme qui ne se mêlait de rien, et chez lequel on n'avait jamais rien trouvé ; qu'il suffisait, l'après-midi, d'y envoyer deux adjoints. Le même jour, Dumesnil et David [1], libraires, y allèrent, et furent fort étonnés de voir qu'on travaillait, dans l'imprimerie, à la feuille de la *Gazette ecclésiastique* que l'on attendait. Ils firent du bruit, ce qui fit fuir les garçons, et ils allèrent sur-le-champ avertir M. Hérault, qui envoya un commissaire et des exempts ; mais Bullot était déjà bien loin. On n'a attrapé que sa femme, que l'on a conduite en prison, et par laquelle on ne découvrira rien sur l'auteur de cette *Gazette*. Cela se fait, dit-on, si secrètement que Bullot lui-même, imprimeur, ne connaissait pas celui qui lui apportait la minute. Les libraires avouent qu'ils ne se seraient jamais méfié de cet homme pour un coup aussi hardi. On a beaucoup blâmé Dumesnil et David d'avoir ainsi perdu leur confrère, d'autant que leur mission n'était point pour cela.

— Les prétendus miracles de M. Pâris continuent toujours, du moins le concours de monde y est plus fort que jamais. Madame la princesse de Conti, seconde douairière, y a été plusieurs fois, et nombre de gens de qualité. Il y a, entre autres, un ecclésiastique envoyé ici par l'évêque de Montpellier [2] qui est grand janséniste. Cet ecclésiastique se nomme l'abbé Bécheran [3], et tout le monde convient que depuis sa jeunesse il boitait fort et avait un pied plus court que l'autre. Il est à présent au moins à sa troisième neuvaine. Il y va tous les jours,

[1] Adjoints au syndic.
[2] Charles-Joachim Colbert de Croissy, sacré en 1697.
[3] L'abbé Bécheran fut appelé le *chef* et le *maître* des convulsionnaires.

quelquefois matin et soir. On lui ôte son rabat, ses boutons de manche et ses jarretières; on le couche sur le dos, le long de la tombe, et on dit les sept psaumes en psalmodiant, avec grande dévotion et silence de la part des spectateurs. On le tient par les bras, et il lui prend de temps en temps des convulsions si affreuses que le pouls lui manque. Il devient blanc, il écume, et par des efforts il s'élève d'un pied de haut au-dessus du tombeau, malgré ceux qui le tiennent. Il y a tous les jours des plus fameux chirurgiens qui le visitent. On dit qu'il ne pouvait pas marcher et qu'il marche, que ses nerfs se sont étendus et allongés, et qu'il boite beaucoup moins. D'autres disent qu'il boite toujours de même; que ses convulsions viennent de ce que, dans l'espoir de guérison, il s'efforce d'étendre et allonger sa jambe, et que les douleurs que cela lui cause le font ainsi s'élever. Il y en a qui font remarquer que dans toute la tradition on n'a jamais vu des miracles de la part de Dieu ou des apôtres, ni si longs à s'opérer, ni accompagnés de convulsions : d'autres enfin croient qu'il y a là du sortilége de la part des jansénistes.

— L'affaire du P. Girard et de la demoiselle Cadière, au parlement d'Aix, est ce qui occupe aujourd'hui toute la France et même l'Europe, car on en envoie les mémoires partout. Voici les conclusions du parquet, du 11 septembre : le P. Girard hors de cour et de procès; la demoiselle Cadière, condamnée à être pendue, et auparavant appliquée à la question, etc. M. de Gaufridy, premier avocat général, était d'avis de faire pendre et brûler le P. Girard, et mettre tous les autres hors de cour; mais, au parlement d'Aix, on compte les voix au parquet pour formuler les conclusions, et c'est l'autre avis qui a prévalu. On a été ici fort surpris de l'étrange différence des opinions de ces messieurs.

Octobre. — Enfin cette fameuse affaire a été jugée le 10 de ce mois, et le jugement est des plus singuliers. On décharge le P. Girard des accusations formées contre lui, et des crimes à lui imputés. On renvoie la demoiselle Cadière chez sa mère, pour en avoir soin, et on la met hors de cour et de procès, ainsi que tous les siens. Il n'y a pas le moindre dommages et intérêts prononcé par ce jugement. Onze juges ont condamné le P. Girard à être pendu et brûlé, et onze l'ont déchargé purement et simplement. En sorte que dans cette affaire, qui a fait tant de bruit, il y a beaucoup de crimes et point de criminels. La bonne ville de Paris est fort irritée de cet arrêt, qu'on regarde comme très-injuste. On voulait absolument que le P. Girard fût brûlé. Cependant il ne devait pas l'être, car par l'anagramme de son nom, il lui était prédit qu'on le ferait sortir de prison pour éviter le feu.

Jean-Baptiste Girard.
Abi, pater: ignis ardet.

Novembre, 12. — Aujourd'hui, lendemain de la Saint-Martin, le premier président Portail s'est rendu au palais avec ceux qui se sont préparés à aller à la messe rouge. M. le comte de Maurepas, secrétaire d'État, a apporté une lettre de cachet, pour le parlement, à MM. les gens du roi. Ceux-ci l'ont déposée sur le bureau et se sont retirés. Il n'y avait que le président Molé et fort peu de conseillers. Ils ont été aux voix, et il a été décidé qu'on n'ouvrirait cette lettre que quand ils seraient tous assemblés. Les gens du roi n'ayant pas voulu se charger de la lettre, on l'a remise à Ysabeau, greffier, pour la représenter à quinzaine, le mercredi des mercuriales. De façon que les ordres du roi se trouvent en suspens et inconnus.

Après la messe, MM. les gens du roi ont été au serment; ensuite on a appelé six avocats, et comme il n'y en avait aucun, le premier président a dit au greffier : « Appelez les procureurs, » lesquels y ont été en grand nombre. Il y avait au palais un monde extraordinaire attiré par la curiosité, car il y a bien longtemps qu'il n'est arrivé une absence totale des avocats, au serment.

— On a exilé à Lyon, ces jours passés, par lettre de cachet, M. de Bonnel, maître des requêtes, avec ordre de partir sur-le-champ. Lyon est son pays. Il est fils d'un négociant. En même temps, on a mis à la Bastille le curé de la Pissotte[1], près Vincennes, et le sieur de Beauvais[2], qui avait été attaché à M. le duc d'Orléans. Peu de gens savent véritablement les sujets de ces ordres qui ont fait bruit dans Paris.

M. de Bonnel est un homme de quarante ans, garçon, qui a fait beaucoup de dépense ici, de manière qu'il s'est ruiné; il a même été une fois en prison. Il est surchargé de lettres de change, de sentences par corps, vivait d'intrigues à Paris, et n'avait commerce qu'avec des fripons pour tirer dix louis. Malgré cela il est resté maître des requêtes, ce qui fait voir le peu d'attention du gouvernement pour l'honneur de la magistrature et le bien de la justice. Cet homme, noyé sans ressource, a voulu se raccrocher à la situation des affaires du temps; il a, au surplus, de l'esprit comme un diable. Par sa

---

[1] Le sieur de Morvant.
[2] Matthieu Molinier de Beauvais, écuyer du duc d'Orléans.

place de maître des requêtes, il a obtenu accès auprès du cardinal de Fleury[1]. Ils ont eu plusieurs conférences secrètes, et il lui a remis un projet pour détruire totalement le jansénisme dans Paris. Ce projet n'avait été communiqué qu'à M. le garde des sceaux, car il fallait un secret inviolable. Il s'agissait d'arrêter quatorze cents personnes, à la tête desquelles étaient M. de Maurepas, M. d'Angervilliers, secrétaire d'État de la guerre, M. d'Aguesseau, M. Hérault lui-même, qui était dépeint comme favorisant sous main les jansénistes, M. Orry, contrôleur général, et, pour remplir les quatorze cents, nombre de seigneurs de la cour, de curés de Paris, de gens de robe et de particuliers. Il fallait que ce de Bonnel et les deux autres se fussent mis au fait de tous ceux que l'on pouvait soupçonner. Bonnel devait avoir la place de contrôleur général, et ces sortes d'esprits-là sont si vifs, qu'on a trouvé, dans ses papiers, des projets d'arrêts du conseil pour les finances, comme contrôleur général.

Il n'y avait qu'une chose qui embarrassait, c'est qu'il y avait aussi dans le projet d'enlever le tombeau de M. Pâris; à cet égard, M. le garde des sceaux dit qu'il ne s'en chargerait pas, ce qui montre qu'ils craignent le parti janséniste. Néanmoins le projet était arrêté, lorsqu'il a été découvert par le plus grand hasard du monde. Il y a six semaines, M. l'archevêque de Paris manda, à Conflans, le curé de la Pissotte, contre lequel il avait reçu des plaintes. Ce curé, plein de son secret, parut avec un visage fort rouge, de façon que l'archevêque

---

[1] Il fut mis en rapport avec le cardinal par l'entremise de madame de Carignan, chez laquelle il avait été introduit par Beauvais, que la princesse protégeait beaucoup. (*Bastille dévoilée*, 1re livraison, p. 77).

crut qu'il était malade. Il crut encore davantage qu'il avait des vapeurs, lorsque le petit curé lui dit avec orgueil : « Monseigneur, voulez-vous bien me permettre de vous faire part d'une fortune qui m'est arrivée? le roi m'a fait la grâce de me donner une abbaye de huit mille livres de rente. » L'archevêque lui répliqua : « Voilà qui est bien, M. le curé : allez manger de la soupe, vous en avez besoin. » Le curé descendit à l'office, dîna, mais piqué de l'air de l'archevêque, il fut chez lui, et revint avec le brevet du roi dans sa poche. « Monseigneur, dit-il, votre Grandeur a paru croire tantôt que je lui en imposais, je vous apporte la preuve de ce que je vous ai annoncé. » Après son départ, M. Hérault, qui était alors chez l'archevêque, et qui avait reçu plusieurs fois, de son côté, des plaintes contre ce curé, témoigna son étonnement de ce que le cardinal eût ainsi donné une abbaye à un homme qui était un mauvais sujet. Comme il n'y entendait pas finesse, et qu'il a la confiance du cardinal, il en parla plus tard à celui-ci, à Versailles. Le cardinal lui répondit que c'était un honnête homme, qui lui était utile. Comme tous les mots portent dans ce pays-là, M. Hérault voulut savoir en quoi il pouvait être utile; il en reparla au cardinal, qui reprocha durement à M. Hérault son peu de zèle, l'accusa d'être à la tête des jansénistes de Paris, etc. La conversation devint fort vive, et le cardinal finit par conter toute l'affaire de Bonnel à M. Hérault. Celui-ci n'eut pas de peine à faire sentir tout le danger d'une telle entreprise; il prit des mesures avec les autres ministres, et on écrivit sur-le-champ au cardinal de Polignac[1] pour empêcher que les bulles du

---

[1] Ambassadeur à Rome.

petit curé ne fussent expédiées. Heureusement qu'il n'avait pu trouver les quatre mille livres qu'il lui fallait pour cela.

— On ne peut pas savoir le fond du cœur de M. Hérault en fait de jansénisme ; à l'extérieur, il fait ce qu'il peut et est obligé de faire par sa charge ; mais les trois quarts de ses commis, des commissaires et des exempts sont pour ce parti, et il n'est pas étonnant que l'on ne découvre pas encore tout ce que l'on pourrait. Il n'y a que le commissaire Regnard, et Vanneroux, exempt, qui travaillent de bon cœur, et font les expéditions contre les jansénistes. Aussi les appelle-t-on le commissaire et l'exempt de *la constitution*. Il faut convenir aussi qu'il n'est pas possible de découvrir l'auteur des *Nouvelles ecclésiastiques*, car cela fait tant de cascades entre les mains de plusieurs personnes, que cet auteur n'est jamais connu de ceux qui peuvent être arrêtés.

— Quand l'auteur de ces *Nouvelles* a composé sa feuille, il jette au feu les mémoires dont il s'est servi ; puis il donne sa minute à un autre, qui la jette également au feu après l'avoir copiée. Une troisième personne porte cette copie chez un imprimeur et revient prendre les exemplaires pour les distribuer dans Paris. Il y a peut-être vingt bureaux dans plusieurs quartiers, c'est-à-dire, vingt particuliers qui en prennent cent chacun, je suppose. Ce n'est pas la même personne qui porte les feuilles à ces vingt bureaux ; ce sont vingt personnes différentes. L'homme qui tient le bureau paye les cent exemplaires à celui qui les lui remet, et il en a un *gratis*, de même que de tout ce qui s'imprime sur les affaires du temps; il sait ensuite à qui donner ces exemplaires pour retirer son argent. Si on arrête un matin un de ces particuliers ayant bureau, sur-le-champ tous les autres sont avertis, et on transporte les exemplaires dans un autre endroit. De sorte que, quelque personne qu'on arrête, la manivelle va toujours.

— Osmont, qui a eu cette malheureuse affaire il y a quatre ans[1], s'est encore avisé d'imprimer, sans permission, la nouvelle *Vie de M. Pâris*[2]. Le commissaire Regnard ayant été faire la visite chez lui, sans avoir prévenu, comme cela se fait très-souvent à présent chez tous les libraires, Osmont, qui a vu que l'on allait découvrir cette pièce, a fait monter le commissaire et s'est sauvé en robe de chambre. On a mis en prison ses trois compagnons, et sa femme a été menée chez M. Hérault. Elle s'est défendue le mieux qu'elle a pu, et on lui a permis de tenir sa boutique ouverte.

— Dimanche, 25, jour de Sainte-Catherine, les avocats s'assemblèrent à neuf heures du matin, au nombre de cinquante ou soixante, chez M. Berroyer, ancien avocat, M. Tartarin, le dernier bâtonnier étant malade. L'assemblée fut improvisée. Elle fut convoquée par M. Le Normand, qui s'était donné beaucoup de mouvement pour un accommodement, et M. Berroyer envoya son laquais chez les principaux seulement et les plus intéressés, surtout ceux du nombre des quarante.

M. Le Normand représenta que la cour voulait absolument que les avocats fissent la première démarche de soumission, ce qui était assez à sa place quand il s'agissait de traiter avec son maître. Il ajouta qu'il avait

---

[1] Voir p. 263.

[2] *Vie de M. François de Pâris, diacre du diocèse de Paris*, etc. Paris, 1731, in-12. Cette vie est de Barthélemy Doyen.

la parole d'honneur du ministre que l'on serait content de ce qui paraîtrait, qu'il ne pouvait s'expliquer davantage, mais que si l'on avait quelque confiance en lui, il fallait rentrer au palais le lendemain. On alla aux voix. Quelques-uns trouvèrent que c'était reprendre les fonctions bien légèrement : cependant il fut décidé qu'on rentrerait et, sur-le-champ, on dressa un petit mémoire, en quatre lignes, contenant les griefs des avocats contre M. l'archevêque de Paris. M. Le Normand et Julien de Prunay les portèrent à MM. les gens du roi, qui n'attendaient que cela pour aller à Marly.

— Lundi, 26, presque tous les avocats se sont trouvés au palais pour les harangues. M. Gilbert fit un discours à l'ordinaire, où il ne parla de quoi que ce soit, mais le premier président en fit un qui ne roula que sur l'affaire des avocats. Il commença par témoigner le chagrin que la cour avait eu de leur retraite, et la joie qu'elle éprouvait de leur retour; dit que quand on était lié avec le public par des fonctions aussi utiles, on ne devait point lui manquer, etc. Néanmoins il y a quelques avocats, des premiers dans la consultation, qui comptent partir encore pour la campagne, afin d'y attendre ce qui arrivera. Le public, en général, n'approuve pas la démarche des avocats, qui n'ont pas manqué d'être chansonnés à cette occasion.

28. — Lors de l'ouverture de la chambre des vacations, qui eut lieu le 10 septembre, lendemain du jour où se fit la radiation de l'arrêt du parlement[1], le premier président, qui la tient la première fois, rendit compte

[1] Voir p. 364.

de tout ce qui s'était passé depuis la séparation de la compagnie. On dit alors que la chambre des vacations n'était qu'une commission qui ne représentait pas le parlement, et le compte rendu du premier président fut remis à la première assemblée générale. J'ai dit que, le jour de la rentrée, il fut présenté une lettre de cachet du roi, qu'on laissa entre les mains du sieur Ysabeau jusqu'au jour de la Sainte-Catherine [1]. Aujourd'hui, mercredi, qui est le jour des mercuriales, le parlement s'est assemblé à huit heures du matin, et, suivant l'arrêt de la chambre des vacations, on a commencé par demander au premier président de rendre compte à la compagnie de ce qui s'était passé au sujet de l'arrêt du 7 septembre. M. le premier président a répondu que le roi l'avait mandé et lui avait expressément défendu de parler de cette affaire. On lui a répliqué qu'il avait fait cette démarche sans mission du parlement, et que celui-ci ne pouvait, par conséquent, recevoir verbalement, de sa bouche, les ordres du roi. On lui a demandé aussi de faire représenter la minute de l'arrêt du 7 septembre. Nouveau refus du premier président, qui a dit que les gens du roi avaient à présenter une lettre de cachet qui expliquerait les intentions du roi.

Pendant que l'on disputait ainsi, on a vu avancer MM. les gens du roi, avec cet air modeste et composé qu'ils ont toujours. Cela a causé du murmure, parce qu'on a dit qu'ils n'avaient point droit d'entrer sans être mandés, lorsque la cour délibérait d'affaires publiques. Mais, à la faveur de ce petit trouble, ils ont

---

[1] Voir p. 369.

continué leur chemin, ont déposé une lettre de cachet sur le bureau du greffier, puis se sont retirés avec la même contenance. M. le premier président a proposé d'ouvrir cette lettre de cachet, ce à quoi on s'est refusé, par le motif qu'il fallait aller par date, et commencer par les plus anciennes affaires. On a donc demandé à voir la minute, ou au moins que le premier président rendît compte de tout ce qui s'était fait. M. Portail n'a pas voulu faire ce récit, parce qu'il prévoyait que le parlement, qui ne connaît point la voie des arrêts du conseil, ne manquerait pas d'arrêter qu'il serait fait des remontrances au roi sur cette affaire, et qu'alors la lettre de cachet serait devenue inutile. D'un autre côté, le parlement se doutait bien que cette lettre portait défense de délibérer sur l'arrêt du conseil qui a ordonné la radiation. Ce n'est d'ailleurs que depuis la régence qu'on a voulu assujettir le parlement à ces lettres de cachet, contre lesquelles il a toujours protesté. Le parlement prétend qu'il lui est défendu, par les ordonnances, de recevoir des lettres closes, et que c'est par des lettres patentes que le roi doit l'informer de ses intentions.

Après une heure et demie de dispute, le parlement est resté trois heures en place, les bras croisés, les conseillers se regardant les uns les autres, prenant du tabac, et n'ayant de conversation que de voisin à voisin. Ce silence et cette posture avaient quelque chose d'original, mais personne ne voulait lever le siége, pour n'avoir pas sur son compte d'avoir rompu l'assemblée. Enfin, comme une heure sonnait, et qu'on voyait bien que cela ne terminerait rien, M. de Saint-Martin, conseiller de grand'chambre, l'un des trois qui fut

exilé sous la régence[1], dit à M. le premier président :
« Monsieur, croyez-vous qu'il faille attendre les lanternes pour avoir plus de lumières, pendant qu'un si beau soleil luit ? » En même temps, il remua les jambes, et tout le monde se leva à la fois, comme si c'eût été un signal.

30. — Hier, jeudi, le parlement s'est assemblé à huit heures. Outre la lettre de cachet de la veille, qui restait à ouvrir, les gens du roi en ont apporté une autre du 28, que l'on a lue la première. Elle renouvelle les défenses de délibérer sur l'arrêt du 7 septembre, contenues dans la lettre de cachet du 12 novembre. De plus, elle ordonne au procureur général de remarquer ceux de Messieurs qui voudraient aller contre les ordres du roi, et de les dénoncer. Personne ne proposa de délibérer contre les ordres du roi ; cependant on murmura beaucoup, et l'abbé Pucelle prétendit que si le roi eût été à Paris, il aurait fallu aller jusqu'à son trône, lui porter les plaintes et les regrets du parlement. Là-dessus, quelqu'un ayant dit tout haut : « Mais il n'est pas si loin, il est à Marly ; » aussitôt, par acclamation, tout le monde cria *à Marly ! à Marly !* Il était onze heures. On se sépara pour aller boire un coup et prendre des carrosses, et on se donna rendez-vous à la grand'chambre à midi et demi.

Lorsque ce voyage eut été arrêté, le premier président, le procureur général et M. Hérault envoyèrent sur-le-champ des courriers à Marly, et le cardinal vint de suite à Issy[2], où M. de Maurepas et M. le garde des

---

[1] Voir page 13.
[2] Le cardinal de Fleury possédait dans ce village une maison de campagne, qu'il avait achetée du maréchal d'Estrées.

sceaux, qui étaient à Paris, allèrent le rejoindre. Le parlement, de son côté, se rendit à Marly au nombre de cinquante membres, dans quatorze carrosses à quatre et à six chevaux; les gens du roi ne les accompagnèrent point, contre l'usage ordinaire. La compagnie mit pied à terre à la porte du jardin : elle entra dans le vestibule du pavillon du roi, et M. le duc de Noailles la fit placer dans la salle du grand maître, pour qu'elle fût plus décemment. Le roi revenait de la chasse; M. le premier président, au nom du parlement, lui fit demander la permission de lui parler. Un quart d'heure après, M. le duc de Tresmes, premier gentilhomme de la chambre, vint dire que le roi, après avoir pris lecture d'une lettre que lui avait écrite le cardinal, lui avait ordonné de déclarer à la compagnie qu'il ne voulait pas la recevoir, et qu'elle s'en retournât à Paris. M. le duc de Tresmes témoigna sa douleur d'être chargé d'une telle commission. Lorsqu'il se fut retiré, on lui envoya encore Dufranc, greffier, pour le prier de faire de nouvelles instances auprès du roi, mais celui-ci persista. Il fallut bien prendre le parti de revenir, et ils arrivèrent à Paris à huit heures et demie. En sortant de Marly, le premier président et l'abbé Pucelle rencontrèrent le cardinal de Fleury qui y revenait, et il y eut là de gros mots; cela fait, au demeurant, un sot voyage, mal concerté et entrepris bien légèrement. Les jansénistes approuvent le parlement; mais les gens sensés pensent autrement, et disent que c'est jouer à compromettre son caractère.

Décembre, 1er.—Le parlement devait s'assembler aujourd'hui, mais le premier président a fait prévenir qu'il n'y aurait point de palais. Cela donne le temps de prendre des mesures, et il n'est pas douteux que le parlement n'ait le démenti de cette affaire. Il n'est pas même possible qu'un corps comme celui-là, aussi nombreux, aussi mal composé en général, rempli de gens qui ont à craindre, ou de gens qui trahissent, et dont les chefs ne sont point unis avec le reste, puisse jamais tenir tête au ministère.

3. — Le ministre a tenu parole à M. Le Normand, et M. Le Normand à ses confrères. Ce matin, lundi, on a distribué au palais et dans tout Paris, car ce n'est plus la mode de crier dans les rues ce qui regarde les affaires du temps, un arrêt du conseil d'État du 1er [1]. Le roi confirme l'arrêt du 25 novembre 1730, par lequel il reconnaissait les avocats pour ses bons et fidèles sujets, etc. Tout cela est équivoque et fort finement contourné ; mais il est toujours très-honorable pour un corps composé de simples particuliers, d'amener le roi à chercher des prétextes et des ménagements. Il n'est même parlé ni de leur retraite ni de leur retour. La satisfaction que le roi leur donne, par l'explication de son arrêt du 30 juillet dernier, est entière. Cependant quelques-uns n'en ont pas été contents, mais les évêques ne le sont pas non plus de leur côté.

— Les chambres se sont assemblées à dix heures pour les dispenses de MM. Talon et Joly de Fleury[2], et après avoir répété pendant trois heures tout ce qu'on avait déjà dit plusieurs fois, on a fini par ne point enregistrer les dispenses, afin de se ménager une autre assemblée de chambre, qui a été mise au lundi à hui-

---

[1] Il est imprimé en entier dans le *Mercure de France*, décembre 1731, p. 3098.

[2] Voir p. 366.

taine. Il a été arrêté aussi que le premier président irait, dans la semaine, demander au roi un jour où son parlement pût aller lui parler en corps et non par députés.

5. — Le comte de Maurepas a envoyé, à M. le premier président, un paquet de dix lettres de rappel pour les avocats exilés, que l'on fit mettre sur-le-champ à la poste; en sorte qu'il n'y a point d'exception, comme on le craignait.

— Pendant ces troubles, deux choses vont toujours leur train. La première est cette petite vérole, qui continue de tomber sur les gens de qualité. M. d'Argouges, évêque de Périgueux, en est mort à quarante ans; M. le duc de Rochechouart[1], nouvellement marié, et en faveur de qui M. le duc de Mortemart[2] s'était démis de sa charge de premier gentilhomme de la chambre, est mort la semaine dernière. Le père, qui est un philosophe, ne s'est pas remué pour demander au roi l'agrément de la charge et du régiment[3] pour le marquis de Mortemart, son second fils; mais toute la famille l'a sollicité, et l'a obtenu du roi.

La jeune duchesse de Bourbon, qui a seize ans et qui est belle, a la petite vérole depuis trois jours. Elle a déjà été saignée sept fois du pied. Les médecins ont la rage pour faire ainsi saigner, et ils n'en démordent pas.

Ces petites véroles sont la suite de la longue et grande sécheresse de cette année. Il y a plus de cinquante ans qu'on n'a vu la rivière si basse et si longtemps sans eau.

[1] Louis-Paul de Rochechouart-Mortemart, etc., né le 24 octobre 1711, avait épousé, au mois de mai 1730, Marie-Anne-Élisabeth de Beauveau.

[2] Louis de Rochechouart, deuxième du nom, duc de Mortemart, etc., père du précédent.

[3] Le régiment d'infanterie qui portait le nom de Mortemart.

—L'autre affaire, qui dure toujours, est le tombeau de M. Pâris, à Saint-Médard. Malgré le mauvais temps qui commence à venir, il y a plus de monde que jamais, et ce qui est le plus étonnant, on pourrait dire de plus impertinent, c'est que l'abbé Bécheran [1], qui a commencé à y aller il y a quatre mois au moins, n'est pas guéri et continue d'y aller. C'est toujours, au reste, le même manége; tous les malades ont des convulsions sur la tombe. M. le comte de Clermont [2], prince du sang, y alla l'autre jour avec des grisons [3], sans fracas; on y a vu aussi des évêques.

—Lundi, 10, il y eut une nouvelle assemblée des chambres, où le premier président rendit compte du voyage qu'il avait fait à Versailles, suivant ce qui avait été décidé dans la séance du 3. Il dit que le roi lui avait répondu, en personne, qu'il était fort mécontent de la démarche que le parlement avait faite en venant à Marly, et qu'il voulait être obéi; que le chancelier et le garde des sceaux lui avaient dit la même chose. Cela ne contenta pas Messieurs, parce que la radiation leur tient au cœur, et il fut délibéré que le premier président retournerait de nouveau près du roi pour lui exposer que le parlement demandait à lui parler, non pas par désobéissance, mais au contraire pour remplir ses devoirs et l'obligation qui lui est imposée de soutenir les intérêts, ainsi que les droits de Sa Majesté.

---

[1] Voir p. 367.

[2] Louis de Bourbon-Condé, comte de Clermont, né le 15 juin 1709, frère de M. le Duc.

[3] On appelait *grisons* les gens de livrée que l'on faisait habiller de gris, pour les employer à quelque mission secrète.

— Quoique le gros de la cour ne soit pas pour les évêques, on garde le silence par rapport au cardinal qui, sans contredit, est le seul maître, et que personne n'ose barrer. C'est ce que prouve bien la réponse du D. D. L. T.[1], qui a beaucoup d'esprit. Un de ses amis lui reprochait de mettre autant de négligence à faire sa cour, lui qui était si bien auprès du roi. « Vous vous y entendez mal, lui répondit-il; si j'avais continué à être bien avec le roi, le cardinal m'aurait perdu, au lieu que par mon air de dissipation et d'éloignement, je suis parfaitement bien avec lui. Le cardinal mort, je connais assez le roi pour savoir qu'en vingt-quatre heures je serai avec lui comme j'étais. »

— On a conté, ces jours passés, un tour du duc de Savoie, détenu prisonnier par son fils[2]. Il témoigna le désir de faire une confession générale, et demanda pour confesseur un carme déchaussé, tel qu'on voudrait lui envoyer. Cela fut exécuté. La confession dura longtemps, et le prince dit au carme, avec lequel on l'avait laissé seul, qu'il fallait qu'ils se reposassent et qu'ils bussent un petit verre. Il avait préparé d'avance une liqueur avec de l'opium, en telle dose, que dès que le carme en eut bu, il tomba dans un assoupissement léthargique. Alors le prince déshabilla entièrement le religieux, se revêtit de ses habits, et quitta l'appartement. Il passa ainsi les cours et deux sentinelles, mais à la troisième, l'officier qui était

---

[1] Ne serait-ce pas le duc de La Trémoille?

[2] Victor-Amédée II, roi de Sardaigne, avait abdiqué, au mois de septembre 1730, en faveur de son fils; mais l'année suivante, ayant formé une conspiration pour remonter sur le trône, il avait été conduit et enfermé au château de Montcalier. Il y mourut le 31 octobre 1732.

de garde l'examina plus attentivement, et l'arrêta. En sorte que le tour découvert n'a servi qu'à le faire resserrer plus étroitement.

— Il a paru, ces jours-ci, une calotte[1] qui établit une chambre ardente dans le régiment, pour punir les jansénistes et ceux qui sont opposés à la constitution. Ceux qui ont protégé cette constitution y sont fort bien peints.

— Lundi, 17, le premier président annonça au parlement que le roi lui avait fait écrire qu'il ne voulait pas l'entendre. On délibéra là-dessus, et il fut arrêté que le premier président ferait encore de nouvelles démarches. Ils comptent qu'à force de fatiguer le ministre, ils obtiendront cette permission, mais ils se trompent. Le premier président trahissant le parlement, cela ne peut jamais bien tourner pour ce dernier. M. Portail ne se relèvera jamais, de son côté, du mépris que sa compagnie a pour lui : il a voulu imiter M. de Mesmes, et il a fort mal raisonné, car les circonstances sont très-différentes. L'affaire que le parlement a eue avec le régent, en 1719 et 1720, était au sujet des actions et des billets de banque. Il est certain qu'en s'opposant à ce système, le parlement prévoyait alors, comme par esprit de divination, tout le mal qu'il a causé au royaume ; mais il ne pouvait jamais réussir dans son opposition, parce que les princes et les gens de qualité, qui gagnaient beaucoup par le système, le soutenaient. Le public même, dans le commencement, était enivré des profits imaginaires qu'il voyait faire, et, hors une petite poignée de gens sages et prudents,

---

[1] Elle avait pour titre : *Édit de création d'une chambre ardente dans le régiment de la calotte, et d'une compagnie d'archers et bas officiers d'icelle.*

on regardait généralement le parlement comme une assemblée de radoteurs. Mais ici il s'agit de religion et des intérêts du roi que l'ordre épiscopal, soutenu par la cour de Rome, voudrait troubler, en rendant les ecclésiastiques indépendants de l'autorité royale. Le premier président, uni avec sa compagnie, aurait eu beau jeu pour maintenir les choses dans l'ordre accoutumé. Il a derrière lui tout le public, qui est contre la cour de Rome et les évêques, et devant lui la plus grande partie des princes et des seigneurs qui pensent de même intérieurement. Ils n'osent parler, à la vérité, mais ils agiraient plutôt par souterrain pour le parlement que contre. Il ne s'agit pas d'ailleurs de tenir tête à un régent comme le duc d'Orléans, mais seulement à un ministre qui est puissant, sans doute, mais qui, d'un autre côté, est âgé, mou et craintif. Sans émotion, sans sédition ni trouble dans l'État, c'était la plus belle occasion pour faire revivre les droits du parlement.

— Madame la jeune duchesse de Bourbon s'est heureusement tirée d'affaire de sa petite vérole. On dit même qu'elle n'en sera pas beaucoup marquée.

— Tous les avocats sont revenus de leur exil; ils se sont bien divertis et ont été bien reçus partout. Ils ont eu, à leur retour, les visites de leurs confrères et des principaux magistrats.

— Le roi a fait, à la fin de cette année, cinq lieutenants généraux : le marquis de Livry, le sieur de Ceberet, le marquis de Leuville, le marquis de Maillebois et le comte de Belle-Isle. Pour cela, on a passé pardessus plusieurs maréchaux de camp qui étaient plus anciens, et fait bien des mécontents.

ANNÉE 1732.

Janvier. — Cette année commence avec deux opérations qui continuent toujours malgré le gouvernement.

La première est la *Gazette ecclésiastique*. On a même gravé la manière dont elle sort des mains de l'auteur, pour se distribuer dans le public[1], en passant par l'intermédiaire de gens qui ne connaissent d'autre personne que celle qui la leur remet directement. En sorte qu'un colporteur qui serait pris, ne peut pas trahir le parti.

La seconde chose est le concours et le culte que l'on rend au tombeau de M. Pâris. On comptait que cette dévotion se ralentirait d'elle-même dans les mauvais temps : nous en avons actuellement de très-mauvais, et cela ne fait rien. On a, dans ce petit charnier de Saint-Médard, de la boue par-dessus le soulier; on y est mouillé quand il pleut; le quartier est fort éloigné de la ville, cependant il y a du monde depuis cinq heures du matin jusqu'à cinq heures du soir. On y psalmodie toujours avec grande dévotion; la tombe y est constamment remplie de malades, et les convulsions y sont encore plus fréquentes. Il y a quelque chose de surprenant dans la foi du public. J'entends même parler de convulsions arrivées à des personnes comme il faut, entre autres au marquis de Legale, qui y va depuis

---

[1] Voir p. 373. Barbier donne toujours le nom de *Gazette* à cette publication périodique, dont le véritable titre était : *Nouvelles ecclésiastiques, ou Mémoires pour servir à l'histoire de la constitution Unigenitus*.

longtemps, et qui est sourd et muet de nature. On ne donne point d'argent à cet homme-là pour faire des convulsions, et puisqu'il est sourd, on ne peut pas l'engager à en faire, en lui prouvant que cela est utile pour la vérité de la religion. Notre abbé Bécheran, qui le premier a mis les convulsions à la mode, va aussi toujours à Saint-Médard.

— Lundi, 7, lendemain des Rois, le parlement s'assembla pour savoir le résultat des dernières démarches[1]. Le premier président rendit compte que M. le chancelier lui avait signifié, à Paris, de la part du roi, que Sa Majesté avait entendu tout ce qu'elle avait à entendre, dit tout ce qu'elle avait à dire, et qu'elle voulait être obéie. Que, non content de cette réponse, il avait été à Versailles, où le ministre lui avait répété qu'il pouvait voir le roi comme particulier, mais qu'il n'y aurait point d'audience pour lui, s'il voulait s'y présenter à propos des affaires en question.

Sur cela, il y eut plusieurs dissertations. Le premier président insista sur ce qu'il leur était défendu de délibérer; cependant plusieurs dirent ce qu'ils pensaient, et en termes assez forts, en sorte que, sans délibérer, c'est-à-dire sans requérir les voix, il fut néanmoins arrêté qu'il serait très-humblement représenté au roi, en temps plus opportun, et aussitôt qu'il plairait audit seigneur de l'entendre, que son parlement, plein de la soumission qu'il lui doit et incapable de jamais s'en écarter, n'a point entrepris sur son autorité ni prétendu s'attribuer les droits de la législation qu'il a toujours reconnus résider essentiellement en la per-

---

[1] Voir p. 384.

sonne du souverain; que son devoir pour la défense des droits dudit seigneur roi, dont le dépôt lui est confié, lui a seul fait rappeler, par l'arrêt du 7 septembre dernier, les anciennes maximes du royaume, etc. [1]

L'on conçoit que deux heures après, soit par le premier président, soit par le procureur général, le cardinal de Fleury fut informé de cet arrêté. Ce qui choqua le plus le cardinal, fut le mot *opportun*, qui est un terme ancien et inusité [2]. Il le prit pour un terme meurtrier, qui voulait dire : *quand il n'y serait plus*. Aussi, le mardi matin, il fit tenir un conseil extraordinaire, dont on n'a pas tardé à connaître les suites. En effet, dans la nuit de mercredi, 9, le premier président envoya avertir messieurs du parlement d'être le lendemain, à six heures, au palais. La cour assemblée, M. le premier président dit qu'il avait reçu une lettre de la cour, par laquelle on mandait à Versailles, les présidents à mortier et le plus ancien de chaque chambre. On arrêta que cet ordre serait exécuté, et les membres désignés partirent sur-le-champ.

— Vendredi, 11, le parlement s'assembla pour entendre le récit de ce qui s'était passé, et il en fut dressé un procès-verbal dont voici le résumé. Les députés arrivèrent à Versailles à dix heures et demie, et furent reçus par M. de Maurepas qui leur dit, de la part du roi, dans la deuxième antichambre, que Sa Majesté leur défendait, à tous en général et à chacun d'eux en particulier, de prendre la parole après que le roi aurait

---

[1] Cet arrêté est imprimé en entier dans les *Nouvelles ecclésiastiques* du 24 janvier 1732, p. 13.

[2] Il est dit également dans le *Dictionnaire de Trévoux* (édition de 1752), que « ce mot n'est guère en usage. »

cessé de parler. Ayant été introduits dans la chambre du roi, où étaient le duc d'Orléans, le chancelier, le garde des sceaux, le cardinal de Fleury et plusieurs seigneurs, le premier président dit au roi qu'ils venaient recevoir ses ordres. Le roi leur parla alors en ces termes : « Voici la seconde fois que vous m'obligez de vous faire venir pour vous marquer mon mécontentement de votre conduite. Mon chancelier vous expliquera mes intentions. » M. d'Aguesseau prenant alors la parole, dit que les raisons de ce mécontentement devaient leur être bien connues. Il traita d'irrégulières et d'indécentes la conduite et les démarches du parlement, depuis le 12 novembre dernier, disant que la volonté du roi était que tout ce qui s'était passé dans le parlement, depuis cette époque, au sujet de ses ordres, fût et demeurât supprimé ; Sa Majesté renouvelant les défenses de faire à cet égard aucune délibération, de quelque nature qu'elle fût, etc.[1] Après quoi le roi lui-même ajouta : « Voilà ma volonté. Ne me forcez pas à vous faire sentir que je suis votre maître. » Là-dessus le premier président prit la liberté de répondre au roi qu'il leur avait été défendu, en son nom, de lui expliquer même l'excès de leur douleur.

— On avait communiqué au premier président ce discours du chancelier, pour le rapporter tout au long. La compagnie l'écouta très-attentivement, et il n'y a autre chose dans les registres que ces mots : « Après lequel récit la cour s'est levée. »

— L'abbé Pucelle avait bien raison de dire que jamais le parlement n'avait été si avili ni si maltraité, car voilà

---

[1] Le discours du chancelier est imprimé dans les *Nouvelles ecclésiastiques* du 24 janvier 1732, p. 14.

une vilaine réception, de faire venir ce parlement, et de lui défendre de parler ou de répondre. Voilà une posture bien humiliante devant des ministres et des seigneurs.

— Les avocats sont faits pour les événements. M. de Viennay, conseiller de la première chambre des enquêtes, avait un procès, à la Tournelle, contre les habitants d'une terre à lui appartenant, et cela s'est plaidé ces jours-ci. M. Taboué, avocat, qui plaidait pour ses adversaires, a fait un mémoire où, pour attaquer M. de Viennay sans parler de lui, il a dit que *ses gens d'affaires* avaient eu un mauvais procédé. M. de Viennay s'est formalisé de cela. Il a dit qu'il n'était point homme à avoir des gens d'affaires; qu'un conseiller au parlement était présumé savoir administrer ses biens lui-même, et que cela s'adressait à lui personnellement. Là-dessus il a demandé la suppression du mémoire; M. Gilbert y a conclu, et, par l'arrêt, M. de Viennay a gagné sa cause. Plainte, en conséquence, de M. Taboué aux avocats, qui ont examiné le mémoire et déclaré que c'était la seule façon, dans la nécessité où l'on est de dire quelque chose contre une partie, de le faire sans attaquer sa personne. Les avocats, piqués de l'arrêt, ont résolu de ne plaider, écrire ou travailler ni pour ni contre les conseillers au parlement qui composent la Tournelle, puisqu'ils sont si délicats : la plupart ne veulent plus même communiquer à M. Gilbert. On dit que c'est Prévost qui a excité tout cela.

— Lundi, 21, il fit le soir un si affreux brouillard dans les rues de Paris que personne ne se souvient en avoir vu un semblable. Les lanternes n'éclairaient point, et semblaient éloignées comme de petites étoiles; les flambeaux ne servaient presque à rien. Les cochers ne voyaient pas leurs chevaux et ne savaient plus leur chemin. Je sortis, à huit heures du soir, dans une chaise à porteurs, et je ne pus jamais reconnaître aux maisons le chemin par où on me mena. Il arriva plusieurs accidents, surtout sur le chemin de Versailles. Il y eut aussi un cocher qui, au lieu d'enfiler le pont de la Tournelle, descendit à la rivière par la grève qui est entre le pont et la porte Saint-Bernard. Il se sauva, mais les chevaux furent noyés.

— Il vient de se faire ici un grand mariage entre le prince de Conti[1], qui n'a que quatorze ans, et mademoiselle de Chartres[2], qui en a quinze ou seize, fille de M. le duc d'Orléans, régent. Le prince de Conti est neveu, par sa mère, de M. le Duc, en sorte que la maison de Condé et celle de Conti se trouvent fort honorées de cette alliance avec la maison d'Orléans, qui tient de bien près à la maison régnante, puisque mademoiselle de Chartres est arrière-petite-fille de Louis XIII, et que le roi est arrière-petit-fils de Louis XIV.

— On avait aussi parlé d'un mariage de M. le comte de Charolais, frère de M. le Duc, avec mademoiselle de Beaujolais, sœur aînée de mademoiselle de Chartres, que l'on nomme la princesse Caroline, parce qu'elle était destinée, en Espagne, à don Carlos. Il le souhaitait fort, mais il a répondu qu'il n'avait pas assez de biens pour soutenir l'éclat de cette alliance, et cela est vrai.

— Le 19 du mois, mademoiselle de Chartres a reçu

---

[1] Louis-François, fils de Louis-Armand et de Louise-Élisabeth de Bourbon, né le 13 août 1717.
[2] Elle était née le 27 juin 1716. (Voir la note p. 197.)

les cérémonies du baptême dans la chapelle de Versailles. Le roi a été son parrain, et la princesse de Conti, troisième douairière, mère du prince, sa marraine. La cérémonie a été faite par M. le cardinal de Rohan, grand aumônier de France, en présence du curé de Versailles.

—Le lundi 21, se firent les fiançailles et la signature du contrat de mariage dans le cabinet du roi; les princes et les princesses s'y trouvèrent, et la reine, avertie par le grand maître des cérémonies, s'y rendit. Le mariage fut fait le 22, dans la chapelle de Versailles. Le grand maître des cérémonies avait invité, de la part du roi, les princes et princesses du sang et les princes légitimés. Le roi et la reine arrivèrent à midi. Le prince de Conti donnait la main à mademoiselle de Chartres, dont la mante était portée par mademoiselle de Sens, princesse cadette de la maison de Condé, Mademoiselle de Charolais, qui est l'aînée, ayant refusé de le faire. Ils précédaient le roi et la reine dans la marche. Les princes et princesses du sang prirent leurs places, suivant leur rang, à la droite et à la gauche du roi et de la reine, et dans ce rang, la princesse de Conti, troisième douairière, était placée devant mademoiselle de Beaujolais, quoique de la maison d'Orléans, apparemment à cause de sa qualité de femme mariée. Pour S. A. R. madame la duchesse d'Orléans, elle était en haut, dans la tribune, sans doute par hauteur et par singularité. Les princes légitimés et madame la comtesse de Toulouse, se placèrent derrière les princes et princesses du sang. La cérémonie fut faite par le cardinal de Rohan, en présence du curé de Versailles.

—Le soir, le roi et la reine soupèrent en public,

avec les princesses, dans l'appartement de la reine. Cela faisait une table de douze. Madame la comtesse de Toulouse y était, mais madame la duchesse d'Orléans n'y assista pas. Il n'y avait point d'hommes, pas même le marié, parce qu'il n'y a aucun prince qui ait droit de manger avec la reine, et, ce qui est plus plaisant, c'est qu'il n'y eut aucun souper pour les princes, ni chez madame la duchesse d'Orléans mère, ni chez M. le duc d'Orléans. Le prince de Conti fut obligé probablement d'aller manger un poulet à son particulier. Au coucher, le roi donna la chemise au prince, et la reine à la princesse. Le lendemain, les mariés reçurent la visite du roi, de la reine, de monseigneur le dauphin, de Mesdames de France, et des princes et princesses.

On ne voulait pas laisser habiter de si bonne heure le prince avec sa femme, mais il est assez formé et on a remarqué qu'il était déjà très-alerte auprès des femmes. Il a de qui tenir.

29. — Grand événement dans Paris; ce matin, M. Hérault, en vertu d'une ordonnance du roi du 27, a fait fermer le petit cimetière de Saint-Médard, où est le tombeau de M. Pâris. Le guet à cheval était dans le faubourg Saint-Marcel à quatre heures du matin, et à chaque corps de garde de ce faubourg, il y avait vingt soldats aux gardes avec les armes chargées. L'ordonnance traite de superstition tout ce qui se passait au tombeau, les convulsions que l'on y voyait étant simulées et faites volontairement pour abuser de la crédulité du peuple. On a affiché cette ordonnance fort haut, crainte qu'elle ne fût arrachée; mais aussi, à peine a-t-on pu la lire. On la vendra dans quelques jours.

On dit que ce matin il y avait grand nombre de carrosses, et que l'église Saint-Médard était remplie de monde.

— Il y a un nommé M. le chevalier de Folard[1], ancien et brave officier, qui vient de faire *Polybe*[2], livre fort estimé pour la guerre, et dont il y a déjà six volumes imprimés. Cet homme est sourd depuis quinze ans. Ayant été à Saint-Médard, par curiosité seulement, car il n'avait jamais été fort dévot, il s'est trouvé saisi et a eu une idée de guérison. Il y a été par la suite avec dévotion, et il a eu des convulsions ; il en avait même tous les jours dans sa maison, au faubourg Saint-Honoré, à cinq heures après-midi, et plusieurs personnes de distinction de ses amis, se rendaient chez lui pour assister à ce spectacle. M. d'Angervilliers, ministre de la guerre, a eu là-dessus des explications très-vives avec lui, et a voulu l'intimider sur une pension de quatre mille livres que le roi lui fait depuis longtemps. M. de Folard a répondu simplement qu'il l'avait bien méritée. Depuis peu, il a eu ordre du roi, de ne recevoir qui que ce soit chez lui, et en effet on refuse sa porte.

— Le même jour qu'on a fermé le cimetière, le parti janséniste a envoyé, dans un paquet cacheté, à chacun des membres du parlement, les informations faites de plusieurs miracles de M. Pâris, du temps de M. le cardinal de Noailles, le tout imprimé. Je ne sais comment ils font pour faire imprimer toutes ces choses

---

[1] Jean-Charles de Folard, né à Avignon en 1669, capitaine d'infanterie, surnommé de son temps le *Végèce français*.

[2] *Histoire de Polybe*, trad. du grec par *Vincent Thuillier*, avec les commentaires du chevalier de Folard, Paris, 1727-30, 6 vol. in-4°. Cet ouvrage a eu plusieurs éditions.

malgré les recherches de la police. Il faut qu'il y ait quelque puissance qui soutienne cela secrètement.

Février. — Le roi et la reine sont à Marly jusqu'au commencement du carême, et le bruit de la ville est qu'on attend de ce voyage de grands changements. On prétend que le cardinal se retire et que M. le Duc aura grande part au ministère. D'autres assurent qu'il n'y a rien de tout cela : que ce qui a donné lieu à la nouvelle, c'est que M. le Duc est rentré depuis peu au conseil du roi. Il faut qu'un prince du sang, aussi riche, ait bien peu de cœur, pour se trouver dans le conseil auprès du cardinal de Fleury, après l'affront qu'il en a reçu.

— Le 3, M. le comte de Morville [1], fils de M. d'Armenonville, est mort à quarante-six ans. Le même coup qui a fait mourir le père a aussi fait périr le fils ; ce dernier étant plus jeune, a résisté plus longtemps au chagrin qui l'a miné, d'autant mieux que c'était en vengeance d'une chose qui venait de son fait [2], que le cardinal de Fleury les avait déplacés le même jour pour donner les deux places de garde des sceaux et de secrétaire d'État des affaires étrangères à M. Chauvelin. M. de Morville avait fait bien du chemin à son âge. Il avait été avocat du roi au Châtelet, procureur général du grand conseil, ambassadeur en Hollande, plénipotentiaire au congrès de Cambrai, chevalier de la Toison d'or, et ministre des affaires étrangères. Il laisse un fils colonel de dragons. Il ne sera pas exposé du moins à tous ces renversements de ministère.

---

[1] Charles-Jean-Baptiste Fleuriau, comte de Morville, etc.
[2] Voir p. 261.

— On dit qu'on a trouvé un placard à la porte de Saint-Médard, où il y avait :

> De par le roi, défense à Dieu
> De faire miracle en ce lieu.

Il y a toujours quelques exempts dans l'église, et comme ce ne sont plus que les prêtres habitués de la paroisse qui y disent la messe, il n'y a plus de concours pour en faire dire.

— On dit que M. Pâris, conseiller au parlement, frère du bienheureux, a fait signifier un acte à M. l'archevêque de Paris, à M. le procureur général, et à M. le procureur du roi, au Châtelet, par lequel il s'oppose formellement, et met empêchement, à ce qu'ils rendent ou donnent aucune ordonnance pour l'exhumation du corps de son frère, enterré dans le petit cimetière de Saint-Médard.

— Il a paru ces jours-ci un mémoire affreux contre M. le duc de Noailles. Voici ce qui y a donné lieu. Le sieur de Tourterel[1], ingénieur du roi, homme de beaucoup d'esprit et intelligent en tout, s'était lié, en 1729, avec M. de Noailles, capitaine de la première compagnie de gardes du corps, qui suivait ses avis dans ce qu'il avait de plus secret. Cet ingénieur avait fait un projet pour bâtir un hôtel à Versailles, afin d'y loger les gardes du corps qui sont de guet. Ce dessein, approuvé de tout le corps qui y trouvait son avantage, obtint l'agrément du roi. En conséquence, le sieur Tourterel passa des marchés par écrit avec toutes sortes d'entrepreneurs qui firent des avances.

---

[1] Claude-Philibert Michon de Tourterel, ingénieur géographe du roi, auteur d'une *Dissertation sur les projets d'un Canal en Bourgogne*, etc. Dijon, 1727, in-8.

M. de Noailles, même, céda à Tourterel une grande quantité de moellons qui lui appartenaient.

Comme il y a toujours des gens qui calculent, on fit entendre à M. de Noailles que, par les conditions de l'entreprise, ce sieur de Tourterel, son ami, gagnerait considérablement. On lui proposa un autre projet, on l'y intéressa sans doute, et M. de Noailles, de son autorité, fit cesser les ouvriers. Plaintes du sieur Tourterel, mauvaises excuses de M. de Noailles, et lettre de cachet, obtenue par lui, pour faire retirer cet homme en province. Tourterel prit huit jours pour partir; pendant ce temps il se remua auprès du cardinal afin de faire connaître le mauvais du nouveau projet et l'injustice qu'on lui faisait, surtout à cause des marchés et des avances des entrepreneurs qui montaient déjà à plus de soixante mille livres. Autre lettre de cachet qui a campé M. de Tourterel au For-l'Évêque. Voilà un homme d'esprit, et à ce qu'il paraît un honnête homme, piqué au vif; aussi, ce mois-ci, il a présenté une requête au roi[1], par laquelle il demande l'exécution de l'arrêt du conseil sur le bon du roi, et une indemnité pour ses entrepreneurs. Je ne crois pas qu'il ait, dans ce pays, grande raison de cette requête; mais il y a joint un mémoire, composé par lui, et où il parle en son nom pour faire connaître l'ingratitude de M. le duc de Noailles. Pour prouver l'intimité de ses liaisons avec le duc, les promesses que lui faisait ce dernier pour se l'attacher, il trace un tableau naïf de toutes les affaires où il lui demandait conseil. Il parle d'une lettre écrite par le pape au

---

[1] *Requête au roi et à nosseigneurs de son conseil d'État*, etc. Paris, veuve Knapen, 14 pages in-folio.

cardinal de Noailles, dans laquelle il lui disait avoir lieu de douter de son retour à la bonne doctrine par la façon dont il en agissait toujours contre les jésuites, et se plaignait qu'il courût dans Paris une rétractation signée de lui. On donna la réponse à faire, pour apaiser Sa Sainteté, à plusieurs personnes; ces projets de réponse ne plurent pas au duc de Noailles. Enfin le sieur Tourterel en fit une qui fut trouvée bien par le parti.

Il parle d'une affaire qu'il accommoda, où une parente de M. le duc de Noailles fut accusée d'avoir empoisonné son mari.

Il dit que, s'il avait encore été l'ami du duc, il l'aurait empêché de donner la recette des aides de Versailles à un homme à lui, qui est son receveur particulier. Il parle aussi d'une retenue que M. de Noailles fait sur la paye des gardes du corps, à laquelle il donne un motif, et qu'on ne sait point dans le monde. Il ajoute, à la vérité, qu'il n'a aucun soupçon là-dessus, et que M. de Noailles amasse sans doute ces fonds pour en procurer quelque autre avantage au corps. Bref, cela fait le tableau d'un seigneur de mauvaise foi, avec des vices de cœur, injuste, intéressé, et cela le démasque aux yeux de la cour et du public.

Il y a eu un arrêt du conseil[1] qui a supprimé le mémoire et interdit M. Lefèvre, avocat au conseil, qui a signé la requête et le mémoire; mais toute la cour en est farcie, et il est si recherché qu'il coûte cent livres. On me l'a prêté une heure de temps. La fin de ceci est que Tourterel sera toujours perdu sous le grand crédit d'un homme comme M. de Noailles.

[1] Du 6 février 1732.

— On se souvient qu'on a déplacé les curés de Saint-Étienne du Mont et de Saint-Médard[1] qui étaient jansénistes, et qu'on les a remplacés par des prêtres du parti de la cour. Les marguilliers de Saint-Médard, qui sont des tanneurs et des couverturiers de ce faubourg Saint-Marcel, sont gens entêtés, ne pouvant souffrir ce nouveau desservant, lequel, de son côté, leur fait des procès sur tout. A propos de la nomination d'un marguillier, il s'est élevé entre eux un procès qui, par arrêt du conseil, a été renvoyé au grand conseil. Maître Aubry, avocat, grand antagoniste du parti de la bulle, a plaidé jeudi dernier pour les marguilliers. Il a fait une farce de cette cause, et il n'y a que lui capable de dire ce qu'il a dit. Il a fait un parallèle de l'ancien curé et du nouveau : « Celui-ci se plaint, a-t-il dit, que les marguilliers ne l'aiment pas. Et comment l'aimeraient-ils ? Il a chassé un vicaire qui était fort honnête homme, et en a placé un qui n'est pas tout à fait de même. Le premier titre de ses faits est dans les registres du parlement. » Il a tiré, de sa poche, un arrêt qui condamnait ce nouveau vicaire, pour fait de calomnie, à faire réparation avec assaisonnement de cinq ans de bannissement hors du ressort du parlement de Paris. « On dira peut-être, a-t-il ajouté, qu'il a été réhabilité. Mais, Messieurs, sa réhabilitation est l'acceptation de la bulle ! » Cela est diablement hardi et insultant pour le pouvoir spirituel et temporel, mais Aubry se moque de tout pourvu qu'il donne le coup de langue. « Il ne s'est pas corrigé pour cela, a-t-il dit encore, car depuis il s'est déchaîné contre les vivants et les morts; » parce que,

---

[1] Voir p. 329.

dans ses prônes, ce vicaire parlait contre M. Pâris. L'auditoire et les juges n'ont pu s'empêcher de rire. Le curé et le vicaire, qui était bien là un épisode, n'ont pu y tenir et sont sortis de l'audience. Aussi, cela ne fait pas honneur au parti moliniste de prendre ainsi des sujets qui soient notés. Cet arrêt est de 1715; personne ne savait cette aventure.

— Le 22 de ce mois, madame la princesse de Conti[1] qui était aveugle depuis quelques années, est morte âgée de soixante-six ans. Il y avait dix ans que mon père était de son conseil[2]; c'est mille livres de pension perdues. Le jeune prince, marié depuis quinze jours, n'a pas attendu longtemps une succession qui est de quatre cent mille livres de rente.

— Le 23, Duval, commissaire du guet, a arrêté l'abbé Bécheran, si connu, sur le tombeau de M. Pâris, et l'a conduit chez M. Hérault. On a été trois jours sans savoir ce qu'il était devenu. Maintenant on dit qu'il est enfermé à Saint-Lazare. Cette exécution fait bruit dans le parti[3].

— Cette année le carnaval a été très-remuant à Paris, même dans le peuple. Il y a eu beaucoup d'assemblées particulières; les bals de l'Opéra ont été assez remplis, et la Porte-Saint-Antoine a été extrêmement fêtée les trois jours gras. Il faisait beau et doux. L'ambassadeur de Venise a fait la dépense d'une fort belle mascarade; c'était un char fait en forme de gondole,

---

[1] Deuxième douairière, voir p. 138, note 3.

[2] On a vu qu'il y avait été appelé lors du procès du prince de Conti avec sa femme en 1722. Voir p. 123.

[3] L'abbé Bécheran fut en effet enfermé à Saint-Lazare, d'où il sortit le 5 juin suivant.

et qui se terminait en haut par une grande coquille. Le ventre de la gondole était de carton bleu et doré ; on ne voyait point les roues. La coquille touchait aux lanternes. Le char était rempli de vingt personnes, en habit de caractère, qui étaient en amphithéâtre et qui jouaient de toutes sortes d'instruments. Il était tiré par six beaux chevaux, cocher et postillon masqués, et précédé par dix hommes à cheval, fort bien montés, représentant, par l'habit, des nations différentes. Sur ces dix, il y avait deux cors de chasse, un timballier et deux trompettes, qui répondaient à la symphonie du char. Depuis dix ans la Porte-Saint-Antoine était négligée [1], mais on n'y a jamais vu un concours de carrosses comme le mardi-gras. Les files étaient obligées d'aller dans les allées de Vincennes.

— Il y a eu, au parlement, une grande affaire criminelle. On y a jugé trente-cinq voleurs, la plupart gens de métier et domestiques dans Paris, ce qui est d'une grande conséquence. On a même promis la grâce à celui qui a découvert cette clique. Comme c'est toujours la mode, parmi les pendus, de ne rien dire à la question, et de se faire conduire à l'hôtel-de-ville pour éloigner le moment fatal, il y en a un qui y monta le vendredi 22, et qui y est resté jusqu'au lundi-gras, 25, qu'il a été pendu à huit heures du soir. Il a passé tout ce temps à envoyer chercher du

---

[1] La promenade, dans le faubourg Saint-Antoine, n'avait lieu, dans l'origine, que le premier lundi de carême. On y allait en voiture voir les mascarades des gens du peuple, qui ne terminaient le carnaval que ce jour-là, et dont le faubourg Saint-Antoine était en quelque sorte le rendez-vous.

monde, et cela a beaucoup augmenté la bande qui est à la Conciergerie.

Mars. — Le 23 de ce mois, la reine est accouchée d'une fille; en voilà quatre et deux garçons.

Avril. — Grande nouvelle dans l'intérieur du royaume. Le roi a déclaré à Versailles, le dernier mars, qu'attendu le grand âge et les infirmités du cardinal de Fleury, M. Chauvelin, garde des sceaux, serait son adjoint et son associé dans le ministère : qu'ils viendraient travailler ensemble avec le roi, mais qu'au défaut de M. le cardinal, M. le garde des sceaux y travaillerait seul, et que dès à présent les ministres et secrétaires d'État iraient travailler chez M. Chauvelin. Le même soir M. le cardinal de Fleury écrivit à tous les princes du sang l'intention du roi à cet égard.

— Voilà une belle fortune pour un particulier, que de devenir garde des sceaux et premier ministre, puisque c'est l'être sans en avoir le titre. La politique du cardinal est juste, de ne pas se retirer, de rester à Versailles pour affermir M. Chauvelin auprès du roi, et soutenir les premières brigues de la cour. On ne se ressouvient pas, dans l'histoire, d'avoir vu un homme de robe, simple particulier par lui-même, faire les fonctions de premier ministre. C'est attaché ordinairement, ici, au titre de cardinal, parce que ce prêtre, sans regarder qui il est, ni d'où il vient, a, par prévention chrétienne, un rang non contesté au-dessus des princes. Au reste, le roi aura toujours besoin d'un premier ministre, car il n'aime point à travailler, et les détails l'ennuiraient.

— Les secrétaires d'État, M. de Maurepas et M. de Saint-Florentin, n'aiment pas cela, mais il faudra bien en passer par là, car on ne se risque pas à perdre de ces places-là qui sont bientôt remplies. Pour M. d'Angervilliers, il n'y a pas apparence qu'il reste en place, car il a souvent été appointé[1] contre M. Chauvelin.

Il y a longtemps que l'on croyait que ce serait M. le duc du Maine qui aurait la place du cardinal de Fleury, en sorte que la maison du Maine et celle de Toulouse doivent être piquées. M. le duc de Bourbon avait aussi fait des menées depuis peu, dans l'idée, peut-être, de reprendre le ministère. Enfin, M. le duc de Noailles prétendait beaucoup à cette place. Cette maison n'est pas encore contente. Mais ce qu'il y a de plus fort, c'est que le bruit commun est que M. le duc d'Orléans a déclaré, le lendemain, qu'il n'irait plus à aucun conseil. Cela fait un mécontentement marqué.

— Il est certain que cette nomination n'est du goût de personne. M. Chauvelin n'est pas aimé, soit à cause de hauteur, soit à cause de mauvais bruits qui ont couru sur son compte. Je crois qu'il aura de furieux assauts à essuyer; mais il a beaucoup d'esprit, de la politique, il sait beaucoup, et de tout, ce qui est un grand point pour une administration générale. Il a été conseiller au grand conseil, avocat général au parlement, président à mortier, et ensuite ses emplois de cour. Enfin, s'il se soutient dans cette place, c'est un grand poste pour un homme qui n'a pas cinquante-deux ans et qui se porte bien. Il a un fils de dix ans; il aura le temps de l'élever ainsi que sa famille.

— Madame Chauvelin a aussi un assez beau rang

---

[1] « On dit que des gens sont *appointés* contraires, lorsqu'ils sont de différente opinion. » *Dictionnaire de Trévoux.*

pour la fille d'un gros commerçant[1] : les princesses du sang l'ont été voir. Elle est assez jolie et l'on en dit du bien, mais qu'elle prenne garde à elle, car si elle venait à mourir, le grand jeu de M. Chauvelin serait de prendre les ordres et de se faire cardinal. Cela l'assurerait bien dans son poste, et le pape ne demanderait pas mieux.

— Ceci est encore un grand coup d'étoile pour un nommé Augeard, qui est certainement un garçon de mérite. Il était avocat et a même fait un recueil d'arrêts[2]. Étant sans fortune, il avait épousé une fille de soixante ans, qui avait du bien, mais ce bien a été perdu dans le système. M. Chauvelin, dont il a été ami de tout temps, et qui ne lui aurait été utile en rien s'il était resté président à mortier, l'a envoyé chercher, aussitôt qu'il a été nommé garde des sceaux, pour être secrétaire, premier commis et homme de confiance du premier ministre. On ne peut pas désirer un plus beau poste pour le crédit et la facilité à se faire de grands amis, et pour devenir bien riche, même sans friponnerie.

— M. le duc d'Orléans a été voir M. le cardinal de Fleury à Issy, et il retourne au conseil : cet éloignement n'a pas duré longtemps. Il était inutile de déclarer en public qu'il n'irait plus.

— M. le comte de Nogent, qui s'appelle Bautru[3] en son nom, lieutenant général des armées du roi, fils et peut-être petit-fils d'officier général, et frère de madame la duchesse de Biron, est un homme qui l'a

---

[1] Voir p. 259.

[2] *Arrêts notables des différents tribunaux*, par Mathieu Augeard. Paris, 1710—1718, 3 vol. in-4. Il en existe une 2e édition, Paris, 1756, 2 vol. in-fol.

[3] Louis-Armand Bautru, né en 1667. Il mourut le 7 juin 1736.

toujours porté fort haut, et a fait le seigneur à la cour. Pendant les vacances, sa hauteur lui a attiré une scène fort déplaisante, à l'occasion du mariage de sa fille[1], pour avoir insulté, à sa table, à Nogent-le-Roi, un officier de son voisinage. Il a même eu la sottise de demander une réparation devant les juges de Chartres, et cela a donné lieu à cet officier de faire, ou faire faire un petit mémoire[2] que l'on a trouvé parfaitement écrit, et qui a été répandu dans tout Paris. Il n'est pas étonnant qu'il ait été si recherché, car il contient une critique fine qui ravale de beaucoup la prétendue noblesse du comte de Nogent. Quoi de plus flatteur que de voir abaisser les gens en place! Les juges de Chartres les ont mis dos à dos, hors de cour; ainsi, il ne reste de cette affaire que l'éclaircissement de ce qui était ignoré de tout le monde. Il est bien imprudent de ne pas ménager ses airs sur sa naissance personnelle dont on doit s'instruire. Dans le mémoire, l'officier parle de la noblesse de la mère. On demanderait à propos de quoi? c'est une petite allusion. M. de Ferriol, ambassadeur à Constantinople, ramena ici deux esclaves très-belles. Il en garda une pour lui[3]; le comte de Nogent, qui

[1] Henriette-Émilie, née le 21 mars 1709. Elle avait été baptisée comme fille d'un sieur de Montagny, mais elle fut reconnue et légitimée plus tard par le comte de Nogent. Elle épousa, en 1743, Louis, marquis de Melun.

[2] *Mémoire pour François Brochard, sieur de La Ribordière, officier dans le régiment royal d'artillerie, accusé, contre M. le comte de Nogent, accusateur.* Chartres, 1732, 4 p. in-4. Ce mémoire, dont l'auteur était un avocat de Chartres, nommé Olivier, a été inséré en entier par Gayot de Pitaval, dans ses *Causes célèbres intéressantes*, etc., t. VII, p. 246.

[3] Il est probable que Barbier commet ici une erreur. Il veut, sans doute, parler de mademoiselle Aïssé, et celle-ci ne fut achetée, par M. de Ferriol, qu'en 1694. Voir, au reste, la notice placée en tête de la

peut-être était un ami, prit l'autre, et non-seulement il l'a gardée, mais il l'a épousée[1]. C'est d'elle que vient la fille à marier, qui a fait le sujet de la dispute. Je n'ai pas pu trouver la date du temps où Maurice Bautru était lieutenant de la prévôté d'Angers[2].

— On a été longtemps, à la cour, sans nommer de premier médecin après la mort de Chirac[3]. La reine s'était intéressée pour M. Helvétius, qui est le sien, et qui est très-habile, mais il ne plaît pas au cardinal. On dit même qu'on a attendu après les couches de la reine pour ne lui causer aucun chagrin. On a enfin nommé M. Chicoineau, gendre du défunt M. Chirac, qui est de la faculté de Montpellier : c'est une injure faite à la faculté de Paris où il y a de très-habiles gens. Ce poste est très-considérable, et par le crédit et par le revenu, qui est de plus de soixante mille livres de rente.

— Le 15, fête de Pâques, il arriva une aventure aux Tuileries. Madame la marquise de Renel[4], femme d'une grande qualité, s'y promenait le soir avec une autre dame et un monsieur. C'est une grande femme, maigre, le visage très-long, et qui met extrêmement

5e édition des *Lettres de mademoiselle Aïssé*, que vient de publier M. Ravenel.

[1] Elle avait reçu le baptême à Paris, en 1686, sous les noms de Marie-Julienne-Julistanne, fille du pacha de Nehausel, en Hongrie, et avait été naturalisée par lettres patentes du mois de juin 1717. Bien qu'elle passât pour la femme du comte de Nogent, ce dernier ne l'épousa cependant que le 9 février 1736, peu de mois seulement avant sa mort.

[2] Maurice Bautru, seigneur de Matras, lieutenant général de la prévôté d'Angers, occupait cet emploi vers le milieu du xvie siècle.

[3] Pierre Chirac, premier médecin du roi, etc., était mort à Marly le 1er mars précédent, à l'âge de quatre-vingt-deux ans.

[4] Henriette Fitz-James, née en 1705, qui avait épousé, en 1722, Jean-Baptiste-Louis de Clermont-d'Amboise, comte de Renel, etc., et qui avait été nommée dame du palais de la reine en 1728.

de rouge. Sa mise, dans cet équipage, parut extraordinaire au peuple qui était en grande abondance dans le jardin. Les premiers qui l'aperçurent s'écrièrent : « Mais voilà une femme qui est comme un masque ! » Cela donna curiosité à d'autres qui les entendirent, et une douzaine de personnes s'avancèrent pour voir madame de Renel, de manière qu'en un moment elle fut environnée de deux mille âmes qui la suivaient, et qui s'empressaient pour savoir ce que c'était. On lui conseilla de s'en aller, mais la populace la suivit avec des huées jusqu'au Pont-Royal où était son carrosse. Quelqu'un alla se plaindre à M. Bontemps, gouverneur des Tuileries, qui envoya un exempt pour démêler dans la multitude celui qui avait été l'auteur de cette impertinence. On soupçonna un marchand orfèvre qu'on indiqua à tort et à travers; on le mit le lendemain en prison, et on l'en fit sortir deux jours après. Madame de Renel en a été pour une scène très-désagréable. « Encore, disait-on, si cela pouvait corriger les femmes de mettre tant de rouge ! » En tout cas, c'est jouer de malheur; on est fait au rouge, dans ce pays, et pareille aventure n'est arrivée à personne.

— Samedi, 28, on enterra M. Dumolin, curé de Saint-Jacques-du-Haut-Pas, grand janséniste, appelant et réappelant. Tous les curés de Paris y étaient, et nombre de conseillers au parlement. Les curés n'ont point voulu recevoir ceux de Saint-Étienne et de Saint-Médard, religieux de Sainte-Geneviève, parce qu'ils ne sont que desservants, non plus que le curé des Invalides, prêtre de Saint-Lazare, attendu qu'il n'a point de titre, et qu'il est amovible, à la volonté de M. le général de Saint-Lazare. Ce qu'il y eut de plus particulier, c'est que la messe fut dite par M. Goulard, archidiacre de Paris, grand moliniste, assisté, pour diacre et sous-diacre, de deux curés de Paris, grands jansénistes. En sorte qu'ils priaient Dieu conjointement pour ce janséniste qui, mourant appelant, est réputé, selon la mode présente, mourir hors de l'Église, et être par conséquent réprouvé. Cela montre bien le ridicule de toutes ces disputes.

Mai, 1er. — M. Pâris, d'heureuse mémoire, est mort le 1er mai 1727. Les jansénistes n'ont pas oublié cette époque. Aujourd'hui il y a eu un concours de monde étonnant dans l'église de Saint-Médard. Il y avait un nombre considérable d'ecclésiastiques, dont beaucoup ont communié; mais il y a eu très-peu de messes, parce qu'on ne reçoit plus à la sacristie pour en faire dire. Il y a eu aussi grand nombre de carosses de gens de considération. Une garde du guet reste toujours là, comme dans les barrières, au cœur de Paris. Les archers ont fait une querelle, et ont maltraité le cocher de M. Robert, conseiller de grand'chambre, pendant que ce dernier était à l'église, et l'ont même mené au corps de garde. M. Robert étant sorti, a dit que si son cocher avait tort, il le punirait, mais que, s'il avait raison, il fallait punir les archers. Tout le peuple qui était là amassé a crié à M. Robert, qui était en manteau et en rabat, que son cocher avait raison. M. Robert, qui est un homme fort doux et fort posé, les a apaisés en disant qu'il verrait cela. Comme on se doutait apparemment de l'effet de cet anniversaire, Duval, commissaire du guet, était là, et il a fait rendre le cocher à M. Robert, en lui faisant de grandes politesses.

— Samedi, 3, on a publié un mandement de M. l'archevêque de Paris, qui condamne les *Nouvelles ecclésiastiques*, défend de les lire, etc. Ce mandement est parfaitement écrit, et ce qu'il dit des *Nouvelles* est vrai, que ce sont des libelles séditieux et diffamatoires, sortant d'ailleurs d'une belle plume. M. l'archevêque ordonne de publier ce mandement aux prônes de toutes les paroisses. Le même jour, vingt et un curés lui ont écrit qu'ils condamnaient, comme il le fait, les *Nouvelles ecclésiastiques*, mais qu'ils ne publieraient pas son mandement, parce qu'il contient des choses qu'ils ne pensent pas.

— MM. les gens du roi se sont assemblés au sujet du mandement. On trouve mauvais, dit-on, qu'il y ait : « Si mandons aux officiers de notre *cour* d'église, » parce que le terme de *cour* n'appartient qu'aux juges supérieurs, comme le parlement. En quoi les ecclésiastiques ne cherchent qu'à empiéter. Ceci est assez vrai.

9. — Le parlement devait s'assembler aujourd'hui à ce sujet. Sans doute la cour en aura eu avis, car ils ont été mandés à Compiègne, où est le roi, avec défense de s'assembler, et le premier président, M. de Blancmesnil, M. Molé, le procureur général et les trois avocats généraux sont partis. Il faut que l'affaire soit sérieuse, pour leur faire faire ainsi un voyage de trente-six lieues. Il paraît bien, d'ailleurs, que la cour ne veut pas qu'ils mettent le nez dans toutes ces affaires-ci, puisque, par un arrêt du conseil [1] du 3, le roi évoque à lui et à son conseil la connaissance de tout ce qui regardera les prétendus miracles du sieur Pâris. Un de mes confrères a dit, à propos de cet arrêt, qu'il ne fallait pas s'é-

[1] Il est imprimé dans le *Mercure de France* du mois de mai 1732, page 1047.

tonner de cela; que tout se fait de travers, puisque le lieutenant de police fait fermer le cimetière d'une église, et que l'archevêque ordonne la suppression des gazettes.

— Aujourd'hui, 9, jour de Saint-Nicolas, où se fait la cérémonie d'un nouveau bâtonnier des avocats, celui qui sort prononce un discours dans la chambre Saint-Louis. Comme le bâtonnier sortant se trouve être M. Le Roy de Valières, qui était, ces vacances, à la tête des exilés, la curiosité avait attiré un monde étonnant. M. Le Roy a commencé par dire que, quelques traverses qu'il eût eues dans l'année de son administration, aucune fonction ne pouvait lui être plus honorable par les marques d'amitié qu'il avait reçues de ses confrères. Il a fait son discours sur la prudence, qui consistait à prendre des partis suivant la droiture, l'équité, et ce que l'on doit à sa religion et à sa patrie. Il a dit que les avocats devaient être d'autant plus satisfaits de ce qu'ils avaient fait, qu'ils en avaient été récompensés par l'applaudissement général du public, etc. Tout le monde a été obligé de convenir que son discours avait été très-ferme. Je m'en doutais bien, au caractère de l'homme, mais je ne crois pas que le clergé et la cour en soient bien contents. M. Nouet, qui lui succède, est fameux dans les matières bénéficiales, très-riche, et père du conseiller au parlement. Il est encore jeune, parce qu'il y en a douze avant lui qui ont remercié. Il a une pension du roi, et une de trois mille livres du clergé, dont il est conseil; c'est pourquoi il paraissait d'abord suspect. C'est un homme de beaucoup d'esprit, très-fin, très-haut à force d'affectation d'humilité et de modestie, et trop malin pour être bon. Il est de règle que celui qui prononce le discours fasse un petit éloge de celui qui entre en sa place; cependant M. Le Roy de Valières n'a pas dit un mot de M. Nouet.

12. — L'affaire du mandement devient sérieuse. Sur le refus de le publier au prône, fait par vingt et un curés de Paris, l'archevêque a procédé devant son official, et avant hier, samedi, un appariteur de l'officialité a signifié aux curés une sentence qui les condamnait à publier le mandement le lendemain dimanche. Cependant il ne l'a point été dans toutes les paroisses de ces curés jansénistes, qui ont formé opposition à la sentence. Leur véritable grief contre le mandement, est qu'il y est parlé de la constitution comme décret apostolique reçu par toute l'Église. Ils ne conviennent pas de ce fait, et c'était un piége pour les en faire convenir.

— Je crains fort que nos avocats ne s'embarrassent encore dans cette affaire, car des principaux du parti s'assemblèrent samedi, apparemment pour conférer entre eux et Aubry qui doit plaider pour les curés. La clique des avocats jansénistes, qui sont le plus entêtés pour le parti, est composée principalement de MM. Berroyer, Duhamel, Aubry, Gacon, Pothouin, Visinier, G. Le Roy, Le Roy de Valières, et quelques autres qu'ils admettent peut-être dans le conseil. Je ne sais si Prévost se retiendra à cause de son exil. M. de La Vigne n'ose peut-être pas trop non plus se mêler de ces conciliabules particuliers, parce qu'il est conseil de M. le garde des sceaux. Ces six ou sept avocats, qui sont très-habiles et très-employés, se prônent et se produisent les uns et les autres dans toutes les affaires de Paris. Il faut que mon père, qui n'est point lié avec eux, et qui ne va point au palais, ait autant de réputation qu'il en a, pour conserver dans la consultation et l'arbitrage un emploi aussi considérable que celui qu'il a.

— Hier, dimanche, 11, le nouveau curé de Saint-Jacques-du-Haut-Pas, nommé par l'archevêque, fit le prône. Il y avait un monde étonnant par curiosité, et bien des gens de quelque chose, de robe comme d'épée. Il commença par faire l'éloge de son prédécesseur, dit qu'il ferait ses efforts pour mériter la confiance de ses paroissiens; ensuite il tomba sur la subordination et l'obéissance qu'on doit à ses supérieurs. En disant cela, il fit le geste de tirer quelque chose de sa poche. On s'est douté que c'était le mandement; tout le monde s'est levé, et est sorti de l'église avec un fracas effroyable, en renversant les chaises les unes sur les autres, et se culbutant. Il est sorti plus de deux mille âmes. Il y avait des femmes qui pleuraient et qui disaient qu'il était bien indigne de publier des choses comme celle-là. Le curé a toujours continué de lire à quelques personnes qui sont restées.

Le curé de Saint-Landri, dans la cité[1], qui est revenu du côté de M. l'archevêque, en disant qu'il était trop vieux pour plaider contre lui, ayant publié le mandement, tout le monde est sorti de même de cette petite paroisse, et il n'est resté que six personnes dans l'église[2].

— Messieurs du parlement qui étaient allés à Com-

[1] L'église de Saint-Landri, démolie au commencement de ce siècle, était située vers l'extrémité septentrionale de la rue d'Arcole qui traverse son emplacement.

[2] Suivant ce que rapportent les *Nouvelles ecclésiastiques* du 21 mai, des faits analogues se passèrent dans la plupart des églises de Paris.

piègne sont revenus hier au soir, et, aujourd'hui lundi, on s'est assemblé pour entendre la réponse. M. le premier président a rapporté que le roi avait dit lui-même qu'il défendait expressément à son parlement de s'assembler, et de faire aucuns arrêtés ni aucunes délibérations touchant les affaires de l'église : qu'il ne devait s'assembler que pour recevoir ses ordres et les exécuter, et qu'il ne le contraignît pas à lui faire sentir son autorité. Ce récit a causé un murmure étonnant, et après que M. le premier président a eu fini, M. l'abbé Pucelle a pris la parole et fort bien parlé, à ce qu'on dit. Il a représenté qu'il était odieux que le parlement fût traité de la sorte, qu'il ne fallait pas souffrir cela ; que c'était la suite ordinaire du gouvernement des cardinaux. Beaucoup d'autres ont parlé avec véhémence et ont voulu traiter la matière dont il s'agissait. Alors le premier président s'est levé pour rompre l'assemblée, en répétant toujours les ordres du roi. On lui fait des avanies, et dit qu'il pouvait s'en aller, mais qu'on lui déclarait qu'on se passerait de lui et que le parlement continuerait. Il a voulu faire registrer l'ordre verbal ; le parlement s'y est opposé, et on a dit que s'il se trouvait quelque greffier assez hardi pour le faire, on lui ferait son procès. Ce sont Messieurs des enquêtes qui sont le plus animés, et qui le sont presque généralement. L'assemblée a continué ainsi tumultueuse jusqu'à près d'une heure et s'est ajournée à demain.

Voilà une contravention et une désobéissance formelle aux ordres du roi. Les courriers sont partis sur-le-champ pour Compiègne, et l'on ne sait pas ce qui arrivera demain. Les curés sont charmés de ceci parce que cela fait une grande affaire, et commune. Les avocats étaient déjà en mouvement aujourd'hui pour savoir s'ils travailleraient. L'archevêque et son conseil ont eu bien tort d'insérer dans ce mandement quelque chose qui blessât le parlement et le droit public; le parlement ne cherche qu'un prétexte pour soutenir les curés, et l'archevêque serait plutôt venu à bout de ceux-ci, s'il n'avait eu affaire qu'à eux.

13. — Le parlement s'est assemblé, et on lui a présenté une lettre de cachet par laquelle le roi le mande à Compiègne, apparemment pour lui dire en corps ce qu'il n'a dit qu'au premier président et à deux autres comme particuliers. Cela a excité de nouveaux murmures dans l'assemblée, on a délibéré sur ce sujet, et après avoir très-fort maltraité le premier président en paroles, on a composé la harangue, ou pour mieux dire, le discours qu'il ferait au roi. Les choses ont été portées si loin, qu'il a été délibéré unanimement qu'il valait mieux abandonner les charges et cesser toutes fonctions que de se laisser ainsi avilir. Messieurs ont prévu tous les cas, et si, après être parvenu près du roi, celui-ci leur défendait de parler ou de répliquer, le premier président aura son discours écrit et le laissera sur la table ou le bureau de la chambre pour notifier la démission des charges; car ils sont tous résolus à quitter s'ils n'ont pas justice et raison du ministère. Ce parti est très-vif, et fait craindre à tous les honnêtes gens des suites fâcheuses.

Cette fameuse délibération ayant été enregistrée, on a nommé les députés. Ils sont une vingtaine environ: le premier président et les présidents à mortier, deux conseillers de grand' chambre, qui sont M. l'abbé Pucelle et M. Canaye, le plus ancien conseiller de chaque chambre des enquêtes et des requêtes, et le parquet des gens du roi. En conséquence il n'y a eu d'audience en aucune chambre, et le bruit s'est répandu sur-le-champ dans le palais, où il y avait grand monde, que le parlement se retirait. Le sieur Griffon, avocat, a été à la cour des aydes où l'on plaidait; il a tiré par la manche le sieur Ango, jeune avocat, qui avait la parole, et lui a dit : « Je t'annonce que le parlement s'est retiré. » Aussitôt Ango a repris : « Messieurs, j'apprends que le parlement se retire; je prends trop de part à la douleur publique pour pouvoir continuer. » Il a laissé la cause à moitié et la cour a levé l'audience. Cette démarche d'Ango paraît précipitée et n'est pas approuvée de tout le monde. On a été aussi au Châtelet avertir les avocats qui sont sortis avec leurs sacs. On en a fait de même au grand conseil, et, l'après-midi, les cabinets des consultants ont été fermés. Mon père a renvoyé ceux qui avaient des paroles prises. Voilà le feu bien animé et une seconde vacance pour nous.

— Les députés du parlement sont partis le mardi, 13, sur les deux heures après midi, et ils ont eu audience le mercredi. Le roi les a reçus très-froidement, et leur a dit : « Je vous ai fait savoir ma volonté et je veux qu'elle soit pleinement exécutée. Je ne veux ni remontrances ni réplique, en quelque façon et de quelque nature que ce soit. Vous n'avez déjà que trop mérité mon indignation; soyez plus soumis et retournez à vos fonctions. » M. le premier président ayant voulu parler, le roi l'interrompit en disant : « Taisez-vous. » M. l'abbé Pucelle s'étant ensuite avancé pour présenter le papier sur lequel était écrit le discours, le roi dit à M. de Maurepas : « Déchirez, » ce que ce secrétaire d'Etat fit sur-le-champ. Il n'y a guère d'exemples qu'un parlement ait été aussi maltraité. Les députés se sont alors retirés, et chacun est revenu dans des voitures différentes. Le ministre était averti de tout et avait eu le temps de prendre un parti, car M. le premier président s'était mis en route mercredi, à deux heures, avec M. le président Portail, son fils, en berline à six chevaux de poste, et était, par conséquent, arrivé bien avant les autres.

— Au retour, mercredi soir, à Senlis, un brigadier des gardes du corps a présenté une lettre de cachet à M. l'abbé Pucelle, et l'a conduit, par ordre du roi, à son abbaye de bénédictins de Corbigny, qui est dans le Morvan, entre Autun et Auxerre. On lui a fait toutes les politesses possibles; on lui a laissé le choix de la voiture et tout le temps qu'il lui faudrait pour faire le chemin. L'exil est des plus doux dans son abbaye, où toute sa famille ira le voir.

— La nuit du mercredi au jeudi, à une heure après minuit, un sous-brigadier [1] des mousquetaires, accompagné de six mousquetaires, a été arrêter, de l'ordre du roi, M. Titon [2], conseiller à la cinquième des enquêtes, et l'a conduit au château de Vincennes. C'est M. Titon qui, à l'assemblée du 13, avait rapporté le discours du premier président de Verdun [3] au roi, en

---

[1] Officier de cavalerie qui commandait sous le brigadier et le soulageait dans ses fonctions.

[2] Neveu de Titon du Tillet, auteur du *Parnasse français*.

[3] L'assemblée du clergé qui s'était tenue en 1626, après avoir été dissoute, avait néanmoins repris ses réunions pour rétracter la censure, faite par elle, d'un libelle attentatoire à l'autorité royale, attribué au jésuite Garasse. Le parlement ordonna alors aux évêques de se séparer, et, sur leur opposition, il rendit contre eux un arrêt très-sévère. Le clergé étant

1626, que l'on a pris comme modèle pour la menace de la cessation des fonctions ordinaires. M. Titon avait dit, en outre, à la compagnie : « Imaginez-vous que le roi, en se couchant, ait défendu de le réveiller sous quelque prétexte que ce soit. Le feu prend, pendant la nuit, au château, et gagne son appartement. Croyez-vous que ce fût lui désobéir que de le réveiller malgré ses défenses ? Nous sommes, Messieurs, dans les mêmes circonstances. Le roi dort, le feu est aux quatre coins de son royaume, c'est à nous de l'éveiller. »

M. Titon est un homme de quarante ans, qui a été plongé dans la débauche pendant sa jeunesse, mais qui a changé du tout au tout depuis quelques années Il s'est jeté dans la plus haute dévotion ; visite, tous les mercredis, les prisonniers, et, tous les samedis, les malades de l'Hôtel-Dieu. Il est grand janséniste, grand protecteur de M. Pâris, et remplit exactement, avec cela, les devoirs de sa charge.

— Le jeudi, à midi, tous les députés ont été de retour à Paris, et, le vendredi, le parlement s'est assemblé à huit heures du matin. La grand'chambre en place, on a envoyé avertir, en la manière accoutumée, les chambres des enquêtes et requêtes, qui s'y sont rendues en nombre complet, c'est-à-dire que peu manquaient. Le premier président a fait récit de ce qui s'était passé à leur réception, à Compiègne, si ce n'est

---

parvenu à obtenir du roi un ordre pour qu'il fût sursis à l'exécution de cet arrêt, le parlement persévéra dans sa détermination, et, malgré quatre lettres de cachet successives, il décida que l'arrêt serait exécuté selon sa forme et teneur. Le roi fit venir enfin le parlement au Louvre, pour lui faire connaître qu'il évoquait l'affaire, et ce fut dans cette occasion que le premier président de Verdun tint le discours rapporté par M. Titon.

qu'il a omis le fait de la lacération du discours, qui était pourtant un fait grave et très-insultant pour le parlement, fait qui était su de tout Paris, dès la veille. M. le premier président a raconté ensuite le malheur arrivé aux deux confrères exilés, et a dit que la règle était, en pareil cas, de faire demander un jour au roi, pour que son parlement lui envoyât faire des remontrances sur l'exil des conseillers arrêtés. Peut-être cela était-il concerté avec le ministère, parce que cela donnait du temps pour prendre des arrangements.

Il est arrivé alors ce qu'on n'avait jamais vu dans l'histoire. Au moment où M. le premier président a fini son discours, tous les présidents et conseillers des cinq chambres des enquêtes, des deux chambres des requêtes, et plusieurs conseillers de grand'chambre, se sont retirés sans dire un mot, semblables à une volée de pigeons qui partent d'un trait au bruit d'un coup de fusil. Le premier président, les présidents à mortier et les conseillers de grand'chambre, du moins pour la plus grande partie, sont restés en place sans se lever, et ne se sont retirés qu'un demi-quart d'heure après. On dit qu'ils ont suivi le premier président chez lui, et qu'ils y ont tenu conseil entre eux. Le premier président est bien heureux, dans cette occasion, que le grand banc et sa grand'chambre ne l'aient pas abandonné. Il rejettera toute la mutinerie sur les enquêtes et les requêtes, et la cour peut tirer un grand parti de cette division. Du reste, il y a apparence que cette désertion muette était concertée d'avance entre les sept chambres, et l'on ne peut punir personne en particulier pour avoir ouvert cet avis.

— Le jeudi ou vendredi, on a transféré M. Titon du

château de Vincennes au château de Ham, en Picardie, qui est un assez vilain endroit.

— Dimanche, 18, il y a eu, le matin, chez le premier président, assemblée des présidents à mortier et de quelques conseillers de grand'chambre. Ils ont conclu unanimement qu'il ne fallait point se séparer de leurs confrères, c'est-à-dire du reste du parlement, ni tenir d'audience.

— Lundi, 19, il y a eu un grand conseil à Compiègne. On disait que les princes et les notables du royaume, comme sont ceux qui ont séance au lit de justice, avaient été appelés; mais cette nouvelle n'est pas vraie. Les princes du sang étaient seulement présents à l'audience qu'a eue le parlement à Compiègne, et à la mauvaise réception que le roi lui a faite. On ne sait pas ce qui a été conclu dans ce conseil; mais, dans la nuit du lundi, il est arrivé une lettre [1] du chancelier au premier président, par suite de laquelle il y a eu, le mardi 20, une nouvelle assemblée chez M. Portail. Il ne paraît pas qu'on y ait pris aucun parti; ce qui est certain, seulement, c'est que le procureur général et les avocats généraux sont partis, à deux heures après midi, pour Compiègne, sans mission particulière.

— Autre fait certain : M. le comte de Maurepas, secrétaire d'État, a écrit à M. Hérault, la nuit du lundi, que le roi était informé qu'il se répandait dans Paris qu'on voulait ôter au parlement les appellations comme d'abus, créer une chambre ecclésiastique qui en aurait la connaissance, laquelle chambre dégénérerait ensuite

[1] Elle avait pour objet l'ordre donné par le roi, aux membres du parlement, de reprendre leurs fonctions.

en inquisition; que ce n'était point là l'intention du roi, et que M. Hérault eût à assembler les commissaires de Paris pour leur donner lecture de cette lettre. Cela a été fait mardi matin, et M. Hérault leur a ordonné d'aller dans les endroits publics où l'on s'assemble, comme les cafés, pour défendre de tenir de pareils discours, sous peine de désobéissance. Les maîtres de café ont été chargés d'en avertir ceux qui y entrent. Ceci est une espèce de manifeste et de justification de la part de la cour. C'est un grand point que les présidents à mortier et la grand'chambre ne se soient point désunis du corps du parlement. A la vérité, leur audience aurait été bien inutile, car il est certain qu'aucun avocat n'y aurait plaidé, et n'aurait travaillé pour affaires de la grand'chambre.

— Vendredi, 23, sur les quatre à cinq heures du matin, chacun des présidents et conseillers au parlement a reçu une lettre de cachet, qui a été apportée aux conseillers par deux mousquetaires, et aux présidents par des officiers. Par cette lettre, le roi leur ordonne de continuer les fonctions de leurs charges. En conséquence, le premier président, les présidents à mortier et les conseillers de grand'chambre se sont rendus, les uns à la grand'chambre, les autres à la Tournelle, et chacun des enquêtes et des requêtes dans sa chambre particulière. On a ouvert l'audience, à l'ordinaire, à la grand'chambre; mais, faute de procureurs et d'avocats, on a levé. Cela ne pouvait pas être autrement, puisque personne n'était averti. A la Tournelle, tenue par M. le président Portail fils, M. Nau, conseiller de grand'chambre, a voulu rapporter une affaire; mais les conseillers des enquêtes ayant envoyé chercher leurs confrères pour venir conférer dans leurs chambres, la Tournelle a cessé par là. L'après-midi, l'audience de relevée de la grand'chambre a de même été levée sur-le-champ, parce qu'il n'y avait personne pour plaider. Le lendemain, tout le parlement s'est rendu également au palais; mais il n'y a eu d'audience en aucun endroit et tous les greffes ont été fermés.

— Malgré le sérieux de cette affaire, il faut pourtant rapporter la chanson[1] qui court à l'occasion des exilés, sur l'air : *Ma pinte et ma mie, ô gai!*

> Le roi, pour plaire à Fleury
> Et à sa sequelle,
> Vient d'exiler de Paris,
> Le zélé Pucelle.
> Le peuple va murmurer,
> Et les filles vont crier :
> Rendez-nous Pucelle,
> O gai,
> Rendez-nous Pucelle.

— Lundi, 26, le parlement a été assemblé au sujet de lettres patentes[2] que le procureur général avait reçues la veille de Compiégne. On a délibéré, et il y a eu trois opinions : l'une d'enregistrer les lettres patentes purement et simplement ; il n'y a que quelques conseillers dévoués à la cour de ce parti. La seconde, d'enregistrer et de prendre en même temps un arrêté dans lequel le parlement ferait le détail de tous ses droits, entre autres des appels comme d'abus, et se les réserverait. La troisième opinion, outre cet arrêté, de faire venir le procureur général, et de lui ordonner

[1] Attribuée à M. de Maurepas : Barbier n'en donne ici que le premier couplet.
[2] Pour enjoindre au parlement de reprendre réellement ses fonctions, de donner des audiences, etc.

d'interjeter appel comme d'abus du dernier mandement de M. l'archevêque. Le résultat de cette assemblée a été de nommer des commissaires pour travailler là-dessus.

— Le lendemain, mardi, 27, le parlement a de nouveau été assemblé depuis neuf heures du matin jusqu'à midi. Les commissaires ont rendu compte de leur travail; on a enregistré les lettres patentes avec un arrêté explicatif, et le mandement de M. l'archevêque de Paris a été dénoncé à M. le procureur général; celui-ci a répondu que l'affaire était sérieuse, qu'il lui fallait du temps, et il a demandé quinze jours. Le parlement, qui s'était de nouveau réuni le 28, a, en conséquence, remis l'assemblée pour cet appel au vendredi 13 juin, lendemain de la Fête-Dieu, et il a délibéré en même temps de continuer les fonctions.

— Quand on a su le résultat de cette assemblée, tout le monde était consterné, et indigné contre le parlement, surtout le parti janséniste. La compagnie a été jouée par le premier président et par le procureur général. Sur le refus de ce dernier, elle pouvait commettre le dernier des conseillers pour interjeter appel comme d'abus. Depuis le temps qu'ils s'occupent de ce mandement, ils auraient rédigé l'appel en une heure.

— Samedi, 31, MM. les gens du roi ont été à Versailles[1], pour y traiter du retour des exilés. Le chancelier, qui était revenu exprès de Compiègne pour recevoir cette visite, les a très-mal reçus, et leur a dit que le roi était surpris de leur démarche dans un temps où ils étaient en contravention formelle à ses ordres. Le

[1] Le roi avait quitté Compiègne le 30, pour venir passer les fêtes de la Pentecôte à Versailles, et y toucher les malades.

procureur général a paru, ou fait semblant de paraître surpris de ce reproche; mais le chancelier leur a bien dit que cette contravention aux ordres de Sa Majesté était d'avoir délibéré, le 27, sur le mandement de M. l'archevêque, et de l'avoir dénoncé pour en interjeter appel comme d'abus, lorsque le roi avait expressément défendu au parlement de connaître de cette matière. Il a ajouté que ce n'était pas le moment ni le moyen d'obtenir une grâce. M. le procureur général ayant dit au chancelier qu'il était fâcheux pour lui d'avoir une réponse aussi dure à rendre au parlement, le chancelier lui a répondu qu'il n'avait qu'à la rendre telle qu'elle était, de la part du roi; que c'était au parlement à s'observer, et que, s'il osait encore s'imaginer que le roi ne fût pas son maître, Sa Majesté saurait bien lui faire exécuter ses ordres.

— Les exilés du parlement, loin d'obtenir leur liberté, sont resserrés depuis peu. M. Titon, qui est à Ham, et qui avait le château pour prison, recevait des visites, et même des paquets de lettres qui n'étaient point signées. Il s'est avisé de vouloir prêcher le jansénisme et les miracles de M. Pâris à ceux qui venaient le visiter, et le lieutenant du roi a été obligé d'en informer la cour. Celle-ci a donné des ordres pour le mettre dans une chambre, sans permission de voir qui que ce soit; ses lettres sont ouvertes par le lieutenant du roi, et il ne peut en recevoir que de madame Titon. Cela a rejailli sur M. l'abbé Pucelle, qui, dans son abbaye, n'a plus de commerce avec ses moines. Il est toujours accompagné du brigadier des gardes du corps, qui ouvre ses lettres et les réponses, et sa famille n'a pas eu la liberté d'aller le voir. Il faut convenir aussi qu'il y a un peu de folie dans le procédé de M. Titon, qui non-seulement se fait resserrer, mais qui met sa compagnie dans l'embarras, et lui crée de nouvelles difficultés pour obtenir la liberté des prisonniers.

Juin. — Le 8, jour de la Trinité, on a envoyé à la porte de tous les présidents et conseillers au parlement un mémoire anonyme imprimé dans le même caractère que la *Gazette ecclésiastique*. Il contient quatre pages, rappelle tout ce qui s'est passé, la manière dont le parlement a été traité, et dit qu'il est étonnant que le corps le plus respectable de l'Europe n'ait pas eu jusqu'ici le crédit de pouvoir parler à son roi. Ce mémoire n'a point été répandu dans le public, et est très-rare. A mon sens, c'est une démarche imprudente de la part du parti janséniste, car le parlement, défendant lui-même tous libelles imprimés sans permission, cet écrit doit le rendre plus modéré et plus circonspect.

— On dit qu'on avait affiché à plusieurs portes du palais cette inscription : « Palais à vendre. — Les fon-« dements et les dedans en sont bons ; il n'y a que le « *portail* qui n'en vaut rien ; et le *parquet* qui est « pourri. » Ces allusions et ces brocards sont tristes pour le premier président Portail.

— MM. les gens du roi, qui avaient été envoyés de nouveau à Compiègne pour demander le retour des exilés, et qui étaient partis le 10, à midi, ont été de retour à Paris, le mercredi, 11, à onze heures du soir. Leur diligence n'est pas étonnante : ils vont à trois relais de six chevaux. Ils n'ont pas été mieux reçus que les autres fois.

13. — Aujourd'hui, après les audiences, on a fait avertir, à dix heures, toutes les chambres de se rendre à

la grand'chambre. Ils étaient en tout au nombre de cent quarante; il y en avait par conséquent beaucoup qui n'étaient pas venus au palais par timidité ou par politique. Les gens du roi ayant rendu compte de leur voyage à Compiègne, on a demandé l'appel comme d'abus du mandement, qui avait été remis à ce jour-ci. M. le procureur général s'est encore excusé, en disant que, dans les circonstances présentes, et après tout ce qui s'était passé, cela méritait bien considération, et il a demandé encore quinzaine. Il y a eu là-dessus grande délibération et fort vive. Le président Ogier, des requêtes du palais, fils du receveur général des finances et receveur général du clergé, jeune homme de vingt-six à vingt-sept ans, infiniment riche et qui a beaucoup d'esprit, a parlé en très-forts termes, et avec connaissance de cause, de la matière, pour soutenir l'appel. Plusieurs autres ont parlé sur le même ton, et enfin il y a eu plus de quatre-vingts voix contre cinquante pour faire interjeter l'appel comme d'abus avant que le parlement ne se séparât.

On a envoyé chercher les gens du roi, et M. le premier président les a instruits de l'intention de la cour, qui voulait qu'ils interjetassent appel sur-le-champ. M. Gilbert, premier avocat général, a dit qu'il fallait du moins qu'ils se retirassent dans leur parquet pour se concilier là-dessus. On leur a donné une demi-heure, et ils se sont retirés. Il était alors midi et demi. Le premier président et les gens du roi, d'intelligence, ne cherchaient qu'à gagner du temps pour faire séparer le parlement. Le premier président a même remontré qu'il était tard, qu'ils étaient au palais depuis cinq heures, et qu'on pourrait remettre l'assemblée au lendemain, le tout pour avoir le temps d'envoyer à Compiègne. Mais le parlement est resté en place, et on a fait venir de la buvette du pain et du vin pour ceux qui avaient besoin.

MM. les gens du roi, qui avaient sûrement des défenses d'interjeter l'appel, sont restés une heure et demie dans leur parquet, et au lieu de délibérer, on dit qu'ils se sont fait apporter de quoi dîner. Si le fait est vrai, il est un peu cavalier pour le parlement qui attendait sans rien dire et en se regardant. Lassé d'attendre, on a enfin envoyé chercher MM. du parquet. M. Gilbert a dit que ce n'était point l'usage de rester ainsi assemblé pour attendre un appel comme d'abus; qu'ils n'avaient point coutume de le dénoncer au parlement en corps, mais seulement à la grand'chambre, qui était seule juge des appels comme d'abus. Il a même interpellé cette chambre pour qu'elle réclamât ce privilége, prenant ce détour pour tâcher de diviser le parlement. Mais cela a fait un effet tout contraire, a fort animé le parlement, surtout les enquêtes, et causé un grand murmure. Ils ont tous requis l'appel comme d'abus d'un seul cri. M. Gilbert a continué en disant qu'ils n'avaient pas eu le temps d'examiner le mandement, qu'ils n'y trouvaient, quant à présent, aucun moyen d'appel, et il a remis le mandement sur le bureau. Néanmoins, le parlement a persisté dans l'appel. D'une commune voix, ils ont reçu le procureur général appelant comme s'il avait conclu, et ont rendu un arrêt qui défend de mettre le mandement à exécution. Puis, sur-le-champ, sans que personne soit sorti, et les portes bien fermées, ils ont fait faire, par un huissier de grand'chambre, la copie de l'arrêt, et l'ont envoyé signifier à M. l'archevêque de Paris, attendant toujours en place le retour de l'huissier.

La grand'salle du palais était pleine de monde qui attendait l'événement, et aussi de grand nombre d'espions, mais rien ne transpirait. Après le retour de l'huissier, le parlement s'est séparé : il était quatre heures un quart. Les huissiers, qui marchaient devant, annoncèrent au public, qu'il y avait appel comme d'abus, ce qui répandit un grand bruit de joie dans toute la salle. Pour profiter de l'éloignement de Compiègne, et ne pas tomber dans l'inconvénient de leur arrêt du 7 septembre dernier[1], qu'un huissier du conseil vint rayer, deux conseillers, commissaires députés, portèrent la minute de l'arrêt chez Simon, imprimeur du parlement, et la firent imprimer. Le président Ogier y alla aussi, sur les sept heures du soir, avec un autre, peut-être pour relever les premiers, et ils enlevaient, à mesure qu'on imprimait, pour le vendre au public.

14. — Ce matin, on a distribué chez Simon ce qu'on avait imprimé la nuit, et ce qu'on continuait d'imprimer. Il n'y avait que les gens en robe qui y entraient. On n'avait rien distribué aux colporteurs, parce que le parlement n'avait pas voulu qu'on criât l'arrêt ; mais un colporteur priait un homme d'en prendre une douzaine pour lui ; ce petit plaisir ne se refusait pas, en sorte qu'à midi, tout Paris en était farci. Ils ont fait imprimer en même temps les lettres patentes[2], voulant faire entendre par là que le roi, les renvoyant dans leurs fonctions ordinaires, c'en était une de prendre connaissance de cette affaire.

[1] Voir page 364.
[2] Voir page 421.

— Dimanche, 15, M. de Maurepas, secrétaire d'État, est arrivé à neuf heures à Paris, porteur de lettres de cachet, et la nuit du dimanche, il y a eu quatre magistrats enlevés par ordre du roi, et conduits par des officiers et des mousquetaires, savoir: le président Ogier, que l'on a d'abord mené à Vincennes, pour de là le conduire aux îles Sainte-Marguerite, à deux cents lieues d'ici; M. Robert, âgé de soixante-quinze ans, conseiller de grand'chambre, à Belle-Isle; M. de Vrevin, aussi conseiller de grand'chambre, à Poitiers; et M. Davy de La Fautrière, conseiller de la troisième des enquêtes, à Salins, en Franche-Comté. Ces quatre magistrats sont ceux qui ont parlé le plus vivement dans l'assemblée de vendredi. Il est pourtant bien triste que, dans une compagnie comme celle-là, il n'y ait point de secret, et qu'il y ait, au contraire, des traîtres qui, pour faire leur cour, décèlent ceux qui soutiennent avec vivacité les droits du parlement. Au surplus, cela n'est pas possible autrement, dans une compagnie aussi nombreuse et aussi mêlée, et il arrive que ceux qui s'instruisent du droit public, qui ont de l'esprit, qui déposent dans le sein de leurs confrères, leur science et leurs sentiments, sont la victime de leur zèle.

16. — Le parlement s'est assemblé après les audiences, c'est là qu'ils ont su l'enlèvement. On leur a présenté une lettre de cachet par laquelle le roi les mande à Compiègne par députés. Ils sont partis aujourd'hui à six heures, au nombre de trente-six.

19. — Mardi, 17, les députés ont eu audience le matin, à Compiègne. Le roi leur a dit: « Je vous ai fait venir pour vous faire entendre ma volonté. » M. le comte de

Maurepas a tiré de sa poche un arrêt du conseil[1] qu'il a lu tout haut, et, après cette lecture, le roi a ajouté : « Je vous avais déjà assez fait connaître mon mécontentement au sujet de la conduite que vous avez tenue; soyez plus circonspects et retournez aux fonctions ordinaires de vos charges. Je veux bien encore suspendre les effets de ma colère. » M. le premier président ayant voulu dire quelque chose, le roi lui répondit : « Retirez-vous ! »

— L'arrêt du conseil en question, a été vendu à Paris, hier mercredi, 18. On ne peut rien de plus déraisonnable que le préambule. Comment peut-on reprocher au parlement de n'avoir pas voulu rendre compte au roi de ce qui regarde les affaires présentes de l'Église, avant que de prendre aucune résolution, lorsqu'il est de notoriété publique que le roi n'a voulu recevoir ni remontrances par écrit, ni entendre le parlement.

20. — Ce matin, le parlement s'est assemblé : le premier président a rendu compte de ce qui s'était passé à Compiègne, et le greffier a lu l'arrêt du conseil. Aussitôt on a joué la scène muette, c'est-à-dire que toutes les enquêtes et les requêtes se sont levées sans dire un mot, et se sont retirées dans leurs chambres. Elles ont délibéré, et le résultat a été de faire une démission générale des chambres, sur du papier marqué, signée de tous les présidents et conseillers, à l'exception de trois ou quatre qui n'ont pas voulu signer, comme le président de La Garde[2], l'abbé Dumans, docteur de Sorbonne, conseiller de la troisième, qui

---

[1] Cet arrêt cassait celui du parlement du 13.

[2] De la cinquième des enquêtes.

est une vraie bête, M. d'Ormesson, conseiller aux requêtes du palais¹, fils de l'intendant des finances, et le jeune de Novion². Cette démission est très-simple, sans motifs : « Nous, soussignés, supplions Sa Majesté de recevoir la démission des charges dont il lui a plu de nous honorer, » et les signatures par colonnes. Quand cela a été fait, toutes les sept chambres sont sorties en même temps, se sont jointes dans la grande salle, et ont été, par l'escalier de la Sainte-Chapelle, en la cour du palais, chez M. le premier président³. Ils marchaient deux à deux, les yeux baissés, au nombre de plus de cent cinquante, passant au milieu d'un monde infini dont le palais était plein; dans leur chemin, le public disait : « Voilà de vrais Romains et les pères de la patrie. » Ceux qui ont vu cette marche disent qu'elle avait quelque chose d'auguste, qui saisissait. Arrivés chez M. le premier président, les présidents de chambre lui ont présenté les démissions, mais il n'a pas voulu les recevoir. Il a reconduit messieurs du parlement, et on dit qu'il a été effrayé du monde qui était dans sa cour. Messieurs ont traversé la cour du palais dans le même ordre. Le premier président les avait envoyé reconduire par Glot, son secrétaire, avec les clefs de la grand'chambre, pour les engager à y entrer et à délibérer encore sur ce qu'ils faisaient. Mais ils sont rentrés dans leurs chambres, et ont chargé le plus ancien président de chacune de porter les sept démissions chez M. le chancelier dans un paquet ca-

---

[1] Le Febvre d'Ormesson du Cherré, de la deuxième chambre.

[2] Conseiller à la cinquième des enquêtes. A ces noms, il faut ajouter celui de Le Rebours, conseiller également à la cinquième chambre.

[3] Voir la note, page 188.

cheté. Le chancelier étant à Compiègne, ils ont remis les démissions entre les mains de M. Freteau, avocat, son secrétaire, qui les a envoyées sur-le-champ en cour.

— M. le président Le Peletier, qui tient, comme second président, les audiences de relevée à la grand'-chambre, a dîné au palais, et à trois heures, il a ouvert l'audience avec des conseillers de grand'chambre. Ils étaient dix. Aussitôt la salle a été remplie d'une foule infinie, non pas de populace, mais de monde de toute espèce, officiers, gens d'Église, séculiers, gens attirés par la curiosité. Tout ce monde a fait un murmure et une huée étonnante au premier placet qui a été appelé, surtout lorsque M. Gilbert s'est levé pour parler, ce qui l'a forcé de cesser. Comme il n'y avait ni avocats ni procureurs, on a levé l'audience. Le président Le Peletier et M. Gilbert étaient blancs comme des trépassés, et pour éviter quelque affront, ils sont sortis par les derrières de la grand'chambre.

— Quoiqu'il y eût longtemps qu'on parlât de ces démissions, personne ne pouvait croire à l'exécution. Il y a peut-être dans le parlement soixante personnes entêtées sur le jansénisme, mais tout le reste est composé de gens modérés qui se moquent du jansénisme et du molinisme. Cependant tous ont pris ce parti violent par honneur, par amour-propre, et piqués des mauvais traitements qu'ils reçoivent. On a fort loué, dans le public, M. de Lamoignon, colonel de dragons il y a un an, reçu depuis président à mortier, mais qui n'exerce pas encore, et M. de Nicolaï, reçu depuis deux mois premier président de la chambre des comptes, en survivance, à présent en dépôt à la première des enquêtes, jusqu'à ce qu'il ait l'âge, qui ont signé comme les autres leurs démissions. M. de Nicolaï dit même que, quoiqu'il ne fût pas de son âge de donner des conseils, il croyait qu'il ne convenait pas d'aller au spectacle ni dans les endroits publics dans de pareilles circonstances. Cela fut rapporté aux autres chambres et approuvé.

— Les avocats sont liés étroitement dans cette affaire, et la cessation de leur ministère a bien fait sentir au parlement combien il était soutenu par eux. Aujourd'hui, mon père et trois autres avocats, quoique avertis, ne se sont pas rendus au conseil de M. le duc d'Orléans.

— M. de Vrevin, exilé à Poitiers, est incommodé de la gravelle. L'officier des mousquetaires qui le conduit, a eu la cruauté de le faire aller, dans le même jour, jusqu'à Artenay, à quatre lieues d'Orléans. Là, n'en pouvant plus, et ayant répandu beaucoup de sang, il a fallu arrêter. On a envoyé une consultation à Paris, sur son état, et M. Hérault, lieutenant de police, a fait partir un chirurgien, muni d'instructions de médecins, avec ordre de n'épargner aucuns chevaux pour faire diligence. M. de Vrevin a été saigné trois fois, ce qui l'a empêché de mourir[1]. On dit que l'officier sera peut-être cassé de cette affaire. Ces officiers conducteurs ont une somme pour leur voyage; plus tôt ils remettent le prisonnier au lieu de sa destination et plus il leur en reste.

— Samedi matin, 21, le premier président, les présidents à mortier et les conseillers de grand'chambre,

---

[1] Il mourut le 13 mars suivant, des suites, dit-on, des fatigues qu'il avait éprouvées dans ce voyage.

ont tous reçu une lettre de cachet, par laquelle le roi les convoquait à Compiègne, pour le même jour, à six heures du soir. Comme ces conseillers n'ont pas tous nombre de chevaux propres à faire cette course, et que les chevaux de poste sont sur les dents, on avait placé des relais du roi sur la route, pour qu'ils pussent arriver à l'heure marquée. Tous ces messieurs ont été logés à la craie[1], dans Compiègne.

— L'audience a eu lieu le dimanche, entre onze heures et midi, et le roi a ordonné à la grand'chambre de continuer à rendre la justice avec le même zèle. Le premier président ayant imploré la clémence du roi en faveur de ses confrères : « Je veux bien encore, a dit le roi, à votre prière, accorder quelques jours à ceux dont j'ai la démission, pour rentrer dans leurs devoirs, etc. » Ce qui est plaisant, c'est que le roi a dit *trois jours* au lieu de *quelques jours*, et on l'a ainsi répandu dans le public.

30. — Depuis le 24, le premier président a eu plusieurs conférences, soit avec M. l'archevêque de Paris, soit avec les présidents des enquêtes et des requêtes. De leur côté, les conseillers de chaque chambre se sont assemblés chez leurs présidents pour s'entendre sur les propositions d'accommodement, mais on n'a eu aucune nouvelle précise à cet égard. Comme le roi revient à Versailles le 1er juillet, les négociations se feront plus aisément. Pendant cet intervalle, les conseillers de grand'chambre ont travaillé aux affaires de

---

[1] C'est-à-dire dans les maisons sujettes au logement des personnes qui accompagnaient la cour en voyage, et dont les maréchaux des logis ou fourriers du roi marquaient la porte avec de la craie.

rapport, mais on n'a point ouvert les audiences. Toutes les autres juridictions de Paris sont toujours sans avocats, et les cabinets des consultants sont régulièrement fermés.

Juillet, 6. — Le chancelier a dit au premier président que le roi exigeait que le parlement lui demandât pardon de la démarche qu'il avait faite. L'après-midi, il y a eu, là-dessus, assemblée chez chaque président de chambre, et l'on y a rejeté cette condition tout d'une voix, comme trop humiliante et trop déshonorante pour un corps comme le parlement. Le 2, M. le premier président alla à Versailles faire connaître ce refus. Il parla au cardinal, au chancelier et au garde des sceaux. Celui-ci lui déclara que l'intention du conseil était de confisquer les charges, de dégrader de noblesse, et d'envoyer tous les signataires à trente lieues des maisons royales. Ces faits sont sûrs et ont été rapportés aux chambres, mais cela n'a été dit que pour les intimider. En effet, le 3, le premier président reçut une lettre du chancelier, qui lui marquait qu'il faisait ses efforts pour suspendre la foudre, et qu'il avait encore obtenu vingt-quatre heures pour laisser le temps aux enquêtes de rentrer en demandant leur pardon, car on ne se départ de cette condition. Avant-hier, le premier président retourna à Versailles, d'où il apporta un nouveau délai jusqu'à demain lundi, et hier, il y a eu assemblée chez chaque président de chambre. Trois chambres furent d'avis de rentrer sans demander aucune condition; trois autres, de ne pas rentrer sans conditions, et la septième partagée. A sept heures du soir, une des chambres qui était d'avis de rentrer se partagea, en sorte que l'avis le plus fort fut pour ne pas rentrer, et on continua l'assemblée au dimanche, 6.

7. — Dans cette nouvelle réunion, qui a duré jusqu'à près de quatre heures, tout le monde est revenu à l'avis de rentrer au palais, sous la condition de s'assembler le lendemain de la rentrée, et de présenter des remontrances, dans lesquelles on demanderait le retour des exilés. M. le premier président n'a pas voulu donner sa parole ni prendre sur lui cette assemblée générale, et il est parti le même soir pour Versailles, d'où il n'a rapporté aucune réponse à sa mission, mais seulement un ordre à la grand'chambre et au parquet de se rendre demain, à dix heures et demie, à l'audience du roi.

— Il y eut, ces jours passés, un bon mot de prononcé dans le parterre de la Comédie, et qui est hardi. On joue actuellement une petite pièce [1]. L'Amour y tient son audience pour juger auquel doit être donnée la préférence entre les cinq Sens qui plaident chacun leur cause. Un petit acteur de dix à onze ans, avec un petit bonnet carré sur la tête, y remplit un rôle d'huissier. Les Sens parlant tous à la fois, l'Amour ordonne à son huissier de faire faire silence, et l'huissier dit . « Silence donc! *Taisez-vous!* » Il s'éleva alors une voix au parterre, qui s'écria : « Cela ne vaut rien; c'est pillé! » par allusion à la réponse du roi au premier président, dans l'audience du 14 mai dernier. Personne

---

[1] *Le Procès des Sens*, comédie en un acte et en vers, de Fuzelier, représentée pour la première fois le 16 juin 1732. C'était une critique ou parodie de l'opéra du *Ballet des Sens*, et la première pièce de ce genre qui ait été jouée sur le Théâtre-Français. Elle eut beaucoup de succès et fut représentée vingt et une fois.

ne dit mot, mais tout le monde le sentit bien. Depuis ce temps-là, l'huissier dit *paix là!*

— Il y a eu un dénoûment fort particulier à la convocation de la grand'chambre à Versailles. Le premier président, qui était parti de Paris, dimanche, 6, avec mission expresse de ne parler ni de pardon ni de clémence, parce que les enquêtes et requêtes ne voulaient pas se donner pour coupables, ayant été introduit dans l'appartement du roi, le lundi matin, a pris sur lui de demander pardon au roi de la démarche du parlement, et d'implorer sa clémence; cela avait sans doute été concerté pour sauver les apparences de l'autorité royale. Ainsi, le voilà donc fait ce pardon, bien ou mal, car les ministres étrangers rient, et ont de quoi rire, de la conduite du ministère en ceci.

10. — Le premier président n'a point parlé du pardon qu'il avait demandé. Il ne convient pas du fait, mais il s'est manifesté par le discours du roi, qui a dit mardi à la députation de la grand'chambre : « Je veux bien vous remettre les démissions des charges de vos confrères, pourvu qu'ils en fassent à l'avenir un meilleur usage, et qu'ils n'attirent plus mon indignation : j'aime mieux pardonner que punir. » Ces messieurs ont ensuite été régalés à Versailles. Une partie a dîné chez le chancelier et l'autre chez le garde des sceaux.

— Au retour de la grand'chambre, les enquêtes et les requêtes se sont assemblées, chez leurs présidents, jusqu'à dix heures du soir. La conduite du premier président a été fort blâmée, mais on s'est retiré sans rien résoudre pour reprendre ou non les démissions, l'assemblée et a été ajournée au lendemain.

Le mercredi, à midi, il n'y avait encore rien de fait;

la première, la troisième et la quatrième chambre des enquêtes étaient d'avis de ne pas reprendre les démissions; la deuxième des enquêtes et les deux des requêtes étaient d'avis de rentrer au palais, et la cinquième des enquêtes, où ils étaient dix-huit, était partagée par moitié. Comme l'usage est, dans ces sortes de délibérations, de ne pas compter par voix, mais par le vœu des chambres, cela faisait partage parfait. L'après-midi M. Chevalier [1], conseiller à la cinquième chambre des enquêtes, revint à l'avis de rentrer au palais. Ils furent par là dix contre huit, ce qui l'emporta dans cette chambre, et fit qu'il y en eut quatre pour rentrer. Ce jeune homme a ainsi départagé tout le parlement, et a peut-être paré de grands événements dans la suite; qui sait ce qui serait arrivé si le parlement avait refusé avec constance les démissions que le roi avait remises au premier président? On a bien objecté qu'il était extraordinaire, dans une affaire aussi délicate et aussi sérieuse, que, par l'événement, la voix d'un seul homme décidât du sort et de l'honneur du parlement; qu'il était plus à propos de se décider par la pluralité des voix. Cela faisait le compte de ceux qui sont entêtés, parce que dans les chambres des requêtes, qui étaient d'avis de rentrer, il n'y avait que douze à treize personnes à chacune, au lieu que les enquêtes étant plus nombreuses, il se serait trouvé beaucoup plus de voix pour ne pas rentrer. Mais cet avis n'a pas passé, et on a dit qu'il ne fallait pas changer l'usage de compter par le vœu des chambres. Les présidents ont été retirer les démissions et demander de s'assembler dès le premier

---

[1] Fils du président Chevalier, président honoraire, ayant séance à la grand'chambre, ancien président de la deuxième chambre des enquêtes

jour, qu'on rentrerait pour faire les remontrances que la cour a permises, ce que le premier président a accordé.

— Aujourd'hui, jeudi, le parlement s'est donc rassemblé à l'ordinaire, et a arrêté de faire des remontrances sur quatre chefs : 1° la justification de la conduite du parlement; 2° le retour des exilés; 3° la liberté des suffrages qu'ils prétendent avoir été attaquée par l'enlèvement des exilés; 4° l'arrêt du conseil qui a cassé l'arrêt du parlement. On a nommé des commissaires pour travailler à ce mémoire.

Il y avait un monde considérable pour voir cette rentrée, mais point d'avocats en robe au palais. Ils auront l'honneur de rentrer les derniers. Cela fait, au demeurant, une sotte aventure pour le parlement, et tous les gens désintéressés trouvent qu'il rentre aussi légèrement qu'il a quitté.

16. — Le roi revient aujourd'hui de Rambouillet, et y retourne vendredi prochain pour un voyage assez long. Comme il n'est pas d'usage d'aller parler au roi quand il n'est pas chez lui, il faudra attendre son retour pour lui demander le jour où il recevra les remontrances, et les vacances seront arrivées avant d'avoir eu la réponse à ces remontrances. Pendant ce temps-là point d'expédition d'affaires. Depuis la rentrée, on ne travaille à aucun procès dans les chambres des enquêtes.

— Dans la *Gazette de Hollande*, du 18 juillet, à l'article Paris, on rapporte ce qui s'est passé dans l'affaire du parlement d'une manière très-humiliante pour cette compagnie. Cette *Gazette* fait grand bruit dans Paris et est fort recherchée. Elle doit piquer le parlement qui ne convient pas du fait du pardon, ou du moins qui désavoue le premier président pour cela. Je pense que le gazetier n'aura pas mis ce fait si détaillé sans une permission ou même un ordre de la cour, qui a voulu rendre le pardon notoire, surtout pour les pays étrangers, à cause de l'autorité royale qui était compromise par les dernières démarches du parlement.

— Les commissaires continuent à s'assembler au sujet des remontrances. La grande difficulté est la justification des enquêtes, qui ne peut se faire sans blâmer la conduite de Messieurs de la grand'chambre. Pendant tous ces retardements les prisonniers souffrent toujours.

— Il a paru ces jours-ci, dans le public, un mémoire imprimé, intitulé : *Mémoire touchant l'origine et l'autorité du parlement de France appelé Judicium Francorum* [1]. Par cet écrit, qui est très-rare, on veut renfermer dans le corps du parlement tout le ministère, et le conseil du roi, etc. Les jansénistes désavouent ce mémoire dans la dernière *Gazette ecclésiastique*, comme étant trop fort, mais cependant il n'a été imprimé que de leur part, et on ne peut se le procurer en secret que par la porte où l'on a la *Gazette*. Pour celle-ci, on ne l'imprime qu'au nombre de personnes qu'on sait qui l'ont toujours recueillie, en sorte que je n'ai pas pu

---

[1] Ce mémoire était extrait d'un recueil ayant pour titre : *Mémoires historiques et critiques sur divers points de l'histoire de France*, etc., par François Eudes de Mézerai, 2 vol. in-12, Amsterdam, 1732; mais l'éditeur (Camusat) prévenait que le mémoire n'était point de Mézerai. Suivant les *Nouvelles ecclésiastiques* du 21 septembre 1732, il avait déjà été imprimé précédemment, avec de très-légères différences, sous le titre : *Les Véritables maximes du gouvernement de la France, justifiées par l'ordre des temps*, etc., *servant de réponse au prétendu arrêt du conseil du 18 janvier 1652*. Paris, J. Guillemot, 1652. Avec permission.

avoir les dernières [1] qui sont très-curieuses et qui contiennent le détail de tout ce qui s'est passé dans les assemblées du parlement.

Août. — Lundi, 4, le premier président et les présidents Le Peletier et de Maupeou ont présenté au roi les remontrances dont le parlement avait entendu la lecture dans son assemblée du 2, et qu'il avait trouvées bien. Sa Majesté a dit simplement qu'il les ferait examiner dans son conseil.

— Dimanche, 3, M. Delci, archevêque de Rhodes, nonce de notre saint-père le pape, fit son entrée dans la bonne ville de Paris, et, circonstance assez singulière, il a été noté [2] lundi par un arrêt du parlement. C'est un petit homme, boiteux, vif et violent, qui a été obligé de s'enfuir de Malte, ayant risqué d'y être jeté à la mer pour quelque entreprise de sa façon. Depuis qu'il est ici, il s'est avisé de donner, pour de l'argent, des permissions, datées de Paris, *in palatio nostræ residentiæ*, pour lire les ouvrages défendus par la cour de Rome, à l'exception de trois, *Adonis* [3] du chevalier Marin, poëme que l'on dit être pis que l'Arétin; la Politique de Machiavel, et M. Charles du Moulin [4]. Quelques-unes de ces permissions sont tombées entre les

---

[1] Cette phrase n'est pas sans importance ; car la narration de Barbier et celle qui est imprimée dans les *Nouvelles ecclésiastiques*, offrent une telle conformité, que l'on serait tenté d'admettre que l'une a été copiée sur l'autre. Mais l'auteur du journal annonçant n'avoir point eu les *Nouvelles* à sa disposition, la concordance entre les deux récits prouve l'exactitude des détails qu'elles contiennent.

[2] On lui a donné une défavorable marque.

[3] *Adone* del Cav. Marini, *Poema in XX canti*. Cet ouvrage, dédié à Louis XIII, est loin de mériter cette honteuse assimilation.

[4] Célèbre jurisconsulte français, qui vivait dans le XVI° siècle, et dont les œuvres forment cinq volumes in-folio.

mains de M. le procureur général et de M. le premier président; et, comme le nonce n'a ici aucune juridiction, on les a déclarées abusives par arrêt de la cour. Cet arrêt a été rendu par la grand'chambre seule, précisément entre l'entrée du nonce à Paris, et son audience du roi, qui a été le mardi. Le nonce n'avait pas donné ces permissions sans dessein : ils prétendent, dit-on, à la cour de Rome, qu'ils doivent avoir ici un tribunal de nonciature comme en d'autres endroits.

— Le 5, M. Clément, conseiller à la deuxième des enquêtes, a dénoncé, à l'assemblée générale du parlement, une thèse soutenue en Sorbonne, par un prêtre hibernais [1], dans laquelle la constitution *Unigenitus* est très-exaltée. La cour la remit à MM. les gens du roi, et lundi, 11, ceux-ci étant entrés dans la grand'chambre, proposèrent de faire venir le sieur de Romigny, syndic de Sorbonne, pour lui demander compte de cette thèse. On fit entrer ce syndic, qui était, dit-on, dans le parquet, et qui déclara que c'était par inadvertance que les propositions de la thèse avaient passé. La cour rendit un arrêt par lequel elle lui donnait acte de sa déclaration et lui enjoignait d'être plus circonspect. Quand les enquêtes ont connu cet arrêt de la grand'chambre, cela les a révoltées. Mardi, tout le parlement s'étant assemblé pour apprendre l'époque où le roi ferait la réponse aux remontrances, M. de Montgeron [2], qui depuis un an s'est mis dans la grande dévotion, s'est levé et a entamé l'histoire de la thèse. Il a pré-

---

[1] Au commencement du XVIIIe siècle, le mot *hibernois* était employé dans certaines occasions, de préférence au mot *irlandois*.

[2] Carré de Montgeron, conseiller à la deuxième des enquêtes : il en sera reparlé plus tard.

tendu que la dénonciation ayant été faite par un conseiller des enquêtes, dans une assemblée générale, on ne devait rien statuer qu'avec toute la compagnie. Le premier président a levé le siége, sans vouloir écouter parler de cette affaire, et l'assemblée a été ainsi rompue. Les conseillers des enquêtes sont sortis fort en colère et ont délibéré de faire le lendemain une nouvelle assemblée générale. Le mercredi, 13, le premier président a pris l'initiative de la convocation. Dans cette réunion on a représenté à MM. des enquêtes qu'ils ne s'étaient point réservé la connaissance de l'affaire lors de la dénonciation, et que, par conséquent, la grand'chambre n'avait point manqué à la compagnie, puisqu'elle était dans l'usage de connaître seule des thèses et autres choses semblables.

— Le même jour les gens du roi ont dénoncé à la grand'chambre seule, l'imprimé anonyme sur l'autorité du parlement de Paris, intitulé : *Judicium Francorum* [1]. Cet écrit a été condamné à être brûlé par la main du bourreau; ce qui a été exécuté à onze heures du matin, dans la cour du palais.

— M. le garde des sceaux, Chauvelin, a eu une scène désagréable avec un conseiller d'Etat. Il faut savoir que M. le prince de Carignan [2], très-proche parent du roi, a ici un nombre considérable de créanciers, d'une ma-

---

[1] Voir page 439.
[2] Victor-Amédée de Savoie, prince de Carignan, né en 1690, lieutenant général au service de France; il avait épousé, en 1714, Victoire-Marie-Anne, fille légitimée de Victor-Amédée II, duc de Savoie et roi de Sardaigne. La mère de Louis XV, Marie-Adélaïde, femme de Louis, Dauphin, étant également fille de Victor-Amédée, et demi-sœur de Victoire-Marie-Anne, le prince de Carignan se trouvait, par sa femme, oncle de Louis XV.

nière même peu convenable au premier prince du sang de la maison de Savoie. Le roi a donné des commissaires, conseillers d'Etat et maîtres des requêtes, pour régler ses dettes. M. l'abbé de Pomponne, conseiller d'Etat d'église et chancelier de l'ordre du Saint-Esprit, qui a été ambassadeur à Venise, est président de ce bureau. Ces affaires ne se terminent point, parce que madame la princesse de Carignan, fille légitimée de M. le duc de Savoie et de madame de Verrue [1], a beaucoup de crédit auprès de M. le cardinal de Fleury, dont elle a obtenu plusieurs surséances. Aussi les créanciers, qui sont des ouvriers, marchands, banquiers et gens de toute espèce, vont tous les jours crier et clabauder chez les juges. Ces jours-ci le bureau s'étant assemblé pour travailler, madame la princesse de Carignan a encore obtenu une nouvelle surséance. Cela a fort révolté les juges, qui ont dit qu'il était assez inutile de les commettre pour rendre la justice, si on les arrêtait à chaque instant. Ils ont représenté à M. l'abbé de Pomponne que, puisque cela était ainsi, ils aimaient mieux se démettre de leurs commissions, et ils l'ont prié d'en rendre compte à M. le cardinal de Fleury. L'abbé ayant été faire son compliment à M. le cardinal, M. le garde des sceaux, qui était présent, dit d'un ton haut : « Ah! ah! monsieur, voilà le second tome du parlement! » A quoi M. l'abbé de Pomponne répondit : « Monsieur, il vous convient fort peu de parler de cette manière d'un corps aussi respectable que le parlement ; le plus grand honneur que vous ayez est d'en faire partie, » [comme président à mortier]. Cela piqua M. le garde des sceaux, qui lui répliqua : « Monsieur, vous vous

[1] Jeanne d'Albert de Luynes, comtesse de Verrue, née en 1670.

oubliez de me parler ainsi! ».—Non, monsieur, reprit l'abbé, je n'oublie point ; je sais bien que vous êtes aujourd'hui mon supérieur par la place que vous occupez, mais souvenez-vous qu'il n'y a pas si longtemps que vous étiez très-honoré de venir avec moi sur le devant de mon carrosse » (lorsqu'il s'appelait M. de Grisenoy [1], et qu'il était conseiller au grand conseil). M. l'abbé de Pomponne se retourna ensuite du côté du cardinal, et lui dit : « Monseigneur, quelque chose dont vous me chargiez, je ne veux plus avoir affaire à cet homme. » Cette scène a été très-vive ; ce n'est pourtant pas le jeu de M. le garde des sceaux de se faire des ennemis de gens de cette considération, employés par Louis XIV, dans des postes considérables, et qui sont d'anciens habitants de la cour.

— M. le premier président Portail est tombé malade mercredi, 13 ; il a été saigné une fois au bras, et deux fois au pied. Il y a eu même un peu de transport, pendant lequel il ne faisait que parler de l'affaire du parlement. Il a eu tant de désagrément, depuis quelque temps, qu'il n'est pas étonnant que cela ait attaqué insensiblement l'esprit et le corps. Il faut avouer que sa place a été très-embarrassante et l'est encore, quand il s'agit, dans une affaire de religion, d'accorder une compagnie de deux cent cinquante personnes avec la cour. Il est un peu mieux.

18 — La veille de l'Assomption, le parlement tient sa séance au Châtelet pour les prisonniers. C'est le président à mortier dernier reçu qui, à dix heures et

---

[1] Ou mieux Crisenoy, terre située dans la Brie, dont la branche de la famille Chauvelin à laquelle appartenait le garde des sceaux, avait pris le nom.

demie, se transporte au Châtelet avec les conseillers de la Tournelle. Quand ils arrivent, l'audience cesse, le lieutenant civil quitte sa place, et pendant que le parlement tient l'audience, le lieutenant civil, le lieutenant de police, le lieutenant criminel, le procureur du roi, les avocats du roi et le lieutenant criminel de robe courte sont dans le banc des gens du roi, pour être en état de répondre s'il y avait quelque plainte contre eux. Cette situation est assez humiliante pour eux; mais il faut reconnaître la supériorité du parlement.

Jeudi, 14, M. Hérault, lieutenant de police, ne s'y trouva pas. M. Talon, président à mortier, envoya chez lui, où l'on répondit qu'il était chez M. Fagon, conseiller d'État, au bureau du commerce. La cour arrêta un *veniat* contre lui, pour venir aujourd'hui, à huit heures du matin, à la chambre de la Tournelle, rendre compte de sa conduite. Il n'y a pas manqué, et s'est excusé sur les différentes affaires dont il est chargé, disant que la cour devait être pénétrée de son respect et de son attachement à ses devoirs. On a été aux opinions. Le président Talon, qui avait présidé à la séance, lui a dit qu'il n'avait point de devoir plus essentiel que de remplir les fonctions de sa charge de lieutenant de police, d'autant plus que les jours de séance sont des jours marqués; que la cour comptait qu'il serait à l'avenir plus exact et plus attentif. Dans les opinions, il y avait eu des voix pour prononcer par injonction, c'est-à-dire : « La cour vous enjoint, » ce qui emporte une note. Au surplus, le parlement fait bien de soutenir ses droits, car ce lieutenant de police qui est, à Paris, un ministre de conséquence par toutes les commissions de la cour dont il est chargé, et qui, de plus, est conseiller d'État, ne cherche qu'à se soustraire aux fonctions de soumission et d'infériorité.

— M. Portail le fils, qui préside à la Tournelle, quoique jeune, soutient bien sa place. Le lieutenant de police avait introduit un abus : il faisait arrêter un homme de l'ordre du roi, et ne faisait signer l'ordre par le secrétaire d'État que trois ou quatre jours après. M. Portail a fait sortir, ces jours passés, les prisonniers pour lesquels il n'y avait point d'ordre du roi transcrit sur les registres des prisons. Il a fait venir M. Hérault, lui a défendu d'en user de la sorte, et a ordonné qu'on informerait la cour, toutes les semaines, de ceux qui étaient dans les prisons par ordre du roi.

19. — Le parlement a été assemblé ce matin, et les gens du roi lui ont fait connaître que le roi le mandait à Marly aujourd'hui, à dix heures et demie du matin, en tel nombre qu'ils voudraient aller. Les présidents à mortier, qui étaient avertis, avaient des carrosses à six chevaux tout prêts. M. Le Peletier, qui présidait, en l'absence du premier président, les autres présidents et des conseillers, par députation, sont partis de Paris à huit heures, et ont été introduits à Marly, sur les onze heures, par le grand maître des cérémonies, et avec les cérémonies ordinaires. Le roi avait à ses côtés le cardinal de Fleury, le chancelier, le garde des sceaux, les secrétaires d'État, les princes; enfin tout ce qui est à Marly se trouvait dans le salon, et cela faisait une fort belle audience. Le roi annonça que son chancelier allait expliquer ses intentions. M. d'Aguesseau prit la parole, et dit : [1] . . . .

---

[1] Ce discours est resté en blanc dans le manuscrit. Il contenait, en ré-

— Mercredi, 20, le parlement s'est assemblé, et les gens du roi lui ont remis la déclaration dont ils étaient porteurs. Afin que celle-ci fût entendue de tout le monde, on l'a donnée à lire à M. de Vienne, conseiller de grand'chambre. La cour resta assemblée jusqu'à midi et demi, et d'une commune voix, c'est-à-dire la grand'chambre, même les présidents à mortier, s'unissant avec les enquêtes et les requêtes, il a été décidé qu'on ferait d'itératives remontrances au roi pour les prisonniers, et qu'il serait très-humblement supplié de retirer la déclaration; en outre, que la cour resterait assemblée jusque-là, ce qui emporte la cessation de toute fonction, puisqu'elle est présumée être continuellement en assemblée générale.

On a parlé bien différemment, dans Paris, de ce que contenait cette déclaration, qui n'est pas devenue publique. En voici un extrait fait dans l'assemblée même du parlement:

Article premier.

Tout ce qui sera publié, le roi présent, sera observé du jour de sa publication, conformément à l'article 4 de l'ordonnance de 1667, titre 1er.

Art. 2.

Dans les cas de remontrances, lorsque le roi y aura répondu, défense d'en faire d'itératives.

Art. 3.

Nuls appels comme d'abus que sur le réquisitoire des avocats et procureurs généraux, ou sur la dénoncia-

---

sumé, le refus de rappeler les exilés, et l'ordre d'enregistrer purement et simplement une déclaration dont il sera parlé ci-après.

tion du premier président, ou autre président en sa place, et ce, à la grand'chambre seulement.

Art. 4.

Défense de délibérer sur les matières d'appel comme d'abus qu'en conséquence desdits réquisitoires; permis cependant aux membres de la compagnie qui auront quelque chose à dénoncer, d'aller trouver lesdits avocats et procureurs généraux, ou premier président, pour leur remettre les ouvrages qui en seront les objets, pour être par lesdits avocats, etc., fait les réquisitoires nécessaires.

Art. 5.

Défense aux enquêtes et requêtes de délibérer sur aucune matière publique, ailleurs qu'à l'assemblée des chambres, de s'assembler à ce sujet dans leurs chambres, provoquer des délibérations, envoyer des députés d'une chambre à l'autre, et ce, sous peine de désobéissance et privation des charges.

Art. 6.

Injonction de continuer de faire le service, défense de l'interrompre sous quelque prétexte que ce soit, sous les peines portées par l'article précédent.

— Cette affaire fait grand bruit, et il n'est pas étonnant que tout Paris soit indisposé contre une pareille pièce, qui change l'ordre et les usages du parlement; on dit que c'est l'ouvrage du garde des sceaux Chauvelin. Les jansénistes ont fait imprimer les articles de la déclaration avec des observations.

21. — Il y a eu ce matin une grande cérémonie à Saint-Sulpice. M. Delci, nonce du pape, a posé, au

nom de ce dernier, la première pierre du maître autel, pour lequel on prétend que le pape[1] donne cinquante mille livres au curé de Saint-Sulpice, qui est bien capable de tirer de l'argent, même du pape. Toutes les avenues étaient gardées par le guet, et les officiers étaient dans l'église. MM. de Maurepas et de Saint-Florentin, secrétaires d'État, y assistaient, comme étant de la paroisse et marguilliers d'honneur. On a mis sous cette pierre, des médailles d'or et d'argent[2].

— Le soir, il y a eu une autre fête au palais, c'est-à-dire un *Te Deum* en musique, dans la Sainte-Chapelle, et un feu d'artifice, pour la convalescence de M. le premier président.

— Les avocats se sont visités les uns les autres, pour savoir si, dans les circonstances présentes, on continuerait les fonctions, tant au dehors qu'au dedans. Mais M. Duhamel, qui tient le premier rang dans la consultation, homme très-entêté et grand janséniste, a fermé son cabinet dès le mercredi, après midi, et n'a point été au conseil de la maison de Bouillon. MM. Berroyer, Pothouin et Visinier, autres jansénistes, ayant fait de même sans consulter personne, cela a déterminé les autres confrères à agir comme eux, pour ne pas compromettre les premiers, et les rendre, par cette distinction, sujets à quelque punition; en sorte que tous les autres consultants, qui n'étaient point d'avis de quitter leurs fonctions, l'ont fait par complaisance pour ceux-ci. Tous les jeunes avocats sont de l'avis de M. Duhamel, par la raison qu'ils n'ont rien à

[1] Clément XII.
[2] La relation très-détaillée de cette cérémonie se trouve dans le *Mercure de France* du mois d'août 1732, p. 1877.

perdre, c'est-à-dire point d'emploi, et que, par la vivacité de leur âge, ils aiment le trouble et désirent se distinguer. Par les raisons ci-dessus, MM. Barbier[1], Chevalier, de La Vigne, Magueux et Le Normand ont arrêté, jeudi, de ne point aller le vendredi au conseil de M. le duc d'Orléans, qui, dans Paris, est le premier conseil après celui du roi, et qui marque. Il n'y avait pas grande raison de fermer les cabinets et de cesser dans les autres juridictions où il y a audience, puisque le parlement est toujours en place, qu'il reste assemblé, et que les conseillers vont tous les jours au palais, quoique sans donner d'audience ni travailler à quoi que ce soit. Les greffes mêmes sont fermés; mais enfin ce n'est ni retraite ni interdiction.

22. — Le parlement s'est assemblé ce matin pour voir les remontrances dressées par M. le président Le Peletier, et, à onze heures, les gens du roi ont été les porter à Marly. Tout cela n'avance pas les affaires des prisonniers; ils ont l'air de passer là les vacances. Le président Ogier a un bien mauvais séjour dans l'île de Sainte-Marguerite; depuis qu'il y est, il n'avait pas eu la permission d'écrire. Le président de Salabéry, de la chambre des comptes, qui a épousé sa sœur, m'a dit ce soir, à l'Opéra, qu'il en avait reçu des nouvelles, et qu'il se porte bien. Ses lettres viennent d'abord à M. le comte de Maurepas, qui les ouvre, et qui les envoie après à la famille.

— Des gens sensés pensent que la déclaration et les suites qu'elle aura culbuteront le garde des sceaux Chauvelin, à qui on impute tout ce qui se fait sous les ordres du cardinal. Il faut en effet que le ministère, ou

---

[1] Père de l'auteur du journal.

le parlement, soit écrasé de cette affaire. Je sais que les chefs des maisons des jésuites allèrent voir le garde des sceaux il n'y a pas longtemps, par visite de bienséance, et qu'il leur dit : « Mes pères, notre fortune est commune; vous avez bien des ennemis, j'en ai beaucoup aussi : malgré cela, il faut nous soutenir et nous tenir fermes. » Je sais aussi d'un neveu de feu madame la maréchale de Créqui[1] qu'elle avait prédit à M. le garde des sceaux, dans le temps qu'il n'était que conseiller au grand conseil sans beaucoup de bien, qu'il porterait sa fortune plus haut qu'un particulier ne pouvait l'espérer, mais qu'elle ne le verrait pas. Elle est morte en effet peut-être un an avant son élévation. Cette dame avait dit en même temps, à d'autres personnes, que cette fortune ne durerait pas[2].

— La personne du roi n'est pas connue dans le public. Les jansénistes de profession le font passer pour un jeune homme qui ne sait ni entendre ni parler; ils se trompent fort. Je m'en suis informé, dans le particulier, près gens qui l'approchent. Le roi est bon, a une mémoire excellente, sait parfaitement les mathématiques et en raisonne bien, et ce n'est pas peu, pour un jeune homme qui est roi, de mordre à ces sortes de sciences. Il raconte mieux que personne, mais, pour cela, il faut qu'il soit avec son monde, et en particulier. On dit que les soupers qu'il fait au bois de Boulogne avec M. le duc d'Antin, M. le duc de Noailles, M. le marquis de Pezé et autres qui sont tous gens

[1] Catherine de Rougé, veuve de François de Créqui, maréchal de France, morte le 5 avril 1713. La marquise de Créqui, dont on a publié les *Souvenirs* il y a quelques années, était sa parente éloignée.

[2] On sait que M. Chauvelin fut disgracié en 1737, et ne rentra jamais en faveur.

d'esprit, sont fort gais. Le roi est très-timide et n'aime point à représenter. Il a une discrétion qui va jusqu'à la dissimulation, témoin ce qu'il fit à M. le duc de Bourbon, le jour qu'il le fit arrêter par M. le duc de Charost [1]. Sa conduite, qui lui avait été prescrite par le cardinal, n'a pas été approuvée dans la personne d'un roi; il est vrai qu'il était bien jeune. Cela marque toujours une prévention aveugle pour le cardinal, de façon qu'il est difficile de savoir s'il ne le craint pas autant qu'il l'aime. Mais si sa timidité se débrouille une fois, on doit tout attendre des qualités du roi.

— Samedi, 23, les gens du roi rapportèrent au parlement assemblé, que le roi leur avait répondu n'avoir rien à dire à son parlement, tant qu'il ne serait pas rentré. Là-dessus, on fut aux opinions, et, à l'exception de M. Daverdouin et de l'abbé Drouyn, deux conseillers de grand'chambre peu estimés, depuis les présidents à mortier, jusqu'au dernier conseiller, on a été d'avis de rester les chambres assemblées sans fonctions. Aussi, l'on dit par brocard, dans Paris, que M. le garde des sceaux est le plus grand politique du royaume; qu'il a trouvé le secret de réunir le parlement.

— On fait aussi de grands éloges de M. le président Le Peletier, jusque-là même que pour les dernières remontrances (celles du 22) qu'il avait dressées, on s'en est rapporté à lui, et personne n'a voulu les lire. Cette prévention est l'effet de l'amour de la nouveauté et du changement qui est un faible de notre nation, car il n'a rien fait d'extraordinaire. On est animé

---

[1] Voir p. 238.

contre le premier président; M. Le Peletier a le bonheur de présider dans une circonstance où tout le parlement pense de même, et on ne se souvient plus que, dans des assemblées tenues l'année dernière, on l'attaquait comme suspect.

— Mardi, 26, les gens du roi ayant été envoyés à Marly par le parlement, et n'ayant pas rencontré le roi, y ont été envoyés de nouveau le lendemain. Le roi leur a dit : « La justice n'est point rendue à mes sujets, vos instances sont inutiles; ne revenez plus. » Néanmoins, le parlement les a chargés de retourner encore faire de nouvelles instances, et supplier le roi d'avoir égard aux remontrances. Nous ne pouvons point encore avoir celles-ci, parce que tant que le roi n'y fait pas de réponse, on ne les met point au greffe, et que c'est là où les conseillers en prennent les copies qui se répandent dans le public.

— Pendant cette inaction de la justice, on s'amuse à avoir des duels dans Paris. En voilà deux depuis trois semaines. Le premier a eu pour motif une dispute qui s'est élevée dans un dîner d'auberge, au sujet de mademoiselle Lecouvreur, morte depuis quelque temps [1]. Il a eu lieu entre M. de Saint-Hilaire, particulier qui ne fait rien, que je connais, et M. Perrin, capitaine et homme riche. Ils sont allés après le dîner dans la rue Cassette, près le Luxembourg. Saint-Hilaire a jeté l'autre par terre, presque mort, et s'est sauvé.

Le second duel a été entre deux mousquetaires, sur querelle au jeu de l'hôtel de Soissons. Ils allèrent,

---

[1] Le 23 mars 1730 ; voir page 305.

mardi, 26, à la dernière messe aux Petits-Pères, qui était le rendez-vous, et se battirent dans la rue Notre-Dame-des-Victoires. Le combat n'a pas été long. M. de La Borde, joueur, petit-maître faisant figure, a été tué sur la place.

Septembre. — Mardi, 2, M. le marquis de Dreux, grand maître des cérémonies, est arrivé au palais, porteur d'une lettre de cachet par laquelle le roi ordonne à son parlement de se rendre demain, à dix heures du matin, à Versailles, où Sa Majesté tiendra son lit de justice. C'est la première fois que les rois de France ont tenu un lit de justice autre part qu'à Paris, où le parlement est sédentaire. Néanmoins, le parlement, après avoir délibéré, s'est rendu mercredi à Versailles, en robe rouge. Il a été reçu par le grand maître des cérémonies, et introduit dans la salle des gardes, qui avait été disposée sur le modèle de la grand'chambre. Le roi est revenu à la même heure de Marly, il s'est déshabillé, et, ensuite, quatre présidents à mortier et six conseillers de grand'chambre ont été au-devant de lui, comme cela se fait au parlement, parce que le roi est toujours présumé se rendre dans son parlement. Le lit de justice a commencé vers onze heures. Le roi était placé dans un coin de la salle, sur un siége élevé avec un dais, comme au palais, ayant à ses pieds M. le prince Charles de Lorraine, grand écuyer, qui, dans ces cérémonies, porte un grand baudrier et une grande épée, et M. le duc de Bouillon, grand chambellan. Il y avait, en princes du sang, M. le duc d'Orléans, M. le comte de Charolais, M. le comte de Clermont et le jeune prince de Conti; douze ducs et pairs, et, parmi les pairs ecclésiastiques, l'évêque de Beauvais seulement. M. le chancelier était accompagné de conseillers d'État et de six maîtres des requêtes, en habit de satin, et il y avait avec le parlement, quatre autres maîtres des requêtes en robe rouge. Il n'y a que ce nombre qui soit en droit de faire corps avec le parlement, ainsi qu'aux audiences de la grand'chambre. Il y avait aussi des gouverneurs de province et autres qui ont droit d'y assister. Cela formait une assemblée magnifique par la qualité des personnes et la diversité des habillements. M. le garde des sceaux n'y était pas; mais dans un coin, arrangé en espèce de lanterne, on apercevait le cardinal de Fleury qui regardait ce spectacle.

— M. le chancelier a fait un discours dans lequel, après avoir parlé de la désobéissance du parlement aux ordres du roi et de la clémence de Sa Majesté, il a dit que le roi entendait faire enregistrer sa déclaration du 18 août, et un édit portant continuation de la levée des quatre sous pour livre sur les denrées, avec quelque diminution par rapport aux droits des frais de justice[1]. Le greffier en chef, c'est-à-dire un secrétaire de la cour qui en remplissait les fonctions, ayant lu la déclaration et l'édit, M. le président Le Peletier a parlé conformément à ce qui avait été arrêté dans l'assemblée du parlement de la veille, pour montrer les raisons qui avaient déterminé la compagnie à refuser l'enregistrement de la déclaration. Son discours a été fort approuvé. M. Gilbert des Voisins, premier avocat général, a requis ensuite l'enregistrement pour satisfaire aux ordres du roi, mais en faisant sentir la dou-

---

[1] L'établissement de ces droits avait déjà trouvé de l'opposition dans le parlement, en 1722; voir pages 140 et 144.

leur qu'il avait de remplir son ministère dans une pareille occasion. On dit que son discours a été très-pathétique et très-éloquent, et il lui a fait infiniment d'honneur, même parmi les jansénistes. Nonobstant toutes ces belles harangues, le chancelier a fait inscrire l'enregistrement sur le repli, après quoi, le roi, qui n'avait encore parlé que par la bouche de son chancelier, a dit à son parlement : « Je vous ordonne, de ma propre bouche, d'exécuter tout ce que vous avez entendu, et particulièrement de faire vos fonctions sans les discontinuer [1]. »

L'assemblée s'est séparée : aucuns du parlement ont dîné à l'auberge, d'autres sont revenus tout de suite à Paris ; mais il n'y avait point, comme on disait, de couverts préparés pour eux chez les ministres.

— Dès le mercredi soir, il y eut, à Paris, une assemblée de trente présidents ou conseillers, chez M. Le Peletier, pour conférer sur ce qui s'était passé. On a fortement insisté sur une nullité de ce lit de justice, basée sur ce que le parlement étant établi sédentaire à Paris, ne pouvait pas se tenir à Versailles, sans y être transféré par la voie de lettres patentes enregistrées. Lorsque M. le duc d'Orléans, régent, fit venir le parlement au Louvre, en 1718, cela n'était pas

---

[1] Le *Procès-verbal de ce qui s'est passé au lit de justice*, etc., rapportant tous les discours prononcés, se trouve dans le *Mercure de France* du mois de septembre 1732, p. 2080. Il a été aussi imprimé séparément avec les deux déclarations des 3 et 18 août, 24 p. in-4°. Les *Nouvelles ecclésiastiques* du 24 octobre 1732, p. 201, taxent d'infidélité cette relation officielle, parce qu'il y est dit que le chancelier prit l'avis de tous les conseillers, tandis que ceux-ci refusèrent d'opiner, et que M. d'Aguesseau, après s'être adressé à une vingtaine d'entre eux, déclara qu'il croyait inutile de demander l'avis des autres.

encore des plus réguliers; mais du moins, c'était dans Paris.

4. — Aujourd'hui, le parlement, après être resté assemblé depuis dix heures jusqu'à une heure, a rendu l'arrêté suivant : « La cour, délibérant sur ce qui s'est passé au lit de justice, tenu le jour d'hier à Versailles, a arrêté qu'il sera dressé procès-verbal de tout ce qui a été dit et fait, au bas duquel il sera mis, qu'attendu le lieu où le lit de justice a été tenu, et le défaut de communication d'aucune des matières qui devaient y être traitées, elle n'a pu, ni dû, ni entendu donner son avis. Et, en conséquence, sur la déclaration de la prorogation des quatre sous pour livre, et autres droits, a arrêté, que le roi sera de nouveau très-humblement supplié de le faire remettre à la compagnie, pour en délibérer en la manière accoutumée. En ce qui concerne la déclaration du 18 août, a arrêté que la compagnie ne cessera de représenter au roi l'impossibilité dans laquelle elle est, d'exécuter ladite déclaration, et que cependant elle continuera toujours de se conformer aux anciens usages, maximes et discipline qui lui sont propres et qu'elle a toujours observées depuis son institution, usage dont l'observation a été si utile pour le bien public et pour la conservation des droits du roi dans les temps les plus difficiles.

« Qu'au surplus, l'arrêté du 20 août sera exécuté en ce qui concerne les itératives remontrances sur le retour de Messieurs qui sont absents, et cependant, jusqu'à ce, les chambres demeurant assemblées. »

C'est la fin de cet arrêté qui contient tout le mal et qui peut avoir de mauvaises suites, car il faut se souvenir que la veille le roi avait ordonné lui-même à son parlement, avec le terme *particulièrement*, de faire ses fonctions et de rendre la justice. M. le président Maupeou avait été d'avis de remettre l'assemblée à samedi, auquel cas la grand'chambre et toutes les autres auraient ouvert, demain vendredi, et auraient été en fonctions. Mais M. Delpech de Méréville, conseiller de grand'chambre, a ouvert l'avis de rester les chambres assemblées, ce qui emporte cessation de toutes fonctions. Il a été suivi de tous les jeunes gens qui, pendant la délibération, parlaient de p...... et de parties de vacances, et qui en ont été quittes pour dire: « De l'avis de M. Delpech; » en sorte que celui-ci a eu soixante-onze voix de son côté, et M. de Meaupou seulement soixante-quatre. Cela a passé de sept voix, encore y a-t-il eu bien des voix caduques[1] de l'autre parti. Ainsi, dans une seule maison, M. de La Guillaumie, conseiller de grand'chambre, ses deux fils, conseillers[2], et M. de Montholon[3], son neveu, n'ont fait qu'une voix.

— Il y avait grand monde dans la grande salle du palais quand la cour est sortie. Cet arrêté ayant été répandu, a été applaudi, comme une action héroïque et romaine, par tout le public janséniste qui ne demande que désobéissance formelle. Il y a même des gens si téméraires, qu'un homme fort bien mis, cria tout haut dans la salle : Vive le parlement! Je le sais d'un procureur qui se trouva par hasard dans la foule auprès de lui, et qui fut ému de cette exclamation.

[1] Celles qui ne sont point comptées dans un scrutin. Le motif était ici la parenté.

[2] A la première et à la deuxième chambre des enquêtes.

[3] Conseiller à la deuxième chambre des enquêtes.

6. — Messieurs du parlement se sont ajournés au lendemain de la Saint-Martin[1], sans qu'il y ait eu aucun mouvement ni aucun ordre de la part de la cour. Ce silence fait craindre quelque suite fâcheuse, d'autant que j'ai appris que les mousquetaires qui ne sont point du voyage de Fontainebleau[2], et qui devaient avoir congé aujourd'hui, ont eu ordre de revenir coucher à l'hôtel.

7. — Il y a eu grande consternation ce matin dans Paris, quand il s'est répandu que la nuit, les mousquetaires avaient été occupés à porter des lettres de cachet à tous[3] les présidents et conseillers des enquêtes et des requêtes, par lesquelles le roi les exile en différentes villes, dans le ressort du parlement, avec ordre de sortir de Paris dans le jour. En sorte que cela fait plus de cent quarante[4] exilés d'un seul coup de filet. On n'a pas touché à un seul des conseillers de la grand'chambre, pas même à M. Delpech qui a ouvert l'avis du jeudi, cause de tout le mal, ce qui fait juger qu'on les ménage en cour pour les

---

[1] Se renfermant dans leur arrêté du 4, ils ne voulurent point établir de chambre des vacations, bien que les prisons fussent remplies de détenus par suite de la suspension des fonctions judiciaires.

[2] Le roi partait le 9 pour cette résidence.

[3] Il y a ici une erreur. Sur les cent quatre-vingt-douze présidents et conseillers qui composaient les cinq chambres des enquêtes et les deux des requêtes, cinquante-trois ne reçurent point de lettres de cachet. Leurs noms sont imprimés dans les *Nouvelles ecclésiastiques* du 30 novembre 1732, page 229.

[4] Cent trente-neuf, suivant la liste publiée alors. Il est à remarquer que Voltaire, dans son *Histoire du parlement de Paris*, en rendant compte de la lutte qui s'était établie, en 1732, entre la cour et le parlement, s'arrête à l'exil du président Ogier et de ses trois confrères (voir page 428), et qu'il ne fait aucune mention, ni du lit de justice, ni des mesures qui en furent la suite.

gagner. On présente, au reste, cet exil général comme le parti le plus doux, et j'ai entendu dire à des gens de nom, qu'il y avait eu dans le conseil des avis très-violents contre le parlement.

— Les jeunes seigneurs de la robe sont à Soissons, comme M. de Nicolaï, conseiller aux requêtes du palais et premier président, en survivance, de la chambre des comptes; M. de Lamoignon, reçu président à mortier, et qui devait épouser, dans trois jours, mademoiselle Bernard, petite-fille de Samuel Bernard, banquier; M. de Novion, reçu président à mortier, M. de Montholon, et d'autres encore, comme le président Roland, premier président des requêtes du palais. Il y en a deux dans l'île d'Oleron, quoique d'un autre parlement; savoir, M. Clément[1], grand protecteur des miracles de M. Pâris et M. Le Tourneur[2], fils d'un notaire et payeur de rentes, qui, dans l'assemblée du jeudi, s'avisa d'ouvrir l'avis de faire défense aux fermiers généraux de lever le droit de quatre sous pour livre, sous peine d'être punis comme coupables de péculat. Il y a de l'imprudence à un homme tel que celui-là, d'être l'auteur d'une pareille proposition.

— Un pareil exil ne laissera pas que de punir un peu nos robins. Les uns s'attendaient à aller faire leurs affaires dans leurs terres; les autres quittent de jeunes femmes et risquent de s'en repentir. D'autres regretteront Paris, les spectacles, leurs maîtresses, des parties de campagne, et cela causera à tous, plus ou moins, une dépense fort disgracieuse.

9. — Aujourd'hui, mardi, messieurs de la grand'-

---

[1] De la deuxième des enquêtes.
[2] De la deuxième des requêtes.

chambre se sont rendus à huit heures du matin dans la chambre Saint-Louis, pour obéir à une lettre de cachet qu'ils avaient reçue hier. Là, messieurs les gens du roi leur ont présenté des lettres patentes, à eux adressées, qui les nomment commissaires pour tenir la chambre des vacations. Comme le principal objet est de juger les criminels dont les prisons sont remplies, et qu'on se doute bien qu'on ne terminera guère d'affaires au civil, pour ne point se faire une nouvelle querelle avec les avocats, on a ajouté dans les lettres patentes : sans ministère d'avocats.

La consternation a été complète quand on a su que messieurs de grand'chambre avaient enregistré les lettres patentes. Ils ont été l'objet de la déclamation et du mépris de tout le public. A la vérité, cela est un peu tranquille, à la vue de cent cinquante confrères exilés pour une cause commune; mais on devait s'attendre qu'ils se laisseraient gagner. Il n'y a qu'à considérer ce qui compose la grand'chambre : des présidents qui sont au-dessus du robin ordinaire et attachés à la cour; des abbés qui attendent récompense, et des conseillers arrivés dans un âge où ils n'ont plus d'autre plaisir que de gagner des écus. Joint à cela la distinction, dont ils sont flattés, sur le reste du parlement, et qu'ils usurperont insensiblement, de façon qu'il n'y aura qu'eux qui connaîtront des matières de droit public.

11. — Les nouveaux commissaires n'ont pas commencé leur mission heureusement. Ils ont travaillé toute la matinée à un procès criminel, et le procès examiné, quand il a été question de faire monter le criminel pour l'interroger sur la sellette, la réponse

qu'ils ont eue de la prison, a été que l'homme était mort et enterré depuis trois semaines.

— M. le premier président Portail se porte mieux; il est de retour à Paris, où il a tenu la chambre des vacations. Il a dit à ceux qui sont venus lui faire compliment, qu'il avait toujours le cœur et l'esprit malades, ce qui ferait assez croire au bruit qui s'est répandu, qu'il donnait sa démission de sa place, et qu'on lui en offrait cinq cent mille livres.

— Les six premiers exilés ont obtenu grâce. M. l'abbé Pucelle est à Charmont, terre à vingt lieues de Paris, avec sa famille. M. Titon est à sa terre près de Beauvais; M. Ogier revient à Orly[1], terre de son père, et ainsi des autres. M. Teissier, notaire du garde des sceaux, a obtenu que M. Le Tourneur, son beau-frère, envoyé à l'île de Ré, revînt à une terre à dix lieues de Paris. M. le président de Lamoignon, qui était à Soissons, a eu la permission de venir à Coubert[2], terre de Samuel Bernard, pour faire son mariage. On dit même que tous les conseillers qui veulent demander la permission d'aller à leurs terres, pour lieu d'exil, l'obtiennent. Quelques-uns l'ont fait, mais ils n'ont pas été approuvés, parce qu'il faut demander cette grâce par une lettre de soumission, et on a fait courir une formule qui serait très-humiliante si elle était exacte[3].

---

[1] A quinze kilomètres de Paris, près de Choisy-le-Roi.

[2] Située auprès de Brie-Comte-Robert, à trente-cinq kilomètres de Paris, et érigée en comté en 1725. Samuel Bernard y avait fait bâtir un magnifique château.

[3] « Je suis au désespoir d'avoir fait quelque chose qui ait pu déplaire au roi, j'ai tout le regret possible d'être dans le cas d'encourir sa disgrâce; il n'y a rien que je ne fasse pour réparer ma faute, tant le repentir de ce que j'ai fait est vif et sincère. » (*Note de Barbier.*)

30. — C'est aujourd'hui le dernier jour de la levée du droit de quatre sous pour livre, comme il paraît d'après la déclaration du roi qui rétablit ce droit pour six années. Ce matin, on a trouvé dans plusieurs endroits de Paris, surtout dans le quartier de la Sorbonne, un placard à la main, qui portait : « Il est défendu, de la part de nos seigneurs de parlement, d'exiger le droit des quatre sous pour livre, sous peine de la vie, jusqu'à ce qu'il en ait été autrement ordonné par nos dits seigneurs. » La police ayant été avertie, a fait arracher sur-le-champ ces placards.

Octobre. — Il a paru, dans le public, un mandement extravagant de M. l'archevêque d'Arles[1]. Il y attaque le roi, M. le cardinal de Fleury et tous les ministres. Il y a même des platitudes très-grandes qui ne font pas honneur à la prélature. Le parlement d'Aix a condamné ce mandement à être déchiré par un huissier, et l'archevêque a été exilé, par lettre de cachet, à son abbaye de Saint-Val.

— Le parti janséniste n'a pas perdu son temps pendant ces vacances. Les convulsions recommencent de plus belle dans les maisons. On dit qu'il y a un nombre considérable de convulsionnaires, et qu'il va un monde infini les voir, même des gens de la première

---

[1] *Mandement de M. l'archevêque d'Arles* (Jacques de Forbin-Janson), *pour implorer sur le pontificat de N. S. père le pape Clément XII, la continuation du secours de Dieu, afin de bien gouverner la sainte Église catholique*, du 5 septembre 1732. Ce mandement, qui contenait deux couplets de chanson contre le parlement de Paris, se terminait par une virulente sortie contre la mode des *paniers* que « les anciens poètes troubadours, y était-il dit, auraient justement appelés *Crebeçeaos de Magaigne* (littéralement : paniers de m....), ou *de Banaste d'Infer* (corbeilles d'enfer), et qui méritent l'humiliant nom d'*opercula iniquitatis.* »

distinction. Madame la duchesse de La Trémoille, sœur du prince de Bouillon, et madame la duchesse de La Rochefoucault ont été, il y a deux jours, voir une femme qui, non-seulement a des convulsions, mais qui, en même temps, prophétise d'une certaine façon, parle comme un ange, et qui, ses convulsions passées, redevient une petite femme d'un esprit et d'un langage fort médiocres. Je sais, de la première main, que madame la duchesse de La Trémoille en a été étonnée, et qu'elle est convenue qu'elle lui avait dit sur elle des particularités étonnantes. Tout ce monde, grand et petit, va plus que jamais à Saint-Médard pour invoquer M. Pâris sur les affaires présentes. Le curé d'à présent, qui est un desservant du parti moliniste, prend la peine de visiter son église tous les matins, et d'éteindre et emporter les cierges que les bonnes âmes allument, par dévotion, devant la chapelle de la Vierge, non pas pour la Vierge, mais pour M. Pâris, dont le tombeau, où on n'entre plus, est derrière la chapelle de la Vierge.

— Il y a encore pis que tout cela. C'est qu'il se fait des miracles à Saint-Médard. Aujourd'hui, on m'en a conté un des plus extraordinaires. M. Niquet, qui est le seul bon prêtre resté à Saint-Médard, c'est-à-dire janséniste, disant la messe, ne trouva plus l'hostie sacrée après avoir fait l'élévation du saint ciboire; il la chercha partout sur l'autel, ce qui étonna avec raison les assistants, et enfin elle se trouva par terre, sous un banc de la chapelle, au grand étonnement de tout le monde. Il y a eu encore plusieurs autres miracles que je ne me suis pas donné le temps d'entendre.

30. — Il est mort, ces jours-ci, un enfant bien

riche¹, âgé de quinze ou dix-huit mois, fils de M. le président Longueil de Maisons, et de la fille de M. d'Angervilliers, secrétaire d'État. Il aurait eu plus de cent cinquante mille livres de rente. La maison de Longueil, qui est des plus anciennes qu'il y ait à la cour et à la ville, et qui est dans la robe depuis si longtemps, finit dans cet enfant : c'est une perte pour le parlement. Tous les biens passent à la mère, héritière des meubles; à madame de Belleforière, fille du marquis de Soyecourt, qui aura les biens de la maison de Longueil², et à M. le président Nicolaï, qui aura ceux du côté des Fieubet : la bisaïeule de ce dernier enfant et la mère de M. Nicolaï étaient deux sœurs, Fieubet en leur nom.

— M. le duc de Chartres³ a eu la petite vérole à Saint-Cloud. On n'a laissé entrer auprès de lui qu'un fameux apothicaire⁴ chimiste, et un chirurgien⁵; on a exclu les médecins, et il est parfaitement hors d'affaires. Mais M. le duc d'Orléans a eu l'imprudence de vouloir garder son fils, et aussitôt qu'il a été de retour à Sainte-Geneviève, où il se retire assez souvent, la petite vérole lui a pris avec une fièvre rouge. On appelle autrement cette maladie, la *porcelaine*, parce

---

¹ René-Prosper de Longueil, marquis de Maisons, etc., né le 27 mars 1734. Suivant Barbier il aurait eu une sœur (voir page 366), qui serait par conséquent morte avant lui, mais aucun biographe n'en fait mention.

² Comme unique héritière de Marie-Renée de Longueil, sa mère. Celle-ci étant fille du surintendant se trouvait ainsi arrière grand'tante de René-Prosper, dont ce même surintendant était trisaïeul.

³ Louis-Philippe d'Orléans, né le 12 mai 1725.

⁴ Le sieur Imbert.

⁵ Le sieur de Marsolan, premier chirurgien du duc d'Orléans.

que les boutons sont bleus et blancs sur un fond rouge. Au surplus, cela va autant bien qu'on peut le souhaiter.

Novembre. — Le roi a eu, le mois dernier, une fluxion sur les oreilles, qu'on appelle les orillons, pour laquelle il a été saigné deux fois. Cela s'est passé, mais, depuis le 5 de ce mois, il est encore au lit à cause d'une tumeur qui lui est venue par suite d'une blessure qu'il s'est faite à cheval. Si cela avait des suites, cela retarderait son retour à Versailles, qui est fixé au 18, et pourrait retarder en même temps l'arrangement des affaires. Il m'a été assuré, par gens fort au courant de ce qui se passe à la cour, que le cardinal de Fleury n'avait encore pris aucune résolution à l'égard du parlement. Qu'on rappellerait les conseillers pour la rentrée, qu'on verrait comment ils se comporteraient, et que, là-dessus, on prendrait des partis au jour le jour. S'il en est ainsi, je crains fort que de la part de l'un des deux partis, il ne survienne quelque occasion de dispute, et que les affaires ne soient aussi brouillées que le parlement dernier. Cela ferait grand tort, non-seulement au public qui a des affaires, mais aussi au plus grand nombre des avocats, procureurs, greffiers, et autres gens de palais qui ne seront pas en état de se soutenir, ayant souffert depuis un an et demi que le parlement est interrompu.

— M. le duc d'Orléans est entièrement hors d'affaire de sa petite vérole. La reine d'Espagne, sa sœur, et son altesse royale madame la duchesse d'Orléans, sa mère, vont le voir tous les jours à Sainte-Geneviève.

— On se prépare ici à un grand deuil de quatre mois et

demi pour la mort de l'ancien roi de Sardaigne[1]. C'était l'aïeul maternel du roi et le seul ascendant qui lui restât. On prendra le deuil à la fin de ce mois, ce qui fait un tort considérable à tous les marchands qui étaient fournis d'étoffes d'or et de velours pour les habits d'hiver.

12. — Aujourd'hui, mercredi, il n'y a eu ni rentrée ni messe rouge au palais, ce qui n'était jamais arrivé, dit-on, au parlement qui a toujours fait cette cérémonie dans les endroits où il était en exil[2]. Mais en ce moment, il est tout dispersé, et la grand'chambre n'a pas, apparemment, jugé à propos de faire la rentrée seule.

13. — Le bruit général de Paris est que l'affaire est accommodée. La messe rouge est indiquée pour le 1er décembre, et il est certain que les lettres de cachet sont parties le jour de Saint-Martin. J'en ai vu une, aujourd'hui, en dînant chez M. le premier président Nicolaï. Elles sont ainsi conçues : « M...., je vous fais cette lettre pour vous dire que je révoque l'ordre que je vous ai donné le 6 septembre dernier, par lequel je vous ai enjoint de rester jusqu'à nouvel ordre de ma part à.... Sur ce, etc. » Ce n'est, comme on voit, qu'une simple révocation du premier ordre d'exil, qui met ces messieurs dans la liberté d'aller où ils voudront.

— Le 20 de ce mois, on enterra ici un nommé Peirenc de Moras, âgé de quarante-six ans[3], maître des requêtes, et chef du conseil de madame la du-

---

[1] Voir la note 2, p. 383.
[2] On avait célébré la messe rouge à Pontoise, en 1720, lorsque le parlement avait été exilé dans cette ville. (Voir page 62).
[3] Quarante-neuf ans, suivant le *Mercure de France*.

chesse douairière[1]. Cet homme était fils d'un barbier-perruquier d'une petite ville de Saintonge; lui-même avait rasé. Il est venu ensuite à Paris, refuge des gens de toute espèce, et a brocanté et négocié sur la place, avant la fameuse année 1720. Il avait plus de mauvaises affaires que de bonnes, mais, comme il n'avait rien à risquer, il a tout hasardé dans le système, et a eu le bonheur de réaliser. Il avait de l'esprit pour connaître les chemins par lesquels on se pousse dans ce pays-ci, et enfin il meurt riche de douze à quinze millions, tant en fonds de terre, qu'en meubles, pierreries et actions sur la compagnie des Indes. Il a fait bâtir, dans le faubourg Saint-Germain, la plus superbe maison qu'il y ait à Paris[2]. Il laisse une veuve et trois enfants. Cette veuve est la fille de Fargès, ancien munitionnaire des vivres, soldat dans son origine, qui jouit de cinq cent mille livres de rente, et qui a le secret de ne pas payer un de ses créanciers. On dit que Moras avait plu à la fille de Fargès, n'étant encore rien, et qu'il lui avait fait un enfant, ce qui obligea le père à lui donner sa fille. Il y a déjà plus d'un seigneur de la cour qui songe à épouser cette riche veuve.

— La plupart des présidents et conseillers exilés sont de retour à Paris où ils n'ont trouvé ni M. le premier président ni M. le procureur général, qui sont encore dans leurs terres. Ils n'étaient avertis de quoi que

---

[1] Mère du duc de Bourbon.

[2] Rue de Varennes, au coin du boulevard des Invalides. Cet hôtel, après avoir été acheté successivement par la duchesse du Maine et le maréchal de Biron, est occupé aujourd'hui par le couvent des Dames-du-Sacré-Cœur.

ce soit par leurs lettres de cachet; mais depuis ils ont reçu une invitation du premier président pour assister à la messe du Saint-Esprit, le 1ᵉʳ décembre.

— Le bruit s'était répandu, depuis le retour des exilés, que l'arrêté du parlement du 4 septembre dernier avait été cassé par un arrêt du conseil qui n'a pas paru dans le public, mais qui aurait été notifié à M. Gilbert, greffier en chef du parlement. On dit à présent que la cour a fait retirer la signification de cet arrêt des mains de M. Gilbert.

Décembre, 2. — Hier, lundi, à huit heures du matin, presque tout le parlement s'est rendu au palais qui était si rempli de monde qu'on ne pouvait pas s'y remuer. Il y a eu assemblée avant la messe, mais il n'y a été question que de nommer une députation pour aller à Versailles, demain mercredi, complimenter le roi sur la mort du roi de Sardaigne. Au nombre des députés se trouvent M. l'abbé Pucelle, le président Ogier et M. de la Fautrière, qui sont des six premiers exilés, et qui étaient notés à la cour. Puis l'on a arrêté verbalement que l'on resterait assemblé jusqu'à jeudi prochain, jour pour lequel a été indiquée une assemblée générale. De là on a été à la messe, qu'a célébrée M. de Laubrière, évêque de Soissons, ci-devant conseiller au parlement, homme de condition de Bretagne, qui a du mérite et est bon moliniste. Il s'est fait prêtre après la mort de sa femme et il a deux enfants. Après la messe, qui n'a fini qu'à près d'une heure, et où l'on a compté jusqu'à cent cinquante-deux robes rouges[1],

---

[1] Communément, il n'y a jamais guère plus de quarante magistrats. (*Note de Barbier.*)

on a été dans la grand'chambre. Là, le premier président a adressé un remercîment à l'évêque pour l'honneur qu'il avait fait à la compagnie, et l'évêque un autre compliment à la compagnie. Ensuite M. le premier président a reçu à l'ordinaire le serment de messieurs les avocats généraux, des avocats et des procureurs. Il y avait à ce serment plus de deux cents avocats, quoiqu'il ne s'y en présente habituellement qu'une trentaine.

Toutes ces cérémonies terminées, ces messieurs se déshabillent et se mettent en robe noire pour aller dîner chez M. le premier président. Il y a longtemps qu'il n'y avait eu une si nombreuse assemblée.

— Quand M. l'abbé Pucelle a traversé la salle qui conduit à la Sainte-Chapelle, pour se rendre chez M. le premier président, tout le monde, dont cette salle était remplie, a claqué des mains et lui a fait des cris d'applaudissements, en sorte qu'il se cachait le visage, par modestie, avec son mouchoir. Rien n'est plus glorieux ni plus flatteur. Depuis son retour il a reçu la visite de tout le palais, à commencer par le premier président et le procureur général, et de toutes les personnes de distinction de Paris, de manière qu'il est regardé comme un homme d'État.

— On a fait une remarque fort singulière à l'occasion de la rentrée du parlement qui vient d'avoir lieu, pour la première fois, le 1er décembre. Il faut savoir que l'office de l'Avent est composé des prophéties d'Isaïe. Dans ce qui s'est dit à la messe rouge, il y avait le verset 26, du chapitre 1er, ainsi conçu : « Res-
« tituam tuos judices ut fuerunt prius, et consiliarios
« tuos sicut antiquitus : et post hæc vocaberis civitas

« justi, urbs fidelis. » En sorte qu'on augure bien de cette heureuse rencontre.

— Mercredi, les députés du parlement partirent pour Versailles, à huit heures du matin, au nombre de quarante-six. Des six premiers magistrats exilés et notés par-dessus les autres, il n'y avait que l'abbé Pucelle [1]. En arrivant ils furent introduits dans la chambre du conseil d'hiver et invités à dîner de la part du cardinal, du chancelier et du garde des sceaux, en se distribuant. Cependant le cardinal désigna onze personnes pour dîner chez lui. Le grand maître des cérémonies et M. de Maurepas les conduisirent ensuite auprès du roi qui était en grand habit de deuil, entouré des ministres et des seigneurs. Après le compliment, le premier président demanda au roi la permission d'aller complimenter la reine. Le roi l'accorda et dit en même temps : « N'irez-vous pas aussi complimenter mon fils? » Le premier président demanda alors à Sa Majesté si son intention était que la compagnie donnât à M. le Dauphin le titre de *Monseigneur*, parce que le parlement ne connaît, de droit, d'autre seigneur que le roi. Celui-ci répondit qu'oui.

— Quand le parlement eut complimenté le roi, il se retira dans la salle où il avait d'abord attendu, parce que le maître des cérémonies et le secrétaire d'État prennent alors la chambre des comptes pour la mener au roi, et la ramènent, puis en font autant pour la cour des aides, avant de conduire le parlement chez la reine. La même cérémonie se fait pour celle-ci et

---

[1] Apparemment que le président Ogier et M. de La Fautrière, nommés avec lui dans l'assemblée du 1er, avaient refusé.

pour monseigneur le Dauphin, en sorte que cela est fort long.

— Le parlement alla ensuite rendre visite à M. le cardinal de Fleury, et le premier président l'invita à disposer le roi à entendre la compagnie sur la déclaration du 18 août. Le cardinal répondit avec de grandes protestations d'amitié, de considération et de respect pour le parlement, et comme chacun se distribuait pour le dîner, il leur donna rendez-vous à trois heures.

— Lorsque les députés se furent réunis chez lui, le cardinal alla demander audience au roi et revint annoncer que celui-ci partait pour la Muette, au bois de Boulogne, et ne pouvait les recevoir. Messieurs les présidents représentèrent que cette affaire était de grande importance, que le lendemain ils devaient s'assembler, et qu'il aurait été utile de terminer quelque chose avant de se séparer. M. le cardinal offrit de retourner près du roi, qu'il trouva descendant l'escalier et auquel il fit de nouvelles instances. Le roi répondit qu'il était fatigué, à cause de tous les compliments qu'il avait reçus dans la journée, mais qu'il leur donnerait audience le lendemain à son retour de la chasse. Le cardinal rapporta cette réponse à messieurs du parlement, et les engagea à coucher à Versailles. On les invita de même à souper, et à dîner, pour le lendemain, chez les ministres, mais on ne leur donna point de logement et ils couchèrent dans des auberges et chez des baigneurs. M. le premier président envoya un courrier, à Paris, à son secrétaire, et, à dix heures du soir, tous les membres du parlement furent prévenus qu'il n'y aurait point d'assemblée le lendemain parce que les députés n'étaient point revenus. Cette nouvelle fit beaucoup de bruit à Paris, car il n'était jamais arrivé que des députés fussent ainsi restés deux jours à Versailles.

— Le lendemain, le roi qui, de la Muette, avait été à la chasse dans la forêt de Saint-Germain, ne revint à Versailles que sur les cinq heures du soir. Les députés étaient alors dans l'appartement du cardinal qui se rendit aussitôt près du roi, et un moment après un huissier vint avertir messieurs du parlement de se rendre au cabinet du roi.

Lorsqu'ils furent entrés, M. le premier président fit un discours dans lequel il supplia le roi de révoquer la déclaration du 18 août[1]. Le roi répondit qu'il allait faire assembler son conseil, et le parlement se retira. On le fit rester dans la chambre du roi, ce qui fut remarqué comme une distinction, attendu que quand le roi tient son conseil il ne reste personne dans la chambre attenante. Mais l'on entend qu'il y avait plus de forme dans ce conseil qu'autre chose, et personne ne doute que ce qui est arrivé ne fût concerté entre le cardinal, le garde des sceaux, le premier président, quelques présidents à mortier et les gens du roi.

— Le conseil dura au moins une heure, et quand le parlement fut appelé il était sept heures du soir. Le chancelier, de l'ordre du roi, lui dit que Sa Majesté s'était laissé toucher par les assurances de son respect et de sa soumission, et qu'elle voulait bien que la déclaration du 18 août restât en surséance[2]. Le premier

---

[1] Le texte de ce discours a été imprimé dans les *Nouvelles ecclésiastiques* du 5 janvier 1733, p. 3.

[2] Voir aussi le texte de cette réponse dans les *Nouvelles ecclésiastiques* du 5 janvier 1733, p. 3.

président remercia le roi au nom de la compagnie ; et, après avoir été chez le cardinal le remercier, ainsi que le garde des sceaux, de leurs bons offices, les députés revinrent à Paris où on les attendait avec impatience, et où ils n'arrivèrent que fort tard. Le lendemain le parlement étant assemblé, le premier président rendit compte de ce qui s'était passé à Versailles, et reçut la mission d'aller renouveler au roi les assurances du respect de toute la compagnie. L'assemblée générale des chambres fut rompue, on recommença le service, et les avocats qui sont attachés au Châtelet y allèrent à l'ordinaire.

— Lundi, 8, eut lieu la cérémonie des harangues pour les avocats, dans la grand'chambre. M. Chauvelin, avocat général, neveu du garde des sceaux, prononça l'une des harangues et fit un fort beau discours sur la présomption, écueil ordinaire des sciences; M. le premier président prononça l'autre, qui fut un morceau simple et fort éloquent, où il invita les avocats à redoubler leurs soins et leurs travaux pour le service du public. Après quoi, tout l'ordre, M. Nouët, le bâtonnier, en tête, alla rendre visite au premier président, et tout se passa avec politesse et contentement de toutes les parties. Mercredi, les mercuriales se sont faites à l'ordinaire à huis clos, et jeudi, 11, on a recommencé à plaider.

— Voilà donc cette grande affaire, qui a causé tant de mouvements, terminée à petit bruit et à peu de frais. Chaque parti en raisonne différemment. Les jansénistes triomphent; et tous les jeunes conseillers, entre autres, sont fort fiers d'avoir forcé le ministère à plier. Le ministère compte, de son côté, avoir conservé l'autorité du roi en ne retirant pas nommément la déclaration, et en la suspendant seulement. Les gens de cour regardent toutes ces démarches comme des sottises qu'on fait faire au roi, parce que si la déclaration du 18 août, enregistrée dans un lit de justice solennel, tenu à Versailles, ne vaut rien, il ne fallait pas la donner ni faire tant d'appareil de ce lit de justice. D'un autre côté, si le parlement a eu raison de s'y opposer et de protester contre, il était déplacé d'exiler cent quarante personnes. Enfin les gens sensés et désintéressés regardent ceci comme un accommodement plâtré, car il reste toujours le fond de la querelle qui est le jansénisme. Il y a aussi le mandement de M. l'archevêque de Paris, rétabli par un arrêt du conseil[1], qui est toujours sans exécution de la part des vingt-deux curés qui ont refusé de le publier. Au reste, lorsque l'on s'est déterminé à faire l'accommodement avec le parlement, avant le retour des exilés, on a fait retirer dans Paris tous les mandements, soit par argent, soit par autorité, en sorte qu'il n'en paraît plus.

— Il est arrivé une scène humiliante à M. Aubry, doyen de la première chambre des requêtes du palais, père de deux conseillers au parlement, qui n'a assisté à aucune des assemblées pendant le trouble du parlement, s'étant retiré à sa terre de Castelnau[2], du côté de Bourges, et n'a point reçu, par conséquent, de lettres de cachet dans l'exil général. Il se présenta, il y a quel-

[1] L'arrêt du 17 juin qui cassait celui du parlement du 13 (voir p. 429).
[2] Située à vingt kilomètres à l'ouest de Bourges, non loin de la route qui conduit de cette ville à Issoudun. Elle appartient aujourd'hui à M. le marquis de Boissy.

ques jours, à la chambre du conseil, pour rapporter une affaire, et n'eut pas plutôt pris séance, que tous les conseillers se levèrent et se retirèrent à la buvette. Il les suivit pour savoir de quoi il s'agissait; alors ils prirent leurs chapeaux et s'en allèrent. Le président Dubois, qui était resté, lui fit entendre poliment l'intention de la compagnie, ajoutant qu'il ne croyait pas qu'il eût d'autre parti à prendre que de se défaire de sa charge. La cour ne se mêlera pas de cette affaire, pour ne pas renouveler la querelle, ce qui fera que dorénavant, quand il arrivera des disputes, personne, dans le parlement, n'osera se séparer de son corps[1].

— Les affaires ont recommencé comme à l'ordinaire, et l'on ne parle plus de rien dans Paris. A la vérité le ministère est occupé de quelque chose de plus sérieux que le jansénisme : l'empereur[2] a dessein de marier l'aînée des archiduchesses[3] au duc de Lorraine[4], qu'il a fait depuis peu vice-roi de Hongrie, et qu'il veut faire nommer roi des Romains. Or, la France s'oppose for-

---

[1] Il ne paraît pas néanmoins que M. Aubry ait pris le parti qui lui était conseillé, car il continue de figurer en qualité de doyen de la première chambre des requêtes dans les almanachs royaux des années suivantes. D'autres membres du parlement, comme M. de Novion et M. Le Rebours, qui s'étaient séparés de leurs collègues en ne donnant pas leurs démissions, furent aussi l'objet de pareilles manifestations.

[2] Charles VI, né le 1er octobre 1685, élu empereur en 1711.

[3] Marie-Thérèse-Valpurge-Amélie-Christine, née le 13 mai 1717, qui s'est rendue si célèbre, dans la suite, sous le nom de Marie-Thérèse.

[4] François-Étienne, né le 8 décembre 1708, celui qui était venu à Paris en 1730, rendre hommage pour le duché de Bar (voir page 302). L'empereur l'avait nommé vice-roi de Hongrie, au mois de mars précédent, et il réalisa le projet de mariage dont parle Barbier, au mois de février 1736. François-Étienne, après avoir eu le grand-duché de Toscane en échange de la Lorraine, en 1735, devint empereur sous le nom de François Ier, en 1745.

tement à cette élection, parce qu'il n'est pas de son intérêt d'avoir pour si proche voisin un duc de Lorraine, empereur, et cela pourrait bien ne pas se passer sans amener une guerre dans presque toute l'Europe.

— Pendant ce temps-là il est arrivé à la Hollande un triste événement. Des vaisseaux, en revenant des Indes, ont amené à leur suite un nombre infini de vers deux fois longs comme le doigt, qui ont une tête dure comme l'acier et qui percent tout. Ils se sont attachés aux digues des provinces de Frise et de Zélande, et y font des trous de toutes parts, en sorte que ces provinces sont en danger d'être submergées. Il y a actuellement quarante mille ouvriers qui travaillent à réparer les ravages causés par ces petits animaux et à faire des contre-digues. Les Hollandais promettent des sommes considérables à ceux qui trouveront le secret de faire mourir ces vers [1].

[1] Il s'agit du *Taret* (*Teredo*), genre de testacé composé de coquilles multivalves, tubulées en massue, etc. Ces vers, qui rongent le bois pour s'y loger, attaquèrent en si grande quantité les pièces de bois qui soutiennent les terres des digues, que l'on craignit la destruction entière de celles-ci. On fit même à ce sujet des prières publiques dans les principales villes de la Hollande. Cet événement donna lieu à diverses publications spéciales, telles que : *Recherches intéressantes sur l'origine, la formation, etc., des vers qui infestent les vaisseaux et les digues*, etc., par M. P. Massuet, docteur en médecine. Amsterdam, 1732, in-8°, avec figures : on y trouve les procès-verbaux dressés par les inspecteurs des digues, constatant les dommages qu'avaient causés ces animaux ; *Observations sur l'origine et la nature des vers*, etc., par M. Rousset. La Haye, etc.

FIN DU TOME PREMIER.

Contraste insuffisant

NF Z 43-120-14

www.ingramcontent.com/pod-product-compliance
Lightning Source LLC
Chambersburg PA
CBHW071719230426
43670CB00008B/1058